国家社科基金一般项目"文化地理环境对新疆当代文学的影响研究"结项成果

（结项批号：20201995）

边地文学的守望

文化地理环境对
新疆当代文学的影响研究

汪娟 著

中国社会科学出版社

图书在版编目（CIP）数据

边地文学的守望：文化地理环境对新疆当代文学的影响研究/汪娟著.
—北京：中国社会科学出版社，2023.5
ISBN 978 - 7 - 5227 - 1635 - 0

Ⅰ.①边… Ⅱ.①汪… Ⅲ.①中国文学—当代文学—文学研究—新疆 Ⅳ.①I206.7

中国国家版本馆 CIP 数据核字（2023）第 067070 号

出 版 人 赵剑英
责任编辑 郭晓鸿
特约编辑 杜若佳
责任校对 师敏革
责任印制 戴　宽

出　　版 中国社会科学出版社
社　　址 北京鼓楼西大街甲 158 号
邮　　编 100720
网　　址 http://www.csspw.cn
发 行 部 010 - 84083685
门 市 部 010 - 84029450
经　　销 新华书店及其他书店

印　　刷 北京明恒达印务有限公司
装　　订 廊坊市广阳区广增装订厂
版　　次 2023 年 5 月第 1 版
印　　次 2023 年 5 月第 1 次印刷

开　　本 710×1000　1/16
印　　张 21.5
插　　页 2
字　　数 278 千字
定　　价 118.00 元

目　录

前　言

文化地理学对文学的影响研究是 21 世纪诸多文学研究者关注的重点问题。新疆当代文学作为中国当代文学的重要组成部分，它始终呼应并参与着中国文学主潮的建构，但又存在着迥异于其他区域文学的一面，这种差异性与新疆文化地理是密不可分的。新疆是世界四大文化体系唯一汇流的地方①，其自然环境特殊、人文环境复杂，文化现象丰富，多民族、多宗教、多元文化的汇聚深刻地影响了新疆当代文学的形态。本文以新疆文化地理为切入点，来展示新疆地理版图上产生的特殊文学形态，以探讨新疆当代文学内在而独特的文化内涵。

一　相关研究回顾

在中国，"文化"一词最早出现于《周易》，有"观乎天文，以察时变，观乎人文，以化成天下"之说，即以人伦秩序教化世人，使之自觉按规范行动，从这个层面而言，"文化"一词往往包含着价值判断，意味着某种发展程度。目前关于"文化"的研究有三种取向：从学理上探讨其知识体系，这是文化学；从时间维度探讨其历史变迁，是为文化史；从空间上研究其地域差异，即为文化地理。作为学科术语，"文化""地理"等现代概念都是舶来品，文化地理的学科体系也是从

---

① 季羡林：《敦煌学、吐鲁番学在中国文化史上的地位和作用》，《红旗》1986 年第 3 期。

西方输入的。但中国作为一个拥有数千年不间断文明史的国度，其传统知识体系中并非没有与"文化地理"大体相当的概念，也并不缺乏关于文化地域差异的思考，只是其思维方式与西方相形异趣，这种理念反映到文化地理学的研究当中，便是关注的内容迥然不同。

中国古代往往从地域的角度聚焦于地域对人之性情的影响，如班固在《汉书·地理志》中指出民众性情之"刚柔缓急"，乃至"音声不同"，皆与其地之"水土"有关，刘师培在《南北学派不同论》中讨论了南北文化的异同，也从地域对人的性格影响着眼，到了近代，梁启超的《近代学风之地理的分布》研究魏晋以来地域文化之差异，得出："故同在一国同在一时而文化之度相去悬绝，或其度不甚相远，其质及其类不相蒙，则环境之分限使然也。环境对于'当时此地'之支配力，其伟大乃不可思议。"① 民国时期曾兴起一股研究地域文化的热潮，其中有不少涉及文化地理。如丁文江受梁启超影响曾发表《历史人物与地理的关系》；贺昌群在《江南文化与两浙人文》中明确提出有其独特地域文化的便有浙江、福建、安徽、河南、河北、山东、湖北、湖南、广东、广西、四川、西藏、新疆、黑龙江等省区。② 20 世纪下半叶，谭其骧的《中国文化的时代差异与地区差异》、周振鹤的《中国历代文化区域研究》、王恩涌的《文化地理学导论（人·地·文化)》等对中国文化地理做出了综合性的研究，专题性的研究如卢云的《汉晋文化地理》、王子今的《秦汉区域文化研究》等。

文化地理学在西方的发展渊源可追溯到 16 世纪拉菲托或莱里的人种学说，这种研究描述了美国新大陆上不同种族、民族和它们的风俗，这种向人文现象的探索，弱化了地理学对自然环境的深切关注，人文地理学的内涵由此发生了变化。20 世纪 20 年代，美国文化地理

---

① 梁启超：《梁启超全集》，北京出版社 1999 年版，第 4259 页。
② 贺昌群：《贺昌群文集》第 3 卷，商务印书馆 2003 年版，第 174—178 页。

伯克利学派的代表卡尔·索尔倡导以文化景观为研究对象，确立了地理学的人文方向，对文化地理学的发展产生了巨大影响，他在《景观的形态》一书中明确提出文化景观是人文地理学的研究核心；20世纪50年代末，实证主义被广泛引入人文地理学的研究中；20世纪六七十年代，段义孚以现象学、存在主义、理想主义为哲学基础，首次使用了"人文主义地理学"称法，把人的经验看作有效的知识来源，注重从感应环境去解释人的行为；20世纪80年代，以大卫·哈维等为代表的马克思主义政治经济地理学主张地理学从理论到实践都应从政治、经济和文化背景加以考察，并开始用全球化的视角进行观察；20世纪80年代后期随着文化研究方向的深入，人文地理学受后现代主义哲学思潮影响，开始了对少数人群问题特别是少数族裔和女性地理学的研究，兴起了新文化地理学和后现代地理学，如爱德华·索亚的后现代地理学著作"空间三部曲"用语境分析和跨学科方法，展示了广阔的学术视野。以社会空间代替自然空间是新文化地理学研究主题的一大特征。随着文化概念的变化，文化地理学研究的范畴转向了具有价值属性的各类社会群体的社会空间，正因为如此，文化地理学与社会学、人类学、政治学的许多研究相交错，由此导致了将各类群体的价值表述纳入研究视野，出现了文化地理研究的新方向。20世纪80年代，西方文化地理学的各类研究纷涌而至，引起了诸多学者的关注。21世纪以来，出版了大量关于文化地理学的译著，如迈克·克朗的《文化地理学》，大卫·哈维的《希望的空间》，居伊·德波的《景观社会》，凯·安德森、莫娜·多莫什、史蒂夫·派尔、奈杰尔·思里夫特等主编的《文化地理学手册》，段义孚的《无边的恐惧》《恋地情结》《空间与地方——经验的视角》等，这些译著的出版对推动我国文化地理学研究起到了重要作用。

地理学家唐晓峰指出："地理学需要阅读，对于人文地理学者来说，更要阅读许多人的作品。人的作品多种多样，有的作品反映人的行为，有的作品反映人的思想，两者都提供人文地理资料。"① 地理学家从阅读文学作品去研究地理学，探索人类文化行为背后的地理背景及心理机制，并强调文化的空间性。反之，文学研究者也需要从文化地理学的角度去审视文学的空间特征。金克木于1986年发表的《文艺的地域学研究设想》中提出在文学领域建立文学地理学学科。中国古代文学领域在文学与地理学的研究方面颇具风气，如曾大兴在《中国历代文学家之地理分布》中研究了古代文学家的地理分布，在《文学地理学研究》中对文学与气候的关系，文学景观的定义、类型及价值等问题进行研究；胡阿祥在《中古文学地理研究》中从自然地理、人口地理、区域地理等方面对魏晋文学进行研究；梅新林在《中国文学地理形态与演变》中对中国文学地理的表现形态与演变规律进行研究，并提出具体的理论构想、体系建构和研究方法等；张伟然在《中古文学的地理意象》中对中国古代地理意象的形成及意义进行解读；杨义在《重绘中国文学地图与中国文学的地理学、民族学问题》对中国文学的民族学、地理学、文化学、图志学的关系作了系统的梳理；邹建军在《文学地理学批评的十个关键词》中界定了文学地理学的相关词意。中国现当代文学则着重于地域文化与文学关系的研究。如湖南教育出版社出版的"20世纪中国文学与区域文化丛书"，较有影响的如李怡的《现代四川文学的巴蜀文化阐释》、逄增玉的《黑土地文化与东北作家群》、朱晓进的《"山药蛋派"与三晋文化》、李继凯的《秦地小说与"三秦文化"》等，至21世纪以来，赵学勇、孟绍勇的《革命·乡土·地域：中国当代西部小说史论》，凤媛的《江南文化与中国现代文学》已将地域文化的视域扩大到了文化地理学的层面，但完全从文化地理学的视域去研究中国现当代文学并形成体系的研究著作并不多见。

---

① 唐晓峰：《阅读与感知——人文地理笔记》，生活·读书·新知三联书店2013年版，前言。

二　研究的缘起及方法

新疆当代文学作为地域性文学，与新疆的文化地理有着千丝万缕的内在联系。从文化区的划分来看，新疆属于西北文化区，与西部其他文化区相比较，新疆文化又是最为丰富而复杂的。新疆是古代丝绸之路上"东西各国文化交流的枢纽，许多国家的文化，包括世界上几个文化发源地的文化都在这里汇流"①，形成了中华民族多元一体文化的特色，因为民族、地理分布的不同，新疆地域形成了南疆与北疆，草原与沙漠、绿洲与盆地迥然不同的地理风貌，且每个地方都有十分鲜明的文化地域特色，所以新疆文化既区别于中原和东部的农耕文化，又迥异于西部区域的文化特征。中华人民共和国成立以来，新疆生产建设兵团的诞生、大量移民的加入，使得新疆文化呈现出更为纷繁的局面。进入 21 世纪以来，随着各民族文化日益碰撞与融合，新疆文化同样在不断寻求着自身现代化的有利途径，考察新疆文化地理对新疆当代文学的影响，其意义就在于能进一步总结和挖掘新疆文化形态的内在意蕴，确立中华民族"一体多元"的文化格局，像费孝通先生所说的那样："各美其美，美人之美，美美与共"。

20 世纪 90 年代以来，学界对新疆当代文学的研究主要聚焦于三个方面。第一，以时间划序、以史为序的研究：如夏冠洲等主编的《新疆当代多民族文学史》对中华人民共和国成立以来的新疆诗歌、散文、小说、戏剧电影、文学评论进行了纵向的集中展示，为新疆多民族当代文学的发展史、交流史、文学思潮和文体演变提供了翔实的第一手资料；王敏等主编的《新疆改革开放文学三十年》对 1979—2009 年的新疆当代诗歌、散文、小说、戏剧电影、评论进行了系统性的梳理。第二，对新疆地域文化、书写策略等的研究：如程光炜的《"当代文学"

---

① 季羡林：《比较文学与民间文学》，北京大学出版社 1991 年版，第 142 页。

与"新疆当代文学"》从文学史的角度对新疆当代文学创作内地化、风景化的倾向进行了分析；汪树东的《当代文学的新疆体验书写》中对新疆体验书写的文化建设意义进行了论述；新疆本土评论家陈柏中的《鉴赏与探讨》，周政保的《文学格局与作家选择》对新疆作家多民族、多语种的文学特点、审美风格、文学精神等进行了研究；韩子勇的《文学的风土》以西部文学为底色，对新疆文化与新疆文学进行了归纳总结，其中对文化现象与作家文化精神方面的归纳具有前沿意义，对西部文学研究产生了较大的影响。第三，对作家的个案研究，主要集中于新疆当代文学中出现的具有代表性的作家，如王蒙、周涛、刘亮程、沈苇、李娟、红柯、董立勃、赵光鸣等。应该说，新疆当代文学的研究，尤其是近年来对本土作家的研究，从文本分析、地域文化、语言风格、作家心理等诸多方面都有大量探讨，极大地拓宽了新疆当代文学的研究领域，通过这些研究类型我们可以看到对新疆少数民族作家的研究较为薄弱。

客观而言，新疆当代文学是一种文化的、审美的、包容着新疆文化精神和价值取向的写作。基于此，本书撰写的目的是从新疆文化地理角度分析新疆当代文学产生的外部和内部空间特征，从自然与人文的地理环境、丰富复杂的文化因子、独特个性的文化景观、多元形态的文化整合等方面研究支撑新疆当代文学的内在因素，揭示新疆文化地理与新疆当代文学的重要关系，凸显新疆文化地理环境的典型意义，着重强调新疆文化地理环境中各民族之间的融合与共通形成了新疆当代文学独特的文化质地。总之，新疆当代文学是新疆文化地理环境中多民族文化相互渗透、相互更新、相互认同产生的共谋共创的多元一体文化的结晶。

鉴于新疆文化地理的丰富性与复杂性，本书对研究方法的考量主要有以下几点。

第一，试图突破以往地域文化和当代文学研究较为狭窄的论述范围，这主要表现在对于地理文学和作家两方面研究视域的拓展上。对新疆当代文学的研究，从传统地域文化研究的思路，即从一种静态的、平面的、偏于传统地域文化观照的角度，进入一种动态的、立体的、强调时代和社会内涵的地域文化体系的研究。这种文化体系中既包含了自然环境和人文环境，更包含了时代社会发展所带来的新质，呈现的是一种更为全面和立体的地域文化景观。本书是一种历时性的梳理，在大量社会学、民俗学、历史学、经济学的材料基础上，凸显出新疆文化地理体系自身的丰富性、复杂性和动态性。

第二，在一种文学和文化的"互动"方式中，真实、深入地展现文化地理与文学之间微妙而复杂的关系，突出二者之间的渗透和互动。在对文化形态的研究中，力图从"文学—文化地理"角度全面展开新疆绿洲文化、游牧文化、兵团屯垦文化以及在此基础上形成的"混血"文化与新疆当代文学的内在关系，在强调"多元一体"文化格局的前提下，突出各类文化因子的独特个性及蕴含。

第三，为避免研究中较为普遍的文化学和文化两分离，过于浮泛和表面的现象，在自然景观、文化景观、文化因子的写作中，本书选取较具代表性的新疆作家作品进行分析，强调文本细读的方法，以文本中新疆本土化的表述为原点，如"塔玛霞尔""儿子娃娃"等，力图展现原汁原味的新疆文化地理。本书尤其强调文化景观与文化因子对作家的影响，在呈现新疆文化丰富性的同时，也为新疆作家的本体研究提供一种新的研究视角。

需要强调的是，本书并没有一味强调新疆文化地理对于作家创作形态的"唯一"作用和影响，而是在掌握了大量研究资料，在研究的基础上，提出新疆文化地理是形成作家丰富的精神世界的一种资源、造成他们创作风貌的一种原因。在具体论述中，始终保持清醒、客观的"非地域文化决定论"意识，这无论是对于新疆文化地理和文学的关系的研究，还是对新疆当代作家的本体研究，都是非常必要的。此外，由于新疆当代文学中的作家谱系涉及多民族、多语言的纷繁性，本书对作家的选择首先是以汉语写作的新疆当代文学领域具有影响力的各民族作家，选择了少量的翻译作品；其次，在对每一种文化地理范畴的论证说明中，选取最有代表性、最具典型意义的作家，避免了泛泛而谈、面面俱到，而不至于在众多的作家创作的罗列中，失去最初选题的论证题旨；考虑到文化地理的观照下势必有些作家会兼具多种文化精神特质。本书的处理方式则是突出该作家身上最为典型的地理文化特质，对那些兼具多种文化特质作家的处理，则较为灵活和机动，有什么样的特点就呈现出怎样的特点，并没有"突出一点"，而"不及其余"。因此，本文在例举作家分析时会有个别章节中出现选择作家的重合，但是论述的重点是不相同的。

三 研究的主要内容概述

新疆当代文学是多民族、多语种、多梯队的边疆文学，各民族文学之间相互交流、相互欣赏、彼此交融，是新疆文学发展的特点和优势所在，本文以新疆文化地理环境中的自然景观、文化景观、文化因子为主要研究对象，分析形成新疆当代文学整体面貌的内在因素，主要内容包括五部分。

（一）新疆当代文学的文化地理环境分析

本章内容主要从文化地理的宏观视角对新疆当代文学产生的影响进行分析。新疆文化地理环境是新疆当代文学产生、发展的基础，新疆的政治经济、民族宗教都与新疆当代文学有着必然的联系，首先，新疆当代文学以其特殊的方式反映着与政治地理的关系，在"进疆""援疆""西部大开发"等国家话语的倡导下，新疆当代文学在不同的政治语境下有着不同的表述与书写；新疆经济的发展模式决定了新疆当代文学创作的空间背景一直是以牧区生活、绿洲农村、屯垦兵团为主的传统模式，经济因素也影响到作家对文体的选择。其次，在多民族聚居的地理环境下，新疆当代文学的书写映照出各民族多元一体的总体格局与显著特征，形成了富有民族特色的文化特质，对民族特质的体现兼有一种双向性的功能特征。在新疆当代文学的书写中，宗教文化往往升华为一种精神源头，如强调人对生命的敬畏、神性意识等，传达出的是文学与自然、文学与宗教之间一种互文性的关系。最后，对新疆重要作家的籍贯组成、受教育程度、生活经历等方面进行了宏观分析，鉴于新疆人口结构的特殊性，将汉族作家的身份境况分为属民作家（土著作家）、移民作家、流寓作家与旅居作家。

（二）自然景观：新疆当代文学的自然地理环境

本章以新疆当代文学书写的自然景观为主要内容，选取每类自然景观描写中独具代表性的作家作品进行文本细读。新疆当代文学与自然景观之间的关系简单而言就是文学领域中的"人地关系"，气候与地貌、植物与动物、地标性的自然景观等是新疆当代文学中书写的主要内容。第一，新疆气候干燥、少雨的特点在作家作品中有着鲜明的呈现，在新疆的气候条件下，人对自然的征服更具有一种悲情色调，这种悲情色调在新疆当代文学中往往表现为人对大自然的感慨及人的自由意志与生存境遇之间的矛盾；山川、盆地、沙漠、河流的书写印证和体现出新疆作家"绝域产生大美"的创作取向。第二，新疆地理环境中的各类植物在作家笔下被赋予了各种状态与情姿，沙漠中的胡杨、梭梭、红柳、白杨在作家的笔下显现了顽强、不苛求环境的生命特征；新疆当代文学对于动物主题的书写较为普遍，其中最为突出的是对马、牛、羊、骆驼、驴的书写，马不羁而壮烈的精神成为新疆气质的象征，对动物的书写是作家认同地域文化并以之构建自我存在的方式。第三，新疆当代文学的自然景观以一种"在路上"的方式呈现出来，新疆作家们游走在大地之中，以一种在场的审美体验对自然风景尽情描绘，"在路上"的自然景观反映了新疆作家对人与地关系的一种深度思考；伊犁大草原、喀纳斯、吐鲁番是新疆地标性的自然景观，也是作家反复吟诵的对象，成为新疆当代文学中风景画的代表性场域。第四，对新疆当代文学自然景观的书写进行深度解读，会发现生命意识是新疆当代文学显著的整体特征，风景中的万物被作家以生命意识去解读和理解，并转化为一种永恒的艺术符码。新疆当代文学的自然景观描写既是文学对人与自然属性的回归，也是自然文化对文学渗透的反映。

（三）文化景观：新疆当代文学的人文地理环境

新疆的文化景观如地名与历史、饮食与服饰、建筑与音乐等都在新疆当代文学中有浓重的描摹。第一，关于地名与历史的书写：新疆作家对地名的书写主要聚焦于首府乌鲁木齐、南疆的喀什、北疆的伊犁等，地名书写对于新疆当代文学的版图具有重要的意义，更多的是作为新疆文化地理的承载体，拓展了文学书写的边界；新疆的历史在某种意义上而言是一部迁徙、流离和抗争相生相伴的历史，本章以锡伯族作家傅查新昌的《秦尼巴克》、李健的《木垒河》、赵光鸣的《解忧与冯嫽》、温亚军的《仗剑西天》为分析文本，历史书写是作家对新疆历史文化的理解、体会与历史本相的融合，这种书写承载了新疆历史文化的广度与深度。第二，关于饮食与服饰的书写：以王蒙的小说《这边风景》为代表性文本，小说中对新疆维吾尔族的饮食文化中的馕、羊肉、茶有着大量的书写，深刻地反映出维吾尔民族的生存方式、文化理念及民族心理；哈萨克族作家叶尔曼·胡尔曼别克在作品中多次描写了本民族饮食中的"奶文化"，这是哈萨克民族族群认同的一个标志；民族服饰积淀了民族的审美情趣和文化心态，通过新疆作家对民族服饰的描写分析，显现了维吾尔民族服饰的绿洲文化特征、哈萨克民族服饰的游牧文化气息。第三，关于建筑与音乐的书写：新疆当代文学作品中关于建筑的书写，无论是地标性建筑景观——乌鲁木齐的红塔山，还是哈萨克族的毡房、维吾尔族的喀什民居，兵团屯垦及新疆移民的地窝子，都与地区特有的文化地理因素联结在一起；新疆当代文学对音乐描写的种类非常丰富，木卡姆、麦西莱甫、热瓦甫是维吾尔族的标志性音乐文化，冬不拉、阿肯弹唱是哈萨克族的艺术，从新疆当代文学作品对音乐的书写中，我们能够看到作家对新疆文化的深度理解，也让更多的人看到了新疆文化地理中人们激扬的灵魂所在的原因。第四，作家对文化景观的体认是多方面、多层次的，在作品题材、书写的方略等方面都体现了新疆当代文学对新疆区域文化形象的塑造。作家对文化景观的书写既是一种有"方向的写作"，也是一种"有深度的写作"，作品致力于对新疆俗常生活中文化景观的挖掘，反映了新疆多民族文化交流与互动的意义。新疆当代作家对文化景观的大量书写，不仅表现出了清晰可感的新疆文化面貌，而且提升了新疆当代文学文化品格。

（四）文化因子：新疆当代文学的多样文化形态分析

新疆诸多丰富的文化因子是形成新疆当代文学的源泉，它对新疆作家的影响已遍布从生活到心灵等诸多层面，并积淀为作家们稳定的文化心理因素。该章节分析了绿洲文化、游牧文化、兵团屯垦文化及新疆诸文化形态叠加的"混血"文化对新疆当代文学产生的影响。第一，绿洲文化的形态中，"村庄"与"巴扎"是典型性的景观，在具体的新疆当代文学作品中，村庄的封闭与巴扎的热闹形成鲜明对比的场景，绿洲文化塑造出新疆文学作品中的人物具有乐观、幽默、重情守义等性格特点；第二，游牧文化的形态中，新疆当代文学对"牧场"与"迁徙"有着真实、生动的书写，游牧文化开放性的特点对于哈萨克族双语作家群的形成起到了重要作用，游牧文化因子的审美特征具体在作品中表现为对草原文化的迷恋、对人生诗意的追求及对本民族古老民俗文化的书写；第三，在兵团屯垦文化的影响下"下野地"与"场部"是董立勃小说中多次重复出现的空间背景，在这两种背景的映照下，其作品中的人物命运由此发生着衍变与冲突，从地理学的角度上探究到兵团文化的真实意蕴，小说中的许多人物都有着坚韧的、不妥协的一面，构成了一座意味无穷的兵团人物形象的展览馆；第四，新疆各民族文化是中华文化的重要组成部分，在长期的融合与交汇中形成了"你中有我，我中有你"的文化格局，形成了新疆特殊的"混血文化"现象。汉族作家在文化心理、文化视域上无不打上少数民族文化的烙印，如周涛、刘亮程、红柯等；而少数民族作家也受到汉族文化的感染与影响，如维吾尔族作家狄力木拉提·泰来提、哈萨克族作家叶尔克西·胡尔曼别克等，这种"混血文化"形成的双向建构使新疆当代文学的面貌呈现出与众不同的审美风格及文化观念。在新疆多元一体文化的濡染下，新疆当代文学具有了文化地理学上的意义，它彰显的是新疆当代文学的文化标识。

（五）新疆当代文学的文化符码

一种文本系统，就是一种文化的符码系统。在新疆作家的内心深处，边缘、荒野、家园已内化为新疆当代文学的文化符码，它们与新疆大地的辽阔、遥远一样成为新疆当代文学的永恒符号。"边缘"是贯穿新疆当代文学史书写的一种重要话语，在新疆当代文学中对边缘话语的阐释首先体现为地理空间上的表述，如杨牧、李娟、刘亮程等作品中对边缘的空间性特点有着不同的描述；边缘在新疆作家的阐释中更有着文化的意味，如周涛以诗歌建构的边缘文化镜像，在政治地理的意义上而言，对边缘的阐释更多地体现为国家边陲、边防的意义，如军旅作家李斌奎的小说《天山深处的大兵》、唐栋的小说《兵车行》等对边防精神的弘扬。边缘的影响给新疆当代文学带来了活力的同时也带来了焦虑，反映于作家创作中，表现出对边缘与中心的矛盾的文化心态、渴望被认同的身份焦虑等。"荒野"在新疆不仅是一种自然地理的典型现象，更是文学中一个独特的文化符码，通过"荒野"的书写我们看到了作家的心灵轨迹，一方面，它是一片荒芜孤寂之所，另一方面，它也被视为避难之所。面对荒野大地，既有李娟、刘亮程、狄力木拉提·泰来提等荒野记游式的独行者的行吟，也有赵光鸣荒野叙事中流浪者的悲歌，新疆作家对荒野的书写最终关联着荒野大地上的"人"及人的心灵、人的精神，在荒野的言说中，我们看到的是作家对新疆当代文学"稀有价值"的挖掘。家园在新疆当代文学的创作领域中是一个无法忽略的文化符号，我们看到无论是像周涛、董立勃、赵光鸣这样自少年时期随父母西迁，还是像刘亮程、李娟之类因父母流寓而生长于新疆的作家，还有像沈苇、孤岛、陈漠等后期移民到新疆的作家，始终有着对家园的呼唤，在对家园的"漂泊"和"寻归"中，作家们完成了自我的灵魂修炼，留给读者的是深邃而悠久的惆怅。

　　本书以文化地理学、文学、文化、社会学、民族学、历史学等相关知识交叉的视角来分析新疆当代文学，注重从空间与时间两个方面来展现新疆当代文学的全貌。整体构思上，以总论和分论、现象和个案相结合，以文本细读为论证基础，力图展现出新疆文化地理与新疆当代文学的骨肉联系。颇感遗憾的是，在查阅大量资料的过程中，发现新疆文化地理是丰富而多样的，但对于新疆当代文学的研究却是稀薄而单一的，本书参考不少学界关于西部、关于新疆文学的研究资料，借此对那些关注新疆当代文学的研究者们致以敬意。面对新疆文化地理与新疆当代文学，本书所做的研究只是以管窥天、以锥刺地而已，希望能抛砖引玉，引起更多的学者关注新疆、关注新疆文学，推动新疆当代文学的发展与进步。

第一章　新疆文化地理与新疆当代文学概述

文化地理学是研究文化与地理环境相互关系的科学。从文化地理学的视域来研究新疆当代文学，可以看到，新疆自然景观、文化景观及丰富的文化因子等是新疆当代文学书写的地域基础，新疆当代文学因而具有了鲜明的地方性，因此，要研究新疆文化地理视域下的新疆当代文学，首先要厘清文化地理学的相关概念及术语；其次，新疆文化地理的丰富性与复杂性使其成为一个独特的区域现象，对新疆文化地理的基本面貌有一个清晰的认识也是研究的基础；最后，新疆当代文学始终与中国当代文学发展的主潮相呼应，但又存在着迥然于其他区域文学的方面，梳理新疆当代文学的发展及现状也是进行研究所不可或缺的内容。新疆当代文学作为一种地域性的书写，其所呈现出的美学形态昭示了新疆文化地理因素对作家作品的浸润及影响。

第一节　文化地理学与文学研究

文化地理学是人文地理学科的重要分支，它主要是从地理学的角度来研究文化，反映在人类的生活中，文化是如何影响人们的生活空间的，并强调地理空间对文化的塑造作用，从而反映出空间中的文化特征及内涵，让人们看到文化地理学对人类的重要性。作为科学术语，"文化""地理"的现代概念都是舶来品，因此，本节拟对文化地理学的相关概念、研究范畴以及文化地理与文学研究的关系等进行简要介绍，本文正是基于这些学术背景的产物。

一 文化地理的界定

"文化"的含义相当广泛，各国学者对文化的定义可以罗列出上百种，其中最为经典的是英国人类学家爱德华·泰勒提出的文化概念。泰勒将文化看成一个复杂的综合体，其涵盖了艺术、法律、知识、信仰、道德、风俗和作为社会成员在生活过程中获得的能力以及由此形成的习惯。① 从这个定义来看，文化的内容涵盖了物质文化、精神文化和制度文化。物质文化是人类创造的物质产品，来源于技术并与社会经济活动的组织方式直接相关，例如饮食、服饰、建筑等方面；精神文化是指人们在社会实践中所形成的无形体，它涵盖人的价值观念、思维方式、审美趣味、宗教感情、民族性格等；而制度文化是指个人与他人、个体与群众之间的各种规范、准则、法律等，如政治制度、经济制度、法律制度等。目前，"学者们多倾向于把文化分成三个组成部分：即物质方面、社会方面与思维方面。物质方面是指工具和人们衣、食、住、行等所需要的物质产品。社会方面则是政治、法律和教育系统、家庭结构、宗教组织等集合而成的社会中的各种制度。思维方面是文化中表现不太明显的部分，它是文化的思想基础，一般指世界观、价值观、信仰，以及在艺术、文学、宗教和民族意识上的表现"。② 基于这个层面，文化已成为人们日常生活的一部分，是渗透于人类社会的各个方面并赋予生命以意义的重要事物。

---

① ［英］爱德华·泰勒：《原始文化》，连树声译，上海文艺出版社1992年版，第1页。
② 王恩涌：《文化与地理》，载《王恩涌文化地理随笔》，商务印书馆2010年版，第10页。

地理环境作为文化发展的舞台，它直接或间接地影响文化的发展。当然，也有些文化与地理环境关联甚小，甚至几乎没有影响。以马克思所提出的生产资料中自然富源的土壤肥力为例，在土壤肥沃对农业产量影响十分明显的地方，由于土壤肥沃，相对其他地区来说，在投入劳动力较少情况下就可获得较丰富的收获。这样，同一个劳动力就会比其他地区有更多的剩余粮食。在这种地区，也就会使较多的人脱离粮食生产从事其他活动，这个地区的文化发展就会快于其他地区。可以说，地理环境影响物质文化，并通过物质文化又影响到该地制度文化与精神文化；再者，地理环境的平原、山地、草原及其内外交通便利与否，不仅影响到文化，还影响到这里的人是农业民族、牧业民族还是狩猎民族，以及这里民族由于交通情况而带来的开放与封闭程度，直接关系到该民族以后的文化发展。

综上所述，文化地理学是研究文化与地理环境相互影响和相互作用的科学。美国地理学家对此的相关表述有，豪福泊尔指出文化地理学主要研究人类和自然环境之间的关系，并着重探讨其文化差异是如何影响人类与自然关系的。苏尔则强调文化地理学侧重研究人类创造的文化领域。① 安德森主编的《文化地理学手册》导读中提出"文化地理学既是一种地理学思维方式，又是一个实质性的研究和论争领域"。② 英国地理学家迈克·克朗也对文化地理学的研究对象进行了阐释：人类生活环境丰富且充满了差异性，其不同的地理空间如何被人们所理解和阐发，这种理解和阐发是如何以人文活动的方式表现出来，即人文地理学研究的是人与地理环境密切相关的人文活动。中国文化地理学家王恩涌、胡兆量等则认为文化地理学关注的是地理环境与人类文化之间的关系。③

---

① 王恩涌：《文化与地理》，载《王恩涌文化地理随笔》，商务印书馆 2010 年版，第 9—11 页。

② ［英］凯·安德森、［美］莫娜·多莫什等主编：《文化地理学手册》，李蕾蕾、张景秋译，商务印书馆 2009 年版，第 3 页。

③ 王恩涌：《文化与地理》，载《王恩涌文化地理随笔》，商务印书馆 2010 年版，第 9 页。

总之，文化地理学研究自然、人文、经济等诸因素和文化的关系，更多的是从空间的角度来研究人地关系及其在文化诸因素作用下所汇聚而成的文化景观。简而言之，就是研究自然地理环境与人类文化之间的关系，研究地理空间如何产生了差异性的文化。

二　文化地理学的研究范畴

文化地理学的研究范畴，一般包括文化源地、文化生态学、文化的传播与扩散、文化区与文化景观。① 具体而言，文化源地是指人类最古老的文化发生地，即古文明中心，这里是文化成长、壮大、创造和革新的源地；文化传播与扩散是指某种观念或革新从其起源地向其他地区传播扩散的过程；文化生态学是指文化与其所在环境的相互关系；文化区是研究文化现象在空间上的分布及其与各种环境因素的关系；文化景观则是研究地球表面各种文化特征的复合现象，通过研究其形成过程来认识人与环境关系的变迁。而所有的这些研究范畴无一不是包含在空间的领域内。

文化地理学研究所涉及的空间概念及上述范畴也是进行文学研究时，对文学创作现象进行阐释的根本出发点，因此，文化地理学研究范畴的相关概念是一切研究的基础。

1. 空间

"空间"是人类存在的基本形式，是指物质内在的伸张性和广延性。《牛津英语词典》中对"空间"一词阐释为"视为具有一维、二维或三维的一些点或事物之间的间距"。而《辞海》中则将空间与时间放置于同一相对的范畴，强调空间对事物广延性的影响，它同物质一样，

---

①　[英]迈克·克朗：《文化地理学》，杨淑华、宋慧敏译，南京大学出版社2005年版，第3页。

不依赖于人的意识而存在，是客观而永恒的。康德视地理学为空间科学，因为"地理学家的关注点在于空间内的事物和它们的相对位置，如对各种现象的描述、解释与预测等"。① 在文化地理学的研究领域中，对空间的阐释注入了更多的文化因素，研究者们多以自然历史、文化因素等方面来建构空间，研究人类纷繁的文化现象的空间位置、地域分布及其空间内各文化区的形成、演变以及由此形成的相关规律等。

从文化地理学的角度来看，时间与空间是统一的结合体，具有不可分割性及延续性。以往的文学研究中，往往存在注重时间维度而轻视空间维度的倾向，随着空间或空间性越来越多地进入文学研究和文化研究的视野，文学与空间的关系研究引起研究者的关注，围绕空间这一理论领域，形成不同学科的交叉、渗透、融合，建构出了文化地理学与文学两者之间的内在联系。

2. 文化源地

文化源地是文化地理学讨论的重点主题，是文化圈的生长核心。纵观世界历史，由古至今，每种文化都历经从产生到发展进而衰落的过程，这个过程往往伴随着这种文化从空间内的一个点萌生出来，然后扩散到其他地区，该文化覆盖的地区也会随着文化生命力的消长而扩张和缩小，所以文化生长的源地与其产生地区的自然环境、人文环境密切相关。②

文化源地对于文学研究非常重要，一种文学现象的出现、地域文学的流派等均与文化源地有关，例如宋代的"永嘉四灵"都是永嘉人，他们同地相应、同气相求，形成了颇具文化源地印记的文学流派，古今

---

① ［英］马丁·肯特：《空间：自然地理学为空间腾出地盘》，载［英］萨拉·L. 霍洛韦、斯蒂芬·P. 赖斯、吉尔·瓦伦丁编《当代地理学要义》，黄润华、孙颖译，商务印书馆2008年版，第97页。

② 周尚意、孔翔等编：《文化地理学》，高等教育出版社2005年版，第135页。

中外的文学作品都有其文化源地的印记。从分析文化源地的发展水平到历史文化面貌，再到探讨地理感知，可以探究出一种文学现象是如何发展变化的，显现出文学创作的轨迹。

3. 文化传播与扩散

文化传播是一种文化特质或一个文化综合体从一群人传播到另外一群人的过程，文化在不同人群中的传播即为文化扩散。文化扩散是文化传播的主要方式之一，它不仅带动了区域文明和经济发展，而且促进了人与人之间的互动，伴随着地域间人文因素的变化而最终实现文化在地域间的传播。

人类的文化之所以呈现出多元化、开放性的特点，正是因为特定的文字和艺术的传播和扩散所形成的。在文学研究领域中，作家的迁徙流动是实现文化传播与文化扩散的主要途径，作家往往对本籍文化的流动与传播起到了重要的作用。

4. 文化生态

文化生态的研究对象是文化与自然环境之间的相互作用。任何一个民族的文化都是在一定的自然环境中形成和发展而来的，自然环境与文化之间的相互作用及影响是形成地域文化差异特征的基础。

文化生态主要关注的是自然地理环境对人类的影响，任何一个地区的文化都要受制于自然环境，如气候、地形、植物、动物及相关的地理风物等。从文化生态的角度，不难发现所有文学作品中都留下了自然环境的印记，如湘楚文学、巴蜀文学无不含有自然环境的重要因素，因此，研究区域文学首先要关注的就是地方自然环境对作家风格的塑造。

5. 文化区

文化区是文化地理学研究的主要对象，文化区亦被称为文化圈或文化地域，它体现了文化地理研究中最主要的内容。文化区是由共同文化属性所组成的地理区域，是与其他文化异质化或差别化的区域。换句话说，即在同一地区，某种单一的文化元素或多种文化元素与反映文化特征的各类景观杂糅在一起所呈现出的一致性特征。这些元素呈现在语言、艺术、民俗、宗教、社会组织结构、经济特点以及道德和伦理等方面，而这种不同地区盛行的文化特征正是区分文化差异的标准，由此形成了一种空间单位即文化区。①

文化区代表了本地区的显性和内隐的文化特征，其文化特质的标志之一就是文化区之间形成的差异性，而文化间的共同性同样也是文化特质不可或缺的另一重要因素。按照文化地理学的角度，中国文化区域主要分为齐鲁文化、秦晋文化、燕赵文化、关东文化、中原文化、吴越文化、闽台文化、两湖文化、岭南文化、江西文化、巴蜀文化、云贵文化、青藏文化、新疆文化等区域。② 每一种区域文化都产生着与之相匹配的文学作品，可以说，区域文化是作家的文学故乡，与作家有着血脉联系。

6. 文化整合

文化整合，或称文化综合，是指每种文化之间与整个文化之间的相互影响。由于文化扩散，不同文化之间通过一定时空发生冲突、排斥、融合，最终逐渐趋于稳定。在整个拉锯和磨合的一体化过程中，就产生了文化整合。影响文化整合的主要因素除环境中的各自然要素外，还会受其他诸多文化要素直接或间接的影响，其中文化与经济社会环境中的各种因素和关系是影响文化整合的重要方面。③

文化的各要素在空间上错综复杂，因此文化地理学在研究文化地理

① 周尚意、孔翔等：《文化地理学》，高等教育出版社 2005 年版，第 135 页。

② 参照王恩涌、胡兆量、周尚意、赫维红、刘岩《中国文化地理》一书的划分，科学出版社 2008 年版。

③ 王恩涌：《文化地理学导论》，高等教育出版社 1989 年版，第 28 页。

要素时，不能忽视其他文化要素的作用。文化在空间地区的整合过程中，通过排他性形成一种新的文化体系。最典型的如客家文化，追根溯源，客家文化是在经过北人不断南迁的长期历史过程中所形成的一种文化整合现象。新疆的混血文化也是文化整合的一种表现，它对于作家创作的文化心理及文化精神等方面有直接的作用，体现于具体的文学作品中，则表现为明显的混合性文化特征。

7. 景观

景观一词来自德语 Landscape，这个词的普通含义即景色、风景。地理学家卡尔·索尔 1925 年将这个词引用到地理学里，并把"地球表面可以通过感官觉察到的事物、着眼于这种感觉——景观的整体"，景观又可分为自然景观与文化景观。"作为地理学的一个研究主题"，我们看到的一个地方的地理形态、水文状况、土壤特征、植物动物等都是自然景观，而文化景观则是人类在自然景观的基础上通过人类活动而形成的。[①] 文化景观更多的是由人为作用而形成的。文化景观除了可以看到的有形实物体外，还包括许多无形的存在于人类精神层面的产物，如宗教信仰、民族特征等。

迈克·克朗在《文化地理学》中认为景观绝非一种个体特征而是具有群体意识的特征，它的形成反映并强化了某一社会群体的构成，通俗地说即"谁被包括在内谁被排除在外"；它反映了关于某个民族的观念、信仰和以此为代表的民族特征；代表了一种社会或文化信仰、实践和技术。因此，景观的形成是社会意识的忠实表达，社会意识反过来也通过景观得到巩固、强化和再生产。[②]

---

① 王恩涌：《文化地理学导论》，高等教育出版社 1989 年版，第 30 页。
② ［英］迈克·克朗：《文化地理学》，杨淑华、宋慧敏译，南京大学出版社 2005 年版，第 13—20 页。

总之，文化地理学对于文化的研究保持了地理学的独特视角，强调通过空间思考文化，通过文化思考空间，扩大了地理学科的认知范围。

三　文化地理学与文学研究的维度

迈克·克朗在《文化地理学》中指出："文学中充满了对空间现象进行描写的诗歌、小说、故事和传奇，它们体现了对空间现象进行理解和解释的努力。"① 文化地理学从空间的角度出发，关注文学中的自然景观、文化景观，关注民族性格、风俗制度等方面，在文本的细读中阐释作品所蕴含的更深层的意义，探索文学作品独特的价值意义，而其中包含的是人与地之间密不可分的关系。自 21 世纪以来，文化地理学与文学的研究引起学者的高度重视，从中国古代文学到中国现当代文学，对文化地理学与文学相关的维度均有不同程度的探讨。

从文化地理学的视域下进行文学研究，目前主要有以下几个维度。

第一，空间对文学研究的影响，即对地域文学进行纵、横双时态的考察。严家炎在"二十世纪中国文学与区域文化丛书"的总序中谈到"文学有地域性"，并指出了以往对文学地域性研究的不足：以往对于地域的理解注意力过于集中在山川、气候、物产之类的自然条件上而对构成人文环境的诸般因素则相对忽视。在初民时代，自然条件对人和文学当然有重大的意义，但仅以地形、气候等自然条件来断定地域对文学的影响显得过于狭窄、机械和肤浅，不易说明地域对文学影响的那些复杂、深刻的方面。地域对文学的影响是一种综合性的影响，更包括历史形成的人文环境的种种因素，确切地说，地域对文学的影响，实际上通过区域文化这个中间环节而起作用。即使自然条件，后来也是越发地与本区域的人文因素紧密联结，透过区域文化的中间环节才影响和制约着

---

① ［英］迈克·克朗：《文化地理学》，杨淑华、宋慧敏译，南京大学出版社 2005 年版，第46 页。

文学的。例如，该地区特定的历史沿革、民族关系、人口迁徙、教育状况、风俗民情、语言乡音等；而且越到后来，人文因素所起的作用也越大。① 这段文字表明了文学研究的地域性因素应当不仅仅局限于自然环境，还应当包含人文环境的诸多因素，如环境的变迁、文化、宗教等横向因素，所以从纵、横双时态去研究文学才能透析文学的本质。文化地理学对文学的研究正是从纵、横双时态去观照文学的发展，这种对空间维度的关注极大地拓展了文学研究的范畴。

从文化地理学角度研究文学的空间性，就是以自然地理与人文地理相结合的形式，这种视域使文学研究的层面更加丰富而立体，可以充分展现出作家作品研究的个体性与综合性，也是构建一种时空并置的文学观念的新视角。

第二，文化地理环境对作家作品、作家地理分布的影响。作家的地理分布与文化地理环境因素互为双向影响。一方面，作家的出生地、生长地对作家作品的影响反映在文学的文体选择、文学风格等方面，另一方面，地方的政治经济、社会文化又影响着作家的迁徙与人生轨迹的变化。

在文体选择方面，文化地理环境的差异性对作家选择文体也产生着一定的影响。江南多诗文而北方多散文，自古因循至今。如魏晋南北朝的几部重要散体学术著作《水经注》《齐民要术》《洛阳伽蓝记》分别由来自北方的郦道元、贾思勰、杨衒之所著。而在诗词方面，江南的作家多生活在烟雨迷蒙的水乡，水草繁茂、气候温湿、山清水秀，诗情画意油然而生，因此南方作家多诗作的现象也是必然，自然环境和人文环境对作家选择文体的影响也可略见一斑。

一个地方的文化地理因素对于作家创作风格的形成起到了关键性的

---

① 严家炎：《二十世纪中国文学与区域文化丛书》，载马丽华《雪域文化与西藏文学》，湖南教育出版社 1998 年版，总序。

作用。刘师培在《南北学派不同论》中系统讨论了中国学术文化的南北差别，他说："学术所被复以山国泽国为区分。山国之地，地土境瘠，阻于交通，故民之生其间者崇尚实际，修身力行，有坚忍不拔之风。泽国之地，土壤膏腴，便于交通，故民之生其间者崇尚虚无，活泼进取，有遗世特立之风。大抵北方之地，土厚水深，民生其间，多尚实际；南方之地，水势浩洋，民生其间，多尚虚无。"① 梁启超在《近代学风之地理分布》一文中，研究魏晋以来地域文化之差异，他指出："环境对于'当时此地'之支配力，其伟大乃不可思议。"② 特定的文化地理环境孕育出截然不同的作家风格，中国现代文学史上风格各异的地域作家群体如山药蛋派作家群、东北作家群等都是与作家的文化地理环境不可分割的。

袁行霈在《中国文学概论》一书曾说，文学家会在某个年代、某个地区集中而来，这个地区也会因人才会聚而扬名，同时，文化精英的簇聚还会促成文学、文化中心在该地域的形成。③ 文学家与其他社会族群相比，其生活轨迹的流动性明显较大，究其原因主要受政治、经济和文化这三方面因素的影响。曾大兴对于这一点有明确的表述，凡富庶之区、京畿之地、文明之邦、开放之域往往是中国历代文学家分布比较集中的区域。政治风向及环境所形成的政治气候、经济发展与凋敝所形成的经济环境、自然气候及地理环境的适宜与否，都与文人的聚散与分布有直接的关系，这些因素都以地理环境为基础。④ 然而，这些因素并不是决定文人去留的主要因素，文化的开放与收缩所形成的文化环境，即文化才是真正意义上最直接与最稳定的决定因素，它决定了文学家的地

---

① 刘师培：《南北学派不同论》，载劳舒编《刘师培学术论著》，浙江人民出版社1998年版，第135页。

② 梁启超：《梁启超全集》，北京出版社1999年版，第4259页。

③ 袁行霈：《中国文学概论》，北京大学出版社2010年版，第43页。

④ 曾大兴：《中国历代文学家之地理分布》，湖北教育出版社1995年版，第500页。

理分布格局。也就是说文化中心决定了文学家的分布中心,文学家随文化中心迁移而动。① 古往今来,文人迁徙并带着家族文化的基因在文学领域承传和旅行,形成了文化的传播与扩散,文化中心与文化区的分布往往反映了文学中心的变化。如鲁迅指出的:"所谓'京派'与'海派',本不指作者的本籍而言,所指的乃是一群人所聚的地域,故'京派'非皆北平人也,'海派'亦非指上海人。梅兰芳博士,戏中之真正京派也,而其本贯,则为吴下。"② 而文化中心地区文学的发达、作家的聚集都是在文化地理环境因素的作用下形成的。

第三,文化地理环境对文学作品的精神文化向度的影响。文学作品的精神文化向度是文化地理环境作用下对作家的美学风格、文化精神等的体现。③

在美学风格方面,不同地域的文化圈或文化区产生了作家迥异的美学风格。文化地理环境潜移默化地塑造了作家的个性、气质与审美心理,这种心理从不同的角度、以不同的方式被环境所强化乃至固化,循序不断地形成了作家在审美风格方面特有的和模式化的思维方式及审美观。如汪曾祺的作品归属于吴文化圈,受地域因素长久影响,作家的审美观和人生价值取向趋于与主流的疏离与散淡。不同的地域风格形成了作家在美学风格方面的差异,不同文化圈区成就了中国文学的多样性与丰富性。中国当代文学的地域风格以樊星在《当代文学与地域文化》一书中的概括最为精辟:"东北的神奇,西北的雄奇,中原的奇异,秦晋的悲凉,齐鲁的悲怆,楚地的绚丽,吴越的逍遥,巴蜀的灵气"。④

就文化精神方面而言,迈克·克朗指出地理学者通过文学作品中充

① 曾大兴:《中国历代文学家之地理分布》,湖北教育出版社 1995 年版,第 501—505 页。

② 转引自曾大兴《文学地理学研究》,商务印书馆 2012 年版,第 17 页。

③ 此点内容部分参见汪娟《文化地理视域下的新疆当代散文》,西安交通大学出版社 2013 年版,第 11 页。

④ 相关观点参见樊星《当代文学与地域文化》,华中师范大学出版社 2006 年版。

满想象的描述意识到一个地域的独特风情和特有的"精神",这些描述涵盖了对地区生活经历的分析,一些怀有地方情结的作家感同身受,在作品中描写了"对地区感的理解"。① 从文化地理的视角对文学精神进行分析,可以看到作家的文化精神与其所处的自然地理环境、人文地理环境、民族宗教环境等有着紧密的联系,诸多的文化因素构筑了作家的化精神与文化意识的内核,形成了作家作品不同的文化特征。如西部文化精神中流露出的文化结构既包括自然地理所形成的地域空间、自然条件,也包括各民族的宗教信仰,人文意识及其蕴含的生命、家园、孤独意识等。②

第四,文化地理与文学构成了互为镜像的关系。文化地理是文学写作的源头,它构成了文学的基本要素。是引发作家文学想象力的根源所在,作家们将地方的文化地理特征以各种形式表达出来,其文本中的文化地理描写便成为作家文学风格的注册商标,具有鲜明的地域性。与此同时,文学地理因素在文本中还包含了一种精神地理的意义,它体现出一个地方的人的文化观念、价值观念等。如鲁迅作品中始终以故乡绍兴为空间背景的写作,"S"城——绍兴虽是他创作的地理方位,但更多时候,还是"报仇雪耻之乡"的精神文化因素潜在的对他的影响,影响着他那辛辣、冷峻、刻毒和绝无恕道的文学风格和精神气质。

同样,文学作品也具有文化地理的基本属性,它对文化的扩散与传播起到了积极作用。迈克·克朗指出,作为一种文学形式,完整的小说世界应该由位置、背景、场所、边界、视野等要素构成,这些都是小说具有的内在地理学属性。小说里的叙述者与读者占据着不同的地点和空间。任何一部小说均可能提供形式不同、甚至很有价值的地理知识,从

---

① 〔英〕迈克·克朗:《文化地理学》,杨淑华、宋慧敏译,南京大学出版社 2005 年版,第 41 页。

② 相关观点见赵学勇、孟绍勇《革命·乡土·地域——中国当代西部小说史论》,人民大学出版社、山西教育出版社 2009 年版,绪论。

对一个地区的感性认识到对某一地区和某一国家的地理知识的客观了解。① 因此，文学作品中的文化地理因素不仅是作家受文化地理环境影响的结果，而且是形成读者对地方文化地理认识的窗口。因此，许多文学作品可以让读者直接感受到作家描写的地方风土。诗歌、小说、散文等文本中都充满了文学对空间现象的描写，这些描写是作家对空间现象进行理解和解释的努力。在众多的文学作品中，地方自然风景与人文景观展现了各地的文化景观，成为人们了解地方的重要文本。如老舍作品中对北京从自然气候到胡同、到民俗景观的全方位描写，展示了鲜活的老北京文化地理特征，成为人们研究北京文化的有价值的文本，从这个角度来说，文学作品描述了文化区的基本要素，文学作品已不再简单地被视为对某些地区和地点的描述，更多的是文学作品中对文化地理的再创造，因此，文学作品为人们提供了作者理解世界的方式，它并不只是简单地对客观地理的描写，通过文学作品，我们沿着作者理解世界的方式来了解外部世界，各类地理景观，如民俗景观、建筑景观、情趣景观等通过文学作品得以广泛的展现。②

需要说明的是，文学与文化地理的关系，实际上是一种互动的辩证的关系。一方面是地理环境对文学的作用或影响，一方面则是文学对特定的人文地理环境的作用或影响，所有的这些影响都可能体现为某些共性，隐含某些规律，二者互为观照。

综上所述，文化地理学与文学研究的四个维度基本涵盖了文化地理所关注的范畴，如空间、文化区、文化传播与扩散、文化整合、文化景观等内容，这些基本的要素渗透到了文学的方方面面，对于文学作品的整体发展起到了关键性的作用。文学作品所揭示的不仅是地理空间结

---

① ［英］迈克·克朗：《文化地理学》，杨淑华、宋慧敏译，南京大学出版社 2005 年版，第39 页。

② 同上书，第 52 页。

构，它甚至还包括各种社会关系、文化生活方式以及经济情况等。从文化地理学的视域来解析文学表象之下的文化特征，这将会使我们在新的广度和深度上重新认识区域文学，认识我们的区域文化。

第二节　新疆文化地理的特征①

新疆，位于亚洲大陆地理中心，是中国最西部的省份，韩子勇在《文明地理》中写道："被大漠、关山所重重遮挡的新疆，给人留下的印象是感性的。""对新疆的了解，需要像玄奘西行那样，穿越西域的深处。"② 所以，要了解新疆的文化地理，必须从新疆文化地理的历史及文化层面来认识。可以说，从来没有一个地方像新疆这样有着如此广博的地域，它的面积占全国总面积的1/6，是中国面积最大的省级行政区。这片土地曾是有着1600多年历史的古代丝绸之路的必经之处，东西方文化曾在这里碰撞、交融，使它拥有独特的文化形态。季羡林认为："世界上历史悠久、地域辽阔、自成体系、影响深远的文化体系只有四个：中国、印度、希腊、伊斯兰，再没有第五个，而这四个文化体系汇流的地方只有一个，就是中国的敦煌和新疆地区，再没有第二个。"③ 新疆是一个历史久远、疆域辽阔、民族众多、文化异常丰富的地方，其文化地理的多样性与复杂性形成了新疆的独特风貌，无论是新疆的历史文化脉络，还是自然地理与人文地理都有着鲜明的区域特征。

---

① 本节内容主要参照：中华人民共和国国务院新闻办公室：《新疆的文化保护与发展》白皮书，国务院新闻办公室网站，www. scio. gov. cn，2018 - 11 - 15；中华人民共和国国务院新闻办公室：《新疆的若干历史问题》白皮书，国务院新闻办公室网站，www. scio. gov. cn，2019 - 7 - 21。
② 韩子勇：《浓颜的新疆》，新疆人民出版社2008年版，第2页。
③ 季羡林：《敦煌学、吐鲁番学在中国文化史上的地位和作用》，《红旗》1986年第3期。

一 历史文化脉络

地处欧亚大陆腹地的新疆,古称西域,位居丝绸之路的要冲,与周边八个国家接壤。"欧亚大陆是个多高山、荒漠和寒冷森林的地方,能够相互沟通的三条丝绸之路都经过新疆:第一条沿着天山北麓;第二条沿着天山南麓,塔里木盆地北麓;第三条沿昆仑山北麓。丝绸之路是文化传播和交流的大动脉。中国古代经济、宗教、音乐、艺术的重要传播,都离不开这3条通道。"① 19世纪的丝绸之路是中国与世界物质文明、精神文明交流的重要通道,中国古代的文化、经济、宗教、艺术的传播都曾由丝绸之路而走向世界。在"很长的时间内,新疆是东西各国文化交流的物质与文化交流中的枢纽,许多国家的文化,包括世界上几个文化发源地的文化,都在这里汇流,尽管有许多古代民族今天已不再存在,然而他们留下的文化痕迹一直到今天还到处可见"。② 这里曾有过众多不同民族的汇合,他们语言文字,宗教信仰都在新疆有过印迹。因此,"新疆"不仅是地理方位的意义,更是蕴含了多种文化的意味,而且,自古以来,"新疆各民族文化是中华文化组成的部分"。③

《史记》卷111在《卫将军骠骑列传》中记载:"骠骑将军去病率师攻匈奴西域王浑邪",这是我国史籍中首次出现"西域"名称;班固的《汉书·西域传》中首次在官方正史中给予立传。新疆自古以来就是中国领土不可分割的一部分,历史上有许多部落、民族在这里聚居,《汉书》称其为"西域三十六国",自汉代开始,新疆就是中国版图上

---

① 王恩涌、胡兆量、周尚意、赫维红、刘岩:《中国文化地理》,科学出版社2008年版,第335页。

② 季羡林:《新疆与比较文学的研究》,载《季羡林全集》第十七卷:学术论著九《比较文学与民间文学》,外语教学与研究出版社2010年版,第262页。

③ 中华人民共和国国务院新闻办公室:《新疆的若干历史问题》白皮书,国务院新闻办公室网站,www.scio.gov.cn,2019-7-21。

的一部分。清光绪十年（1884）设立新疆省，取"故土新归"之意。"自古以来就是多民族聚居地区。最早开发新疆地区的是先秦至秦汉时期生活在天山南北的塞人、月氏人、乌孙人、羌人、龟兹人、焉耆人、于阗人、疏勒人、莎车人、楼兰人、车师人，以及匈奴人、汉人等。魏晋南北朝时期的鲜卑、柔然、高车、嚈哒、吐谷浑，隋唐时期的突厥、吐蕃、回纥，宋辽金时期的契丹，元明清时期的蒙古、女真、党项、哈萨克、柯尔克孜、满、锡伯、达斡尔、回、乌孜别克、塔塔尔族等，每个历史时期都有包括汉族在内的不同民族的大量人口进出新疆地区，带来了不同的生产技术、文化观念、风俗习惯，在交流融合中促进经济社会发展，他们是新疆地区的共同开拓者。至19世纪末，已有维吾尔、汉、哈萨克、蒙古、回、柯尔克孜、满、锡伯、塔吉克、达斡尔、乌孜别克、塔塔尔、俄罗斯等13个主要民族定居新疆，形成了维吾尔族人口居多、多民族聚居分布的格局。各民族在新疆地区经过诞育、分化、交融，形成了血浓于水、休戚与共的关系，各民族都为开发、建设、保卫新疆作出了重要贡献，都是新疆的主人。目前，新疆共生活着56个民族，是中国民族成分最全的省级行政区之一。"① 在长期的共同劳动、生活和斗争中，各族人民之间不可避免地发生接触、混杂、同化、融合，形成了一个你中有我、我中有你的民族格局，而各族人民之间又存在密切的血肉联系，形成了多民族共同发展、共同繁荣的局面，新疆各族人民为拓展和巩固中国西部疆域做出了巨大贡献。"新疆地区既是新疆各民族的家园，也是中华民族共同家园的组成部分"，② 所以，新疆历来是多民族聚居、多种文化并存的地区，是中华文化的组成部分。

　　作为多民族的聚集区，新疆同时是多种宗教并存的地方，在丝绸之

---

　　① 中华人民共和国国务院新闻办公室：《新疆的若干历史问题》白皮书，国务院新闻办公室网站，www. scio. gov. cn，2019 – 7 – 21。

　　② 同上。

路繁盛之时，佛教、摩尼教、景教沿丝绸之路传播到新疆，和新疆本土的原始宗教一起在当地流传，"新疆历来是多种宗教并存地区，宗教文化丰富多样，是中国传统文化组成部分"①。

基于此，"新疆自古以来就是多民族迁徙聚居生活的地方，也是多种文化交流交融的舞台。在历史长河中，新疆各民族文化扎根中华文明沃土，既推动了各民族文化发展，也丰富了中华文化内涵"②。新疆历史进程中的民族大融合也造就了新疆文化的大融合，新疆各民族的文化是多元的，又是一体的，这里说的"多元"是指在长期的历史发展过程中，各民族的文化形成了各自的民族特色和风格，形式丰富多彩，同时，各民族的文化又是一体的，各族人民都积极参与和促进了中华民族整体文化发展和繁荣的过程，并为此做出重要贡献。

二　自然地理特征

新疆地处欧亚大陆腹地，远离海洋，高山环抱，经过漫长历史演变和地质变迁，形成了"三山两盆地"的地貌格局。山系内部又镶嵌着若干大小不等、高低悬殊的山间盆地，构成了山系和山系相连，山地与盆地相间的地貌景观。这种地貌格局自北而南依次是：阿尔泰山系及准噶尔东北部；准噶尔盆地、天山山系、塔里木盆地、帕米尔高原及昆仑山系、喀喇昆仑山系及阿尔金山等。横亘于新疆东北境的阿尔泰山，是中、蒙、俄三国的界山。准噶尔盆地东西长 700 千米，南北宽 450 千米，面积 18 万平方千米，盆地中心为古尔班通古特沙漠。塔里木盆地为中国最大的内陆盆地，东西长 1400 千米，南北宽 520 千米，盆地中部为中国最大的塔克拉玛干沙漠。在准噶尔盆地和塔里木盆地周围有许

---

① 中华人民共和国国务院新闻办公室：《新疆的文化保护与发展》白皮书，国务院新闻办公室网站，www. scio. gov. cn，2018 – 11 – 15。

② 同上。

多发源于山地的河流，从山上挟带下来大量的风化物，在山前不断积聚，日久天长便形成许多冲积扇和三角洲，连成广阔的倾斜平原。在平原的中下部，分布着一块块水源丰沛、土壤肥沃的绿洲，千百年来，新疆各族人民在这些自然绿洲中，沿着河道垦荒造田，形成颇具特色的绿洲农牧经济。大大小小的绿洲，一般来说分布在两大盆地的边缘，如同镶嵌在沙漠戈壁的颗颗明珠，这里绿树成荫，阡陌纵横，瓜果飘香。"十里桃花万杨柳，中原无此好春风"就是古人对新疆绿洲形象的赞美，新疆天山是我国最大的现代冰川，因其奇险而独特的冰川地貌，历来吸引着众多的关注，也成为新疆的代表性景观。帕米尔高原雄伟壮观，是天山、喀喇昆仑山和兴都库什山等交汇而成的山结，其东部位于新疆西南端，最高处海拔为7700余米，它因虎踞地球之巅，而享有"万山之祖"的美誉。历史上，这里曾经是"丝绸之路"的要冲，唐代中央政府曾在此设驿站，以保护丝路畅通。著名旅行家东晋法显、唐代玄奘和元初旅居我国的意大利人马可·波罗，都曾攀临其境，写下神奇惊世的游记。

新疆的河流大多是内流河，几个主要水系是：额尔齐斯河外流水系、伊犁河水系、塔里木河水系。此外还有赛里木湖、喀纳斯湖、博斯腾湖等湖泊。山脉积雪、冰川融水及自然降水是新疆河流水源的主要补给源，这些河流水系，是大小绿洲的命脉。新疆广袤的大地上沙漠与戈壁密布，中国十大沙漠中，新疆独占三席。位于塔里木盆地的塔克拉玛干沙漠是我国最大的沙漠，也是世界七大沙漠之一，位于准噶尔盆地的古尔班通古特沙漠是我国第二大沙漠，东部的库姆塔格沙漠向东延伸到敦煌市。新疆的戈壁主要分布在东部地区，一部分属砾质荒漠，一部分属石质荒漠。高山与冰川，河流与湖泊、沙漠与戈壁汇聚在一起，构成了新疆自然地理独特的美学价值。

在新疆浩瀚无垠的沙漠与戈壁中蕴藏着丰富的土地、生物和矿藏资源，也有许多神奇的自然景观。奇异的海市蜃楼、神奇莫测的响沙、乌尔禾的魔鬼城、罗布洼地的雅丹群、幻如魔境的沙漠日出和晚霞等，常使人惊叹不已。在新疆自然条件恶劣的干旱荒漠生态环境中，仍有耐旱的荒漠植物，如红柳、胡杨、梭梭草等。塔克拉玛干沙漠有世界上最大的胡杨林，沙漠中生存的胡杨生命力顽强，历来有"一千年活而不死，一千年死而不倒，一千年倒而不朽"的说法。此外，白杨、柳树、榆树、白蜡、白桦、沙枣等都是新疆较为常见的植物。新疆的动物种类区系特征也极为明显，如马、牛、羊、骆驼、驴、鹰等。

不到新疆不知祖国之大，在新疆大地，有一种茫茫天宇之下，天似穹庐、笼盖四野的视觉效果，所谓一方水土养一方人，新疆的自然地理环境深刻影响着生活在这片土地上的人们的物质生活与精神生活，这方水土源远流长，深厚凝重，在历史的沧桑变幻中形成了新疆文化鲜明的品格。

三　人文地理特征

从新疆自然地理的表象进入这块土地，新疆自然与人文的分布是相吻合的，文化构成了地理环境发展的最后环境。同样，新疆人文地理是多元而丰富的。从民族的角度来看，自古以来，新疆就是一个多民族的聚居地，众多民族之间在政治、经济、文化等方面相互交流，但具体到某个民族，其文化又是独特的；从新疆南北迥异的经济特点来看，沙漠绿洲、草原戈壁，不同的地区适宜不同经济形态的发展，这也从客观上促使新疆的人文地理呈现多元化的鲜明特征；此外，宗教信仰、语言文字等的多样性与复杂性都影响着新疆人文地理环境的构成。多元共存、交融互补一直是新疆文化的显著特点，在每一种文化形态之下，又有着其独特的人文地理特征。

新疆地域以天山为界，天山以南地区称为南疆，这里呈现出绿洲农耕文化的特征，天山以北地区称为北疆，是游牧草原文化，这其中，又有着中华人民共和国成立后新疆兵团体制下形成的兵团屯垦文化，所以，新疆文化是汉文化、绿洲文化、游牧文化相融相汇的混合型文化，这"实际上就是一种多种信仰、奇特观念、丰富的生命追求混合的多元态混合文化"。① 中原文化、绿洲文化、游牧文化、兵团屯垦文化等文化因子在新疆这片土地上长期共存，各种文化在碰撞中互相融合、互相渗透形成了新疆各民族认同的新疆文化。

汉族是新疆世居民族之一，自两汉至清代，汉族人民与各族人民共同生活、主要从事农业生产及其他各种经济活动。新疆汉族的服饰、饮食、民间文艺、民俗风情等与中原汉族大体一致，为适应当地的自然环境，也产生了一些变化，如饮食方面也喜食牛羊肉、喝奶茶等。所以新疆的汉文化杂糅了绿洲文化、游牧文化的成分，这是一种汉文化与少数民族文化共生互化的文化形态。

绿洲是沙漠地区特殊的地理景观，是维吾尔文化的自然环境基础。亦称"沃洲"，指荒漠中水草丰美、树木滋生、宜于人居住的地方。一般见于河流两岸，泉、井附近以及受高山冰雪水注的山麓地带。"绿洲是一种生态地理景观，一般指的是在浩茫无垠的沙漠戈壁中水草繁盛的绿色地带。人们普遍认为荒漠中水源常流、土壤肥沃、灌溉便利、农牧业发达、有人类定居的地方就是绿洲。"② 绿洲在维吾尔语中指有草、树木的绿色地带，其英文为 oasis，来源于拉丁语，也指沙漠中有草、树木的肥沃地方。新疆的绿洲多处于河流两岸及沙漠边缘，气候干燥、烈日炎炎、水源匮乏、风沙狂暴、冷暖多变、生态脆弱，人们必须开渠引水、储水借用，才能进行农耕和畜牧，保证生存繁衍。水不仅是旱涝

---

① 韩子勇主编：《深处的漫游——美文二十家》，新疆人民出版社 2006 年版，序言。

② 哈丽达·斯拉木：《绿洲聚会——维吾尔巴扎与民俗生活》，大地传媒、中州古籍出版社 2018 年版，第 52 页。

与否的根源，也是绿洲形成和扩展的关键。在沙漠边缘的绿洲主要依靠的是河流水源，凡是河流经过的地方，基本上是绿洲所在。就绿洲文化所形成的文化生态环境而言，绿洲就像沙漠、戈壁中的一片片绿色小岛，与绿洲农耕生产生存方式相适应而产生了绿洲文化，其音乐、服饰、建筑、饮食等都有着独自的特点。在沙漠中，绿洲形成孤岛状，自然环境的严酷，使绿洲人形成了苦中作乐、豁达坚韧的性格，他们与音乐有着不解之缘，往往是能歌善舞；在服饰色彩方面喜爱浓烈的红、绿、蓝，所以维吾尔族女性对色彩艳丽的艾德来斯绸情有独钟。因南疆气候温和，少雨雪，所以居民建筑屋顶平坦，四壁多用土坯砌成。绿洲文化下的饮食方面有四大特色：馕、羊、茶、果，这些皆是新疆自然环境和文化环境下所形成的。

新疆天山山脉以北的北疆是以哈萨克族的游牧文化为主体，属于"草原文化圈"，哈萨克人因常年迁徙，被称为马背上的民族，牧区房屋以便于拆卸和携带的毡房为主，饮食以牛、羊肉为主食，喜爱奶制品，在牧区，哈萨克族服饰及生活用品都表现出便于骑乘游牧的特征，富有浓郁的草原气息，体现了哈萨克人特有的粗犷、豪放气概，男女老少喜穿皮裤和皮靴以抵御高寒；妇女们穿着色调浓艳明丽的服饰以适应草原地区辽阔的空间和强烈的光照，他们善于用木材制作各种木碗、木勺、木盘、木盆等生活用具以及冬不拉、库布孜等乐器，其中冬不拉是哈萨克人最喜爱的乐器，哈萨克族崇尚白色，其先民曾以白天鹅为图腾。

在新疆，人文地理环境的独特性还反映于当地的兵团屯垦文化。在中国两千多年的屯垦史上，规模最大、成就最为辉煌的屯垦组织是中华人民共和国成立之后在新疆成立的生产建设兵团。在新疆长期的屯垦建设中，新疆生产建设兵团形成了与其相适应的新疆屯垦文化，也称为兵团文化。这是来自中国大地四面八方的新疆建设者们以汉文化为母体，融合了新疆地域文化而形成的独特文化形态。与屯垦文化伴随着的是开发边疆、保卫边疆的劳动者们以实践为主要表现形式，在不断吸收新疆各民族文化成分的基础上而逐步塑造出的兵团文化精神，所谓"戈壁沙漠变良田，积雪溶化灌农庄"就是兵团建设者们最好的写照。新疆独有的兵团屯垦文化"不仅是新疆多民族文化并存格局中的一个重要组成部分，是一种跨民族存在的文化，而且屯垦文化对推进新疆历史发展，促进新疆社会进步产生了极为重要的影响，特别在增进新疆各民族文化的互补性认同上，产生了极为重要的影响，并由此在新疆文化的发展中发挥了重要的历史作用"。①

新疆文化地理是建立在新疆的自然地理环境之上，更与新疆地域的历史变迁、文化脉络相承一脉，如作家红柯所言："新疆对我的改变不仅仅是鬈曲的头发和沙哑的嗓音，而是有别于中原地区的大漠雄风，马背民族神奇的文化和英雄史诗，我总算是知道了在老子、孔子、庄子以及汉文明之外，还有《福乐智慧》，还有《突厥语大词典》。"② 新疆的文化脉络以迥异于其他地域的因素而散发出独特的光彩，它所包蕴的人文地理方面的要素与内涵，如政治、经济、文化、风俗、语言等，构成了新疆文化地理的主体，形成了"新疆文化景观始终是多种文化并存，多元文化交流"③ 的风貌。

第三节　文化地理环境中的新疆当代文学

研究一个地方的文学，必须立足于当地的文化土壤。新疆，无论从

---

① 王小平、安小平：《论新疆屯垦文化的特征及其在新疆文化发展史中的地位》，《塔里木大学学报》2005 年第 3 期。

② 红柯：《西去的骑手》，上海文艺出版社 2013 年版，序言。

③ 中华人民共和国国务院新闻办公室：《新疆的文化保护与发展》白皮书，国务院新闻办公室网站，www. scio. gov. cn，2018 – 11 – 15。

自然地理还是人文地理，都是一个说不尽的话语空间。新疆自然地理与人文地理都具有丰富而多元的形态，面对这样一种特殊的文化地理现象，对新疆当代文学产生的影响和渗透是深入而广泛的。从区域文学的角度而言，新疆当代文学的发展在中国当代文学的版图上具有多民族、多文化和多语种的典型意义，这是一种比较罕见的现象，新疆这片土地给作家们提供了丰富的创作源泉，所以新疆当代文学的创作离不开新疆文学的"风土"与新疆文化的浸润。新疆当代文学所展示的文化个性与民族个性，显示了新疆文化地理对其深入而广泛的渗透，这种渗透在具体的文学作品中体现于两个方面，一方面是作品中表现出风景化与风情化的趋同，另一方面则是深深地体现于精神层面的，即对新疆文化品格的体现。

一　新疆当代文学的历史衍化

新疆当代文学是中国当代文学不可或缺的重要构成，它 70 年的发展历程中，无论是作家作品，还是文学评论都显示了边疆地带对文学孜孜不倦的追求。中华人民共和国成立以来，平等团结的民族政策和文艺政策使新疆多民族文学获得了空前的繁荣和发展，尤其是新时期以来，"文学艺术和新闻出版持续繁荣，新疆文学艺术佳作纷呈，生动展现了中华文化魅力，小说《天山深处的"大兵"》、诗集《神山》、散文集《在新疆》、文学评论集《西部：偏远省份的文学写作》"① 等一批文学成果显示出新疆当代文学的实绩，作家的规模不断壮大，而且出现了一些很有影响力的作家。新疆当代文学以其独特而浓郁的地域特色丰富了中国当代文学的内涵，它多元的审美追求与美学风格，对新疆全方位的动态的描述，使新疆当代文学成为中国文学版图上具有特殊文化资源、

---

① 　中华人民共和国国务院新闻办公室：《新疆的文化保护与发展》白皮书，国务院新闻办公室网站，www. scio. gov. cn，2018 – 11 – 15。

风格独特的一种文学现象。

如果以时间为序，新疆当代文学的创作历程与中国当代文学的分期大相径庭，可划分为三个历史时段：1949—1976 年为"十七年"文学，1977—1999 年为新时期文学，2000 年至今为新世纪文学。浮尘回望，新疆当代文学的历史衍化既与国家的整体的文化语境紧密相连，又有共性之下的属于新疆本土性的审美发现与探索。综观新疆当代文学的发展历程，呼应主潮与抵进本土一直是其发展的主流方向。

（一）新疆当代文学初创期（1949—1976）

伴随着中华人民共和国的成立，歌颂党、歌颂祖国，歌颂新生活、新气象成为新疆当代文学创作的主旋律。这期间，新疆当代文学的作家队伍的组成为：一方面，有本土维吾尔族作家祖农·哈迪尔、郝斯力汗、铁依甫江·艾里耶夫、祖尔东·沙比尔等，哈萨克族作家库尔班·阿里、乌曼尔阿孜·艾坦、夏侃，锡伯族作家郭基南等；另一方面是从内地来新疆的作家，如王玉胡、闻捷、刘萧无、碧野等，他们书写了新疆的生活体验和感受。这一时期，新疆当代文学的主题是反映革命历史、民族团结、建设边疆等，新疆本土各族作家与客居作家们紧密联结起来，共同讴歌新疆各民族的新生活。"在这一空间的民族大融合的历史语境中，客居作家把西部当作'第二故乡'，将民族文化的营养融入了自己的血脉，大量汲取少数民族史诗、民俗、民歌和历史文化的养分；少数民族作家也敞开胸怀，主动接纳以汉文化为主体的其他民族文化，并用母语和汉语进行双语写作，加速了民族文化间的相互传播。由此带动和实现了多民族文化的传播与交融，洗却了昔日的文化被动，成为汉文化为主体的农耕文明、现代文明与西部游牧文明之间的大规模主动接触和融合。"[1]

---

① 丁帆主编：《中国西部现代文学史》，人民文学出版社 2004 年版，第 81 页。

这一时期新疆当代文学创作的特征主要有以下两点。

第一，主题富有革命激情和鲜明的社会政治性。新社会、新生活激发了新疆作家高度的政治热情，尽情讴歌社会主义建设成为这一时期的主要内容。如作家储安平面对崛起的石河子城，在《新疆新面貌》中记录了新疆解放后发生的变化后，写到"这一切不因为别的，只因为我们有一个伟大的正确的党，它教育并组织了人民和自然进行斗争，发展生产，改变历史面貌，把人们的生活、思想和社会的秩序、制度都推进了一步"。①"在共产党的领导下人们的生活将逐渐得到改善，这已经不是宣传，甚或是一种理想：这是已经切切实实地实现了的事情"②，同样，维吾尔诗人铁依甫江的《东方之歌》《祖国颂》《歌唱我的祖国》等诗歌都热情礼赞新中国、新生活、民族解放，充满了鲜明的时代色彩。闻捷的长诗《复仇的火焰》以哈萨克民族的觉醒记录了民族的成长；这些主题的展现都表达出新疆当代文学与中国当代文学同步发展的大融合。

第二，对边疆绚丽多姿的风情的描绘。程光炜指出，"十七年"的新疆当代文学在阅读场域出现了反映新疆生活题材作品的"风景化"倾向。③ 其中最具代表性的是闻捷于 1955 年在《人民文学》上连载的《天山牧歌》，人们通过闻捷的短诗集《天山牧歌》，长诗集《复仇的火焰》，组诗《吐鲁番情歌》《博斯腾湖畔》了解了新疆这片土地上的景与人，闻捷成为新疆当代文学的代言人。④ 同样，碧野的《天山景物记》对高山雪莲、蘑菇圈、果子沟等的描写也极尽新疆特色，有着浓

---

① 储安平：《新疆新面貌》，载张新颖编《储安平文集》（下），东方出版中心 1998 年版，第 20 页。
② 同上书，第 22 页。
③ 程光炜：《当代文学与新疆当代文学》，载程光炜《文学史二十讲》，东方出版中心 2016 年版，第 308 页。
④ 同上书，第 313 页。

郁的新疆风景化的特点，此篇成为中国当代文学中描写景物的经典之作，影响着一代代读者对新疆自然风光的认识。

（二）新疆当代文学的繁荣期（1977—1999）

进入新时期，新疆当代文学万象更新，是一个开放的兼收并蓄的创作繁荣期。改革开放后，社会环境的变化、文艺政策的宽松，使新疆当代文学进入了新纪元。

这一时期新疆当代文学创作的主要特点为从本土性审美角度出发，创作多元化美学内涵的独立作品，作家对新疆全方位的观察与描述，成为新时期中国当代文学版图中不可或缺的一部分。

新疆当代文学在这一时期的繁荣表现在多个方面。

第一，各种文体的全面发展。首先，"小说，尤其是长篇小说的勃兴是新疆兄弟民族文学中一件破天荒的大事"①。中华人民共和国成立后的相当长一段时间，新疆的小说创作从总体上看是非常薄弱的。改革开放后，小说出现了蓬勃发展的景象②。如维吾尔族作家祖尔东·沙比尔的《探索》、买买提明·吾守尔的《镶金牙的狗》《芦花公鸡》；哈萨克族作家朱玛拜·比拉勒的《深山新貌》《父亲的业绩》、艾克拜尔·米吉提的《遗恨》《哦，十五岁的哈丽黛哟……》、哈依夏·塔巴热克的《魂在人间》等；汉族作家王蒙的《杂色》《在伊犁》、赵光鸣的《绝活》《乐土驿》《石坂屋》、陆天明的《桑那高地的太阳》《泥日》、红柯的《金色的阿尔泰》、董立勃的《黑土红土》《不曾结束也未能开

---

① 夏冠洲等主编：《新疆当代多民族文学史1》（小说卷），新疆人民出版社2006年版，总论，第13页。

② 值得注意的是，新疆少数民族一向被称为"诗歌族"，有着源远流长的诗歌传统，抒情性的诗歌是他们最基本、最主要，甚至是唯一的文学形式，而以叙事见长的小说则十分少见，出现的历史也不长。但是在新时期新疆各民族小说却呈现了蓬勃发展的现象，自1977年至2000年初，特别是90年代末之后，短短的时间里，维吾尔族、哈萨克族等少数民族作家，就创作出版了上千部小说（集），仅长篇小说就多达200余种，其中哈萨克族作家创作的小说就有60余部。

始》；回族作家白练的《朋友》；锡伯族作家傅查新昌的《迷迷蒙蒙的田园梦》《面临他杀的绝望》等。这些小说已不再满足于对新疆地域风情、民族民俗的浮世绘，而是从本民族的历史和文化、心理结构上去寻究、审视新疆当代生活。同时，在语言的驭控能力、小说创作的叙事结构、表现手法和技巧、审美风格的追求上也取得了一系列艺术上的突破。① 散文创作方面除周涛、刘亮程、叶尔克西等代表性作家外，还有赵天益、韩子勇、吴连增、王族、南子、卢一萍、陈漠、黄毅等一批作家，作家群体的形成为新疆当代散文创作输入了新鲜的血液。这一时期新疆当代散文的文学艺术追求表现为对地域历史文化的深耕，对生活情感、袒露生命历程的深情表述，在中国当代文坛上引起了广泛关注。在诗歌方面，以周涛、杨牧、章德益三人为代表的"新边塞"诗派引起了中国诗坛的巨大反响，沈苇、北野等以富有个性特色的诗歌推动了新疆当代文学的创作进程，在中国文坛上，树立了新疆当代文学的形象。

第二，作家阵容空前壮大。新疆文坛的作家阵容由三种力量汇聚而成：第一类是本土作家，主要包括少数民族作家及在新疆长期定居的汉族作家如周涛、刘亮程、董立勃、韩子勇等；第二类是寓居新疆，后返回内地的作家，如王蒙、陆天明、红柯等；第三类是由内地迁入新疆后定居的作家如陈漠、王族等。他们有的长期在新疆生活，对新疆文化地理体察较深，因此能写出既有新疆文化地理的氛围，又具有文学底蕴的作品；有的移居新疆后已把新疆作为第二故乡，不断挖掘新疆内在文化精神。这些作家们勾勒出的新疆文学地图彰显了新疆当代文学的实绩，成为新疆文化的精神导向标。

---

① 夏冠洲等主编：《新疆当代多民族文学史1》（小说卷），新疆人民出版社2006年版，总论，第14页。

（三）新疆当代文学的从容期（2000 年至今）

进入 21 世纪以来，中国社会发生较大转型，在商业化、市场化环境的主导下，文学自身的观念、创作形态、创作实践等都发生了较大的变化，但新疆当代文学自身的文化语境与地域文学传统决定了它在这股大潮中依然从容地坚守着本土化的书写与诗意化的韵味，其表现特征为以下几点。

第一，对新疆本土化与诗意化的坚守。21 世纪以来，新疆作家的地域意识并未淡化，而是益加坚守新疆的文化精神，新疆大地的自然地理、人文地理都成为新疆作家的地域体验的书写。无论是周涛、刘亮程、沈苇还是在 21 世纪得到关注的李娟、狄力木拉提·泰来提等，他们都坚守着新疆本土化与诗意化的书写，充满了独特生命的体验，反映出新疆人独有的精神姿态。这种书写无疑与内地文坛的书写有着本质的区别，"周涛、红柯、沈苇、刘亮程等人都已经摆脱了对新疆的风景化的观照建立了对新疆的内在主体性书写的不同模式"[①]，他们将文学的根深深扎于新疆这片土地上，开掘出了厚重的新疆本土性的文学资源，他们是新疆当代文学的代表者。

第二，对悠久深沉的历史有意识的挖掘。新疆各民族都有着悠久的历史，沧桑而凝重的历史故事为新疆作家创作增添了新的美学空间。新疆当代文学在 21 世纪对于历史题材的开拓构成了一大特色，红柯《西去的骑手》就是一部关于西部英雄和血性的史诗性长篇历史小说，而傅查新昌写于 2006 年的长篇小说《秦尼巴克》以锡伯族人的家族、历史变迁为叙写对象，展现了边疆历史文化的多重镜像。李健的《木垒河》描写民国时期新疆家族的命运变迁，被称为一部厚重的平民史诗。这些对新疆历史追忆的书写，反映出 21 世纪以来新疆当代文学对新疆

---

① 汪树东：《当代文学的新疆体验书写》，《长江学术》2015 年第 2 期。

民族文化精神的重铸与反思。

第三，少数民族作家的新疆书写更具有其民族的精神内涵。阿拉提·阿斯木、艾克拜尔·米吉提、叶尔克西·胡尔曼别克、朱玛拜·比拉勒、努瑞拉·合孜汗等一批少数民族作家在文化转型的背景下，着重探讨本民族的文化心理及文化嬗变，在对具体生活形态的书写中表现其民族性的特征，展现了新疆少数民族文学创作的力量。

韩子勇认为新疆当代文学"其体裁与题材的流转兴衰，从路线与动因上看，是中国汉文学的一部分，尽管它在时间上有稍许的滞后性，表明它在发动上是受内地影响后的跟随；在表现上有缺项和断漏，暗示西部的缓慢和稀薄，但大国文学的辽阔与丰富也正在于此。……这二十多年，在全国有一定影响的写作流向和代表作家是：20 世纪 80 年代以杨牧、周涛、章德益为代表的'新边塞诗'，20 世纪 90 年代以周涛、刘亮程为代表的散文创作和 21 世纪初年以董立勃代表的小说创作"。[1] 从新疆当代文学的初创、繁荣、从容的三个发展阶段中，我们可以清晰地勾勒出新疆当代文学的脉络及其对当前新疆文化的意义，"严格地说，文学史是由时间完成的，它存放在一代代人民的集体记忆之中，那里幽暗、隐秘、不会腐败，如同只有在我们沉睡后才会浮现的星空，一切早在安排之中，谁也不能靠作弊赢得尊重"。[2] 新疆当代文学是建立在多民族聚居的自然地理环境、人文地理环境的基础上，这种文化地理的独特性势必在文学中得到充分的体现，因此，我们可以得出：新疆当代文学鉴于多民族文化的存在，它应该是一种多层次和立体化的新疆当代文学，随着新疆当代文学研究的深入，我们将能看到更多作品中所表达出的新疆文化地理内涵。

---

① 韩子勇：《文学的风土》，新疆人民出版社 2004 年版，第 173 页。
② 同上书，第 166 页。

二　"风景"与"风情"的典型性表达

作为一种地方性文学，新疆当代文学以自己的声音、姿态和形象行进在中国当代文学的历史潮流之中，它以文学作品中的地域风貌、边地情怀传递出中国西北边地文学所蕴含的力量。新疆当代文学作为区别于其他地域的文学，其地方性主要表现为新疆文化地理对其所产生的群体性影响。"地方文学的地方永久性，从文化内涵的角度来看，一方面体现为人文基础的历史性，即进行人文地理开拓，来提供必要的人文资源根基以促进区域文学的形成；另一方面间接表现为民族特征的体系性，即进行民族特性的发展，来提供必要的文化符号以推动区域文学的出现。"① 这个论断的含义有两层，一是"地方性的基本内容"，二是"地方性表达"。如果以这两个要素来反观新疆当代文学作品创作的实际状况，就会发现新疆作家一直在践行这两个方面。他们对地理环境有着天然的感受力和敏锐的观察力，特别是对自然景观、气候、风物、建筑、环境等的描述，很大程度上丰富了新疆当代文学的表现力，并构成了新疆当代文学不可或缺的美学特征。同时，在作家所描述的新疆景观中又渗透着多方面的人文内涵。在新疆当代文学中这种地方性的典型性表达一是以"风景"为中心的自然景观的丰富描述，二是对"风土人情"的人文地理的集中展示。

自然景观作为作家可感知的外部环境形成了作品中表现的第一对象。在中国当代文学史上，可能没有哪一个地区的作家像新疆作家这样，倾其所能地对风景描绘得如此情有独钟。"风景化"描写已经成为新疆当代文学在中国文坛引起关注的重要因素之一，作家注重对风景的描写成为地方性表达的美学特征。从风景描写的源头来看，新疆的自然地理具有独特的美学价值，山川草原、沙漠戈壁、绿洲湖泊等典型的自

---

① 靳明全：《区域文化与文学》，中国社会科学出版社 2003 年版，第 166—167 页。

然风景为作家提供了宝贵的创作源头，如周涛所言"因为她的美不是单一的、循序变化的，所以她的美也是无法概括的。她把冰峰的绝顶崇高，火洲盆地的彻底塌陷，草原的妩媚秀丽，戈壁的粗粝坦荡，沙漠的难以接近的神秘和绿洲自然亲切的田园风光，河流的充沛和消失，果园的丰饶和废垒的凄清，湖泊的澄碧柔和与山岩的铁硬，古典的喀什与浪漫的伊犁……对立、矛盾、极端，全都包容养育在自己身下，形成一种独特而健康的美。这美，只在新疆"。① 新疆的自然地理环境塑造了作家们天然的感受力和敏锐的观察力，这种风景的书写中又凝聚着作家对新疆浓郁的地方情感。在作家的笔下，新疆自然地理风景呈现出多姿多彩、生生不息的景象。沈苇、刘亮程、红柯、李娟等的新疆描写都给读者留下了深刻的印象。可以说，在中国当代文学中，很少有像新疆作家这样对自然地理的描写极尽铺张扬厉，在绿洲、沙漠、大峡谷等独具新疆地域的风景中，在他们的笔墨间流淌出的是一种新疆式的旷达和自由，很大程度上丰富了对地方性的表达。作为风景的大自然是作家永恒的创作源泉，而作品中又蕴含着作家对新疆大地发自内心的灵魂咏叹，二者互为镜像。一方面，作为自然地理的风景为作家提供了鲜活的创作灵感与素材，作家在对风景的叙述与发现中完成了对地方的情感体验；另一方面，风景又是鲜活的地方名片，作家对风景的内在主体性认同无疑塑造了地方风景的景观，吸引着人们一路西去，这正是新疆当代文学的特殊价值。

新疆的历史背景以及文化底蕴迥异于中原与沿海地区，散发着异域风情的新疆是一个巨大的文化"场"，引起了许多人对其风土人情的向往。"这就直接决定了风土人情成为新疆文学中的基本形象要素——如对当地生活习俗的描写，对传奇人物的记述，对风景的描绘，对神话故事的讲述等。这些文字不仅满足了读者的审美需求，在一定意义上还揭

---

① 周涛：《新疆！新疆！》，载《周涛散文·游牧卷》，新疆人民出版社 2009 年版，第 147 页。

示了这一人文景观的特点以及形成的历史底蕴，对于社会学研究来说具有较高的价值。"① 新疆当代文学中对风土人情的描写是对新疆人文地理的一种反映，蕴含于其中的是作家对新疆人文地理的高度认同。少数民族作家对新疆风土人情的描述往往从本民族的文化心态出发，如哈萨克族作家艾克拜尔·米吉提的作品就非常"善于通过风俗画的逼真描绘，造成特定的气氛"。② 如维吾尔族作家阿拉提·阿斯木在小说中对维吾尔人葬礼及婚俗的介绍，深刻地反映出一个民族文化心理的特质，有着浓郁的新疆少数民族文化韵味。而汉族作家对风土人情的书写也极为普遍，王蒙在 20 世纪 80 年代写的《杂色》《淡灰色的眼珠》《歌神》《买买提处长轶事》等小说中也生动地表现了新疆极具特色的风俗文化，从生产方式到饮食习惯，从礼仪服饰到婚丧嫁娶等都有细致的描述，他以独特的新疆风土人情建构了自己的叙事文本。李娟在《我的阿勒泰》中对游牧生活有着深刻的体认，她对哈萨克民族的风情的描写极具代表性，写阿肯弹唱会上："时间一到，各个牧场的牧人都往那一处凑，既为欣赏表演，也算赶集市，买些东西什么的。此外，这怕也是朋友相聚的好机会。而其他时间里，谁也难见着谁，各自在各自的草场上寂寞地放羊，相隔着一座又一座山"，③ 李娟以"日常生活流"的方式来展示文化景观，为读者提供了对新疆文化地理全新的审美体验。需要注意的是，汉族作家对新疆民族风情的描叙有时会呈现出一种"他者"的视域，这类作品往往给人是在刻意表现异域风情化的感觉。

对新疆当代文学来说，新疆文化地理不仅在作家作品上留下了投影，而且使作家加深了对这片土地的认识，无论是少数民族作家还是汉

---

① 姚新勇：《寻找：共同的宿命与碰撞〔转型期中国文学多族群及边缘区域文化关系研究〕》，中国社会科学出版社 2010 年版，第 232 页。

② 陈柏中：《时代精神与民族色彩的交融——谈哈萨克族青年作家艾克拜尔的小说创作》，载陈柏中《融合的高地——见证新疆多民族文学 60 年》，新疆人民出版社 2009 年版，第 185 页。

③ 李娟：《我的阿勒泰》，云南出版集团公司、云南人民出版社 2010 年版，第 121 页。

族作家，他们对于新疆文化地理的熟悉与认同，无一例外地构成了他们与脚下这片土地保持同一性的精神纽带。新疆当代文学中对新疆文化地理的典型性表达，既有鲜活而特殊的民族文化，又有新疆文化地理的内蕴，体现出的是新疆具体而丰富的文化样式。作品中对新疆文化地理的表达不但体现了新疆作家的某种精神取向，而且进一步塑造了新疆当代文学的文化品格。

三　承续与超越的边疆文化精神

"艺术的地方色彩是文学生命的源泉，是文学一向独具的特点。地方色彩可以比作一个无穷地、不断地涌现出来的魅力。我们首先对差别感兴趣；雷同从来不能吸引我们，不能像差别那样有刺激性，那样令人鼓舞。如果文学只是或主要是雷同，文学就毁灭了。"[1] 新疆文学的差异性正在于它的多民族性、它的文化交会性，这种独特性是形成新疆当代文学创作美学风格的重要原因，其彰显的是新疆自然地理、人文地理对作家潜移默化的浸润与渗透，新疆当代文学和其他地方的文学创作也因此区别开来。新疆文化地理对于新疆当代文学书写的意义和价值也是不言而喻的，它不仅带给作者们特殊的文化经验，还建构了一种独特的边疆文化精神。

新疆文化地理视域下新疆当代文学有着特殊的本土文化经验。新疆文化地理不仅具有复杂性、多样性的特点，还有着边缘性的显著特点，"边缘的东西没有模式化和僵化，处在不稳定的流动状态，极具活力"。[2] 边缘不但为新疆当代文学的书写提供了充满活力的文化资源，而且对新疆文化格局和生命力产生本质的意义。新疆少数民族文化与汉

---

[1]　［美］赫姆林·加兰：《破碎的偶像》，王春元、钱中文主编，刘保瑞译，《美国作家论文学》，生活·读书·新知三联书店1984年版，第84—85页。

[2]　杨义：《重绘中国文学地图通释》，当代中国出版社2007年版，第144页。

民族文化在碰撞、融合之中，共生互化，构成了独特新疆文化。新疆汉族作家"一方面利用新疆丰富的人文、自然资源从事文学创作，把汉文化的精神传统、汉民族的生活经验和思想乃至语文风格，带入新疆文学，给新疆文学注入了一种新鲜血液；另一方面又以其作品中西部地区的文化气韵，以及浸染其间的新疆各兄弟民族的生活习俗、精神信仰和性格特征，给汉民族文学乃至整体的当代中国文学带来了一种全新的气象"。① 新疆少数民族作家也同样受到汉民族文化的熏染，形成了开放包容的文化心态，涌现出一批双语作家。"双语"创作或称"跨文化创作""边界创作"，这是一种世界性的文学现象，这些双语作家能熟练地使用一种或几种语言进行阅读和写作，母语文化和非母语的文化相互融通，不但本民族的文化得到了滋养，而且在不同文化的相互参照和比较中，作家又带着现代意识的审美眼光重新审视本族文化，进而升华本族文化，从本族文化中走出来迈向更加宽阔的天地。② 新疆各民族作家在不同的民族文化的差异中既发现世界和文化的多样性，又发现人类共通的美感和缺憾，对新疆地域的民族文化作出了跨文化的宏观思考。新疆的双语作家受到汉文学、其他民族文学以及世界文学的影响，这无疑会给作家带来开阔的视野和深邃的探究、带来表述上的丰富和新鲜、带来艺术上的变化和创新。新疆当代文学是多民族聚居环境下产生的、与内地文化地理环境迥异的一种边缘文化经验的书写，这种文化经验相对而言更具有新的发展动力与活力。在新疆文化地理的特殊文化体验之下，新疆当代文学显现出异彩纷呈、格外醒目的局面，它给中国当代文坛带来的是一种新的视野，新的生命跃动。

新疆当代文学与新疆文化地理紧密联系，其中内含的是新疆文化历

---

① 於可训：《当代文学史著的新收获》，《文艺报》2007 年 2 月 1 日。
② 陈柏中：《新疆当代民族小说的宏观描述和思考》，载陈柏中《融合的高地——见证新疆多民族文学 60 年》，新疆人民出版社 2009 年版，第 22 页。

史发展的生命形态和精神方式，并且孕育了新疆当代文学独特的文化精神。"地理从来与文化相关，复杂多变的地理往往预示着别样的生存方式，别样的人生所构成的多姿多态的文化……不一样的地理与文化对于个人来说，又往往意味着一种新的精神启示与引领……"① 新疆不仅是自然地理的西部，更是文化的西部，其所孕育的文化精神是与新疆地理人文环境所契合的生命意识、生存意识、人生意识。从文化地理的视域来审视新疆当代文学，可以看到新疆地区独特的文明形态的象征和显现，它受制于自然环境、社会历史进程和影响，新疆民族、宗教与文化的多样性、混杂性、独特性形成了新疆当代文学的内在因素，所以，要考察新疆当代文学的文化地理环境，就必须站在历史的、多元文明形态的高度，用一种新疆文化精神的整体观来统摄新疆当代文学，也正是基于这样的认识，新疆当代文学所建构的正是一种新疆文化精神。红柯这样认为新疆文化精神："中国人最有血性最健康的时候总是弥漫着一种古朴的大地意识，亚洲那些大江大河，那些名贵的高原群山就是我们豪迈的肢体与血管，奔腾着卓越的想象与梦想。边疆一直是我们古老文明的摇篮，中国文学有一种伟大的边疆精神与传统。这是近百年来我们所忽略的。我们总是把目光盯着所谓的发达国家，却忽略了自己家园里的另一种崇高而美好的东西。"② 在新疆文化地理的影响下，这种边疆文化精神是新疆各民族长期共存、文化认同的结果，是抛却了以自我为中心、狭隘的地域排他性的观念所形成的开阔博大的文化胸襟。在具体的文学创作中，从作品的题材、结构到内在精神，都使人感受到新疆地方的特点，如像"新边塞诗"所体现出的大境界、大气象、大格局是完全迥异于其他地域的诗歌风格，正如新疆本土评论家周政保所言："天山气派、大漠风度"。新疆文化精神还体现为在恶劣的自然环境中人的

---

① 阿来：《阿来文集·大地的阶梯》，人民文学出版社 2001 年版，第 6—7 页。
② 红柯：《敬畏苍天》，上海人民出版社 2002 年版，第 279 页。

生命意识、忧患意识、崇高意识等。陈思和指出："大西北既是贫穷荒寒的，又是广阔坦荡的，它高迥深邃而又纯洁朴素，也许只有面对这种壮丽苍凉的自然，精神才能感受到世界的真正的崇高风貌；只有面对这种生存的极境，人类才能真正体验到生存的深广的悲剧精神。"① 在新疆沙漠恶劣的生存环境中，人类以顽强的生命意识战胜大自然，这些都是新疆文化精神的体现。如新疆当代文学中对兵团战士的描写，他们以所谓的"地窝子精神"② 建设边疆大地、使戈壁沙漠变良田。通过新疆当代文学的创作，我们看到新疆文化地理对文学的渗透与影响是巨大的，新疆从来就不只是地理意义上的概念，而是一座博大的文化场域，作家们在文学中描绘的新疆文化地理，不仅汇聚着自然地理的风光，而且闪烁着新疆文化的光芒，让我们看到了边疆各民族生生不息的文化活力，它以强大而震撼的力量给中国当代文学注入新的元素，"历史时间的钟摆，也许终将在内地社会形态高度成熟化、同质化并日益丧失文学的新鲜性和持续发展动力后，而倒向新疆、西藏和内蒙古等边疆文化和文学的坐标上来"。③

---

① 陈思和主编：《中国当代文学史教程》，复旦大学出版社 1999 年版，第 246 页。
② 地窝子是一种在沙漠地区较简陋的居住方式，可以抵御沙漠地区常见的风沙，但通风较差。
③ 程光炜：《当代文学与新疆当代文学》，载程光炜《文学史二十讲》，东方出版中心 2016 年版，第 313 页。

第二章　新疆当代文学的文化地理环境分析

地理环境是人类基本的生存活动范围，人类与环境的互动关系衍生出丰富多彩的文化地理现象。一个地区的文化地理环境决定着这个区域的过去与未来，新疆曾经是古代丝绸之路的要冲，一度扮演了重要的角色。从新疆的历史来看，在东西方文化交流与传播的过程中新疆不仅传递了非常重要的文明信息，它自身也因此积淀了多元丰富的文化内容而形成了独特的文化形态。新疆文化地理作为一种区域文化体系，汇聚了纷繁多样的民族、宗教、语言文化，它的政治经济地理环境、民族宗教环境都有着区域文化的鲜明特点，也是新疆当代文学产生、发展的基础。从文化地理与文学的关系而言，文学创作作为人类文化活动的有机组成部分，始终是从时间和空间的两个方向坐标上显示自身的存在，以时间划序，不同的国家话语的导向、经济发展水平、民族宗教的状况等因素均在不同层面构成了个体存在的特定环境与创作背景，从空间维度上看，作家的创作又是在一定的地域空间进行的，地域空间中的作家身份建构对文学创作产生显在或潜在的影响。因此，分析新疆当代文学的文化地理环境，离不开新疆政治经济、民族宗教的地理环境，同时，考察作家身份境况也是分析新疆当代学与文化地理环境非常重要的一个方面。

第一节 新疆当代文学与政治经济环境

人类社会的政治经济活动与地理环境有着非常密切的关系，二者之间的互动，构成了复杂的政治经济地理环境。文学作为精神产物，其发展与政治经济环境密不可分，一个地方的政治经济的差异性将会导致文学的差异性。新疆当代文学是中国当代文学的重要组成部分，与中国当代文学发展的总体趋势保持同步，它与祖国的发展始终紧密相连，并伴随着新疆政治、经济共同发展。但新疆当代文学又有着本土地方性的特点，所以，对新疆当代文学的整体性环境而言，即有大时代的影响，又有国家政策中新疆政治经济地理环境的影响。

一 国家政治语境中的一路向西

地理环境为人类政治活动提供自然舞台，天然地理基础与自然地理条件直接影响人类的政治选择和政治行为，与此同时，人类的政治活动又可以决定文化地理的分布状况，并通过人文景观的建立改变原始的地理特征。对于中国的政治地理环境，德国当代著名的政治家罗曼·赫尔佐克作了这样的描述："中国文化地域最早时期的面积，也要比地球上已经形成高级文化以及——与此相关——产生了国家甚至国家群体的所有其他区域大好几倍。肥沃的农田同辽阔的草原交替出现，崇山峻岭连接着无边沙漠，这种地理景观的变换又对各个地区人民的性格、国家的任务、国家对各地情况的掌握以及由此而来的统治所有地区的可能性产生深刻的影响。"[1] 从自然地理基础来看，新疆的地理位置与山脉、峡

---

[1] ［德］罗曼·赫尔佐克：《古代的国家——起源和统治形式》，赵蓉恒译，北京大学出版社1989年版，第258页。

谷、沙漠、草原等联系在一起，这种自然景观决定了新疆是边缘而远离政治文化中心的，新疆本土评论家韩子勇称新疆的写作为"偏远省份的写作"，这一论称精辟地概述了新疆文学写作的地理方位，所以新疆的人文景观中如关隘、边城、烽火台等都相当典型地反映了新疆政治地理的特点。新疆当代文学以其特殊的方式反映着文学与政治地理的关系，在"进疆""援疆""西部大开发"等国家话语的倡导下，新疆当代文学在不同的政治语境下有着不同的表述与书写。

中华人民共和国成立之初，新疆各族人民在政治上获得解放，中国共产党和人民政府实行民族平等、民族团结和各民族共同繁荣的政策，从此"新疆各民族关系进入平等、团结、互助、和谐的新时期"。① 新疆当代文学进入一个全新的历史时期。首先是新疆本土的一些作家以满怀热爱歌颂新中国的时代激情，写下大量赞美祖国，讴歌新生活、新时代的作品，其内容主要表现了新疆各族人民在党的领导下团结一致，共同建设伟大祖国的动人场面。诗歌方面，铁依甫江的《祖国，我生命的土壤》《唱不完的歌》，尽情表达了对新中国的赞颂与热爱，锡伯族诗人郭基南的《伊犁春色》赞美在党领导下新疆伊犁的新面貌，这些作品当时在全国文坛上也引起了关注。小说方面，这一时期较有代表性的有哈萨克族作家郝斯力汗的短篇小说《起点》《牧村纪事》，回族作家白练的短篇小说《掐线》等，都可以说是新疆当代少数民族文学在中国文坛的初步萌芽。

中华人民共和国成立初期，随着人民解放军"进疆"的步伐，国家发起"建设边疆、支援边疆"的西进热潮，由此带来了中国民族关系史上的一个历史性转折，也形成了新疆当代文学发展的民族大融合。学者余斌认为 20 世纪五六十年代掀起的这股"西进热潮"所带动的

---

① 中华人民共和国国务院新闻办公室：《新疆的若干历史问题》白皮书，国务院新闻办公室网站，www. scio. gov. cn，2019 年 7 月。

"汉文化的西向传播是以新的面貌出现的，是以历史上不曾有过的面貌出现的。确切地说，这一时期的文化传播与革命思想的传播是二位一体的，文学向'政治'的倾斜是十分突出的。离开了当时的历史条件，就不可能了解那一时期文学的本质特点"。① 老舍先生当时曾对汉族作家发出呼唤："到兄弟民族地区去，去体验生活，去写作，去帮助兄弟民族作家。"② 这一时期的新疆当代文坛无论从作家队伍，还是从作品数量与质量方面，都取得了令人瞩目的成绩。闻捷、碧野、王玉胡等纷纷来到新疆，创作了新疆当代文坛上的佳篇名作，为新疆当代文学增添了耀目的光环。闻捷的《天山牧歌》以描写中华人民共和国成立后新疆少数民族的新生活而成为中国文坛上新疆书写的启蒙者，碧野的散文《在香妃墓周围》以维吾尔族妇女在中华人民共和国成立前后的地位进行对比，热烈歌颂了中华人民共和国成立后少数民族妇女翻身做主人的巨大变化。在歌唱新疆、歌颂新疆多民族劳动者的战歌与牧歌中，闻捷与"各民族的许多作家，都为文学的西部做出了自己的贡献，他们的许多作品至今仍不失那个时代赋予的魅力"。"50—60 年代以来的那一代作家的许多作品，将随着时间的推移而显出它们独特的认识价值，成为后人无法复制或模拟的善本。"③ 总之，这一时期的新疆当代文学创作反映了特定时代的价值观与国家伦理。但这些作品有明显的意识形态痕迹，其根本的弱点也是明显的，即未能植根于新疆的历史文化土壤中。

20 世纪 60 年代，在国家政策的号召下，大批知识青年支边到新疆，这些支边青年为新疆新时期的文学繁荣培养了后备力量，如诗人章德益 1964 年从上海支边来到新疆，80 年代初以《我应该是一角大西北的土地》《地球赐给我这一角荒原》等诗出现在中国诗坛上，他与周

---

① 余斌：《中国西部文学纵观》，青海人民出版社 1992 年版，第 98 页。
② 老舍在中国作家协会第一届第二次理事会上所作的《关于兄弟民族文学工作的报告》。
③ 余斌：《中国西部文学纵观》，青海人民出版社 1992 年版，第 115 页。

涛、杨牧组成"新边塞诗"的诗歌流派在中国当代文学史上留下了极深的新疆痕迹。杨威立 1965 年从北京支边到新疆生产建设兵团，在 20 世纪 80 年代写下中篇《马儿，你慢些走》及短篇《博斯腾湖的鲜润》等小说。与此同时，还有在此期间因政治原因到新疆的作家，如王蒙、艾青等。这两类群体对新时期的新疆当代文学创作都有着特殊的意义，属于国家政治语境下产生的新疆当代文学形态。

改革开放以来，中国的政治、经济和社会等各方面都发生了重大变化，新疆的政治经济环境也不例外。在新的形势下，新疆当代文学走上了稳定发展、逐步繁荣的局面。首先表现在作家队伍方面，"曾一度被打散的文学队伍不但重新集结起来，而且得到了空间壮大；老作家焕发青春，文学新人不断涌现，各族作家亲密团结，使这支队伍显示出多民族、多梯队、多门类的特点"。① 这一时期的新疆当代文学，在创作主题、艺术风格、表现手法等方面都呈现出多样化发展的局面，除了在作品中歌唱改革开放、歌颂新时代外，作品中在历史题材、农牧区题材、城市题材、知识分子题材等方面都有充分的反映，新疆本土的文学评论家陈柏中指出："这种既突出了主旋律，又体现了多样化的发展态势，正是全面执行党的民族政策，各民族得到了发展本民族文化的平等权利的结果，也是认真贯彻党的'二为'方向和'双百'方针，在写什么和怎么写的问题上逐步打破种种禁锢，文学创作的规律得到尊重的结果，当然，更是处于伟大变革的时代生活的急剧发展，各族人民对精神文化生活多种多样需求的必然反映。"② 新疆当代文学在新时期取得了突飞猛进的大发展。伴随着新疆大规模经济、文化建设的展开，新疆出现了第二代"援疆人"，他们大都是 80 年代后进入新疆工作生活，其

---

① 陈柏中：《新疆当代少数民族纵横谈》，载陈柏中《融合的高地——见证新疆多民族文学 60 年》，新疆人民出版社 2010 年版，第 6 页。

② 同上书，第 7 页。

中部分文学青年在新疆文坛上相继崭露头角，如沈苇、北野、孤岛等作家，他们创作出了一批较有影响力的作品，在新疆当代文坛上占有重要的分量。在这种国家政治层面的情境中，新疆少数民族作家与汉族作家共同构成了新疆当代文学的创作主体，在创作的实践中不断丰富着新疆当代文学的内涵。

20 世纪末，国家提出的"西部大开发"战略引发了各界对西部、对新疆的关注。新疆当代散文正是在这样的语境中应势而出，出现了引人瞩目的文学景象，"就宏观环境而言，由西部大开发所造成的客观情势，使得越来越多的人对西部产生了兴趣，想通过各种渠道了解西部；同时，西部旅游热的掀起，也使人们想更多地了解西部的风土人情。而西部散文中的许多作品，便成了满足这种审美需要的一个很好的途径……"① 作为西部以西的新疆，其自然地理、人文地理吸引着人们的目光，这一时期的新疆当代散文无论在内容还是创作风格方面都有着突出的表现，周涛、刘亮程等的散文成为内地人了解新疆、走入新疆的经典性文本，"历数二十多年的新疆当代汉文学创作，最有实绩的是诗与散文。这一切不是没有深意，不是没有原由，不是没有历史启示和现实的根据。新疆是诗与散文的自治区"。② 尤其是近年来随着"一带一路"国家话语的提出，作为丝绸之路上的重要地理位置，新疆文化地理再次成为热点，形成了多方位、多层次的文化交流格局，人们更加关注地理和文化意义上的新疆，在文学方面也呈现出更加开放、包容的发展趋势，21 世纪的新疆当代文学以兼容并蓄的胸怀持续繁荣，展示出新疆文化地理的风韵。

"政治或者社会的分期，当然并不总是等同于文学发展上的分期，

---

① 姚新勇：《寻找——共同的宿舍与碰撞〔转型期中国文化多族群及边缘区域文化关系研究〕》，中国社会科学出版社 2010 年版，第 229 页。

② 韩子勇：《文学的风土》，新疆人民出版社 2004 年版，第 174 页。

但毫无疑问，文学也有一个社会学上的'出身'，也有它产生时间和空间，有它浮现、容身、活动的社会生活、民族情景、文化传统上的具体环境。我们只要提到一个作家、一部作品，总是有意地想起他们的地理和时代，如同一种基因或身份，被同时识别出来。这也说明，文学走过的道路是历史走过的道路。①"政治地理环境是文学发展的关键性因素，作家在特定的政治地理环境中所形成的文化心态对文学创作有着重大的影响，基于此，新疆当代文学的发展始终与国家的政治语境紧密相连，今天的"新疆处于历史上最好的繁荣发展时期"，② 我们看到新疆当代文学的发展也必将呈现出新的景象。

二　区域经济促进下的文学进程

经济地理环境也是影响文学发展的另一项重要因素。自然地理环境与政治地理环境决定了地域的经济类型及其经济发展水平，"不同的地域环境为人类提供不同的生活资料与生产资料，经由人们的生产方式而形成不同类型的经济形态，在此基础上产生的生产行为与经济生活通过人们的传唱与摹写，转化为具有审美价值的艺术景观"。③ 文学的发展与繁荣需要良好的外部环境，在外部环境的诸要素中，特定时空的经济发展水平以不同的方式制约着作家的写作行为与作品风貌，因此，经济地理环境的重要性和意义在文学创作领域的地位不仅仅是为作家提供物质生活的保障，更为重要的是，它决定着作家对生活的表现领域及其创作的基本形态，起到了一种杠杆的作用。新疆经济地理环境对新疆当代文学的影响体现为两个方面：第一，作家创作视角的不断变化；第二，

---

①　韩子勇：《文学的风土》，新疆人民出版社 2004 年版，第 166 页。

②　中华人民共和国国务院新闻办公室：《新疆的若干历史问题》白皮书，国务院新闻办公室网站，www. scio. gov. cn，2019 年 7 月。

③　周晓琳、刘玉平：《空间与审美——文化地理视域中的中国古代文学》，人民出版社 2009 年版，第 268 页。

作家创作中对文体选择的倾向性。

"天苍苍，野茫茫，风吹草低见牛羊"，《敕勒歌》在展现草原辽阔的景色中，也传达出了游牧民族经济生活的信息。经济地理环境的传达表现于作品之中可使我们认识到一个地方的经济状况。新疆经济的区域性特点对新疆当代文学的辐射首先反映在作家在创作视角方面的变化。新疆经济的发展模式决定了新疆当代文学创作的空间背景一直都以牧区生活、绿洲农村、屯垦兵团为主的传统模式，从 20 世纪 50 年代郝斯力汗发表的《牧村纪事》、肖陈发表于 1979 年的《翻译苏里坦》到 20 世纪 80 年代赵光鸣的《石坂屋》、董立勃 20 世纪 90 年代的"下野地系列"小说，皆离不开新疆地域经济的空间背景。从 20 世纪 50 年代到 80 年代，游牧经济、绿洲农耕经济等在新疆当代文学中均有或浓或淡的反映。如王玉胡的《热依木坎儿匠》对维吾尔族农耕经济的描写，塑造了热依木这样一位乐观而富有智慧的维吾尔族老农；哈萨克族作家艾克拜尔·米吉提的《努尔曼老汉和猎狗巴力斯》以游牧经济的特点为辅助，描写牧区的人情、人性，多层次地展示草原传统生活和现代文明的碰撞。

20 世纪 90 年代开始，新疆经济实现了跨越式大发展，新疆各民族的经济观念和消费观念都发生了急剧变化，"市场经济体制的初步确立和发展，使得文化与政治的关系渐为趋缓与疏离，文学与发展成型的消费文化携手并进"①。这种经济的发展趋势反映在新疆当代文学中，首先出现了对城市空间越来越多的关注。城市作为人类建立起的文化空间，在它兴起和发展的过程中，始终以一种新的生活方式区别于农村生活，城市人的经济生活无疑是城市文学构成的动力元素，这也是城市与乡村根本性区别的标志之一。锡伯族作家傅查新昌的小说《时髦圈子》中，描写了商品经济时代新疆城市文化圈内人的虚无状态，他指出：在

---

① 丁帆主编：《中国西部现代文学史》，人民文学出版社 2004 年版，第 318 页。

商品经济和消费时代社会的："价值核心在丧失，现代人的生活越来越追求物欲的刺激"。① 城市作为特质产品的加工地和聚散地，具有强大的经济功能，它的辐射力与整合力对农村社会的影响也成为新疆当代文学叙写的内容，城市空间在作家笔下成为物质化、欲望化的特殊背景，跃然而现的是现代生活和人的现代性的思考。城市的生活虽然是现代物质文明的集中体现，但是这种生活的负面影响日益突出。以消费为主的现代生活，膨胀了人们的物质欲望，带来的是伦理道德方面的颠覆。如王伶的小说《心如蝶舞》中写哈萨克族姑娘古丽与未婚夫到百货大楼购买衣饰，完全是消费文化的叙事，"照着梁朝伟的打扮，买了一套'温尔雅'西装，'金丽尼'领带，'爱得芬'衬衣，'近得文'皮鞋。外加一瓶法国香水'蝴蝶梦'"。② 在这名目繁多的物质品牌中透露出的是经济发展下新疆少数民族在经济大发展的裹挟下消费观念的巨大变化。在商业化、市场化的急剧变化中，新疆当代文学中还出现了描写少数民族在金钱观、价值观方面的扭曲变化，如维吾尔族作家阿拉提·阿斯木的小说集《蝴蝶时代》尽情表述了人们进入现代城市后产生的对生活的欲望、忧虑、无奈等情绪，表现出经济发展大潮中人在金钱面前的异化。在新疆经济地理环境的影响下，新疆当代文学描写的空间从村镇、牧区等向城市视角的变化，反映出经济发展大潮中作家的内在感受和心理情态的变化，从中可以明显地感受到新疆作家对经济中的人持有质疑或否定的态度，对城市持有的批判态度，因此，作品中城市空间的印象书写往往成为物质化、欲望化的特殊表达。在新疆经济地理环境的影响下，新疆当代文学书写空间的变化，集中地体现了作家的人生观与价值观念。当然，如果与其他省份表现城市生活的作品对比来看，新疆

---

① 傅查新昌：《毛病》，花城出版社 2003 年版，第 18 页。

② 王伶：《心如蝶舞》，载吴连增主编《新疆文学作品大系（1949—2009）》（中篇小说卷），新疆美术摄影出版社、新疆电子音像出版社 2009 年版，第 599 页。

当代文学的城市化语境仍需加强，表现力度仍属微弱，在城乡日益一体化的经济环境中，缺失或不足的城市空间书写将无法展现出 21 世纪新疆当代生活的真实风貌。

新疆当代文学的文体中，诗歌和散文在中国当代文坛上较有影响力，这种选择与新疆经济地理环境有着必然的联系。"区域经济是决定作家文体选择的关键性因素。一位作家要选择合适的文学体裁，除了受自身教养、素质、兴趣、才能等主观因素的制约外，还要受诸多客观因素的影响，其中区域之间经济的不平衡，对区域作家群体的文体选择有比较明显的影响。"① 所以，区域经济发展水平影响到新疆作家对文体的选择，这也是以"经济类型和经济发展状况为划分标准，考察游牧经济、农业经济、商品经济对文学发展所起的作用，区别城市居住环境和乡村居住环境，经济发达地区和经济落后地区两者之间作家对文体的选择"。② 自 20 世纪 80 年代以来，中国当代文坛经过了诗歌、小说、散文诸文体的转换，而新疆当代文学在文体上一直倾向于在诗与散文方面的选择，这种文体的选择与新疆经济地理环境是密不可分的，所以，韩子勇指出新疆作为"边疆"，似乎总是与"浪漫主义"和"诗性"联系在一起。这是个奇怪的、非同寻常的现象，它里面包含着一系列很有意思的潜台词：政治的、经济的、文化的、基本生活形态的。③ 自古以来，小说这种文体如《汉书·艺文志》所言："小说家者流，盖出于稗官，街谈巷语，道听途说之所造也。"它说明了小说产生的空间背景是人口集中、信息传播比较方便的地区，只有城市或城镇才具备这样的条件，所以小说的创作与城市的关系密切相关，这与新疆缓慢的城市化进程是不能匹配的。新疆经济地理环境主要由游牧经济、绿洲农耕经济组

---

① 汪娟：《文化地理视域下的新疆当代散文》，西安交通大学出版社 2013 年版，第 40 页。

② 周晓琳、刘玉平：《空间与审美——文化地理视域中的中国古代文学》，人民出版社 2009 年版，第 281 页。

③ 韩子勇：《文学的风土》，新疆人民出版社 2004 年版，第 69 页。

成，这就决定了酝酿新疆当代文学的土壤性质是贫弱、孤立、分散的，包括"新疆生活的文化性质和历史上的文化传统，更倾向于选择诗和散文作为它主要的文体表达，这一点无论在过去还是在今天，都是非常明显的"。① 新疆当代作家倾向于诗歌与散文文体的选择还与作品的生产、传播等因素有关。从生产周期来看，小说创作周期较长，有些小说的创作还需要处于信息收集的有利位置，要接触大量的文献资料，显然处于中心位置的城市比乡村更容易满足这些条件，而诗歌、散文的创作周期可长可短，作家也无须使用太多的物质材料，经济方面的需求和考量较弱。从传播的渠道来看，诗歌、散文的传播同样也受经济地理环境的制约，同时，诗歌与散文的创作目的以作家抒发情感、叙写自我为主，而作品的传播范围不是作家首要考虑的问题，对今后创作的持续性影响并不大，所以作家在选择这种文体时不需要考虑太多的经济方面的因素。关于这一点，新疆作家李娟的创作颇有说服力，她常年与家人在牧区生活，随着哈萨克牧民迁徙，她将自己的牧区生活以散文的形式写下来，这种写作简短而无连续性，也不用过于考虑读者的多寡及传播的范围，所以，无论从创作的经济成本还是传播范围来说，这种游牧经济的地理环境更适宜诗歌或散文文体的选择，从李娟的"阿勒泰系列"散文中也反映出新疆经济地理环境与作家价值取向与审美趣味的关系。此外，新疆当代作家对诗歌与散文文体的倾向性选择还有一个重要的因素，20世纪90年代，人文精神在社会整体宽松的经济土壤下散落成长，商品社会催生的新文化景观以物质主义、后现代主义等标签强力地冲击或再生着作家创作的精神向度，新疆相对滞后的经济地理环境反而使新疆作家保有了坚守理性情怀与追求"清洁精神"的立场，诗歌与散文恰恰是作家表明自我精神气质的文体选择。

当然，新疆经济虽然取得了较大发展，但与其他地区相比差距依然

---

① 韩子勇：《文学的风土》，新疆人民出版社2004年版，第175页。

明显，其经济发展的模式也意味着一个地区自然景观的原生态未能完全地、大规模地被开发，新疆的自然景观为诗歌与散文创作提供了鲜活元素，自然风景的书写也理所当然地成为新疆当代文学的标签。相反，经济的发达往往意味着自然景观的遗失，作家的叙写对象也会随之产生变化，这也是经济地理环境直接影响创作的一种印证。

总之，文学受政治经济地理环境的影响既有直接的也有间接的，如新疆作家行为空间受政治经济地理环境所产生的影响，作家向政治、经济、文化中心区的流动等，尤其是 21 世纪以来，新疆作家的流动性较任何时代都频繁，对此问题的考察将会在"作家身份建构"一节中进行详细的论述。王国维在《宋元戏曲考》中强调："凡一代有一代之文学；楚之骚，汉之赋，六代之骈语，唐之诗，宋之词，元之曲，皆所谓一代之文学，而后世莫能继焉也。"[①] 每一时代的文学都不能脱离其所处的政治、经济、地理环境，新疆当代文学是新疆地区政治经济地理环境下的重要文化形态，新疆政治经济的 70 年历程也显示出新疆当代文学在中华人民共和国成立 70 年中的变迁与发展。

第二节 新疆当代文学与民族宗教地理环境

新疆历来是多民族聚居、多种宗教信仰并存的地区，各民族文化在中华文化土壤中孕育、成长和发展。文学的发展与地区的民族宗教环境有着天然的联系，新疆当代文学长期以来受到新疆民族宗教地理的浸染，无论是少数民族作家还是汉族作家，其作品大多受到不同程度的民族宗教文化的影响。从历史上看，新疆民族宗教文化经历了漫长的发展演变，在各民族交融共存、相互借鉴后具有了丰富的内涵，为文学艺术

---

① （清）王国维：《宋元戏曲史·自序》，百花文艺出版社 2001 年版，第 1 页。

创作提供了天然的丰厚养分,新疆文学正是表达这一特色的最佳方式,它是各民族宗教文化的传承与发展最直观的表述。在新疆当代文学 70年进程中,各民族作家以形态丰富的文学样式表达对新疆本土的热爱,新疆民族宗教地理环境激发了作家们丰富的艺术表现力,有力地推动了新疆文学艺术的演进。

一　多元一体的民族文化场域

2019 年 7 月,国务院发表了《新疆的若干历史问题》白皮书,明确指出:"新疆各民族是中华民族的组成部分","中华各民族在长期发展中,形成了大杂居,小聚居的分布特点",新疆地区民族关系的演变,始终与中华各民族关系演变相联系,多民族是新疆地区的鲜明特色,从民族成分来看,新疆民族的复杂性与多样性在区域文化中并不多见。新疆目前是中国民族成分最全的省级行政区之一,在多民族聚居的地理环境下,新疆当代文学的书写映照出各民族多元一体的总体格局与显著特征。在新疆众多民族的文学书写中,少数民族与汉民族文化碰撞融合,彼此之间交织在一起,形成了新的文学与文化样态。

民族性一直是新疆作家十分关注和重视的书写策略。早在 20 世纪 50 年代,一些小说家就已意识到应加强作品的民族特色,这是新疆小说能受到区内外读者欢迎,并走向全国的重要途径,是一种区域的优势。不同民族的文化类型、文化传统、民族性格、风俗习惯在继承和发展中孕育出不同的民族心理、思维方式和价值取向,民族性带给文学审美的差异是深入民族血脉之中的,当时的一些较为优秀的小说如:祖农·哈迪尔的《锻炼》、郝斯力汗的《起点》、权宽浮的《牧场雪莲花》等,无不以鲜明的民族性、地域性特点获得肯定。20 世纪 80 年代中后期,中国文坛出现了令人眼花缭乱的各种思潮,新疆当代作家对文学作品的追求和创作伴随着文学审美视野的开拓,其文化审美意识被唤醒并转向，新疆少数民族作家在文学创作中更加注重对民族文化的探寻与总结，在作品中形成了富有民族特色的文化特质。如维吾尔族提出了小说中的"塔克拉玛干精神"，哈萨克族对"草原文化小说"的追求，柯尔克孜族则有"高原文学"的倡导，等等。尽管他们的主张各有侧重，但共同点也十分明显：小说创作开始从社会政治视角普遍转向民族性视角，作家认识到文学的生命只有耕植于本民族独特的文化土壤和地域生活，才能表现出这种文化的多元形态和特有的内涵。通过这种方式，新疆当代文学充分显示了自身的魅力和特质，在中国当代文坛上受到了关注。

在新疆当代文学的文本中，民族性的深层表现还在于各民族作家以现代理性眼光审视本民族地域文化传统及由这种传统积淀而成的民族性格，对其重新诠释，反省古老民族的文化品格，呼唤民族的现代化书写。如哈萨克族作家朱玛拜的小说《蓝雪》《家业》等，将本民族的传统文化放置在一个理性、开放的时空内加以审视和反思，书写草原文化的韵味，传达出哈萨克民族纯朴热情、互济互助、坚韧勇敢的民族性格，挖掘出本民族人性的闪光点。而维吾尔族作家在作品中则贯穿着"塔克拉玛干精神"，这是一种人与人、人与自然和谐相处，相互敬重、珍惜的既古老又现代的民族文化精神。新疆少数民族作家在文学描述中表达出的民族特质是新疆民族文学的显著标志。新疆当代少数民族作家对民族特质的表达既有体认的一面，也有反思的一面。如叶尔克西的《永生羊》中对于哈萨克族乐观、坚强、感恩的文化心理和民族性格进行了肯定，但同时又以忧患的、反省的眼光来反思民族性消极的一面，这种族群体验正是将本民族的现实生活与民族特点相结合，传达出个体生命对于民族文化的体认与思考。别林斯基指出民族性是真正艺术作品的必备的条件，[①] 而所有作家描写的民族性必须和真实性联系在一起，

---

① ［俄］别林斯基：《别林斯基选集》第一卷，满涛译，上海译文出版社1980年版，第185页。

只有描绘了这个民族劳动者的真实的思想感情、心理素质、风俗习惯等，才能逼真地描绘出这个民族的特性。新疆当代文学中各民族作家对族群体验的书写方式往往与民族的生活相联系，作家的个体生命体验与其民族特性、民族文化心理融为一体，最终铸成独特的族群体验。因此，新疆当代文学的民族性特征是新疆各民族作家在漫长历史中积淀的民族文化心理结构的体现，在某种意义上，这种表述已凝聚为一种民族的文化记忆，新疆当代文学以文本的形式记录了各民族文化发展的形式。

需要注意的是新疆当代文学对民族特质的体现兼有一种双向性的特征。这种双向性即是少数民族与汉族的文化交融，如杨义所指出的是多民族文化的碰撞融合，最终走向中华化的综合功能。① 一方面，民族性的特征积淀于各民族作家的深层文化心理结构中，作品中民族特质的表达是作家对于本民族历史、文化、现实、情感、体验、精神、理念的认同，但在长期的民族融合发展中，少数民族的文化传统受到中原汉文化的影响，吸收了汉民族的文化养分和精神气质，所以在保有本民族特质的同时又兼有汉民族的民族特质，"在谈论少数民族文明跟汉族文明的关系的时候，必须深刻地认识到它们之间存在着共生性、互化性和内在的有机性，共同构成一个互动互化的动力学的系统"。② 另一方面，新疆的汉族作家因长期生活在新疆少数民族地区，又汲取了少数民族的民族性特质，作品中带有了少数民族的风味，如刘亮程的《凿空》《捎话》以在少数民族地区长期积累的文化视角，从人物塑造到表达方式都充满了浓郁的新疆民族的特性。"每个区域都是一枚反映民族相似性的徽章"，③ 民族性与地域性、世界性一样，是作家对具体生活形态的

---

① 杨义：《文学地图与文化还原——从叙事学、诗学到诸子学》，北京师范大学出版社 2011 年版，第 73 页。

② 同上书，第 69 页。

③ ［英］迈克·克朗：《文化地理学》，杨淑华、宋慧敏译，南京大学出版社 2007 年版，第 13 页。

感悟与探索中产生的，并非外加的，所以新疆的民族地理环境既塑造了新疆当代文学的民族性特征，也构成了作家文化精神与文化特质的关键性因素。

"中国文学的多样性首先表现在民族特点的多样性上。我国各民族文学都带有自己的民族特点，以自己的语言、体裁、风格和民族心态等的差异，而与别的民族的文学相区别。"① 语言是民族文化中最稳定的因素，也是建立民族意识形态最坚实的根基之一。新疆当代文学的民族性还体现在多语种的创作传统上，但少数民族作家用本民族语言创作的作品因翻译、传播等各方面的原因，往往不能够走出新疆迈向中国文坛，值得欣喜的是，在新疆双语教育政策的推进下，新疆当代文学中出现了民族作家的"双语"创作，或称"跨文化创作""边界创作"。新疆很早就存在双语创作现象，新时期以来，随着各民族文化交往的日益频繁，越来越多的少数民族作家开始尝试用汉语进行创作，涌现出一批双语作家，形成了双语作家群体，如哈萨克族作家艾克拜尔·米吉提、叶尔克西·胡尔曼别克、哈依夏·塔巴热克，维吾尔族作家阿拉提·哈斯木、狄力木拉提·泰来提、阿贝保·热合曼等。对于双语创作，叶尔克西·胡尔曼别克认为这个问题可以从两方面看："第一，语言能力强了，你就可以让更多的人了解你，通过汉语这个平台，让更多的人知道你；第二，你多懂一门语言，就多一双眼睛，多懂一门语言，你就多一个心去感知这个世界，你用心灵去看待世界，也就意味着你能体会到更多的信息。况且，多几种语言能力，你的付出就更具有时代意义。"② 这些双语作家借助汉语写作走向更广阔的世界。他们的创作优势也非常

---

① 马学良、梁庭望、张公瑾等主编：《中国少数民族文学史》，中央民族大学出版社1992年版，第3页。

② 叶尔克西·胡尔曼别克、张春梅：《多元文化的对接——叶尔克西·胡尔曼别克访谈录》，载欧阳可惺、王敏、邹赞等《民族叙述——文化认同、记忆与构建》，暨南大学出版社2013年版，第303页。

明显：既熟悉母语又精通汉语，汉语写作带给他们开放的心态、崭新的文学观念，母语文化又不断使他们进行比较，双语作家往往具备两种语言思维，正如曾在新疆长期生活、精通维吾尔语的王蒙所述："只有比较过母语和外语的人才能真正认识自身的母语的全部特点，才能从比较中得到启示、得到联想。"① 双语创作使作家在不同民族文化的差异中看到文化的丰富性与多样性，作品中探求到无论是哪一个民族都具有的共通的美与善，最终唤起作家对民族性的跨文化的宏观思考。从新疆的双语创作中可以看出，这些作家创作视野开阔，文字表述丰富而鲜活，艺术表现变化而创新。双语写作的优势是明显的，尤其是从传播学的角度来看，双语作家有更广阔的传播空间，如朝戈金所说的可以"抓住两个世界"。② 值得注意的是，少数民族作家用汉语创作，绝不仅仅是借鉴和运用汉语言文字，而是以语言文字为载体对民族文化与汉民族文化的一种高度融合，这种视角为民族文学的发展开拓了一个宏大的空间，既有利于不断提高少数民族作家的创作水平，又有利于民族文化的传承、发展与传播。艾克拜尔·米吉提指出："'双语写作'是一种文明的体现，它古代有之、近代有之、现代有之、当代有之，将来还有之。对于一个特定的个体来说，它也是一种能力的展示。而在客观效应上，'双语写作'能进一步促进社会文明，提高个人的综合素质，使文化的沟通与交融更为便捷，也使社会变得和谐"。③

"地域作为世俗力量的一部分，是政治、经济、文化、历史、地理等诸多因素的综合显示，因而它是强大的，既具有诱惑力也具有制约力。"④

---

① 王蒙：《王蒙自述：我的人生哲学》，人民文学出版社 2003 年版，第 6 页。
② 朝戈金：《中国双语文学：现状与前景的理论思考》，载中国社会科学院少数民族文学研究所编《民族文学论丛》，内蒙古大学出版社 2000 年版，第 389—390 页。
③ 艾克拜尔·米吉提、张春梅：《跨语际的成功实践》，载欧阳可惺、王敏、邹赞等《民族叙述——文化认同、记忆与构建》，暨南大学出版社 2013 年版，第 286 页。
④ 周涛：《周涛散文》，东方出版中心 1998 年版，第 148—149 页。

新疆历来是多民族共同生活的区域，各民族文化互融形态下形成的地区风貌给予新疆当代文学的美学资源是其他地区可望而不可即的，对新疆各民族文化的书写是许多新疆作家的自觉意识，各民族的生活方式、文化习俗、民族情感以及人的性情俨然成为新疆文学强大的审美磁场。费孝通在《中华民族多元一体格局》中指出中华民族是"相互依存的、统一而不能分割的整体，在这个民族实体里所有归属的部分都已具有高一层次的民族认同意识，即共休戚、共存亡、共荣辱、共命运的感情和道义"。新疆当代文学的创作就充分印证了这一点，它是新疆各民族作家以文学艺术的形式进行的多民族混声合唱，它与鲜明的自然色彩、文化色彩、时代精神有机融合，呈现出了新疆当代文学地域性、民族性与个性化的追求。

二　交融共存的宗教文化图景

新疆作为多民族地区，"宗教地理"环境既是新疆文化重要的因素，也是新疆当代文学研究的关键语境。何谓"宗教地理"？汉语中的"宗教"本不是一个连缀词，据《说文解字》，"宗"者："尊祖庙也，从宀，从示。"①"示"者："天垂象，见吉凶，所以示人也。从二；三垂，日、月星也。观乎天文，以察时变。示，神事也。凡示之属皆从示。"②"教"者："上所施下所效也。从攴、从孝。凡教之属皆从教。"③于此，"宗教"意指对神或人类祖先神灵的崇拜与敬仰。《辞海》对"宗教"的释义与此相近似："社会意识形态之一。相信并崇拜超自然的神灵，是支配着人们日常生活的自然力量和社会力量在人们头脑中的歪曲、虚幻的反映。"④ 在西方，"宗教"一词最初起源于拉丁词语"re-

---

① （汉）许慎：《说文解字》，柴建虹、李肇翔主编《中国古典名著百部》，九州出版社2001年版，第420页。

② 同上书，第2页。

③ 同上书，第183页。

④ 辞海编辑委员会：《辞海》，上海辞书出版社2000年版，第2866页。

lied"，后来具有了多重含义，不同的学者对其有不同的看法。在受到强有力的、具有变革性的希腊宗教影响之后，现代学者存在两种分歧，一种认为，宗教是"一种外在于人的力量，这种力量强迫着人们采取某种行为，违则遭受可怕的赏罚报应的一种禁忌"；① 另一种认为宗教指"一种人在面对这种力量时的内在情感"。② 据此，新疆"宗教地理"是指新疆当代文学产生的人文地理环境中具有的一种意识形态，它与人的精神形态相联系。新疆历来是多种宗教并存的地区，交融共存是新疆宗教关系的主流③，所以新疆的宗教地理环境并非某一种宗教的唯一存在，而是多元化并存的宗教格局。

宗教作为人类思想发展的高级形态，它以一种无形的巨大的力量，支配着文学的精神和价值观念，它潜移默化地存在于人的头脑中，影响着人的情感与品格。新疆宗教环境经历了漫长的演变，形成了多种宗教共存的状况并延续至今。相对中国其他区域，新疆的宗教文化氛围对本土文学的影响是显而易见的。新疆宗教文化型构存在多维性特征，它是伊斯兰教、佛教等宗教文化基质和泛宗教性的中原儒家文化西渐后进行融合形成的，不过这种多维性机制又分明呈现出以伊斯兰教为主导的宗教文化色彩。具体于文学的书写中，它反映在作家的人生观念、价值判断、思维方式、民俗民情等各方面。在新疆宗教文化的地理环境中，作家或多或少地都有着对宗教文化的表现，尽管其表现形式不一致，却让我们感受到宗教文化在这片土地上产生的潜移默化的影响力。如王蒙的小说《虚掩的土屋小院》中，房东阿依穆罕大娘的亲人都在疫病中死了。她这样向"老王"诉说："命是胡大给的，胡大没让他们留下，我

---

① ［加］史密斯：《宗教的意义与终结》，董江阳译，中国人民大学出版社 2005 年版，第20 页。

② 同上书，第 145 页。

③ 中华人民共和国国务院新闻办公室：《新疆的若干历史问题》白皮书，国务院新闻办公室网站，www. scio. gov. cn，2019 年 7 月。

们又说什么呢?"阿依穆罕大娘把命的去留看作胡大冥冥之中的安排,这种宗教意识的背后,是无奈生死的相对超脱和平静接受。虔诚的穆斯林穆敏老爹,则这样解释他每天按时做"乃玛孜"的行为:"人应时时想到死,这样,他就会心存恐惧,不去做那些坏事,只做好事,走正道,不走歪道。难道您不明白吗? 难道您就没想到过死吗?"① 穆敏老爹认为,我们如果是好人,每天做五遍祈祷时应该想五遍死,死会令人向善。可以看出,王蒙笔下的这些人物,都显现着宗教文化在日常俗世生活中的浸润。

　　"宗教思维形态在人类文明发展史中具有重要地位和价值,具体到民族这一人类单位,是一个民族思维样式最集中的体现,其宗教文化也是该民族文化的核心,其质的规定性决定着该民族审美及艺术思维的特征。"② 在新疆当代文学的书写中,宗教文化常常有一种信仰升华的体现,这种升华往往凝聚为一种精神源头。如伊斯兰教带给人的是极力倡扬坚忍、敬畏的人性品格,强调人对生命的敬畏,它所传达的对"苦难""悲悯"的人生体悟等精神常常在作家作品中得以体现。红柯曾坦言宗教文化对他的影响是无法回避的,他的长篇历史小说《西去的骑手》中塑造的回族英雄马仲英,其性格中所张扬的坚忍不拔、勇猛无畏的生命意志都有着宗教文化深深的印记。宗教因素在文学中的渗透更体现于文学中表现出的神性意识③。在新疆文学中,对神秘现象的着意渲染,对"野性"、"原始性"和民间文化残存的某些怪诞因素的猎奇式描写,对自然景物的"推销式"叙述,对"雄性""男子汉""阳刚之气"的超常热衷无不与宗教因素相关。这种宗教色彩有时更多的在

---

　　① 王蒙:《虚掩的土屋小院》,载《王蒙文集》第9卷,人民文学出版社2014年版,第100—116页。

　　② 李晓峰、刘大先:《多民族文学史观与中国文学研究范式转型》,中国社会科学出版社2016年版,第175页。

　　③ 丁帆主编:《中国西部现代文学史》,人民文学出版社2004年版,第24页。

作品中表现为一种超自然的力量，如陆天明的《泥日》开篇便以"阿达克库都克荒原上千古百代都罕见的大雨"提示着"荒原的历史现在才开始"，作者将大自然中的万物都用黑色的神秘来渲染，现实场景与幻觉景象纠结在一起，让人感到命运之神的安排，这部小说正如其标题"泥日"所透露出的末世感、宿命感。显然，陆天明小说中的神性色彩除了民间文化的底色外，还有新疆宗教文化的神性因素的影响。不可否认，神性意识在新疆当代文学中传达出的是文学与自然、文学与宗教之间一种互文性的关系。作为一种历史文化现象，宗教在时空上的变化与发展，一方面受到环境因素的影响，另一方面也会引起其他文化现象发生相应的变化。客观来说，新疆自古以来是一个多民族聚居的地区，这里的各种风俗人情、丧葬嫁娶、节日禁忌无不受到宗教文化的影响，很多时候都反映于作家作品中点点滴滴的生活描述，对宗教地理环境的书写无论是直接性的还是间接性的，最终皈依于人内心的一种情感。

在研究新疆当代文学与宗教地理环境之关系时，我们也注意到了如何处理宗教与文学的关系，这是新疆作家必须面对的一个问题。宗教是融合哲学观念、人生态度、价值判断、思维方式、民俗民情的文化载体，它对人的影响具有双向性。"宗教作为一种意识形态，它体现的是一种消极的力量，人类改造世界的壮举往往因宗教的渗入而相形见绌，给文学的生命之光蒙上灰暗的阴影；但宗教又是人类不可避免的社会活动，很多时候是人们刻意追寻的理想寄托，它带给文学的是一种形而上的意境与空灵，并在客观上促进和推动文学的发展和完善。"[1] 郜元宝指出"宗教是文学永恒的祈向，也是文学不可跨越的极限。作家可以用自己的方式提出宗教的终极性问题，但如果直接宣教，就意味着取消文学"。[2] 中华人

---

[1] 马学良、梁庭望、张公瑾等主编：《中国少数民族文学史》，中央民族大学出版社 1992 年版，第 14—15 页。

[2] 郜元宝：《近十年中国文学与宗教关系略考》，《作家》2005 年第 5 期。

民共和国成立 70 年的历史也证明了宗教只有与中国社会主义的发展相适合，才能良性地健康发展，中国宗教必须坚持独立自主自办原则，防止一切去中国化倾向。① 对此，新疆各民族作家应当成为坚定不移的践行者，创作出更多更好反映新疆各民族团结奋进、共同建设美好家园的作品。我们也应看到新疆当代文学的发展不仅仅是受制于民族性、宗教性等特定地域文化，它更应是时代的产物，所以，时代变迁给予文学的影响更应是重要的度量标准之一。

第三节　新疆当代作家的身份境况

文学是人类认识客观世界，表现自我情怀的一项特殊活动，每一个体成员的文学创作活动都生发在一个具体的时空交汇处，特定的历史条件和特定的地域空间共同构成了作家的创作背景。自古至今，新疆的区域位置决定了新疆当代文学是边缘的，而"文学重心的分布也是有规律可循的，不难发现，文学重心的分布大体呈现出四个节点：京畿之地、富庶之区、文明之邦与开放之域"。② 从文学重心分布的四个要素来看，新疆当代文学历来与"京畿之地"无缘，也不属"富庶之区"，它从来没有成为文学重心的有利条件，所以，新疆当代文学作为偏远省份的写作，更多地表现出一种边缘创作的意义。正是在边缘创作的维度上，新疆作家主体性的身份构成对新疆当代文学所显示的意义格外鲜明。

新疆地域文化无意识地浸润和熏染，并随着时间的流逝驻留在作家的潜意识之中，以各种形式展现出它颇具能量的作用，因此，分析与考

---

① 中华人民共和国国务院新闻办公室：《新疆的若干历史问题》白皮书，国务院新闻办公室网站，www. scio. gov. cn，2019 年 7 月。

② 曾大兴：《文学地理学研究》，商务印书馆 2012 年版，第 75 页。

察作家的身份境况，可以更全面地了解新疆当代文学的文化内涵及创作风格，基于此，下文将对新疆当代作家的身份境况进行细致的分析，从中探究新疆文学创作的基本趋势。

一 复杂而多向度的作家境况

新疆作为一个特定意义上的地理概念，因其涵盖区域的特殊性而具有强烈的地域色彩，这体现为新疆文化区不仅仅是自然地理的简单组合和拼接，更是依据一定的文化要素对相类似的文化形态的一个归纳和集结。特别就新疆当代文学而言，"新疆"不只是表层地理方位的意义，更是一个独特的文化形态区和多元的创作源流。作为创作主体的新疆作家群得益于新疆的文化地理，在作家群落的构成上呈现出迥异于中部和东部的多样性，且由于作家身份境况的复杂与丰富而显示出审美风格的差异性。

从民族身份构成上来看，新疆当代文学创作群体以汉族作家为主体，同时又聚集了大批少数民族作家。具体而言，少数民族作家包括维吾尔族、哈萨克族、回族、锡伯族，蒙古族、柯尔克孜族、塔吉克族、满族等，其中，维吾尔族与哈萨克族作家人数多于其他族群；从作家的地理分布来看，乌鲁木齐作为新疆的首府城市，是新疆作家云集之地，约90%的作家会聚于此；天山以北的北疆地区包括新疆兵团地区，形成了规模较小的作家群落，而在天山以南的南疆地区的作家数量较少。造成新疆作家群落地理分布的主要原因是，乌鲁木齐作为首府城市，无论从政治、经济、还是交通而言，都是新疆政治、经济、文化、教育的中心，它为作家成长提供了必要的条件，北疆及兵团地区有一定的地缘优势，历史上的兵团屯垦聚集了大量的汉族移民，后期受教育程度较高，更为重要的是改革开放以来北疆及兵团的城市化进程、经济发展都较为快速，提供了培育作家的良好土壤，而南疆地区经济文化的发展相对滞缓，受教育程度较低，最关键的是一些用少数民族语言进行创作的作家，不学习汉语就不能走出新疆、走向全国，造成了作家群落的稀薄。针对新疆作家群落的构成及境况，这里重点引入一种分析方法，即以作家在当代文学的实际地位、影响，将作家划分为"重要作家"和"一般作家"，这些"重要作家"代表了新疆当代文学的成就，包括汉族作家、以汉语写作的少数民族或作品被翻译后引起重要反响的少数民族作家，本文在后续几章的作品文体分析中，也将以这些作家的作品为主要分析对象。需要说明的是，本文判断是否新疆"重要作家"主要根据下列条件：①作家的创作引起的关注度，如作品是否获奖、是否写入文学史等；②作家的作品、文学思想产生的影响。基于此，表2-1分为汉族作家与少数民族作家两部分，标示出重要作家的籍贯、学历、主要经历、代表性作品、获奖情况等要素。

表2-1　　　　　　　　　重要作家一览

姓名	籍贯	民族	学历	主要经历	代表性作品	获奖情况
王玉胡 (1924—2008)	河北安国县人	汉族	中学	生于河北安国县，1949年后曾先后任职于中共中央新疆分局文艺处、中国作家协会新疆分会、新疆文联、《新疆文学》等	长篇小说《边陲纪事》，纪实性小说《北塔山风云》《司马古勒阿肯》，电影文学作品《哈森与加米拉》	《哈森与加米拉》获文化部1949—1955年优秀影片奖
王蒙 (1934—)	河北南皮人	汉族	大学	生于北京，1962—1979年因右派身份在新疆劳动与工作，1979年平反，调回北京从事专业创作，1983—1986年先后曾任《人民文学》主编，在文化部、中国作家协会、全国政协任职，2019年被授予"人民艺术家"国家荣誉称号	系列小说《在伊犁》，中篇小说《杂色》，短篇小说《买买提处长轶事》《夜的眼》《心的光》等，长篇小说《这边风景》	曾多次获奖，获全国优秀短篇小说奖、短篇小说百花奖、全国中篇小说奖、人民文学奖、短篇小说北京文学奖、上海文学奖等，其中《这边风景》荣获第九届"茅盾文学奖"

续表

姓名	籍贯	民族	学历	主要经历	代表性作品	获奖情况
吴连增 (1936—)	河北 遵化县人	汉族	中学	生于河北遵化县，1955年中学毕业后赴新疆，曾任职于新疆生产建设兵团、新疆人民广播电台、新疆文联《中国西部文学》、新疆作家协会等	小说《沙漠传奇》《司机的妻子》《郑大年小传》《幸存者》，小说集《白鸥》，散文集《西部浪漫曲》	
赵天益 (1938—)	河南 孟津人	汉族	大学	生于河南孟津，1955年中学毕业后参军来疆，在石河子农八师团场工作，1966年毕业于新疆广播师范大学中文系，后任职于新疆军区生产建设兵团党委组织部	散文集《情醉旅程》《爱洒天涯》《塞上听潮》《赵天益散文选》，评论集《观察与思考》	
杨牧 (1944—)	四川 渠县人	汉族	中学	生于四川渠县，1964年开始西部流浪生活，后至兵团莫索湾第二农场当工人，1979年调至石河子地委宣传部，后任职石河子市作家协会、兵团文联、自治区文联，1989年调至四川省作协	诗集《绿色的星》《复活的海》《野玫瑰》《夕阳和我》《边魂》《雄风》，神话叙事长诗《塔格莱丽赛》《山杜鹃》《黑咖啡紫咖啡》《荒原与剑》《人在沧海》等	《我是青年》获1980年全国中青年诗人"新诗优秀作品奖"，诗集《复活的海》获1983—1984年"优秀新诗奖"，《天狼星下》获"广播文艺政府奖"
章德益 (1945—)	江苏吴兴县人	汉族	中学	生于上海，1964年高中毕业后支边到新疆，被分配到兵团农一师五团当农工，后任团中学教师，1980年后曾任职于《新疆文学》（现《中国西部文学》）、新疆作家协会等	诗集《大汗歌》（与龙彼德合集）《绿色的塔里木》《大漠和我》《西部太阳》《黑色戈壁石》	1991年曾荣获中国作家协会主办的"庄重文文学奖"，2019年获第六届"天山文艺奖"贡献奖

续表

姓名	籍贯	民族	学历	主要经历	代表性作品	获奖情况
周涛 (1946—)	山西潞城县人	汉族	大学	生于山西潞城县马场村的八路军总部，1955年随父母从北京来到新疆，1969年毕业于新疆大学中语系维吾尔语言文学专业，1971年2月赴伊犁新源县接受"再教育"，1972年被分配到喀什工作，1979年入伍，从事专业文学创作，先后于兰州军区创作室、新疆军区创作室、新疆作协、新疆文联任职	诗集《牧人集》《云游》《鹰笛》《野马群》《神山》《幻想家病历》《英雄泪》《八月的果园》，抒情长诗《山岳山岳，丛林丛林》，散文集《稀世之鸟》《兀立荒原》《深夜倾听海》《周涛散文集》，长篇散文《游牧长城》《西部的纹脉》，长篇小说《西行记》	诗集《神山》荣获全国第二届"新诗奖"；叙事长诗《鹰之击》获1985年解放军全军文艺奖；《中华散文珍藏本·周涛卷》获得首届"鲁迅文学奖"
赵光鸣 (1948—)	湖南浏阳人	汉族	大学	生于湖南浏阳县，1958年随父来疆，高中毕业后，1968年在新疆米泉插队务农，后入北京大学哲学系读书，后任职于新疆财经学院，新疆作家协会等	小说集《远巢》《死城之旅》《绝活》（包括小说《净身》《石坂屋》《西边的太阳》《鼹鼠》《汉留营》），长篇小说《青氓》《迁客骚人》《赤谷城》（《又名解忧与冯缭》）	《石坂屋》获1985年中国西部文学优秀作品奖；《西边的太阳》获人民文学出版社"85—93年度当代文学奖"
董立勃 (1956—)	山东荣成人	汉族	大学	生于山东荣成县，2岁随母支边来到新疆兵团农七师下野地团场。高中毕业后在基层团场干过农工、教师和文艺宣传队员，1983年毕业于新疆师范大学政治系，后在乌鲁木齐市文联、新疆作协任职	长篇系列小说《白豆》《清白》《乱草》《静静的下野地》《烈日》《米香》，中篇小说集《黑土红土》，中短篇小说集《地老天荒》	《白豆》荣获新疆"天山文艺奖"

续表

姓名	籍贯	民族	学历	主要经历	代表性作品	获奖情况
韩子勇 （1962—）	河南汝南县人	汉族	大学	生于新疆奎屯兵团农场，1985年毕业于新疆大学政治系，曾于自治区党委宣传部工作，后调任中国文化部工作	文学评论《当代的耐心》《边疆的目光》《西部：边远省份的文学写作》《文学的风土》散文随笔集《浓颜的新疆》《深处的人群》	《西部：边缘省份的文学写作》获第二届"鲁迅文学奖"
刘亮程 （1962—）	甘肃酒泉人	汉族	中专	生于新疆沙湾县，从事过乡农机站管理员等工作，劳动之余进行文学创作，曾任职于《中国西部文学》、新疆作家协会	诗集《另一只眼睛》《晒晒黄沙梁的太阳》，散文集《一个人的村庄》《驴车上的龟兹》《在新疆》，长篇小说《虚土》《凿空》《捎话》	2001年获第二届"冯牧文学奖"文学新人奖；《在新疆》获第六届"鲁迅文学奖"散文杂文奖；《驴叫是红色的》获第十六届"百花文学奖"散文奖；2019年8月，《捎话》荣获第七届"花城文学奖"长篇小说奖
红柯 （1962—2018）	陕西岐山人	汉族	大学	生于陕西岐山，1985年毕业于宝鸡师范学院，1986年自愿赴新疆奎屯伊犁州技工学校，1995年冬回陕西，任职于陕西省作协、陕西师范大学	小说《奔马》《美丽奴羊》《鹰影》《阿里麻里》《吹牛》《金色的阿尔泰》《复活的玛纳斯》《古尔图荒原》《老虎！老虎！》《跃马天山》《库兰》《喀纳斯湖》《西去的骑手》；小说集《黄金草原》《太阳发芽》，学术随笔《敬畏苍天》	《西去的骑手》荣获中国小说学会"首届学会奖"（2000—2002年）；《吹牛》获第二届"鲁迅文学奖"，首届"冯牧文学奖"、第九届"庄重文文学奖"等
北野 （1963—）	陕西蒲城人	汉族	大学	生于陕西蒲城，先后毕业于陕西渭南师范学院中文系和中国人民大学新闻系。1982年入疆，曾于《新疆经济报》《新疆日报》任职	诗集《马嚼夜草的声音》《北野短诗选》，散文集《南门随笔》	

续表

姓名	籍贯	民族	学历	主要经历	代表性作品	获奖情况
孤岛 (1964—)	浙江千岛湖人	汉族	大学	生于浙江淳安县，1985 年杭州大学中文系毕业，毕业后自愿支边到新疆，先后在《新疆铁道报》《新疆经济报》《西部》工作	诗集《雪和阳光》，中短篇散文集《新疆瓜果记》《孤岛散文选》等	《人生秋语》（散文一组）获首届"中国西部散文奖"（1979—2009 年）；散文《塔里木河自述》获"冰心散文奖"
郁笛 (1964—)	山东苍山县人	汉族	大学	生于山东苍山县，1983 年入伍进疆，现供职于《绿洲》文学杂志社	诗集《远去的鸟》《激情的挽歌》《风中的马车》《低语的诗行——郁笛十四行诗选》《新鲜的往事——郁笛九行诗选》，随笔集《贵族的边疆》《被耽搁的遗忘》，散文集《行走阿勒泰》	
李健 (1964—)	新疆木垒县人	汉族		生于新疆木垒县，后求学于乌鲁木齐	《木垒河》	
沈苇 (1965—)	浙江湖州人	汉族	大学	生于浙江湖州南浔，1987 年毕业于浙江师范大学中文系，1988 年来到新疆，先后在阜康市广播电视局、《亚洲中心时报》、新疆作家协会工作，现调任浙江传媒大学	诗集《在瞬间逗留》《高处的深渊》《我的尘土我的坦途》，文艺随笔集《正午的诗神——50 个外国重要诗人和散文家》，散文随笔集《新疆词典》	《在瞬间逗留》1998 年获"鲁迅文学奖"；《正午的诗神——50 个外国重要诗人和散文家》获第七届"全国优秀青年读物奖"
陈漠 (1966—)	陕西安康人	汉族	大学	生于陕西安康，2003 年毕业于新疆大学新闻系。1982 年入伍，退役后曾于新疆昌吉人民广播电台、新疆人民广播电台任记者、编辑，现供职于新疆人民出版社	长篇小说《花鼓王》《我的羊群不见了》，散文集《风吹城跑》《谁也活不过一棵树》《你把雪书下给谁》	

姓名	籍贯	民族	学历	主要经历	代表性作品	获奖情况
丁燕 (1971—)	甘肃 甘谷人	汉族	大学	生于新疆哈密，曾就读于中国人民大学新闻系和鲁迅文学院，曾任职于《新疆都市报》《新疆经济报》，2010年移居广东东莞	散文集《饥饿是一块飞翔的石头》《新疆历史文化名城：巴里坤》等，诗集《午夜葡萄园》	
王族 (1972—)	甘肃 天水人	汉族	大学	生于甘肃天水，1991年入伍，后调入新疆喀什，为新疆军区政治部创作室创作员，2003年转业到新疆美术出版社当编辑，2007年鲁迅文学院第七届高研班学员	诗集《高原的脉痕》《在西北行走》《所在》，《守望阿勒泰》《悬崖乐园》《动物精神》《风过达坂城》《龟兹仰止》《兽部落》《上帝之鞭》《藏北的事情》，长篇散文《图瓦之书》《狼界》	《清凉的高地》获"中国作家大红鹰文学奖"；《骆驼之死》获第五届"冰心散文奖"
卢一萍 (1972—)	四川南江县人	汉族	大学	生于四川南江县，1996年毕业于解放军艺术学院文学系，曾供职于新疆军区政治部文艺创作室、成都军区文艺创作室，2016年退役	长篇小说《激情王国》，中篇小说集《生存之一种》，短篇小说集《七年前那场赛马》，中短篇小说集《帕米尔情歌》，随笔集《世界屋脊之书》，散文集《沿着世界屋脊》《众山之上》	短篇小说《高原二题》获第四届全军"文艺新作品"三等奖；《神山圣域》获第九届"中国人民解放军文艺奖"；《二傻》获第九届《上海文学》奖；《卡德尔与一个村庄的传奇》获中宣部"五个一工程"奖
李娟 (1979—)	四川 遂宁人	汉族	高中	生于新疆生产建设兵团农七师一二三团，曾在阿勒泰哈萨克牧区生活，现供职于新疆文联	散文集《九篇雪》《我的阿勒泰》《阿勒泰的角落》《走夜路请放声歌唱》《遥远的向日葵地》《羊道三部曲》	《羊道》获第二届"朱自清散文奖"；《阿勒泰的角落》获第四届"天山文艺奖"；《遥远的向日葵地》获第七届"鲁迅文学奖"

续表

姓名	籍贯	民族	学历	主要经历	代表性作品	获奖情况
董夏青青 (1987—)	山东潍坊人	汉族	大学	生于北京，2008年毕业于解放军艺术学院文学系，供职于新疆军区政治部创作室	著有随笔集《胡同往事》，长篇小说《年年有鱼》，非虚构作品《胆小人日记》，短篇小说《炸弹》《边塞纪事》《垄堆与长夜》《道是无情却有晴》	作品《江河中的故事》获第一届"沈从文文学奖"
郭基南 (1923—)	新疆伊犁察布查尔县人	锡伯族	中专	生于新疆伊犁的察布查尔县，1941年毕业于茅盾领导的新疆文化干部训练班，1962年至新疆文联，先后在《文学译丛》《新疆民族文学》、新疆作家协会、中国少数民族作家学会任职	诗集《乌孙山下的歌》《情感的火花》，组诗《伊犁春色》，代表作小说《流芳》三部曲	《彩色的花环》《摘星人》分获第二、四届"少数民族文学奖"
白练 (1929—2008)	新疆伊犁伊宁人	回族	大学	生于新疆伊宁，1949年肄业于南京边疆学校，历任人民解放军连队文化教员、新闻记者、文学编辑	短篇小说《黑牡丹·白牡丹》《复苏》《弯弯的路》，中篇小说《大户风度》《孔雀楼》《飞蛾》	小说《黑牡丹·白牡丹》获新疆新时期优秀文学作品奖；《朋友》获第二届少数民族文学创作二等奖；《先后》获"少数民族文学奖"优秀作品奖
铁依甫江·艾里耶夫 (1930—1989)	新疆伊犁霍城县人	维吾尔族	中学	生于新疆伊犁霍城县，1946年参加新疆三区革命，曾任新疆《前进报》《新道路报》编辑，1949年后在新疆党委宣传部、作协新疆分会、新疆文联任职	代表作《故乡抒怀》《回乡吟》，诗集《东方之歌》《和平之歌》《唱不完的歌》《祖国颂》《迎接更美丽的春天》	《故乡抒怀》荣获1981年第一届"少数民族文学奖"作品一等奖；《回乡吟》荣获1985年第三届"少数民族文学奖"作品一等奖

姓名	籍贯	民族	学历	主要经历	代表性作品	获奖情况
祖尔东·沙比尔（1937—1998）	新疆伊犁伊宁市人	维吾尔族	大学	生于新疆伊犁地区伊宁市，毕业于西北民族大学，曾在新疆作协、新疆人民出版社任职	长篇小说《阿布拉力风云》《探索》（上、下）《父亲》《故乡》（三部曲），短篇小说集《露珠》《忠诚》《忘不了你，古丽赛莱》《无头无尾的信》	短篇小说《刀郎青年》，长篇小说《探索》分别获第一、二届"少数民族文学奖"优秀作品奖
夏侃·沃阿勒拜（1937—）	新疆阿勒泰哈巴河县人	哈萨克族	大学	生于阿勒泰地区哈巴河县，1961年毕业于新疆师范学院中文系，曾在自治区语委会、新疆人民广播电台、自治区作家协会、自治区文联任职	诗集《岁月之歌》《猎鹰人》《同代人》《绿色的天地》《赛马》《光明的道路》，代表作《我是哈萨克》	《致导师》一诗1985年获第二届"少数民族文学奖"创作一等奖。《我与诗》一诗1991年获《民族文学》优秀作品奖
朱玛拜·比拉勒（1941—）	新疆塔城额敏县人	哈萨克族	大学	生于塔城地区额敏县，1962年毕业于新疆大学中文系，曾先后任教师、编辑等职	长篇小说《深山新貌》《原野小鸟》《东方美女》《同代人》，中短篇小说集《父亲的业绩》《祖先的遗产》《朦胧的山影》	中篇小说《祖先的遗产岁月》获第三届"少数民族文学奖"创作奖，短篇小说《婚姻》获1988年中国作协、国家民委"山丹奖"，中短篇小说集《父亲的业绩》获"少数民族文学奖"创作奖，译成汉文的小说集《蓝雪》获第七届少数民族文学"骏马奖"
买买提明·吾守尔（1944—）	新疆伊犁伊宁市人	维吾尔族	大学	生于新疆伊犁地区伊宁市，1967年毕业于新疆大学中文系，伊犁哈萨克自治州作家协会兼专业作家，1995年后在新疆作家协会、新疆文联任职	中短篇小说集《燃烧的河流》《笛声》《这不是梦》，中短篇小说《瑞雪》《胡须风波》《镶金牙的狗》《芦花公鸡》	小说集《这不是梦》获第四届少数民族文学"骏马奖"

续表

姓名	籍贯	民族	学历	主要经历	代表性作品	获奖情况
艾克拜尔·米吉提 （1954—）	新疆伊犁霍城县人	哈萨克族	大学	生于新疆伊犁霍城县，毕业于兰州大学中文系，毕业后在伊犁州党委宣传部工作，1981年调至北京，在《民族文学》从事编辑工作	小说《努尔曼老汉和猎狗巴力斯》《存留在夫人箱底的名单》《哦，十五岁的哈丽黛呦……》等	《努尔曼老汉和猎狗巴力斯》获第二届"全国优秀短篇小说奖"，《哦，十五岁的哈丽黛呦》获第二届"少数民族文学奖创作"一等奖
哈依夏·塔巴热克 （1957—）	新疆呼图壁人	哈萨克族	大专	生于新疆呼图壁，中学毕业后下乡接受再教育，1981—1984年在昌吉回族自治州职工大学汉语言文学系学习，现在昌吉作协、新疆作协任职	中篇小说《魂在人间》《魂在草原》《魂在大地》，散文《孩子的黄骠马》，报告文学《哈萨克人热西提》	《魂在人间》荣获第四届"全国少数民族文学奖"创作新人奖
阿拉提·阿斯木 （1958—）	新疆于田人	维吾尔族	大学	生于新疆于田，毕业于新疆大学汉语言文学翻译专业，曾于新疆维吾尔自治区文联、新疆作家协会任职	中短篇小说集《金矿》《赤色的天空》《阳光如诉》《亚地卡尔》《帕丽达》《隐藏的旋律》《蝴蝶时代：阿拉提·阿斯木小说选》；长篇小说《时间悄悄的嘴脸》	《时间悄悄的嘴脸》荣获第十一届全国少数民族文学创作"骏马奖"
傅查新昌 （1961—）	新疆伊犁察布查尔县人	锡伯族	中专	生于伊犁察布查尔县，从事过教师、警察、记者等工作	小说集《父亲之死》《人的故事》，长篇小说《毛病》《时髦圈子》《明净的地方》《秦尼巴克》，文学批评集《失衡的游戏》	小说《寂静的雪野》获新疆1979—1989年新时期文学奖；散文《玉米使者》获全国第二届路遥青年文学奖；《父亲之死》获全国第六届少数民族文学"骏马奖"
黄毅 （1961—）	广西都安	壮族	不详	生于新疆石河子下野地，曾供职于新疆文联，《新疆艺术》杂志社	散文集《亚洲甜蜜之心》《新疆时间》《不可确定的羊》《骨头的妙响》《地皮酒》	散文集《新疆时间》获得第十一届全国少数民族文学创作"骏马奖"

姓名	籍贯	民族	学历	主要经历	代表性作品	获奖情况
叶尔克西·胡尔曼别克（1962—）	新疆伊犁特克斯县人	哈萨克族	大学	生于新疆伊犁特克斯县，1984年毕业于中央民族学院中文系，先后在新疆作协《民族文学》《中国西部文学》、自治区文联任职	散文集《永生羊》《母性的草原》，小说《额尔齐斯河小调》等。	《额尔齐斯河小调》1987年获新疆维吾尔自治区第二届儿童文学优秀作品奖；小说《随意拣来的故事》1989年获新疆自治区首届新时期优秀文学作品奖；《永生羊》获2004年新疆维吾尔自治区政府首届"天山文艺奖"；《黑马归去》获第九届全国少数民族文学创作"骏马奖"
狄力木拉提·泰来提（1963—）	新疆伊犁伊宁市人	维吾尔族	大学	生于新疆伊犁伊宁市克伯克于子乡，先后在自治区文联、新疆作家协会、《民族文汇》杂志社任职	擅长诗歌翻译，曾翻译《福乐智慧》，出版诗歌集《大漠魂》《一路向南》	2005年荣获全国少数民族文学创作"骏马奖"翻译奖；2009年翻译的儿童系列长篇小说《楼兰古国之奇幻之旅》荣获中宣部"五个一工程奖"

注：本表按汉族作家、少数民族作家及其出生年份排序。

分析表2-1中新疆重要作家的基本情况中，可以看出以下几个问题。

第一，汉族作家籍贯的组成状况可谓"天南海北"，在此会聚了全国各地不同籍贯的作家。如果从文化的角度来看，籍贯是影响作家终身的一个文化地理因素，"个人史（特别是童年）、籍贯和地域、民族与当代、文化与语言……对一个作家而言都是相当重要的精神层面"。[①]如果考证新疆当代作家的籍贯，表中的三十多位汉族作家主要源于陕西、甘肃、河南、四川、山东、河北、浙江等地区，又以西北出身的为

---

① 余秋雨：《乡关何处》，春风文艺出版社1994年版，第171页。

多数，这与新疆地理位置偏西北以西的地缘有着必然的联系。同时，也说明西北地区的文学创作对新疆当代作家的创作有着重要影响。作家中汉族作家的籍贯都属异地，但有的出生在新疆，如刘亮程、李娟，也有些作家从小随父母迁居、移民到新疆，如周涛、董立勃等；还有随部队来新疆后成长为作家的，这类情况在新疆作家人数中占一定比例，如王玉胡、郁笛、王族、卢一萍、董夏青青等。观察表 2－1 中少数民族作家的出生地会发现有一个突出的现象，来自新疆伊犁地区的作家人数较多，如铁依甫江·艾里耶夫、祖尔东·沙比尔、艾克拜尔·米吉提、夏侃·沃阿勒拜、哈依夏·塔巴热克、叶尔克西·胡尔曼别克，这种现象说明伊犁地区的文化氛围较为浓厚，当地对文化、教育的重视程度较高。当然，我们必须认识到，地域文化的主体是具体的人群，并非泾渭分明的族别划分，它是地貌气候、生产方式、风俗习惯等共同作用的结果。通过分析所列举的三十多位作家的作品内容，可以看到他们的书写范围与内容都是以新疆各地区生活、自我的地方体验为主体的，由此也说明了作家个人之间固然有经历、思维的差别，但形成个人书写经验的依然是地域。

第二，从作家的受教育程度来看，其中有 70% 接受过高等教育，如赵光鸣、叶尔克西、红柯等。学识、文化素养固然不是作家成功的唯一条件，但却是使作家免于浅陋的必要保证，这包括突破狭窄的视界，扩展经验的范围、深度以及在中西文学的融合、撞击中做出创造性的可能。受过高等教育的这些新疆作家在文学、历史、哲学等方面有较深厚的学养，并接受了较为系统的专业学习，所以他们自发表作品以来基本保持了创作的持续性。从表 2－1 中作家的毕业校院还可以看到一个较为突出的现象，新疆大学作为新疆本土的最高学府为地方培养作家功不可没，尤其是培养出了周涛、韩子勇、艾克拜尔·米吉提、朱玛拜·比拉勒、陈漠等知名度较高的作家，这些新大学人成为新疆地区文学建设的主力军，他们代表着新疆本土高等教育的成绩。新疆作家中，李娟、刘亮程等作家虽然学历不高，但在生活经验、社会经历方面都有他们自己的优势，当然后来也进行了必要的文学训练（如由新疆作协、文联推荐参加鲁迅文学院的学习等），他们的创作虽然体现出与主流的学院派绝不相同的风格，但却以一种新的视角和情感去体验新疆文化地理，有力地拓展了新疆当代文学书写的可能性。上述两种的类型作家对于新疆当代文学的发展均有着重要的意义。

第三，从作家的主要生活经历来看，表 2 - 1 中近 30% 的作家有着农业劳动的经历，既有 20 世纪的政治运动原因，如王蒙、章德益等，也有其自身的生活原因，如李娟、刘亮程等。这些作家在劳动生活中对新疆文化地理有着更感性、更深入的了解，在感受方式及表达方式上更加能体现出个体的风格。另外，还有两个较突出的现象，一是近 70% 的作家最后的职业都有着期刊、报纸的编辑工作经历，表现出新疆作家最终职业身份的趋同性特征，而且在统计中发现，新疆本土文学期刊是新疆作家发表作品的重要阵地，如《天山》是 1956 年新疆文联创办的杂志，后依次更名为《新疆文学》《新疆文艺》《中国西部文学》《西部》，新疆作家的作品也多在该期刊上发表，在一定程度上它也推动与促进了新疆当代文学的繁荣；第二个突出的现象是，从表 2—1 中可以看出，有近 40% 的作家有军人经历，说明驻疆部队在地方文化建设方面发挥着不可忽略的作用。

二　汉族作家的身份境况分析

一个作家的出身、生长环境、个人经历、体验的差异对作家风格的塑造起着重要作用。结合新疆的历史可以看到，新疆汉族作家的身世及个人经历是复杂多样的，作家的个人经验作为影响文学写作的最重要的一个原因，当然与地域有关，所以要研究新疆当代文学，首先要了解新疆汉族作家的身份境况，分析他们身后整个的新疆社会"特殊"的人口结构。之所以强调"特殊"是因为没有哪一个地区像新疆这样聚集了属民、移民、流寓或定居、旅居、客居等如此众多身份的人群。斯图亚特·霍尔（Stuart Hall）认为个人的"身份"不是自然生成的，它是文化建构和塑造的结果。在这个过程中，"身份"因循着不同的历史、文化、社会、政治和经济的诉求，处于一种变更、移位、同化的抵抗的运动状态。① 对新疆汉族作家来说，"身份不是自然形成的，它们更多地是在人们的日常生活中被社会造成的，在考虑身份的地方因素时，人们心目中总是浮现出一个一成不变的群体——也就是出生地"。② 新疆文化语境中带给作家的自我认同与创作心理是完全不同于其原生地的，在新疆历史、文化、社会、政治和经济的语境变化之中，作家们言说新疆的创作方式有着质的差别，这种差异性的根源与身份境况的变化是联系在一起的。

（一）属民作家（土著作家）

属民身份即新疆本土的"土著作家"，一个作家无论他祖籍或籍贯在哪里，只要他生于新疆且在新疆长大，他的身份就是土著作家。在新疆当代作家中，土著作家如刘亮程、李健、李娟、韩子勇、丁燕、骆娟等。这些作家在新疆大地出生、成长、扎根，新疆的文化地理是孕育滋润他们成长的母体文化，祖籍或籍贯只是一个遥远的方位，新疆这片土地不但给予他们鲜活的生命，而且赋予他们独特的新疆文化气质。在土著作家的思想意念中，新疆自然的壮阔、苍凉、邈远及独特的文化构造已经扎根，他们在创作中不断地激活这些因素并反复呈现于作品中，如刘亮程对成长地黄沙梁所描绘出的"一个人的村庄"，骆娟描写她诗意

---

① ［英］Stuart Hall, Cultural Identity and Diaspora, In：Rutherford, Jonathan, ed., *Identity*：*Community*, *Culture*, *Difference*, London：Lawrence and Wishart, 1990, pp. 223 – 225.

② ［英］萨拉·L. 霍洛韦、斯蒂芬·P. 赖斯、吉尔·瓦伦工：《当代地理学要义——概念、思维与方法》，黄润华、孙颖译，商务印书馆 2008 年版，第 142 页。

栖居的吐鲁番系列作品等，无不凝结了土著作家对本土的热爱，呈现出新疆文化地理真实而独特的存在。可以说，新疆大地的风土人情，新疆文化的多姿多彩成就了这些土著作家的新疆书写，故土与作家形成了相生相照、彼此助益的关系，二者互为镜像，共同构筑了新疆当代文学的地方表述，所以，任何文学的建构，都不可能只局限于文学本身，它一定关涉作家的自我意识和文化身份。"文化身份是某物，它有历史……它总是由记忆、幻想、叙事和神话建构的。"① 属民身份的新疆作家有着浓郁的"本土"意识，他们在作品中充满了对本土家园——新疆的文化心理认同感，"新疆风味"存在于作品鲜活的叙事中，作家所表现出的是对新疆文化历史的记忆与情感。这种文化认同感是由新疆文化地理环境对作家塑造的结果，属民的身份给予作家作品独特的文化性格。对于土著作家而言，他们的新疆书写中充满了本土身份的自豪感，这一点与移民作家、流寓作家、客居作家的创作心态完全不同。这是因为属民意识已深深地内化于作家心中，所以他们没有猎奇的心态，只是在作品中平静而清晰地关注新疆人的现实生活场景，这是一种真正意义上新疆人自我的言说。

人文地理学家段义孚认为本地人与外来人关注环境的方面大有不同："本地人所持有的一种复杂的态度，其根源是他们浸淫在自己所处的环境整体中。"② 新疆土著作家本土书写的自豪感或许是因为"作家们生于斯长于斯，潜意识中就有了某种'本土'的文化心理认同"。③ 新疆土著作家无论是书写本土的自然环境还是人文历史，都显示出一种从容而自信的姿态。刘亮程在《一个人的村庄》中抒发的对沙漠绿洲

---

① ［英］斯图亚特·霍尔：《文化身份与族裔散居》，载罗钢、刘象愚主编《文化研究读本》，中国社会科学出版社 2000 年版，第 212 页。

② ［美］段义孚：《恋地情结》，志丞、刘苏译，商务印书馆 2017 年版，第 92 页。

③ 姚新勇：《"西部"散文研究》，载姚新勇《寻找：共同的宿命与碰撞〔转型期中国文化多族群及边缘区域文化关系研究〕》，中国社会科学出版社 2010 年版，第 234 页。

中的村庄——黄沙梁生生不息的依恋："我的故乡母亲啊，当我在生命的远方消失，我没有别的去处，只有回到你这里——黄沙梁啊。"① 刘亮程所描写的新疆朴实而平静，完全没有内地来疆作家书写的异域色彩，但它却具有直接的阅读效果，使"村庄"成为中国当代文坛上永恒的一个方位。这些属民身份的作家通过发掘新疆文化地理，把新疆土地的赤子情怀已化解在他们的内心世界，并在他们的文学书写中释放出对本土的依恋与认知，在土著作家的心中，新疆不只是"生我养我"的故土家园，更多的是在这片土地上自我文化身份的认同感与归属感。所以土著人是新疆这片土地的血脉，是这片土地的人气。而移民是一种风景。② 正如"越是民族的，就越是世界的"，同样，对新疆土著作家而言，"越是本土的，越是中华民族的"。

对于新疆土著作家来说，如何使作品走出新疆、走向中国文坛并获得外界的认可是需要认真思考的一个问题。通过统计新疆本土作家作品发表的刊物，可以看到他们发表作品基本上以新疆地方性刊物为主，这就很难在全国引起关注。对边疆作家所处的这种边缘地域境况，韩子勇有着深刻的认识："中心之外，密密麻麻地堆垒着数不清的沉闷忧郁中的石头。他们也如那些星光闪耀的人物一样，在稠人广众之中年复一年日复一日地埋头于孤独中的写作、思考，观察自己哪怕是一丁点的变化，他们在日复一日的孤寂写作中离世界越来越远，他们看不清周围的环境，在不知不觉当中，他们成了这个环境中的陌生人，他们也无法左右自己在写作中的位置，在这一日益冷落的行当之中，仍然有新手不断加入，而且出手就不错，赢得了他们一生才得到的掌声。在西部偏僻省份的写作中，的确有大量这样的'半成品'，他们一生勤奋，名声不

---

① 刘亮程：《刘亮程散文》（上），新疆人民出版社 2009 年版，第 1 页。
② 阿拉提·阿斯木：《最后的男人》，载阿拉提·阿斯木《蝴蝶时代》，文汇出版社 2012 年版，第 37 页。

大，作品多发表在一些不重要的刊物上，即使站在地方主义的立场上看，他们也容易被遗忘。在这个本来就机会稀少的偏僻环境里，他们与机会绝缘，过高过快的淘汰率和内地过于热闹的文事使他们显得更老、更旧、更加沉闷和忧郁。这种情况构成了偏僻省份文学写作中的一种普遍的、基调性的背景。"①

（二）移民作家

新疆汉族移民是一个庞大的群体，从移民类型、移民人数、移民次数等方面而言，由西汉至晚清，新疆历史上的汉族移民情景从来没有停止过，有官方移民、政治移民、自发移民，以及其他形式如战争、商贸、宗教和被掠夺买卖而导致的移民等四大类型。② 中华人民共和国成立后的很长一段时间，新疆是汉族移民的主要聚集地，所以，新疆的移民是较为特殊的一个群体。与土生土长的新疆土著作家相比，新疆移民作家有着比较明显的特征，他们是生活在新疆多元文化场中的双重人。新疆汉族移民都是从家乡故土迁移到新疆，有着文化背景空间的转换，从故乡——异乡两者的对照中，形成了他们双重的文化身份。因文化地理环境的改变，新疆移民作家的生活方式、人生经历、文化心理都被转变，他们对故乡文化还有着依恋与怀念，在经历了矛盾与挣扎的岁月，才逐渐融入本土文化中，这种过程是一种从疏离到认同的心理过程。在故乡与边疆的双重映照之下，移民个体面临着边缘化体验下形成的一种复杂且让人困惑不已的情感，如同美国学者斯蒂芬·桑德鲁普眼里的移民文学："一方面，移民在新的文化环境中体会到了不同程度的疏离感：陌生的风俗、习惯、法律与语言产生了一股将其甩向社会边际或边缘的强大的离心力；另一方面，移民也体会到了一种对于家国文化的疏离感。那些

---

① 韩子勇：《文学的风土》，新疆人民出版社 2004 年版，第 69 页。
② 李洁：《历史上新疆汉族移民的类型及其作用》，《烟台大学学报》2008 年第 3 期。

导致移民他乡——远离自已所熟悉的、鱼水般融洽、优游自如的环境——的各种因素，会更为清晰与痛苦地一起涌来。"①

移民不仅要直面新疆政治经济的边缘处境，同时也要接受远离内地文化中心的边缘事实，"移民他乡的游子们至少会较为典型地体验到在新的文化环境中的某种程度的边缘化，但更为通常的是，他们将会变得越来越疏离那不断变化的本土文化"。② 新疆移民作家对中原的传统文化有着深深的依恋，移民之后文化环境的转换又引起他们文化心理的变化，这种文化心理反映于作品之中，就是"故乡情结"和"新疆意识"不断缠绕在一起的情感纠结。

新疆早期移民作家，如刘萧无、王玉胡、丁朗等在中华人民共和国成立初期随部队来到新疆，他们再也没有离开新疆，把自己的一生献给了新疆；赵天益、吴连增、郭从远等则是五六十年代响应支援边疆的号召，来到新疆，长期在新疆工作、生活；周涛是年幼时随父母工作变动来到新疆，自此再也未返故乡；而八十年代来到新疆的如沈苇、北野、孤岛等都是大学毕业后自愿支边的作家，后来基本都陆续返回内地；陈漠、王族则是九十年代在部队服役后留居新疆的作家，更有像红柯这样为追求精神家园而自愿到新疆的作家。所有这些移居到新疆的作家，虽然来疆的原因各不相同，但其文化心态却是一致的，他们在文化身份的双重建构中往往会产生文化心理的矛盾冲突，他们在"自我"与"他者"两者的文化身份之间不断产生纠结。对于移民作家来说，故乡文化与新疆文化在不断融合中也在不断对照中，故乡文化却已渐渐模糊，时间冲淡了他们的"故乡记忆"，异乡已成为他们新的故乡，所以不难理解，周涛为何自称"半个胡儿"，他在《游牧长城》中写下："我二十年前每天早晨到巩乃斯边饮马，马饮的时间很长，它饮一会儿，就要

---

① 乐黛云、张辉主编：《文化传递与文学形象》，北京大学出版社 1999 年版，第 295 页。
② 同上。

换个地方挑一处新的水面，再饮，仿佛同一条河里的水味道有什么不一样。那时我似乎借助了马的记忆和灵性，一下接通了游牧者的心。我觉得理解了那些游牧者的生存，甚至感到自己也是他们当中的一员。"①

作家文化身份的转换使移民作家无论在心理上，还是思想意识方面都更多地关注自己脚下的这片土地，表现出与新疆同在同行的文化追寻，在具体的文学创作中体现出平静而理性的新疆文化认同。陈漠在《大地的教育》中写下："我极想解读一片叶子的心事和生命密码。也许——我什么也解读不了。我本身就是一片胡杨叶子，在阳光的照耀下，尽量把自己活好。以沉默的方式说话，然后聚集毕生的热情和勇气，完成仅有的飞。边飞边跌落，边落边向大地致敬，最终化身为泥融入大地。"② 可以看出，陈漠的这段描写表现出他的创作心态，既没有土著作家充满自豪的生命描述，也没有客居作家惊叹式的风景赞赏，而是在不动声色的描绘中去思考人与自然的和谐共处。在移民作家的书写中，新疆作为一个地理坐标，他们对它是客观而真实的呈现，作品中往往以冷静、恬静、理性的文化态度去观赏新疆的文化地理，表现出对脚下这块土地的深度思考。当然，移民作家对新疆文化地理的情感并不因客观冷静的介绍性呈现而消失或隐蔽，反而弥漫于字里行间，流淌在全文之中，体现出的是"润物细无声"的书写境界，新疆已经成为他们的第二故乡，铭刻于移民作家的肌理之中。

（三）流寓作家

"西部这块土地，充满'复生'与'创世'的色彩。……西部，向来是个活命的地方，逃命的地方"③，自古以来新疆无论在现实存在中

---

① 周涛：《周涛散文》（游牧卷），新疆人民出版社 2009 年版，第 9—10 页。

② 陈漠：《大地的教育》，载夏冠洲主编《新疆文学作品大系（1949—2009）》（散文卷），新疆美术摄影出版社、新疆电子音像出版社 2009 年版，第 163 页。

③ 韩子勇：《文学的风土》，新疆人民出版社 2004 年版，第 25 页。

还是在人们的想象之中，与其关联的始终是原始、贫穷、蛮荒等，同时也意味着刑惩和畸零，在政治意象的世界中，新疆是流放发配之地。同时，"地大物博"作为对新疆的褒扬之词，为外来迁徙人口流寓新疆讨生活提供了现实的可能性。垦荒者、流徙者、戍边者、流放者来到新疆，这片土地意外地成就了一些失意者和落难者，他们开拓了新疆文学无限度纵深的可能性。

其中有像王蒙这样因政治原因自我流放来新疆的作家，也有赵光鸣这样随父母流寓而到新疆的，还有 60 年代因国家政策而支边来到新疆的如陆天明、章德益等，再如像杨牧这样的流动人员以盲流身份到新疆的作家。"空间的流动，往往可以使流动主体的眼前展开两个或两个以上的文化区域和文化视野，这种'双世界视景'，在对撞、对比、对证中，开发了人们的智慧。"① 这些流寓作家从外地到新疆而拥有了两个世界：故乡与异乡，通过两个地域的对比，他们可以接纳、批判、选择、融合的文化资源就多了，更能开拓一种新的精神境界和思想深度，所以说"空间流动的一加一是大于二的，是超越二的，进入一种新的维度丰富的思想层面，思想在流动中发酵，这就是'双世界效应'"。② 这些流寓新疆的作家往往因自身特殊的人生经历，而在知识、精神、胆识及文化气质等方面都有着迥异于其他作家的方面，他们显现的是融入了自身命运的一座文学场域。

新疆当代作家身份既与历史的错位有关——历史将西部放逐到一个偏远荒凉的境地，同时历史的错位又成就了一批作家在自己的小说中将历史复位到原色。正是这些历史与现实的错位，使得"流寓"心态成为新疆小说中的一个色调。流寓作家无论被迫、自愿或追随家人来到新疆，多数人选择了离开新疆回归故乡，也有少数作家扎根定居边疆，与这片

---

① 杨义：《文学地理学会通》，中国社会科学出版社 2013 年版，第 35 页。
② 同上书，第 36 页。

大地融为一体。但无论是离开抑或定居，这些流寓者对栖息生活过的土地的记忆，必将长期或终生伴随在作家复杂的心理之中，并以浓墨重彩的方式映射出来。流寓者复杂的社会经历及文化背景使他们能够真实地体验了新疆文化地理环境，多了客观的审视，少了主观的想象，而当他们离开，曾经在新疆生活的痕迹依然会在其创作中以不同程度和形式凸显出来，产生无法抵御的影响力，他们与新疆的情缘饱含着热爱与反思、回望与审视、检阅与困惑，在作品中常常显示出迥异于本土作家的异质文化体验，这种文化体验使得流寓小说摇曳多姿、异彩纷呈。但是，无论是何种原因造成的流寓，他们围绕的主题都只有两个：历史个人经验的回忆和现实思考的省悟。历史个人经验是他们创作的源泉，他们对文学的归结最终都落实到对生命、人性的复杂性及丰富性等这些终极命题的追问上。新疆流寓作家人数之多，流寓原因之复杂，在当代文学区域作家群落中比较罕见。流寓作家中最具代表性的如王蒙，1963 年底到新疆，1979 年夏平反回到北京，从 29 岁到 45 岁，王蒙在新疆生活长达十六年。在伊犁巴彦岱这个地方，他完全以普通农民的姿态与身份，和当地的维吾尔族群众融为一片。尽管后来王蒙返回北京，离开了新疆，但新疆生活这段经历，在他的创作中总是要不自觉地跳跃出来，在作品中或隐或显地表达出他曾经在新疆这个地方生活过。所以，从他的短篇小说《歌神》《买买提处长轶事》到中篇小说《杂色》《在伊犁》系列小说，包括近年来获茅盾文学奖的长篇小说《这边风景》中都可以看到新疆经历对他的极大影响力，新疆伊犁地区的自然地理与人文地理不断出现在他作品的空间背景中。王蒙以亲历者的目光，描绘了他观察到的边疆地区的一系列历史风云和社会巨变，而且在这些新疆系列作品中，他常将自己虚拟化身成小说的主人，诉说着一个流寓者艰难的心灵旅程，作品隐含了他对生命轨迹中那段流放岁月的回忆、告白、倾诉。"伊犁"在王蒙的小说世界中，既是一个确切存在的地理名称，更是作者过往生活的一个幻影，是回望中的那个凝结了青春岁月惆怅的影子，是作家作为异乡之客并在离开之后重新审视的一个精神的家园，王蒙在新疆十六年的生活早已将他从异乡人变成了一个心怀感念新疆这片土地的游子，新疆在某种意义上已经成为作家精神层面的故乡，成为他后来不断回望和凝视的地方。

流寓作家群落由于其个人的境遇决定了他们书写新疆的视角与方式，在新疆文化地理的环境中他们经历了自我文化身份的重构、改造，他们对新疆文化地理的认知处于一种逐渐认同又疏离的态度，这或许是一种为了确认自己文化身份而显现的一种姿态，就流寓作家来说，这种疏离与认同是同向度进行的。

"流寓"作为一种复杂的历史现象所产生的影响是各方面的，在文学地理学中，移民与流寓带来的是文化的流动，"这样可以产生新的生命形态，就能产生文化、文学之间的新的选择，新的换位，新的组合和新的融合，就可以在原本位置和新居位置的关联互动中，锤炼出文学或文化的新品质和新性格"[①]。所以，"流寓"给作为边缘的新疆文化区输入了新鲜的氧气，产生了更多文学创作的文化养料。王蒙、陆天明、杨牧、赵光鸣等在新疆的创作也说明，当个体心灵与籍属意识相结合时，它所产生的是一种有益的、开放的、先进的良性趋动。今天来看，虽然"流寓"现象已经成为历史，但这些流寓者独特的文化品格、审美风貌不断丰富提升了新疆当代文学的创作，促进了新疆当代文学的繁荣，更为新疆文学的写作提供了有益的参照。

（四）旅居作家

新疆旅居作家主要指短期在新疆工作、生活或到新疆采风的作家，他们在去新疆之前已经驰名文坛，如闻捷、张志民、碧野、李瑛、郭小

---

① 杨义：《文学地理学会通》，中国社会科学出版社 2013 年版，第 33 页。

川、艾青、张承志等。旅居作家作为新疆的外来者，他们都有"明确的立场，他们的感知过程经常都是用自己的眼睛来构组一幅图画。……外来人的立场很简单、也容易表述。面对新奇的事物的兴奋感也促使他们表达自己的感受"。① 旅居作家到新疆后被这里的边地风光、民俗风情激发出了诗意的创作灵感，写下了一些在中国当代文坛上影响久远的作品，如碧野的《天山景物记》，又如闻捷1955年在《人民文学》上发表的诗歌《苹果树下》"赞美了吐鲁番地方劳动青年的纯真的、热烈而高尚的爱情。我们从诗中可以感受：生活在今天这个伟大时代里的兄弟民族是多么愉快而幸福呵！"② 程光炜就此现象评论道："新疆，新疆当代文学，就这样作为一幅巨大的牧歌化的异域风景，在中国当代文坛的屏幕上高高树立起来了。在那个年代，我想很多人都是通过闻捷的《吐鲁番情歌》《博斯腾湖畔》等组诗，通过著名的短诗集《天山牧歌》和长诗集《复仇的火焰》，知道闻捷这个响当当的诗人名字的，而且通过他知道了新疆。"③ 闻捷以外来者的眼光和视角，使得新疆的民俗风情完全被美学化、诗意化了。旅居作家完全是以他者的角度书写新疆，他们并没有完全进入新疆文化地理的语境中，只是凭借自我主观愿望陶醉于新疆的自然地理与人文地理中，洪子诚认为："汉族叙述者对奇丽风情和异族习俗的欣喜惊羡的视角，用柔和的牧歌笔调来处理颂歌的主题，对聚居于和硕草原、吐鲁番盆地、博斯腾湖畔的少数民族劳动者的情感特征、表达方式的捕捉，是对读者具有吸引力的因素。"④ 在旅居作家中，张承志是例外，与其他作家不同的是，他对于新疆文化地理有着深入而系统的探究与热爱，他的短篇小说《大坂》《火焰山》《三岔

---

① ［美］段义孚：《恋地情结》，志丞、刘苏译，商务印书馆2018年版，第92页。

② 蓝蓝：《一组优美的情歌》，《文艺报》1955年第16期。

③ 程光炜：《当代文学与新疆当代文学》，载程光炜《文学史二十讲》，东方出版中心2016年版，第313页。

④ 洪子诚、刘登瀚：《中国当代新诗史》（修订版），北京大学出版社2005年版，第48页。

戈壁》都取材于新疆大地，他说："新疆是什么？对我来说，新疆不是开土拓边的标志。所谓新疆，就是心灵的向往，是高尚的人心，九死不悔要抵达的境界。不，唯独对心灵而言，新疆一语方能成立。""在新疆，我完成了向美与清洁的皈依。我的文学，在新疆完成了人道与美的奠基。"① 新疆成为张承志文化精神的故园之一，所以，从这个意义来说，他的新疆书写反而带有膜拜与沉迷的趋向。总体而言，旅居作家虽然在新疆短暂地停留，但他们的作品都有新疆文化地理的印迹，他们的创作对于新疆文学走向中国当代文坛有着积极意义。

通过考察与分析新疆当代作家身份境况，可以看出，作家不同的人生经历、文化归属产生了不同的文学性格，影响着他们书写新疆的方式，属民作家、移民作家、流寓作家、旅居作家，每一个作家群落都给新疆当代文学注入了新的元素。对此，新疆本土文学评论家韩子勇认为，在很多情况下，个体的作家有籍属或地域意识其实是一件值得肯定的事情，因为"我们关于民族文学、有地域特点的文学以及深受民间文化的传统精神影响的文学思想或多或少地都与此有关，在特别情况下，这种东西还具有相当激进和开放的色彩：在僵枯的观念堡垒很难攻破而形成中心文化的控制局面时，这种趋向可能起到一种迂回的，从边缘开始的解冻、解构、解魅的作用"。② 锡伯族作家傅查新昌这样说：新疆是诞生大作家的地方，新疆的历史文化、地理环境是作家最好的摇篮。毋庸置疑，新疆作家身份境况的多样性与丰富性造就了新疆当代文学生长空间的生命活力，他们的作品引领着读者一路向西去体认新疆文化地理的魅力。

---

① 张承志：《相约来世——心的新疆》，作家出版社2013年版，序言。
② 韩子勇：《文学的风土》，新疆人民出版社2004年版，第25页。

第三章　自然景观：新疆当代文学的自然地理环境

当我们置身大自然中，可以看到这里的地貌形态、水文状况、土壤特征、植物结构，以及栖息于该环境中的动物群，自然景观就是这些诸多要素的组合。自然地理环境是人类生存的基础，是决定人类物质世界与心灵世界的一个重要因素。自然地理对一个地区的生产方式、社会生活，文化历史有着决定性的作用，它是人类物质世界的重要基础，越往上古时代这种影响就越大。当然，自然地理环境对人与社会的不同文化发展阶段产生的影响也是不同的，如在原始阶段，人类以狩猎采集为主，其生存与生活受气候条件与生物资源的影响就比较大；进入农业社会后，平坦的地形、肥沃的土壤、河水的灌溉、温暖的气候就成了促进农业发展、经济繁荣、文明起源的重要条件；到了工业社会，除农业条件外，矿产资源、交通条件、资金技术以及人的素质在生产发展中起着更加重要的作用，环境对社会发展的制约作用随着文化的发展而逐渐减小，新疆自然环境对文化的影响也是如此。

新疆自然景观繁复多样，在这片土地上，雪山草原、沙漠戈壁、绿洲河流等地形地貌并存，面对这些景观，人类会有渺小苍凉之感，如同新疆本土评论家韩子勇指出的：在新疆"自然环境常常是被自觉不自觉地当成一种人之外的东西加以利用，自然是这样地渗透进人们生活的内部，渗透到你的家里，像在西部土路上独行的旅人，他的乱发里夹杂着永远弄不清净的沙子，自然是这样地弥漫于人们的生活，有时你甚至不知道它是怎么进来的，而且无法清洗。有如你以为自己已经摆脱了某个地域所强加给你的东西，便一不留神它就流露出来，说;'瞧，他是这地方的人'"。① 新疆当代文学与自然景观之间的关系简单而言就是文学领域中的"人地关系"，新疆作家们执着于对自然大地的描绘，并聚焦于自然与人的关系的表现，或单纯或繁复，或朴素或雕缛，蕴含其中的是这片土地上人与自然之间的深度交流。在新疆当代文学的描写中，新疆的气候与地貌、山川与湖泊、植物与动物都触发着作家的生命律动，形成了独属于新疆文学的审美风格，总之，对自然的书写，对自然与人的关系的聚焦，是新疆当代文学区别于其他地域文学的一个显著特征。

第一节　气候与地貌

"自然环境，特别是气候与地形这两个因素，对文化特征的形成有重要作用。"② 气候与地貌是自然环境中最根本的两个要素，二者不仅导致了作家书写的自然景观的差异，而且影响到作家的审美风格，如同斯达尔夫人指出的南北方对于区域形象描写的差异来自气候的差别。③就自然条件而言，新疆气候干旱而少雨，大部分处于山脉与荒漠地带，从自然生存的环境来看，这种酷烈的自然气候与环境并不适宜于人类生活。新疆当代文学对气候与地貌的书写较多地反映了自然环境的显著特点，如寒、旱等，这种对气候与地貌的关注为新疆当代文学打上了"新疆地理"的标识。新疆当代文学作品中具体的气候与地貌的描写不

---

① 韩子勇:《西部——偏远省份的文学写作》，百花文艺出版社1998年版，第152页。
② 王恩涌:《王恩涌文化地理随笔》，商务印书馆2010年版，第19页。
③ [法]斯达尔夫人:《论文学》，徐继曾译，人民文学出版社1986年版，第146—147页。

仅有文学地理学的美学风味，还是新疆自然地理的原生态纪录，成为独属于这片土地的自然记忆。

一 独特迥异的气候

"就一般意义上的'人地关系'而言，气候地理（气温、湿度、降雨、节气等）对人类的影响，是超过了地貌地理（山脉、沙漠、海岸、土壤等）和水文地理（河流、湖源、井泉等）的，也超过了生物地理（植被、动物、生态系统等）和灾害地理（地震、水灾、旱灾、疾疫等）。"① 法国 18 世纪的启蒙思想家孟德斯鸠也谈道："气候的影响是一切影响中最强有力的影响"。② 就文学领域的"人地关系"而言，高山平地、海洋湖泊等都是文学作品常见的写作内容，自然景观中的水文、生物都能激发作家的创作灵感，"但是这种激发的'触媒'是什么呢？是气候"。③ 新疆当代文学与其他同属西部的区域文学如宁夏文学、陕西文学有着质的差异性，要了解新疆文学的差异性及其成因，必须从文学与地理环境的关系入手。客观来说，地理环境是由多种要素构成的，包括地貌、水文、生物、气候和灾害等，如果仅仅笼统地讲地理环境，是难以解决具体的学术问题的，而无数的事实证明，地理环境对人类的影响，以气候的影响最为重要，新疆气候的特殊性正是造就新疆当代文学地方性特征的原因之一。

地理学上的新疆是离海洋最远的内陆城市，是典型的温带大陆性气候，新疆"三山夹两盆"的地形阻隔了海洋湿气流，终年受大陆气团的控制，总体来讲，新疆年降水量稀少且分布不均，气候干燥，日照时间长，冬冷夏热，气温日较差和年较差大，多风沙。新疆全年日照时间居全国第二位，但年均天然降水量仅为全国平均降水量的 1/4。一般情况下

---

① 曾大兴：《文学地理学研究》，商务印书馆 2012 年版，第 83 页。
② ［法］孟德斯鸠：《论法的精神》上册，许明龙译，商务印书馆 1963 年版，第 372 页。
③ 曾大兴：《文学地理学研究》，商务印书馆 2012 年版，第 83 页。

新疆北疆地区的降水多于南疆地区，南疆沙漠广布、高温干旱，降水量不足 100 毫米。自然环境或者说地理环境是人类社会活动、创造活动、历史活动的基础。新疆在以干旱气候环境为主的条件下，绿洲、沃野、树木都只限于局部，雨水的缺乏导致了人类对生活的选择显然是受到这种自然条件制约的。董立勃在小说《静静的下野地》中表述了新疆雨水的稀缺性：新疆"这个地方，和南方不同，一年中下不了几回雨，一看到下雨，大家就有些喜欢。像荒野上的树和草，像地里的玉米和麦子，活在荒野上的人，把雨水看得和油一样贵。"[①] 这段描写非常符合新疆气候的事实，新疆作家文本中很少有关于下雨的描写，与江南文学中频繁地描写"雨"形成了鲜明的对比。新疆气候最显著的特点就是"干"，所以新疆文学对气候的描写往往有着地域性的标签。因为无雨，新疆文学对气候"干燥"的感应也是明显的，周涛在散文《哈拉沙尔随笔》中写下"干沟果然是干，满山都是风化的岩石和晒得发红的土，远看燥红浑黄，逼得人从心里感到焦渴；近了连个坐处也没有，一蹭一身白色的土渣子粉末儿。此乃最佳流放地，在这儿困上一年，没有精神不崩溃的"。[②] 由于太平洋和印度洋的季风极难抵达新疆，干旱沙漠气候所形成的干燥是新疆的典型性地理特征，周涛的描写既生动又形象，新疆干燥气候影响到了作家个体的感受，周涛由气候到自我内心的情绪体验融为一体，显示出新疆气候对作家的创作心态的影响。

新疆四季分明，春夏秋冬各有特点，黄毅的散文《新疆四季》概括了新疆春夏秋冬的气候特点："春天是隐忍的、内敛的、自语的；夏天是勇猛的、扩张的、大喊大叫的；秋天是浪漫的、含蓄的、抒情的；冬天是果敢的、豪爽的和叙事的。"[③] 对于新疆的春夏秋冬，黄毅以人的性格

---

① 董立勃：《静静的下野地》，上海文艺出版社 2004 年版，第 165 页。
② 周涛：《周涛散文》（游牧卷），新疆人民出版社 2009 年版，第 221 页。
③ 黄毅：《新疆四季》，载黄毅《亚洲甜蜜之心》，新疆美术摄影出版社 2013 年版，第 16 页。

去感悟，对物候的深刻体验贯穿了生命的律动。新疆的春天早在李白诗中就有"五月天山雪，无花只有寒"的描写，作家李娟对新疆春天的感受来自风："眼前世界通达无碍。在我们的视野里，有三股旋风。其中位于我们正前方的那一股最高大，高达二三十米，左右倾斜摇晃着，柱子一般抵在天地之间。在我们的左边有两股，位于一公里外一片雪白的、寸草不生的盐碱滩上方，因此，那两股风柱也是雪白的。而天空那么蓝……这是五月的晚春，但在冬季长达半年的北方大陆，这样的季节不过只是初春而已。"① 李娟这段描写对于春季旋风似"柱子"的表达非常形象，新疆春天的风力之大之强，足以将土地上的一切卷上天空。夏季的新疆太阳辐射强度大，地表温度很高，尤其是在戈壁滩上，干热的天气令人难以忍受，诗句"火山六月应更热，赤亭道口行人绝"指的就是新疆夏天的干热，黄毅在散文《和布克赛尔走笔》中记录："坐在覆于沙砾的地毯上，才忽然感到这是 8 月的戈壁，你搞不清这热来自哪里，而它又无处不在。遍布四野的戈壁石，反射着太阳的光弧，抠破巨大的岑寂；蜃气在蒸腾，放眼望去，地平线在波动，像风中抽搐悸动的一匹黄绸，天空无遮无拦，连一片云的翅膀都不曾飞落，哗哗作响的阳光，滂沱而下，昨天的一堆温牛粪，已被烤晒成灰白色。"② 在夏季，新疆沙漠中的绿洲上，天气的干热与沙的热浪混杂在一起，足以令人头晕目眩，钱明辉的散文《沙漠之夏》中这样表述："中午，太阳高高地挂着，晒得人头皮发麻，睁不开眼。遥远的地平线上，从古尔班通古特沙漠蒸腾而起的热浪，不停地翻滚着、变幻着，形成各种奇异的景象。热浪向四周扩散，仿佛要窒息整个世界，热得人透不过气来。"③ 这些

---

① 李娟：《我的阿勒泰》，云南出版集团公司、云南人民出版有限责任公司2010年版，第79页。

② 黄毅：《和布克赛尔走笔》，载韩子勇主编《深处的漫游——美文十二家》，新疆人民出版社 2006 年版，第 119 页。

③ 钱明辉：《沙漠之夏》，载刘长明、罗迎福主编《新疆美文精品选——行走在新疆大地》（下册），新疆美术摄影出版社、新疆电子音像出版社 2008 年版，第 411 页。

作品都反映了新疆夏季气候的干热难耐。新疆的秋天是四季中最好的季节,此时气温适宜,瓜果飘香,红柯在小说《生命树》中写下:"那是一个令人心醉的秋天,果香弥漫大地,鸟群掠过天空,土豆玉米葵花这些秋庄稼的香味冲天而起,与果香夹杂在一起。林中空地上还有鲜花怒放,草原全是菊花,跟小兽一样在草丛里窜来窜去。"① 周涛《伊犁秋天的札记》中"这里就正是秋天。它辉煌的告别仪式正在山野间、河谷里轰轰烈烈地展开","一夜之间就把全部流动着嫩绿汁液的叶子铸成金币,挥洒,或者挂满树枝,叮当作响,掷地有声",女孩拾起的红叶"金红斑斓的,宛如树的大鸟身上落下的一根羽毛。"周涛通过秋天树叶的变化,对新疆秋天的自然之美大为赞赏。而新疆的冬季漫长且极其寒冷,西伯利亚地区冷空气的入侵使得这里每年总有几次大幅降温天气,更由于山口、隘道众多,在冷空气入侵时易出现寒风吹透人面的天气,刘亮程的散文《寒风吹彻》中形象地描写了新疆漫长、寒冷、多风的冬季:"似乎寒冷把其他一切都收拾掉了。现在全部地对付我。我披着羊皮大衣,一动不动爬在牛车里,不敢大声吆喝牛,免得让更多的寒冷发现我。从那个夜晚我懂得了隐藏温暖。……许多年后有一股寒风,从我自以为火热温暖的从未被寒冷浸入的内心深处阵阵袭来时,我才发现穿再厚的棉衣也没用了。生命本身有一个冬天,它已经来临。"② 刘亮程对新疆冬季的感受是敏锐而细腻的,自然气候的冰冷极易使人产生悲凉之感,生于斯长于斯的刘亮程在寒风吹彻中想到了自己生命的处境及意义,在这种气候条件下,人的情绪体验如冬天般的寒冷。对气候的体验也因心境而不同,同样的冬季,移民作家北野是偏爱且欢喜:"在天空加持给大地的各种恩典中,我一直偏爱雪。我甚至因为爱雪而爱上了冬天进而爱上了新疆。"北野是从南方移民到新疆,他对冰天雪

---

① 红柯:《生命树》,上海文艺出版社 2013 年版,第 254 页。
② 刘亮程:《刘亮程散文》(下),新疆人民出版社 2009 年版,第 73 页。

地的新疆冬季是新奇而欣赏的，这是北野在南方冬季完全感受不到的自然之景，所以他看到的是新疆冬天的诗意，完全没有新疆土著作家对寒冷的切肤之痛，冬天的新疆大地在他的眼中有着一种宁静之美："冬天和冰雪还是另一种意义上吉祥的象征：雪提示我们某种低温的必要性，提示我们保持冷静，提示我们爱护大自然，提示我们珍惜一年四季的神圣轮回。"① 这种由于作家身份不同而产生的不同心理感应，让我们看到了不同的文学描述。

人和自然有一种精神上的对应关系，新疆的气候与文学的关系也是对应的，作家对地方气候的感知，往往会内化为一种地域的气质，如冰心指出的："文学家要生在气候适宜，山川秀美，或是雄壮的地方。文学家的作品与其生长的地方，有密切的关系。有时可以完全由地理造成。这样，文学家要是生在适宜的地方，受了无形中的陶冶熔铸，可以使他的作品，特别的温柔敦厚，或是豪壮悱恻。地方的气候与他的人格，和艺术的价值，是很有关系的。"② 冰心的说法颇具代表性。如果我们整体考察作家生活环境中的气候，可以看到气候条件对作家气质和风格方面造成的巨大差异性。在新疆的气候条件下，人对自然的征服更具有一种悲情色调，这种悲情色调在新疆当代文学中往往表现为人对大自然的感慨及人的自由意志与生存境遇之间的矛盾。这种由气候—心态—悲情的轨迹中可以看到新疆气候投影于作家心理而形成的影响，如陆天明的《桑那高地的太阳》写上海知青来到新疆、开发边疆、建设边疆，不仅要面对大自然恶劣的气候条件，还有当地人的"气候"环境的险恶，自然气候与人的"气候"对这些知青们构成了双重困境，更加渲染了小说的悲情色调。气候影响到作家的气质，作家的文学气质又影响到文学

---

① 北野：《落雪的北方》，载夏冠洲主编《新疆文学作品大系（1949—2009）》（散文卷），新疆美术摄影出版社、新疆电子音像出版社2009年版，第157页。
② 谢婉莹：《文学家的造就》，《燕大季刊》1920年第1卷第4期。

作品的风格，在气候环境下，新疆作家展开的是关于人的生存、人的意义的深层次的思考，这也是最终形成人—地关系的基础。需要说明的是，具体到某个作家，某个文学作品来讲，其个性又是千差万别的。

同时，更应看到，"气候的差异不仅影响到文学家气质的养成与作品风格的形成，还影响到文学家的审美感受与生命意识的触发，并最终影响到文学地理景观的差异。"① 阅读新疆当代文学中对气候的描写，很容易发现外在的环境条件对作家创作心态的影响是明显的，即气候因素对作家创作存在一种制约的关系。

新疆虽不像江南之类的适宜生存之地，但是在这里生活的作家们已经适应了这里的气候，如周涛就宣称："我总的来说不喜欢阴、湿、热、闷。这种气候也许适合于多种植物生长，但不适合我。而且我还相信气候不仅影响人的身体发育，同样还会影响人的性格和心理、饮食和文化。"② 所以气候对于新疆当代文学的影响是无处不在的，它已经长期内化于作家心中。客观来说，新疆作家对于气候的书写丰富了当代文学的题材内容和审美风格，提高了读者认知新疆的审美感受，也为研究新疆自然地理学提供了气候学、生物学、地理学等有价值的自然地理知识。

二 粗犷壮美的地貌

新疆地貌最典型的特征是轮廓明显，呈现为"畺"字，突出的中间一横代表天山，天山"果断地把新疆一分为二，上为北疆，下为南疆，上横代表阿尔泰山、下横代表昆仑山，上田为准噶尔盆地，下田为塔里木盆地"，③ 这就构成了166万平方公里的土地上新疆整体地貌的

① 曾大兴：《文学地理学研究》，商务印书馆2012年版，第117页。
② 周涛：《周涛散文》（游牧卷），新疆人民出版社2009年版，第269页。
③ 韩子勇：《浓颜的新疆》，新疆人民出版社2008年版，第6页。

基本骨架"三山夹两盆"。在新疆大地，山川与草原、戈壁与沙漠、湖泊与河流、盆地与绿洲，两两同在，呈现出一个自然地貌高度多样化的环境。阿尔泰山、天山、昆仑山是新疆的三大山脉，准噶尔盆地、塔里木盆地是两大盆地，而星罗棋布的绿洲多位于这两大盆地的边缘或河道附近。从天空向下俯瞰，这片土地上沙漠与戈壁占据了新疆大半个地方，新疆自然地理环境与其他区域是两种截然不同的地貌，5600多公里的漫长边境，也显示了它边缘的地理方位。新疆当代作家对地貌的感知是多方位的，作家们以自己的眼光观察这片土地，从新疆广袤大地中采集源源不断的自然素材，其中不乏成为新疆地理标签的书写。

山川与盆地是自然环境的重要组成部分，"山谷和盆地对人具有很强的吸引力，它是一种生态高度多样化的环境。"[1] 新疆山地面积约占总面积的四分之一，以崇山峻岭而闻名于世，昆仑山、喀喇昆仑山、帕米尔高原、阿尔金山、阿尔泰山、天山……这都是为人们所熟知的高山大系。其中天山是新疆的地标性景观，天山古名"白山"又名"雪山"，也称为新疆的脊梁，它是全球第七大山系之一，也是全球唯一被巨型沙漠塔克拉玛干沙漠和古尔班通古特沙漠夹持的大型山脉。它东起中国新疆哈密，西至乌兹别克斯坦，在中国新疆境内绵延约1760公里，在新疆的历史地理中位置显赫，"游牧民族呼这神奇的山为天，天是东方人的上帝，皇帝为天子，中原人把所有珍贵的词汇都给了皇帝，而游牧民族把群山呼为天山。"[2] 日本学者松田寿男称之为沙漠瀚海中的"天山半岛"，认为其"是引导草原游牧民族流入绿洲，并使之转变为农业民族。"[3] 他的结论是，"天山路通往亚洲的所有地方。古代亚洲具有代表性的势

---

① ［美］段义孚：《恋地情结》，志丞、刘苏译，商务印书馆2017年版，第174页。
② 红柯：《敬畏苍天》，上海人民出版社2002年版，第284页。
③ ［日］松田寿男：《古代天山历史地理学研究》，陈俊谋译，中央民族学院出版社1987年版，第23页。

力，全都与天山路相联系，并以此十字为中轴而进行活动"。① 作为"亚洲心脏"的天山山脉，被赋予丰厚的历史意义。清代徐松在所著的《西域水道记》中对天山有生动的描绘："长百里，高百余丈。坚冰结成，层峦叠嶂，高下光莹。冰有三色，一种浅绿，一种白如晶，一种白如砗磲。"② 新疆当代文学中对于天山的描绘最早始于碧野，他的《天山景物记》中："远望天山，美丽多姿，那长年积雪高插云霄的群峰，像集体起舞时的维吾尔族少女的珠冠，银光闪闪；那富于色彩的不断的山峦，像孔雀正在开屏，艳丽迷人。"③ 碧野的描写使天山成为新疆自然地理的象征。周涛也在《天山的额顶与皱褶》中写下："的确是天颜啊，那是神的面容神的脸，永不融化的、干爽洁净的冰雪从它的头顶上倾泻纷披而下，如银的冠冕或头盔，也如白发三千丈直落胸腰之下。从冰雪之间透出峻峭的山体，岩石的蓝，仿佛钢的烤蓝，我谓之'钢蓝'。"④ 周涛浏览天山，判断山河，从天山的褶皱中，"看出了古代操阿尔泰语系的突厥民族的形貌神"，⑤ 周涛对天山的描绘不仅是自然景观的直观呈现，如果与碧野完全风景化的描写相比较而言，更多了一层新疆历史文化的深厚意蕴。山川对于一个民族及人类的生存发展都有着重大影响，大山的遥远、雄奇、神秘使人对它有敬畏、崇高之类的情感，如红柯在《西去的骑手》中称新疆"高高的昆仑山，寸草不生，冰雪覆盖，连绵起伏的群山产美玉和安宁，血性男儿来到这里都会收心。"⑥ 作家在面对山川的审美过程中，无论其内在的生理、心理、抑或外在的行

---

① ［日］松田寿男：《古代天山历史地理学研究》，陈俊谋译，中央民族学院出版社 1987 年版，第 26 页。

② （清）徐松：《西域水道记》，中华书局 2005 年点校本。

③ 碧野：《天山景物记》，载夏冠洲主编《新疆文学作品大系（1949—2009）》（散文卷），新疆美术摄影出版社、新疆电子音像出版社 2009 年版，第 239 页。

④ 周涛：《周涛散文》（游牧卷），新疆人民出版社 2009 年版，第 149 页。

⑤ 韩子勇：《深处的人群——韩子勇文化评论》，新疆人民出版社 2009 年版，第 25 页。

⑥ 红柯：《西去的骑手》，上海文艺出版社 2013 年版，第 49 页。

为、表现，均有着相应的反应，这种反应于持续中显示的是一种稳定性特征，并作为自然环境的积淀渗透进个体成员的性格气质中，故黑格尔说："这地方自然的类型，与此土的子民之典型性格有密切的联系的。"① 山川不仅构成了新疆地貌的地理空间格局，而且建构了新疆当代文学多重的审美空间，具有多重维度的意义。

新疆庞大的山系将新疆分出两大盆地——塔里木盆地与准噶尔盆地，在群山的包围下，盆地中既有沙漠，又有绿洲。新疆最多的就是沙漠与戈壁，中国十大沙漠中，新疆独占三席。"在新疆，别的不说，光是沙漠就有写不完的故事。那种惊心动魄的事情就发生在你的眼皮子底下。"② 红柯的小说《西去的骑手中》中描述了对中国最大的沙漠——塔克拉玛干的内在体验："塔克拉玛干不是死亡之海。当最后一名骑手被坦克压碎时，所有的沙子跟马鬃一样刷刷抖起来。沙丘连着沙丘，沙丘越来越高，沙丘奔跑起来，一身的金黄，金光灿烂，直追太阳。"③ 塔克拉玛干是维吾尔语，意为"进得来出不去"的死亡之海，被称为不毛之地的沙漠无边无际，人只有到了沙漠之中才知道自己是多么的渺小，和脚下的沙砾并没有区别，红柯描绘的沙漠给读者一种心灵的震撼，阔大而严酷的沙漠幻化出一种生命的大气象，在这样的沙漠之地，生命须有顽强、坚忍的意志才能生存下来，也印证和体现出"绝域产生大美"的创作取向。边塞诗人章德益曾多次写下与沙漠有关的诗句。在《我的画与诗》中他写下：

> 我在大漠的浊黄里／在落日的血光中／在蓝天的澄澈间／积累着色彩／我在风沙的怒啸里／在流沙的尖嘶中／在足音的回响间／积累着词汇／我在炊烟的袅娜里／在小路的曲折中／在地平线的一抹间／积累

---

① ［德］黑格尔：《美学》（第二卷），朱光潜译，商务印书馆1979年版，第95页。
② 韩子勇：《浓颜的新疆》，新疆人民出版社2008年版，序言。
③ 红柯：《西去的骑手》，上海文艺出版社2013年版，第241页。

着线条/我在篝火的庄严中/在日出的神圣里/在大漠的无穷间/积累着素材/瀚海呵，我永恒的画页/沙山，我们诗情的所在/愿我能画完自己全部的生命/愿我能写尽自己全部的热血。①

沙漠也是海，章德益称其为瀚海，沙漠作为被诗人感应的对象，我们清晰地看到主体与客体，诗人与环境相互渗透、相互交融，达到了物我同一的艺术境界。他说："大漠有几分像我/我也有几分与大漠相像/我像大漠：雄浑、开阔、旷达/大漠像我：俊逸、热烈、浪漫"。（《我与大漠的形象》)② 诗人在塔里木大沙漠中生活了十六年，主体的"我"与客体的"沙漠"在相互砥砺、相互融合的对话中，充满了诗人的独特感受和心灵体验，沙漠也因有了诗人的观照而成为蕴含了生命的、心灵的、活力的自然景观。

新疆的河流湖泊是绿洲的源头，是新疆人赖以生存的生命之水，自古以来，新疆各族人民都逐水而居，生息于河流附近，河流湖泊滋润、养育着新疆的万物。新疆湖泊中有中国最大的内陆淡水湖博斯腾湖、有喜马拉雅山造山运动中形成的赛里木湖，以及中国最长的内流河塔里木河……河流湖泊是新疆生机勃勃的自然源地，它使这片土地上的生命力因此而繁衍、繁盛下去。新疆当代文学对河流湖泊的描述极具个性，显现了新疆作家对生命之水的热爱，如周涛所言："如果说我对新疆有一种无法抗拒和割舍的爱，那么这里面有很大一部分是缘自这些河流。河流这些生命之蛇缠住了我。"③ 周涛对新疆河流的喜爱极为明显，他写下《塔里木河》《过河》《河与沙》《忧郁的巩乃斯河》等，周涛心目中的巩乃斯河像一支忧郁的古歌，静静地在巩乃斯大草原伏行、扭动，它满

---

① 章德益：《我的画与诗》，载章德益《天山诗丛：生命》，新疆人民出版社 1985 年版，第 50 页。

② 章德益：《大漠和我》，湖南人民出版社 1983 年版，第 55 页。

③ 周涛：《周涛散文》（耕读卷），新疆人民出版社 2009 年版，第 209—210 页。

怀忧伤，有着一肚子不可告人无法诉说的痛苦。作为远离海洋的城市，"湖不是海——它没有那么伟大；湖也不是水库——它要柔和自然得多"，所以赛里木湖"有一种清澈的深邃，有一种高雅的韵味，有一种特殊的蓝，令人心醉"，它"清澈透明，让人一眼望见底却倒吸一口凉气，那见底的明澈里，反射着无数层游动的光影、光环、光斑，造成无法分辨的幻象，使真实与虚幻浑然一体，因而更加捉摸不清。这是那种比浑浊更深奥百倍的明澈！"① 河流已不再是简单的自然景观，而具有了一种人的质朴、宁静。同样，周涛笔下的塔里木河是脱缰的野马，伊犁河是狂舞的游蛇，额尔齐斯河则成为智者，洒脱地行走在大地。新疆的河流湖泊唤起的是一片生机勃勃的自然天地，在作家的描写中，这些河流坚定地流淌向远方，成为人的精神坐标。额尔齐斯河是我国唯一注入北冰洋水系的外流河，维吾尔族诗人狄力木拉提·泰来提的《遥远的额尔齐斯河》：

> 千回百转的思绪/在一个遥远的概念里集结/山与水的绿平分秋色/那一幅墨迹未干的写意/冷色堆积的画面在缓缓流淌/我那鸟羽一般的思绪/在掠过你的上空时/视线，被突如其来的辽阔填充/我很脆弱/看不到这无边无际的绿的尽头/我已尽力/头颅只能站在肩膀上/我用尽智慧/也只能停留在疆北的高纬度上/用山与水的清澈/淘洗多年沉积在眼里的混沌/阿尔泰语系里的河流/深邃的竞渡/仿佛在寻找她最后的归隐/我擅长体恤山水情愁/却怎么也看不懂/额尔齐斯的九曲回肠/喀依尔特和库依尔特/信马由缰/喀拉额尔齐斯的缠绵/克兰河的柔情/还有布尔津的水卵/与哈巴河的湍流结盟/撩拨斋桑的辽阔与静怡/在国土的北纬线上/我看到你留恋的身影/迟缓的脚步/留下一曲悠远的琴声/载着鄂毕河浓烈的俄国气息/流向北极的天

---

① 周涛：《周涛散文》（游牧卷），新疆人民出版社 2009 年版，第 162 页。

空/我猜想/那波动在极地天空的流彩/可是你韬光养晦的波光。①

在诗人狄力木拉提·泰来提的眼中，额尔齐斯河不是简单的一条河流，更像地方的一个挺直的脊梁，它无边无际，不但承担了自身流淌的命运，而且在千肠百转中蕴含着对祖国深深的依恋，诗人深知额尔齐斯河的性格，对它保持了最大敬意，凭借着额尔齐斯河这根纽带，新疆乃至整个中亚都与北冰洋产生了遥远的血肉相连。

新疆当代作家对人与自然相依相伴的关系有着高度的认同，他们在作品中深刻感受着新疆地貌的冷峻、热烈、博大。人与自然的关系在新疆是既对抗又统一，一方面表现为人对严酷、强大的自然的敬畏和由此产生的种种悲凉的色彩，另一方面，又因为有了人对自然合乎规律的相对征服，而萌生了人类自身的坚忍的耐力和宽广的胸怀。所以当新疆作家面对茫茫的戈壁大漠，在"念天地之悠悠，独怆然而泪下"的孤独绝望中会不由生发出对生命的感喟。谢冕曾精辟地指出："西部诗创作者们的最大贡献，在于他们创造性地把中国当代人的思考溶解于西部特有的自然景观之中。他们使那些粗犷的、强悍的、坚韧的乃至荒凉的、悲慨的一切，无不洋溢着当代人新的心灵渴望与吁求。"② 作为西部人的新疆作家在面对新疆的气候与地貌时，他们并不是停留在对表面的简单描摹上，而是有意识地去探索真正意义上的人与环境关系的主题，与之相对应的是一种粗犷豪放、昂扬雄健、苍凉悲壮之美的新疆地域特征，充满了边地气息和鲜明的个性。

---

① 狄力木拉提·泰来提:《遥远的额尔齐斯河》，载狄力木拉提·泰来提《一路向南》，作家出版社 2017 年版，第 16 页。

② 谢冕:《崭新的地平线》，《中国西部文学》1986 年第 1 期。

第二节 植物与动物

植物与动物是自然生态中的重要组成部分，它们的生长受到自然条件（特别是其中的气候因素）与人为活动的影响，新疆的气候及地理条件形成了有别于其他地区的动植物资源。干旱地理环境中所生长的植物一般都具有顽强的生命力，在这片土地上，人与自然，人与植物、动物等一切生命共处，特定的自然地理因素使得新疆当代文学对动植物的书写更具有区域性的自然地理特征，新疆本土文学评论家韩子勇认为新疆的各种植物、动物以至于一滴雨、一粒沙、一棵树，都可能在新疆作家的笔下繁殖出大片的文字，如红柯所言，在新疆："动物植物成了我膜拜的生命景观，牛、马、羊、雄鹰和树构成了小说主题，中亚细亚大地，它们的生命远远高于人类。"① 可以看到，在新疆当代文学中，无论是诗歌、散文还是小说，都有着大量描写植物与动物的主题，这些描写既反映出新疆动植物分布的自然地理环境面貌，也体现了新疆当代文学别具一格的生态学视野。

一 草木缘情：植物主题的书写

植物作为自然地理环境的组成元素，它对人类的生存发挥着不可替代的重要作用。具体而言，绿色植物提供当今的主要能源，是自然超大型的"能量转换站"，把无机世界与有机世界联通为一体，从而使得自然地理环境稳定发展。此外"它还通过食物链的联系，改造自然地理环境"。② 人类从诞生之日起，就与植物结下不解之缘，植物

---

① 红柯：《敬畏苍天》，上海人民出版社2002年版，第289页。
② 刘南威：《自然地理学》，科学出版社2000年版，第126页。

（如高大的树木）曾给原始先民提供栖身之处，更是其食品的重要来源，植物的多少、种类以及生存状况不仅影响人的生活方式，而且影响他们的思维方式和审美情趣。从树木到花草，新疆地理环境中的各类植物在作家笔下被赋予了各种状态与情姿，寄寓其中的是作家自我的心境与情思。

新疆的气候及地貌特征深刻地影响着新疆植物的种类，这里的植物大多有着顽强的生命力，绿色的植物在新疆大地象征着希望、活力，新疆作家偏爱于新疆的植物，在他们的作品中植物是被描写最频繁的自然景观之一。胡杨是干旱大陆性气候条件下的树种，沙漠河流流向哪里，胡杨就跟随到哪里，人们赞扬胡杨是"生而不死一千年，死而不倒一千年，倒而不朽一千年，三千年的胡杨，一亿年的历史"。《后汉书·西域传》和《水经注》都记载着塔里木盆地有胡桐（梧桐），也就是胡杨。这种六千万年前的古树种，是世界上唯一能在沙漠中生长的乔木，它能忍受高温和低温，喜沙质土壤，根系强大抗旱耐盐，常与沙漠河流随行，被盛赞为"沙漠守护神"或"沙漠英雄树"。胡杨是新疆自然地理环境中具有地标性的植物景观，它成为新疆文学作品中反复描写的植物。赵天益的散文《赞美你，胡杨》中：

当我第一次走进塔里木大漠深处秋季里的胡杨林时，胡杨那种悲壮、奇特、美妙的形象与场面，强烈地震撼着我的心灵，它那繁茂而又色彩金黄的叶子，耀眼夺目，令人赞叹不已。……尤其这秋天里的胡杨林，更有一种迷人的韵味，放眼望去，金黄一片，真让人疑心是不是全世界的黄金都堆放在这里。这场景，这气派比之北京香山的红叶不知壮观多少倍。阳光在树叶上跳动着，把整个林子镀得光芒四射，树叶金黄油亮，被风一吹，飒飒作响。树下的红柳正扬花吐絮，一片火红，与胡杨林交相辉映，让人感到像掉入了一个彩色的世界。①

面对胡杨这样沙漠中的珍贵的植物，作家所产生的情感是浓烈的，植物与人的内心达到了对应之感，"你若不知道什么叫沧桑，请来这里看看，看看这些胡杨林，每一棵树都是一部书，一部关于生命的书，关于生命与自然搏斗的书"。② 新疆作家书写植物的意义并不仅仅是生态的表现，而是在生活实践与精神领域两个层面实现了对自然的审美，胡杨在这里代表了一种异域的魅力和超凡的能量，在面对严酷条件的时候，植物可以锻炼出极其敏锐的感觉来适应环境，新疆人如胡杨一般早已适应了这里的自然环境。沙漠中的梭梭、红柳、白杨等植物都与胡杨一样，生命顽强，不苛求环境，千百年来在新疆大地静默地生长。沈苇在《新疆词典》中称赞梭梭是"忍耐的化身"，它"短暂地开花，脱去多余的细枝赘叶，吮吸沙漠里最后一滴水……把忍耐精神发挥到极致，把诅咒变成静静的成长和生命的礼赞"。③ 作者将自我对忍耐精神的理解楔入梭梭的生命中，植物所凝聚的生命形态与人生体验融会为一体。

新疆的树木存活不易，与南方植物繁茂的景象简直是两个极端，这里没有大片的绿色植被，所以常会出现一棵独树的自然景观："高地荒疏的旷野上，常常会突兀地闪出一棵大树，有时几十甚至上百公里的土地就守着这样一个奇怪、巨大、神秘的植物，仿佛是自然大有深意的安排。"④ 这种历经久远的荒野独树景观是新疆大地常见的一幕，不由让

---

① 赵天益：《赞美你，胡杨》，载周涛、赵光鸣主编《拾起飘落红叶》，新疆人民出版社2006年版，第133页。

② 同上书，第134页。

③ 沈苇：《新疆词典》，上海文艺出版社2014年版，第343页。

④ 韩子勇：《文学的风土》，新疆人民出版社2004年版，第58页。

人内心生出颤栗之感，生发出对树木的景仰之情。所以，周涛认为树木是伟大、高贵和智慧的象征，在《大树和我们的生活》中：

> 我在塔克拉玛干边缘的墨玉县见到过一棵八百年的梧桐树王，那样干旱的沙漠边缘，它得有多么大的修行才能活过来呀？何况它不仅活着，而且枝叶繁茂，生机勃勃，它像一个巨人一样健康地立着，襟怀博大，人和梯子在它脚下显得极其可笑。它的王者风范不是靠什么前呼后拥的虚势造成的，它靠它的阅历、它的顽强生命力、它的光辉的生命形态，使人望之而生敬仰之心、爱慕之情，使人认识到伟大、高贵、智慧这些词语从人类头脑中产生时的本义。我还见到过五百年高龄的无花果王，这件事我也在《和田行吟》一文中描述过。它占地数亩，落地的无花果使它周围散发着甜腻的腐败和幽深的清香，它的枝干如同无数巨蟒纠缠盘绕、四处爬伸。它达到了它这种植物的极致，造就成、编织成一座自己的宫殿，但是树和人一样，同样有各式各样的苦难伴随，除了被砍外，还有各种艰难。在天山南麓温暖干燥的农村，白杨是路边、渠旁、屋后、田畔常栽的树，它绿叶飒飒直耸高天。可是有一年，南疆奇冷，这些适应了温暖干燥气候的白杨经历了打击。有些已经非常粗壮、高大的白杨被生生从中间冻出一条裂缝，裂缝一指宽，从树这边透过裂缝可以一眼看到那边的农田。还有一年八月北疆下大雨，下着下着，变成了大雪。大雪里饱含水汽，落在仍然枝叶翠绿茂密的树上，雪积了很厚、很重的银冠。第二天阳光一照，十分奇丽壮观。但是不少树承受不了，枝桠被压得劈开。银雪、绿叶之下，被劈折后露出的白生生的枝桠内质，望过去就像人的白骨被折断后的模样，一样的惊心动魄。树无声，你完全可以感同身受它骨折的疼痛。[①]

---

① 周涛：《周涛散文》（耕读卷），新疆人民出版社 2009 年版，第 44—45 页。

人类对生命的认识可以说最早就是从植物的变化上去感知的，树的生命反映出的是新疆自然环境的严酷，周涛从自然环境的角度由表及里地表现了树的生存形态，将"生命树"的母题在这里得以延伸，多层次地呈现出植物对于作家生命感知的重要性。

令人感到优美适意的是新疆绿洲之地植物萌发的生机盎然之意，李娟看到贫瘠之地上的沙枣花：

> 所有开花结果的树木都诞生于物种的进化，唯有沙枣，诞生于天方夜谭。诞生于金币和银币之间、奇遇记和地中海的古老街道之间，诞生于一千零一夜所有的男欢女爱之间。它惯于防备，长满尖刺，仿佛随时准备迎接伤害。然而世上与忠贞情感相关的事物都富于攻击性。要么玫瑰，要么沙枣。它扎根于大地最最干涸之处，以挣扎的姿势，异常缓慢地生长。然而哪怕用尽全力，它的每一片叶子仍狭小细碎。沙枣花开了，这片荒野中所有的年轻的，无依无靠的爱情，终于在大地上停止了流浪。直到沙枣终于成熟，沙枣花香才心甘情愿退守到果实深处。所有爱情瓜熟蒂落。①

草木缘情，长期生活在大自然中的李娟，不仅欣赏沙枣树外在的美，而且阐发了由植物到爱情的感知，融诗意与写实于一体，给人"思接千载，视通万里"之感。陈漠在《植物定亲》中以十种新疆植物为书写对象，如《柽柳根长住了塔克拉玛干》《无花果，沉醉地醒着》《大风吹不老胡杨树》《梭梭就像活煤》《每个石榴都是一个家》等，他笔下的每一种新疆地域特有的植物都有着他特殊的感受，"无花果从某种程度上十分接近我的审美愿望——简洁、大方、内倾、真实。她像那个一直令我着迷的女人——热情而专一，质朴而美丽，并且善解人意及

---

① 李娟：《遥远的向日葵地》，花城出版社 2017 年版，第 182—183 页。

风情，具有一种成熟的单纯和笑意"。① 陈漠将无花果与女性的美联结在一起，二者的生命形态互为观照，诗意盎然。而新疆的石榴籽"亲密无间地相拥、相偎着，等待着永无尽期的诞生，以及等待同自己一样彤红的嘴唇和雪白的牙齿"。② 对植物的形象之美，陈漠以一己之心来领悟与欣赏，昭示出一种亲近自然的人生态度与审美情趣。陈漠通过植物的描写还表达了这样一种观念:"我甚至固执地认为，是否了解塔克拉玛干柽柳是个认识的标尺及高度问题。因为——如果不了解柽柳，就无法真正了解塔克拉玛干。关于新疆和新疆人的正确认识也就无从谈起。"③ 陈漠从对植物的认识提升到对地域及人的认识，使植物与新疆人产生了一种交融的历程，突出了植物的地方性格。

在新疆这种并不适宜植物生长的环境中，每一种植物都有着各自的生长形态，人们的各种情感体验与植物的生长节律发生着广泛的联系，植物的生命中因注入了"人"这个自然之子而勃发无限生机，作家们从不同的角度去感知植物的生长，二者在人格之间建构了深刻的对应关系，并由此获得了新疆当代文学中植物主题普遍性与深刻性的表述。

二　生灵跃动:动物主题的书写

动物是地球上的特殊产物，也是自然地理环境的重要组成部分，"动物的存在，使地表自然环境变得更加丰富多彩，物质的循环速度大大加快"。④ 一个地区的气候、地貌、水文、土壤、植物也决定着这个地方的动物分布。人类曾在漫长的历史进程中一直将自己视为与动物为伍的同类分子，所以动物始终是人类的伙伴。新疆当代文学对于动物主题的书写较为普遍，鸟、兽、鱼、虫都出现在新疆当代文学的动物书写

---

① 陈漠:《色日克克尔钦的时间》，新疆美术摄影出版社2016年版，第18页。
② 同上书，第51页。
③ 同上书，第5页。
④ 刘南威:《自然地理学》，科学出版社2000年版，第167页。

中，仅仅从作品的篇名上来看，就可以罗列出《永生羊》、《黑马归去》、《北塔山上一只鸡》、《黑牛与红牛》（叶尔克西·胡尔曼别克），《白马》（朱玛拜·比拉勒），《月色下传来百灵的歌》、《努尔曼老汉和猎狗巴力斯》、《红牛犊》（艾克拜尔·米吉提），《巩乃斯的马》、《稀世之鸟》、《猛禽》、《红嘴鸦及其结局》（周涛），《东林听鸟》（赵天益），《龟兹驴志》、《与虫共眠》、《两窝蚂蚁》（刘亮程），《何处是野马的家》（何英），《鹰之歌》（王锋），《金鱼》、《狗》、《牛在冬天》（李娟）等，还有许多篇名虽不是以动物命名，但作品中仍以动物为主要描写对象，如王蒙的《杂色》、周涛的《过河》、刘亮程的《捎话》等。新疆当代文学中描写的动物种类非常丰富，而其中最为突出的是对马、牛、羊、骆驼、驴的书写，这也是新疆的自然地理环境所决定的动物地理分布。对此，刘亮程有过非常经典的表述："在新疆，哈萨克族人选择了马，汉族人选择了牛，而维吾尔族人选择了驴。"① 新疆作家在长期的生活中创作出大量关于动物主题的书写，显示出人与动物亲密的接触。

马在新疆有着特殊的意义，它不仅是游牧民族生活的工具，更是新疆哈萨克族人的精神象征，哈萨克族被称为马背上的民族，生活在草原上的哈萨克人几乎每人都有一匹马。特别一提的是，在新疆，不仅是哈萨克人对马有一种亲密的情感，在这里生活的其他民族也对马有着一份特殊的情感，以至于很多时候给内地人造成了一种错觉，新疆大地是人人骑马的景象。新疆当代文学中对马的描写有着格外的"偏好"，这种影响力首先来自周涛《巩乃斯的马》，他所描写的草原上壮阔的马群奔腾的场面已成为当代文学史中的经典之作，陈思和主编的《中国当代文学史教程》中评述："在《巩乃斯的马》中，'马'作为核心形象引起了他对世界的思考，通过马联想到人生不朽的壮美在其深层的忧郁，

---

① 刘亮程：《龟兹驴志》，载刘亮程《在新疆》，春风文艺出版社2014年版，第66页。

联想到流淌于民族精神中的英雄豪气与进取精神——现实与想象、情感与理性交织在一起，呈现出崇高深邃的气韵。"①　周涛笔下的"马"的形象具有新疆大地的鲜活烙印，已成为新疆当代文学中独有的动物形象。对于马的描写最多地来自哈萨克族作家，尽管他们在作品中出发的角度各不相同，但都表现出作为游牧民族的哈萨克人对马浓郁而特殊的情感，马是他们眼中真、善、美的化身。叶尔克西·胡尔曼别克的小说《黑马归去》中漂亮的黑马："就像一只漂亮的黑獭，身上还带着一股浓浓的冰气，又凉又硬，人站在它旁边，就好像抹了清凉油。"②　哈依夏·塔巴热克的散文《孩子的黄骠马》中骄傲的黄骠马"头扬得高高的，鬃须潇洒地飘舞着，抖着威风，不时地打几个响鼻，节奏均匀地踩着石子路，发出'嘚嘚'清脆的响声。"③　朱玛拜·比拉勒的小说《白马》描写了纯粹而高贵的白马跳崖自杀，充满了悲壮的诗意之美："白马猛地抬起头来，脸上顿时透出一种烈性的神情；先是有一滴泪从它眼角淌下来，然后是一片红雾掠过指甲盖大小的晶莹的瞳仁，又一股热腾腾的汗水流遍全身。于是，它扑通一声倒下去，左右打了几个滚，又一骨碌爬起来，脖上的鬃毛在阳光下闪出一排银光，齐齐地倒向一边。它站在那里，抽抽腹，向着蓝天长长地嘶叫一声，从它微微发红的鼻腔里喷出一口气。地上的蒿草竟被这气流吹得倒向两边。"④　马是哈萨克族人生活的标志，并具有文化及经济上的重要喻示，哈萨克族作家对马的描写浸透了本民族的心理体验，反映了他们与马之间已不再是单纯的人与动物的关系，马已经成为游牧民族生命与精神中重要的一员。

---

① 陈思和：《中国当代文学史教程》，复旦大学出版社1999年版，第254页。

② 叶尔克西·胡尔曼别克：《黑马归去》，载吴连增主编《新疆文学作品大系（1949—2009）》（中篇小说卷），新疆美术摄影出版社、新疆电子音像出版社2009年版，第532页。

③ 哈依夏·塔巴热克：《孩子的黄骠马》，载夏冠洲主编《新疆文学作品大系（1949—2009）》（散文卷），新疆美术摄影出版社、新疆电子音像出版社2009年版，第453页。

④ 朱玛拜·比拉勒：《白马》，载刘长明、罗迎福主编《新疆美文精品选——行走在新疆大地》（上册），新疆美术摄影出版社、新疆电子音像出版社2008年版，第173—174页。

在新疆辽阔苍茫的草原空间背景下，新疆作家对马的书写形成一种特定的新疆气质，而作家所特有的新疆气质与地区的自然景观是不可分离的：这种广阔纯洁的自然景观是提升个体达到一种崇高壮烈的生命境界。对于新疆作家而言，马不羁而壮烈的精神正是这种新疆气质的象征。空旷而荒远的新疆大地，置身于其中的生命是何其的渺小、孤单、悲怆，处身于其中的动物的生命与人具有了同一性，马是辽阔大地上最具活力与激情的生命，如周涛所言"马就是这样，它奔放有力却不让人畏惧，毫无凶暴之相；它优美柔顺却不让人随意欺凌，并不懦弱，我说它是进取精神的象征，是崇高感情的化身，是力与美的巧妙结合恐怕也并不过分。"① 马是永远充满生命活力的，新疆作者对它的崇拜与追求使它成为力的精神的象征符号。

羊与牛这两种动物与新疆少数民族饮食生活紧密相连，新疆当代文学对羊与牛的书写是作家认同地域文化并以之构建自我存在的方式。叶尔克西·胡尔曼别克在散文《永生羊》中赋予羊一种神性的光环，"萨尔巴斯"（黄毛）羊让"我"受到启示，"萨尔巴斯像是预感到了什么，挺起身子，用它的那双忧郁的眼睛搜索了一遍旷野，然后明明白白地对我说：走！我们到山洞里去躲一躲，山洪就要来了。那一刻它的姿势美丽得像一头警惕的鹿"。② 在哈萨克族的文化传统中，羊是有灵性且与人精神相通的一种动物，叶尔克西的羊崇拜深刻地反映出哈萨克人的生态观，他们对动物的尊崇意味着对人与自然相融相生关系的确认，"在对待生命尤其是自然生命时形成了一套颇具生态学意义的伦理原则，其要义即：一是爱物，二是戒杀"。③ 叶尔克西在散文集《永生羊》里写到哈萨克族人在宰羊时常说的话："你死没有罪过，我们生不为挨饿"，

① 周涛：《巩乃斯的马》，载《周涛散文》，新疆人民出版社2009年版，第255页。
② 叶尔克西·胡尔曼别克：《永生羊》，新疆人民出版社2003年版，第7页。
③ 姚文放：《当代性与文学传统的重建》，人民文学出版社2004年版，第322页。

正是因为在哈萨克族传统的生命价值观中,认为羊和其他动物是没有罪过的,动物不需要替人受过,但是人却要用它们的生命来保证自己的生存,所以,就有了这种内心的悖论。叶尔克西说:"这也是人对世界的一种认知吧。为了生存下去,人们驯化了动物,或者说驯化了牲口;为了生存下去,人们又吃了它们。这是一种残酷的悖论,也是自然法则。既然是自然法则,高智商的人便不会认为自己做错了什么,他们会对生命作一种阐释,从而找到一种对生命的慰藉感。这是生命教化给人的,所以人在宰羊时心里会默默祈求它们的原谅。哈萨克族人的岩画和现实生活联系得非常紧密,内容多是动物,是人们自然而然形成的对生命和大自然的一种敬畏感。学者们说,那就是原始宗教,这些都很有意思。为了生存人吃了它们,但是还会有新的羊产生,循环往复,就像宗教的理解。"① 红柯的小说《乌禾尔》中介绍,在准噶尔盆地的卫特拉蒙古草原上古老的传说中"牛是在大地非常沉重的时候来的,大地上已经有了太多的生命,弱肉强食,没有攻击性就活不下去,牛这么老实这么善良,几乎没有任何攻击力,女天神创造它的时候,它就没有兽性。……牛一点也不挑剔,能咽下去的东西它都能满足,也不感到委屈,天性如此,性格决定命运,牛就是吃苦受累的命,大家有了一个合理的解释,大家就心安理得了。有那样的吃,就有那样的喝,涝坝水、泥水都能喝下去。病了,伤了,生孩子,主人给一点豆料麸皮什么的,那双大眼睛一下子就涌出感激的泪水。人类不喜欢它是不行的,万万不行的,连狐狸都不再找它的茬了,它的名声太好了,已经不是名声的问题了,牛是不要什么劳什子名声的,牛是心甘情愿的,很自然的"。② 在少数民族作家的笔下,人类的生产劳动和生活与牛是紧密相连的,朱

---

① 叶尔克西·胡尔曼别克、张春梅:《多元文化的对接——叶尔克西·胡尔曼别克访谈录》,载欧阳可惺、王敏、邹赞等《民族叙述——文化认同、记忆与构建》,暨南大学出版社2013年版,第294页。

② 红柯:《生命树》,上海文艺出版社2013年版,第58—59页。

玛拜·比拉勒的小说《棕牛》叙说了棕牛为主人使唤却在同伴乱蹄之下遭遇横祸，作者并不止于对动物生存状态白描的层面上，在故事结尾牛群对"死难同伴"的致哀之中，预示着人类不可知的命运。艾克拜尔·米吉提的小说《红牛犊》讲述了"我"与叔叔去寻找祖父家丢失的红牛犊，在途中参加了婚礼及"叼羊"活动，叔叔由于之前对父老乡亲有过荒唐行为，内心一直愧疚自责，但牧民们却不计前嫌宽厚地原谅了他，小说结尾叔叔说"咱们的红牛犊今天总算找到了"，它暗示着叔叔终于找回了自己丢失的灵魂与快乐，他心中的"红牛犊"比丢失的红牛犊要珍贵百倍，小说以祖父心爱的红牛犊的故事反映了哈萨克族人的传统美德——宽厚仁慈，勇敢开放。这些以牛、羊等世俗生活中常见的动物为主要线索的作品，看似在表现动物与人之间的关系，实则将动物作为衡量人性标准的一把尺子。

作为沙漠之舟的骆驼是地域性特征非常明显的动物，在新疆流传着一首关于骆驼的民歌，"哪里来的骆驼客呀，沙里洪巴嗨嗬嗨，口里来的骆驼客呀，沙里洪巴嗨嗬嗨。/骆驼驮的啥东西呀，沙里洪巴嗨嗬嗨，花椒胡椒姜皮子呀，沙里洪巴嗨嗬海。"[①] 这首自清代就在哈密地区以汉语流传的维吾尔族民歌，使我们看到了绿洲丝路上独特的风韵：自古以来，被誉为"沙漠之舟"的骆驼用它那坚实的脚步穿过茫茫戈壁瀚海，为绿洲人民带来了当地缺乏的生活必需品，又把绿洲的特产带到了异乡，驼队是绿洲与绿洲之间、新疆与其他各地区之间进行经济、文化交流的工具，也是一种坚韧负重的文化象征。狄力木拉提·泰来提的诗歌《大漠灵魂——驼》生动刻画了新疆大漠中的骆驼："当冤死的古木扯着狂风的衣领/双峰驼却藐视一切，遥想/岁月的驿站，那一口清泉/铜制的铃悬在曲颈/又该诉说怎样的荒芜，漫长/只是一夜的等待/唤起你悠悠的牵挂/恍然一处楼兰/长髯下雪白的祝福/那该是我饱经沧桑的

---

① 杜亚雄、周吉：《丝绸之路的音乐文化》，苏州大学出版社2015年版，第108页。

灵魂。"① 这幅沙漠之舟的景象让我们看到了骆驼、驼铃与新疆的联系，古代丝绸之路、沙漠中永远消失的楼兰因骆驼的形象而具有了空远的历史意韵。红柯在小说《喀拉布风暴》中描写了沙漠中的野骆驼："出没于瀚海中的野骆驼成为分散在绿洲小岛礁上的人类最向往的帮手。人们亲切地称骆驼为沙漠之舟。"作者赞美骆驼的品格是老实忠厚的，"野生时代，金色的秋天如同天堂，膘肥体壮鬃毛闪闪发亮，深密的眼睫毛，青黛色的眼窝，黑亮有神眼睛，昂然挺胸，扬起高傲的头，一峰骆驼就是一座山，气定神凝，时间和空间全都消失了。"② 红柯认为骆驼集中了所有动物的美，沙漠中金骆驼对爱的忠贞之情成为现实生活中人的理想，作者以此来建构小说中三个年轻人爱的缘起与体认，当喀拉布风暴归于平静，人类迷途知返，驼铃依旧，"骆驼就是奔走的胡杨和雅丹"，在对骆驼的描述中，作者表达出万物有灵、灵魂不灭的观念。红柯从思维方式到表达方式，均体现出了汉族文化与少数民族文化的某种融合，小说在对骆驼的描写中将人类的现代观念与古朴的原始思维汇集在一起，产生了一种陌生化的审美效果。

刘亮程对驴情有独钟，从他最早的成名作《一个人的村庄》到新近出版的长篇小说《捎话》，"驴"情结始终萦绕在他的作品中，他称："我在《凿空》中写过一群驴，《捎话》中写了一头叫谢的小驴。我一直想弄清楚毛驴和人的关系。"③ "驴"被刘亮程视为独立于人的一种生命存在，其眼光是特别的，他自称"通驴性的人"，"我们是一根缰绳两头的动物，说不上谁牵着谁。时常脚印跟蹄印是一道的，最终却走不到一起"。④ 刘亮程着意去表现对驴的关注与喜爱，对驴是顶礼膜拜的，他对驴的命运和个性的书写中洋溢着一种精神上的文化意

---

① 狄力木拉提·泰来提：《一路向南》，作家出版社 2017 年版，第 93 页。
② 红柯：《喀拉布风暴》，重庆出版社 2013 年版，第 80—81 页。
③ 刘亮程：《捎话》，译林出版社 2018 年版，第 323 页。
④ 刘亮程：《刘亮程散文》，新疆人民出版社 2009 年版，第 4—5 页。

义。长篇小说《捎话》通篇以驴的视角来建构小说的主体内容，刘亮程在这部小说中创建了一个驴与人的社会，他阐释了《捎话》中驴的意蕴，"小说只有两个叙述者：捎话人库和毛驴谢。第一章'西昆寺'是驴——人交替叙述，第一节'扁'是毛驴谢的视角，第二节'高'是主人公库的视角，彼此交替，铺垫出故事的大背景。第二章'大驴圈'整个是以毛驴谢的视角在叙述。第三章开始，人、驴自由叙述，有些是主人公库看见的，按人的视角在写。更多东西库看不见，毛驴谢能看见能听见，按驴的思维在叙述。叙述视角转换没有刻意交代，有时前一句是库的视角，后一句很自然地转换到毛驴谢的视角。如果不去关心这种转换，按全视角小说去读，也没问题。在小说人物安排中，驴能看见声音的颜色和形、能听懂人和鬼魂的话、能窥见人心里想什么，'人想事情时，心里有个鬼在动'。人却听不懂人之外的任何声音。这是人的局限"。① 这部小说更像是一部关于驴的寓言故事，驴与人建立的是一种精神上的默契，人与动物的界限是模糊的，小说开头时毛驴发出"昂叽昂叽"的叫声，结尾时驴的灵魂附在人的身上，人也发出了"昂叽昂叽"的驴叫声，人与驴不分彼此，融为一体。刘亮程在《龟兹驴志》中专门描写了新疆的库车是全疆有名的毛驴大县，四十万人口，四万头毛驴，"在南疆，常见一人一驴车，行走在茫茫沙漠戈壁。前后不见村子，一条模糊的沙石小路，撇开柏油大道，径直地伸向荒漠深处。不知那里面有啥好去处，有什么好东西吸引驴和人，走那么远的荒凉路。……走进村子便是驴的世界，家家有驴。每棵树下拴着驴，每条路上都有驴的身影和踪迹。尤其一早一晚，下地收工的驴车一长串，前吆后喝，你追我赶，一幅人驴共世的美好景观"。② 刘亮程在"驴"情结中阐发出对人生存意义的思考，驴成为他的言说

① 刘亮程：《捎话》，译林出版社 2018 年版，第 318 页。
② 刘亮程：《龟兹驴志》，载刘亮程《在新疆》，春风文艺出版社 2014 年版，第 67 页。

方式，他所着眼的正是新疆地域民族文化的独特性，他以"驴崇拜"来表现新疆文化的生机和活力，为新疆当代文学的创作提供了一种新颖的视线。

黑格尔说："动物崇拜应理解为对隐蔽的内在方面的关照，这种内在方面，作为生命，就是一种高于单纯外在事物的力量。……这时动物形象，就不是单为它本身而被运用，而是用来表达某种普遍意义。"① 新疆当代文学的动物主题书写反映了新疆地区自然景观独有的地域特征和文化内涵，尤其是对动物主题的尊崇中包含了地方民族对自然景观的隐秘性文化心理，如努瑞拉·合孜汗在《猎人故事》中写了"鸟语""捕捉飞鹰""满屋飞禽""狼崽""马驹""与熊搏斗"等与动物有关的故事来阐释"在哈萨克民族的狩猎生产中，猎人们十分注意保护动物，允许它们安居乐业，繁衍后代。这种保护意识来自古代的自然崇拜——人类与大自然，与动物应当和谐平等地相处。古代的圣贤们则将珍惜和保护飞禽走兽当作生存的目标，制定并遵循相应的礼仪禁忌，使之成为人们自然而然的生活习俗，行为准则。而且其中的一些习俗甚至与神秘现象相互交融，形成了口口相传的神话传说"。② 新疆汉族作家也受到这种少数民族动物文化的影响，专注于对动物的书写，如周涛的《猛禽》、王锋的《鹰之歌》等都对新疆少数民族的动物图腾——鹰进行赞美，并称"新疆是鹰的故乡，新疆的天空是鹰的歌唱"，"新疆各族人民都喜欢鹰，鹰是他们的象征"。③ 在新疆作家对各类动物的细致描述中，让我们看到的是动物与人类达到的一种和谐、平等的境界，他们对动物的描写带给人的是新鲜和愉悦感，如同刘亮程在《一个人的

---

① ［德］黑格尔:《美学》（第二卷），朱光潜译，商务印书馆1979年版，第72页。

② 努瑞拉·合孜汗:《猎人故事》，载新疆作家协会编《2010·新疆散文佳作》，新疆美术摄影出版社、新疆电子音像出版社2010年版，第177—178页。

③ 王锋:《鹰之歌》，刘长明、罗迎福主编《新疆美文精品选——行走在新疆大地》（上册），新疆美术摄影出版社、新疆电子音像出版社2008年版，第185页。

村庄》中写下的："我们喜庆的日子，如果一只老鼠在哭泣，一只鸟在伤心流泪，我们的欢乐将是多么的孤独、尴尬。"① 万物有灵，众生平等，新疆当代文学的动物的书写处处显现出自然的灵动，作家的感情都是自然而朴实的，其韵味直达生命的本源。

第三节　自然景观的地理呈现

自然景观作为作家可感知的外部环境，它形成了文学作品中表现的直观对象。新疆当代文学对自然景观的描写已经成为一种普遍性的美学特征，可以说，新疆得天独厚的自然风景为新疆当代文学提供了有利的条件，培养了作家们对风景天然的感受力及敏锐的观察力，这种风景的书写中又凝聚着作家对新疆的地方感知。韩子勇指出，新疆最好的风景在路上，新疆当代文学的自然景观以一种"在路上"的方式呈现出来，伊犁大草原、喀纳斯作为新疆的地标性自然景观，成为作家们不断呈现的典型性自然景观。

一　"在路上"的自然风景

新疆地域广阔，不到新疆，不知新疆之大，新疆最好的风景都在路上，所以，对自然的书写也是从"在路上"开始，新疆作家游走大地之中，对沿途的自然风景尽情描绘，完全是一种在场的审美体验。作家高兴在散文《行走在新疆大地》中勾勒出的是一幅新疆大地的全景图，他说"真正要读懂新疆的山水，恐怕不是一朝一夕的事"②，从赛里木

---

① 刘亮程：《一个人的村庄》，春风文艺出版社 2005 年版，第 46 页。

② 刘长明、罗迎福：《新疆美文——行走在新疆大地》（下册），新疆美术摄影出版社、新疆电子影像出版社 2009 年版，第 416 页。

湖到阿尔泰,再到交河故城、塔里木河、喀什噶尔、博斯腾湖,新疆的自然美景全都在行走中呈出。韩子勇的散文《在路上》,以一路游走结构全篇,从风车林立的乌鲁木齐郊区到盐湖,从达坂城到后沟,"出了后沟,豁然开朗,坦荡无垠,笼盖四野","过了戈壁滩,迷茫的深处,盆地远方,就是吐鲁番、鄯善的绿洲。"① 作者虽然没有写太多的自然景观,却明确地表达了在新疆观赏风景的最佳方式——在路上。

周涛对于"在路上"的表达是以散步的姿态进行的,"这样散步挺好。……果子沟应该是院中的一座保留完好的、长满了自然植被的小丘;赛里木湖这一小池水,在院子里保持着它的清澈和生机"。② 作者以闲庭散步的方式将新疆的自然风景纳入同一画框之中。张承志说"我凭创造者的美意,一步闯入了新疆",他以游走者的姿态在新疆大地前行,"汽车在疾驶的时候,一道苍郁的绿色明亮的山脉顶着透明的冰雪,在路上千姿百态地一字摆开。那是眼睛的盛宴。那时双眼应接不暇地对着神美的天山饱览秀色,眼睫毛贪婪地眨闪着吞下晶莹的冰顶、暗蓝的阴坡松林和阳光满洒的嫩绿明亮的山麓草原。……那峰峦上的冰千年不融,雪白中幻射着醉人的蔚蓝。阳光照得透亮的山前草上满生着野葡萄、黑醋栗、碧绿的荨麻叶和水汪汪的骆驼尾草。第一次踩着湿漉漉的草地走向天山峡谷的时候,心里兴奋得想唱支歌。可是每一支歌都刚刚唱了半句就被抛弃了,因为在那美好的山地里不能唱不伦不类的歌。谁在那样的草地上朝着幽密的蓝色松林走上一程,谁就会知道应当为自己也为天山寻找一支真正美好的歌"。③ 张承志的这段文字尽情地展现出新疆"在路上"的自然风景:苍郁的绿色山脉、晶莹的透明的冰川、阴坡的暗绿的松林、水汪汪的骆驼草,当作家面对这样令人陶醉

---

① 韩子勇:《浓颜的新疆》,新疆人民出版社 2008 年版,第 48—79 页。
② 周涛:《周涛散文》(耕读卷),新疆人民出版社 2009 年版,第 255 页。
③ 张承志:《金草地》,山东文艺出版社 2001 年版,第 3—4 页。

的自然风景时，仿佛触摸到自然之神的存在，不由得要去"寻找一支真正美好的歌"，因为只有这样的歌才是可以献给新疆自然风景的颂歌。"这是一个行走在路上的追寻者的形象，一个忍受着生活的艰辛而执著探寻精神家园的追寻者的形象。张承志在这里显示了一个新疆风景书写中的重要场景：在路上。"①

李娟多年来一直随家人在新疆的阿勒泰山区中生活，与当地的哈萨克牧民一起转场迁徙过着游牧的生活。游牧民族的生活始终在路上，所以李娟对新疆大自然的描写几乎都是一种"在路上的风景呈现"。从《我的阿勒泰》、《阿勒泰的角落》到《羊道》系列，李娟以"在路上"的方式作为展现阿勒泰的重要方式，阿勒泰之于李娟，一直在路上，她走到深山中看到："那林子里潮湿阴暗，遍布厚实的青苔，松木都很粗壮，到处横七竖八堆满了腐朽的倒木。……草地碧绿厚实，底端连着一条没有水流的山谷，对面又是一座更高的浑圆的山坡，山谷里艳艳地开着红色和粉红色的花。而在山脚下我们的木头房子那儿，大都只开白白黄黄的浅色碎花。当然，虞美人也有红色的，摇晃着细长柔美的茎，充满暗示地闪烁在河边草地上；森林边的野牡丹也是深红色的，大朵大朵簇拥在枝头，但若和眼前山谷中河流般遍布的红色花相比，它们的红，显得是那样的单薄孤独。站在缓坡中央，站在深埋过膝盖的草丛里，越过视野下方那片红花王国，朝山谷对面的碧绿山坡遥望，那里静静地停着一座白色毡房。在视野左方，积雪的山峰闪闪发光。"② 厚实的青苔、粗壮的松木、碧绿的草地、红色的花朵、雪白的毡房、积雪的山峰，李娟的描绘就像一幅欧式油画，而这风景的观察者在一路行走，这是沿途欣赏到的风景。李娟在作品中全部的描述都是"在路上"的，自然景

---

① 赵学勇、王贵禄：《守望·追寻·创生：中国西部小说的历史形态与精神重构》，北京大学出版社 2012 年版，第 89 页。

② 李娟：《我的阿勒泰》，云南出版集团有限责任公司、云南人民出版社有限责任公司 2010 年版，第 117 页。

观无处不在，她悉心观察每一点细微之处，她看到了戈壁滩上闪烁的石子、荒野中稀疏的草儿，所到之处都留存于她的笔下，《羊道》中她跟随着哈萨克族牧民一路转场，"在路上"对于李娟而言已经成为一种生活的方式。海德格尔认为："在一个贫乏的时代里作一位诗人意味着，去注视，去吟唱远逝诸神的踪迹。"① 在海德格尔看来，诗人应该是神和人之间的使者，他必须仔细"倾听"诸神的声音，并因之"言说"诸神的旨意，这也就要求诗人能够"在漫游中寻找大地并渴望拯救大地。尽管充满劳绩，但依然诗意地筑居并栖居于大地之上"。用海德格尔的"诗意地栖居"来阐释李娟的阿勒泰，可以看到李娟一直在路上追寻着诗意的美，她翻过一道道山坡，越过一片片牧场，走过一座座毡房，顺应着内心的呼唤，她已经成为新疆大地的行者。另一位新疆作家骆娟曾写下《在吐鲁番诗意地行走与栖居》："在吐鲁番的大地上，我们诗意地行走与栖居着，是歌者，也是倾听者。"她的"在路上"也与李娟有着异曲同工之处："我曾经多次往返于进出吐鲁番的道路上。走马川山道颠簸之中，两侧荒山秃岭映衬着河谷中的几许生机，竟然也有杏花在春天中怒放。浅浅的白杨河水在河滩上漫溯，反射着明亮的光芒。待驶上戈壁滩后水便远离视线，只有许多早已干涸的地面，还显示着洪水曾经涌过的痕迹。那些龟裂的干泥浆块如一片片荒置千年的金瓦，愈是炎热干旱，愈是狂风暴珍，愈是反射着极至黄金的光泽。这些荒谷戈壁之中的光芒，总像刀锋般刺痛和牵扯着你的视线，而那小瓣无意飘落的杏花或者是干地之上一丛骆驼刺，却会更深地刺进你的心里。如果说这是一种极致的行走，那无异于在针尖之上的舞蹈，那种绝美，是无可抗拒的诱惑又是无限甜蜜的忧愁。"② 骆娟挖掘出的在路上的自

---

① ［德］海德格尔:《诗·语言·思》，彭富春译，文化艺术出版社1991年版，第85页。

② 骆娟:《在吐鲁番诗意地行走与栖居》，载韩子勇主编《深处的漫游——美文二十家》，新疆人民出版社2006年版，第241页。

然景观是微渺而普遍的，原本不为常人所注意的路边小景被她用细腻的图景诗意地呈现出来，使读者感受到在新疆大地风景无处不在，行走的路途中，古道、绿洲、戈壁滩等场景在不断地变化，接近交河故城时，"我已经于无意之中嗅到了家的温柔气息。在家园之中，是白色的古道和雪山、红色的火焰和风尘、黄色的故城和宝藏，绿色的葡萄和歌舞"。在路上的风景一切都默默无言但更富于韵味，生命仍然可以在这种美的感受中受到强大的、永久的诗性的启示；"如果你在吐鲁番生活过、行走过，那么你此后一生无论去哪里她都与你同在，因为那是一种诗意的行走与栖居。"① 新疆广袤的大地上，作家似乎永远在路上，几乎每一位作家都有对在路上的描写，但所呈现的自然景观却各不相同。同样是在路上，作家陈漠却更加注重自然景观中的人，《最后一株棉花等在风中》这篇散文中，陈漠描写新疆农田中收获棉花后道路旁的棉田中一株孤零零的、被人遗忘的棉花："棉花有一人多高。独自站在隆冬的天空下，样子凄凉而高傲。"陈漠的"在路上"显然是将自然景观主体化了，占据了主体的自然景观中，"棉桃是黑褐色的，像生锈的铁！而棉花却一丝不苟地白。圣洁得纤尘不染的样子极像我心中的美女，不断叠加的岁月，只能使她更为成熟和纯洁。挨着棉花，我就势坐下来。在这个冬季的空旷田野上，我想陪这株棉花坐一会儿"。陈漠"在路上"的自然景观与人联系在一起，这株等在风中的最后的棉花具有了女性人格的魅力，形成了对人的主宰。陈漠在大地上不停歇地游走，"在叶尔羌河两岸不算茂密的胡杨林里放羊的日子，我最喜欢做的一件事就是：走着走着，顺势坐在任意一棵长着金黄色树叶的胡杨树下，一边听远远近近头羊的铃铛声，一边断断续续地想一些陈年旧事。这种时候，我会因为眼前这种悠闲自得的光阴和草叶的气息而幸福。内

---

① 骆娟：《在吐鲁番诗意地行走与栖居》，载韩子勇主编《深处的漫游——美文二十家》，新疆人民出版社 2006 年版，第 243 页。

心变得宁静、澄澈、淳朴,并不住涌出某种莫名的热爱和感动"。① 陈漠的"在路上"显示出的是一种从容质朴的美,大自然与人是一种息息相通的心灵感应,作家对自然景观的发现似乎变成了一个心理的、精神的过程,自然景观给予人的已不再是简单的风景再现,而是与人的心灵有关。

诗人沈苇有一首著名的《滋泥泉子》,在这首诗中,他将在路上的自然景观呈现出另一番景象,"在一个叫滋泥泉子的小地方/我走在落日里/一头饮水的毛驴抬头看了看我/我与收葵花的农民交谈/抽他们的莫合烟/他们高声说着土地和老婆。"沈苇的在路上探索发现了新疆乡村的自然景观,在"落日""毛驴"的地理元素中,"这时,夕阳转过身来/打量红辣椒、黄泥小屋和屋内全部的生活/在滋泥泉子,即使阳光再严密些也缝不好土墙上那么多的裂口/一天又一天的日子埋进泥里/滋养盐碱滩、几株小白杨/这使滋泥泉子突然生动起来。"② 行走于乡村的小路上,沈苇建立的是一种"旅行(世界)——写作(诗人)——旅行(世界)——写作(诗人)"③ 的空间模式,他所展示的在路上的自然景观具有了非凡的价值和意义,这种自然景观以在路上的地理方式成为他心灵的一部分。如沈苇自己所言:"地域或许通过我或许已得到了恰当的表达。"④

可以看到,似乎没有哪个区域的文学像新疆这样关心"在路上",它不是把"在路上"当成别的,它回到"在路上"本身,使"在路上"成为自然的风景,所以,对于新疆当代文学而言,"自然的形式在作家

---

① 陈漠:《最后一株棉花等在风中》,载韩子勇主编《深处的漫游——美文二十家》,新疆人民出版社 2006 年版,第 109 页。

② 沈苇:《滋泥泉子》,沈苇《新疆诗章》,中译出版社 2015 年版,第 2 页。

③ 王敏、欧阳可惺主编:《新疆改革开放文学三十年》,新疆大学出版社 2008 年版,第 108 页。

④ 同上书,第 107 页。

经验的沉积，以及以此为基础的文学创造，是个大而朴素的话题"。①
"在路上"的自然景观虽然以不同的方式被作家所呈现，但都有着异曲
同工之效，这是新疆作家们对自然景观的深切热爱，是对人与地关系的
一种深度思考。

二 地标性的自然景观

新疆自然景观在新疆当代文学的描绘中已经成为一个地理的符号，
许多读者借助新疆当代文学的描述而领略到新疆的自然风景，迈克·克
朗在《文化地理学》中曾指出文学作品往往具有内在的地理学属性，
能够为读者提供有价值的地理知识，读者可以从文学作品对地方的描述
中去客观认识一个区域或一个国家。② 自然景观是新疆自然地理的外在
形式，它作为一种物化的美，是新疆文化地理显性的特征。新疆自然景
观多姿多彩，天池、天山大峡谷、吐鲁番、伊犁大草原、喀纳斯等自然
风光吸引着游客步步西去，这些自然景观不仅是新疆空间位置的指代，
起到了对新疆空间定位的地理作用，更为重要的是它们所释放出的审美
意蕴形成了其他地域可望而不可即的文学地理资源。伊犁大草原、喀纳
斯、吐鲁番作为新疆地标性的自然景观，它们所形成的强大磁场吸引着
新疆作家的目光，成为新疆当代文学中自然风景画像的代表景观。

伊犁大草原是许多新疆作家心中的一块圣洁的心灵栖息地。"每年
6—9 月是草原上最美的时候，五颜六色的野花开遍山岗、风光旖旎、
涧溪交流、鲜花簇拥、绿草如茵、毡房朵朵、牛羊成群，充满了山村的
宁静与祥和。"③ 刘萧芜早在 20 世纪 60 年代就写下《伊犁河上草原漫
记》，张承志写于 80 年代的《夏台之恋》中的夏台也位于伊犁大草原，

---

① 韩子勇：《文学的风土》，新疆人民出版社 2004 年版，第 10 页。
② ［英］迈克·克朗：《文化地理学》，杨淑华、宋慧敏译，南京大学出版社 2005 年版，第
43—44 页。
③ 王勇、高敬编著：《西域文化》，时事出版社 2011 年版，第 412 页。

他说"我总喜欢问人,你认为世界上什么地方最美。等他们说上半天
以后,我就给他们讲讲夏台作为总结。这似乎有一点矫情。但并不完全
是吹牛而已。先不讲主要的想法,只就风景来说,我也是真正地研究过
许多风景,包括被吹得很多的阿尔卑斯山脉、从美国直至加拿大北部的
落基山脉,中国的三山五岳、太行昆仑以及日本的各条山脉以后,最后
才得出的结论。"① 如果说内蒙古大草原以其平坦辽阔而声名远扬,那
么伊犁的草原则是以它的凹凸有致、旋律低回而独树一帜,如张承志所
言:"我特别喜爱的,还不是夏台领域中的那漫山遍野的天山腹地的
美。久久体味着会觉得慢慢地被它摄去了心魂、并久久陶醉不已的,是
那自然聚落的宁静。用流行语来说是团结,用更准确些的语词来说是和
平;用我喜爱的感受语来说,那一种深沉的安宁。"② 孤岛在《新疆啊,
新疆》写下了伊犁"那拉提草原的诱惑",在孤岛的眼中,"那拉提是
一个多草原、多鹿、多牛羊的地方。神秘的湖光闪烁,荡起芦苇千年的
狂放,荡起夏日久违的爱情。当你走过那拉提草原,野草簇拥着你的脚
印,野花开满你的膝前,牛羊为你吟诵多少的歌谣,汗血马等待你骑上
它,带上你的爱人远走海角天涯。而座座毡房像草原上的朵朵浪花,永
远记载着草原人的微笑"。③ 这段对于草原自然景观的描写与南方小桥
流水的书写方式截然不同,在文坛满目的自我情愫、美丽忧伤、风花雪
月的描写中,孤岛的这段书写完全是新疆化的,他以诚恳的、真切的、
明朗的态度来展现新疆伊犁大草原,自有一番大风光的气度。作家郁笛
在《伊犁诗稿》中也有同样的表达:"我要买下这铺天盖地的黄,我要

---

① 张承志:《夏台之恋》,载夏冠洲主编《新疆文学作品大系（1949—2009）》（散文卷）,
新疆美术摄影出版社、新疆电子音像出版社 2009 年版,第 433 页。
② 同上。
③ 孤岛:《新疆啊,新疆》,载周涛、赵光鸣主编《漫步艺海拾贝》,新疆人民出版社 2006
年版,第 106 页。

铺上被油菜花簇拥的草原，头枕着山梁的床。"① 诗句视角宏大开阔，思驰文骋，他用"买下""铺上""头枕"一系列的动作，完成了对新疆伊犁草原景观的辽阔呈现。

喀纳斯是国家级自然保护区的核心景观，坐落在阿尔泰深山之中，元代的耶律楚材远征西域时，感动于美丽壮观的喀纳斯景色，欣然写下："谁知西域逢佳景，始信东君不世情。圆沼方池三百所，澄澄春水一池平。"② 喀纳斯湖是中国著名的高山深水湖，自然风光以奇、特、美、艳著称。王蒙、周涛等都写下关于喀纳斯的诗句。诗人亚楠的《梦幻喀纳斯》："梦幻般的喀纳斯，就这样成为我心中的一片圣地。/这清纯之水，仿佛天上有，如甘露，似琼浆/又好像冥冥之中万物的天堂。/月亮湾的传说，那么凄美，充满神奇力量。/湖怪如此神秘，一年年，书写着一座大山的神话和传奇。/而此刻，在这人间仙境，在这片蓝色的水域，/图瓦人正延续着生命最动人心魂的乐章。"③ 诗人以一种几近透明的感情来赞颂喀纳斯，喀纳斯是心中的圣地，所有其中的风景又都是天堂的延续，诗人的思维始终在一种具象的境界中进行，呈现在头脑中的是月亮湾、湖怪、图瓦人，而不是抽象的自然地理，喀纳斯的自然景观呈现出的是一种动态的美，诗人形象思维的灵活性和意象创造的意境也由此而产生，诗歌的结尾处诗人写下："那个夜晚，在如梦如幻的喀纳斯，我聆听着天籁之音，/清澈的湖水荡涤凡尘，也轻轻拂去我微微苦涩的相思……/哦，那就把根留在这里吧。我不知道，/在我们的想象之外，还有什么能够比这更古老，更动听，/更让人流连忘返？"④ 喀纳斯所有的

---

① 郁笛：《新疆诗稿》，新疆美术摄影出版社 2016 年版，第 20 页。
② 耶律楚材：《圆沼方池三百所》，载沈苇主编《喀纳斯颂》，新疆人民出版社 2010 年版，第 1 页。
③ 亚楠：《梦幻喀纳斯》，载沈苇主编《喀纳斯颂》，新疆人民出版社 2010 年版，第 56—57 页。
④ 同上书，第 196 页。

自然之景汇聚为"天籁之音",在对"根"的流连忘返中作者完成了对喀纳斯的恋曲。周涛的诗歌《寻找那片白桦林》则从微观的角度去描写喀纳斯的景观:"那喷向蓝天的绿泉/那镀着银辉的树身/那亲密相挽的秀臂/那清风强奏的琴音/是深山和峡谷/珍藏的一个美梦。"① 白桦林是喀纳斯自然景观中的一个生态微缩,周涛着眼于近距离的风景,从视觉上的"蓝天的绿泉""镀着银辉"转向听觉上的"清风强奏的琴音",白桦树如梦一般地藏于深山之中,形象地展现了喀纳斯生态景观原始的美。蒙古族作家孟驰北的散文《北国佳丽地》中对喀纳斯进行了全景式的描写,从森林、花草、湖光山色、动物等场景不断变幻着镜头,"人间有多少颜色、这儿就有多少花色",② 从花儿的形状到色彩,详细地进行描写,这儿花美、草美、树美、山美、湖美。新疆地标性的自然景观喀纳斯在作家笔下散发出巨大的魅力,代表了新疆自然风景的优美与神秘。

"吐鲁番是一个与众不同的地方,它的人文历史和自然景观都很独特,极具个性,堪称世界奇观,令人向往。"③ 吐鲁番作为一个地理空间的概念,它代表了炎热之极,这里是中国最热的地方。在维吾尔语里,"吐鲁番"就是"低地"的意思,是我国海拔最低的地方,"吐鲁番是个盆地,这个盆,盛三样东西:青沙、浓绿和火焰"。④ 火焰山是吐鲁番的最著名的地理景观,《隋书》中称之为"赤石山",当地人称其为"克孜勒塔格",意为"红山",因吴承恩的《西游记》中描写孙悟空三借芭蕉扇而被更多的人所知道。"火焰山的色彩,晨昏之际最

① 周涛:《寻找那片白桦林》,载沈苇主编《喀纳斯颂》,新疆人民出版社 2010 年版,第107 页。

② 孟驰北:《北国佳丽地》,载刘长明、罗迎福主编《新疆美文精品选——行走在新疆大地》(下册),新疆美术摄影出版社、新疆电子音像出版社 2008 年版,第 354 页。

③ 王嵘:《天下奇观吐鲁番》,载夏冠洲主编《新疆文学作品大系(1949—2009)》(散文卷),新疆美术摄影出版社、新疆电子音像出版社 2009 年版,第 458 页。

④ 韩子勇:《浓颜的新疆》,新疆人民出版社 2008 年版,第 141 页。

好，红色似乎洇到石头里，加上斜射的阴影，加上土石山体的粗粗拉拉的质感，结实饱满，大地之上如凝固的火焰的雕塑。而正午的火焰山的颜色，像此刻的太阳和天空的颜色一样，是灰的颜色，一切都烧透了，烧光了，烧干净了，松松散散，变得很轻，很模糊，风一吹，要飘散开来。"①，从早晨到正午，火焰山的色彩从红色到灰色，而早上的红色与周围的土石山体融为了一体，"洇到石头里"与"凝固的火焰的雕塑"颇具视觉的冲击力，传达出一种独特的视觉审美感受，正午的火焰山又有了光与影的交相衬映，为读者展示了视觉之美。周涛在《游吐峪沟》中则专门描写了吐鲁番的"绿"，"车入两山之间，行十数公里，两旁山皆土红色，如火焰燃过，望之犹有余温。似砖窑废垒，炭火灰烬，寸草不生，独木不存。忽然转过，一谷横陈眼底，竟闪出一派浓绿，泥墙小院，高低错落，街巷庭院，颇具规模。百年桑榆犹伸枝臂，千亩葡萄正掩碧珠。仿佛花果山，依稀水帘洞"。② 火焰与浓绿形成了鲜明的空间交错的对比，浓绿是以桑榆、葡萄为主体，再加上街巷庭院的叠加，吐鲁番的自然景观在一个框架中，构成了一幅地方的风物素描。

美国学者米切尔认为："风景作为一种媒介不仅是为了表达价值，也是为了表达意义，为了人与人之间的交流——最根本的，是为了人类与非人类事物之间的交流，就像 18 世纪的理论家所说的，风景调和了文化与自然，或者'人'与'自然'。它不仅是一处自然景观，也不仅是自然景观的再现，而是对自然景观的自然再现，是在自然之中自然本身的痕迹或者图像，仿佛自然把它的本质结构烙印并编码在我们的感觉器官上了。"③ 在对这些新疆典型性的地标景观描写中，作家对自然景观的建立与衍生发挥着不可忽视的作用，景因人而显、因文而显，尤其

---

① 韩子勇：《浓颜的新疆》，新疆人民出版社 2008 年版，第 142 页。
② 周涛：《周涛散文》（游牧卷），新疆人民出版社 2009 年版，第 279 页。
③ ［美］W. J. T. 米切尔：《风景与权力》，杨丽、万信琼译，译林出版社 2014 年版，第 16 页。

是一些著名作家，如曾经旅居新疆的王蒙、张承志，新疆本土的周涛等，他们对自然景观的描写和吟诵进入文学传播领域后，新疆山水之美名便会产生名人效应而远传四方，其价值得以彰显，其优美得以升华，从而引起更多人的关注与亲临。新疆当代文学中对于新疆自然景观的感知和表现，饱含着作家对新疆地域的写作情感，是他们自身地理经验与理性思考的相遇。

新疆自然景观与作家互为镜像的地理书写，反映出地方与作家之间密切的依存关系，一方面，作为自然地理的景观为作家提供了最原始的创作灵感与素材，作家在对自然风景的叙述与发现中完成了对地方的情感体验；另一方面，这些自然景观又是活的地方名片，通过作家笔下的描写，以游记散文的形式带动了新疆旅游业的发展，这正是新疆当代文学自然景观书写的特殊价值。

第四节　自然景观书写的深层解读

自然所作用于文学家的，绝不仅仅是表面的风景描写，一部作品中大段的自然景观出现，如果不是别有意味的主题呈现，而仅仅是一种陪衬——或者被当作过渡中的交代，那肯定是一种缺乏创造能力的表现。新疆当代文学对自然景观的地方性表达是深刻的，特别是对于新疆自然景观中的气候、生态、环境等的描写，很大程度上丰富了新疆文化地理的内容，其中饱含着作家的地方情感与认同。作品中从自然景观的表述到作品的内容及语言表达符号，都是解读新疆文化地理的最佳方式。

一　作家的情感特质与生命意识

分析新疆当代文学的自然地理环境，可以看到其中显著的特征，作家描写的自然不仅是这片土地上人们生活的场所和背景，而且其本身构成了独立的审美价值，自然万物是有情感的、有生命的，这是新疆当代文学描写的最大特征。在前面三节对新疆气候、地形、动物、植物及自然景观的分析中，可以看到，文学作品的自然书写并非作家无感情的客观描述或简单反映自然地理环境的工具，而是充满了人类情感的特性和生命的意识，从这点而言，新疆当代文学已远远超越了作品本身，这种寓自然景观以情感和生命的描写已经成为新疆当代文学不可缺少的"身份"标志。

新疆当代文学作品中作家对自然所具有的情感特质是一种精神崇尚者的写作，它已经融入了作家的血脉之中，成为一种恋地情结。段义孚指出："恋地情结是关联着特定地方的一种情感。这种情感远远不是游离的、无根基的。"[1] 新疆当代文学中对自然的情感显然与作家安身立命的这块土地有关，他们是大地的言说者，自然所给予新疆作家的启发和思索完全是一个精神化的空间。周涛被称为自然之子，在《伊犁秋天的札记》中写下的伊犁河："它不算太长，因而它曲折回环的舞姿更紧凑，更能让人看到全过程。它的水色不是那种清澈得像泉水一般的，也不是浑黄奔泻的，而是灰白色的。三十年来我每次看见它都是这种颜色，灰白色的。这就使它像个不懂得化妆的美村姑，它依靠本色，依靠它和土地之间的相互养育，还依靠头顶的这块晴朗蔚蓝的天空的映照，保持着平稳而充沛的水量。从不见它干涸。伊犁河不仅仅是单独细长的一条河，这是它了不起的地方。它成了一个系统，一个影响着周围事物的活物，它把周围的一切都纳入了它，成了它的一部分。"[2] 作者在亲和自然、融入自然的亲历中将伊犁河融入生命的活力中，这样的描写，显示出周涛对于新疆自然景观的感知并不单纯仅有对自然的欣赏，或者

---

① ［美］段义孚：《恋地情结》，志丞、刘苏译，商务印书馆 2017 年版，第 168 页。
② 周涛：《周涛散文》（游牧卷），新疆人民出版社 2009 年版，第 163 页。

将其作为新疆地理的标志,而是在天地之间与大自然进行的情感的交流,他的描述不仅使读者认识到了一个地方独特的风景,而且显示出一个地区独有的精神。从这个层面而言,并不存在什么纯粹客观的地域,每一种自然景观之中都寄寓着地域作家的情感。

在自然景观的描写中对生命意识的彰显是新疆当代文学显著的整体特征。在新疆当代文学作品中,风景中的万物被作家以生命的意识去解读和理解。摩罗曾指出刘亮程散文中有着比较敏锐的生命意识,这是最打动他的地方,刘亮程《一个人的村庄》中的每一种自然生物几乎都具有生命的意义。早晨的第一缕阳光就开启了生命之源,"这是一天的头一茬阳光,鲜嫩、洁净,充满生机"。刘亮程大多写村庄的自然景物,"我只是耐心地守候过一只小虫子的临终时光,在永无停息的生命喧哗中,我看到因为死了一只小虫而从此沉寂的这片土地。别的虫子在叫。别的鸟在飞。大地一片片明媚复苏时,在一只小虫子的全部感知里,大地暗淡下去"。再弱小的昆虫也和人联系在一起,刘亮程强调的是生命与自然的联系,他用善意的、爱惜的眼光看待世界上的每一个个体生命,一株草、一棵树、一只虫,风、雨、泥土等自然万物都与人共享生命,虽然所有的生命与自然融为一体,但每个生命又有独属于自己的生命形式与轨迹。摩罗认为生命意识是衡量作家作品深度的尺度,没有生命意识的作品就会显得浅显。刘亮程散文中生命意识的内涵丰富而复杂,人与其他生命达到了同构互置的关系。驴、老鼠、虫等动物在刘亮程看来与人等齐,和黄沙梁的人一样有个性、有好、有赖、有一样的喜怒哀乐,或者是黄沙梁的人也和这些动物一样无聊、懒散。他的眼光是特别的:"整个白天只有老人和狗,守着空荡荡的村子。阳光一小步一小步地迈过树梢和屋顶。土路朝天,晾晒着人和牲畜深深浅浅的脚印。花花绿绿的鸡们,早早打完鸣,下完蛋,干完一天的事情,呆站在阴凉处,不知道剩下的半天咋度过去。公驴像腰挂黑警棍的巡警,从村东闲到村西，黑警棍一举，除了捣捣空气，找不到可干的正事。猪像一群大腹便便的暴发户，三五成群，凑到破墙根和烂泥塘里，你拱我的屁股，我咬你的脖子，不住地放着屁，哼哼唧唧，嚷着致富的事。狗追咬一朵像狗的云，在沙梁上狂奔。一朵云下的黄沙梁，也是时间的浮云一朵。吹散它的风藏在岁月中。"① 他试图将"人的尺度"变换为"生命的尺度"，赋予动物与人等齐的生命伦理意义，并推及风、雨、阳光、泥土、沙石等自然物，使"万物等齐"，让它们在自己的精神深处与散文的叙事空间获得主体地位。在刘亮程的散文世界里，叙述者及被叙述的人已不再是万物的主宰，而是动物中的一类，是所有生命形态中的一种。刘亮程对自然景观的书写中，所有的生命不仅与人有平等的伦理意义，而且是相互关联的，自然万物一起构成了一个生生息息的整体。从这个意义来说，刘亮程对大自然的书写已经穿越了他的村庄与地域，体现出普世性的价值。诗人狄力木拉提·泰来提在组诗《我的南疆》中也写下"短小的驴车穿梭行进，乡下路上，一群蚂蚁守着一团新鲜的粪球，它们的方言里也有'艾纳'"。② 这是一幅新疆乡村普通的景观，通过驴车、蚂蚁的自然具象描写却产生了一种空旷、淡远和寂静的生命感触，作者体察到的尽管是生命中微小的光芒，但只要被感受到，得到再创造，生命就再也不是微不足道的了。

在描写大自然的风景中，对自然赋予神性的魅力也是新疆作家创作的一种特质。作为游牧民族的哈萨克民族对大自然有着天然的神性观，他们对自然的依赖、依恋和敬畏远超过其他民族。天地的神秘不可预知，哈萨克族人认为大自然的一切，动物、草木、山川等都是天地的使者，它们以自己的方式给予哈萨克民族启示并庇护着他们；同样，哈萨

---

① 刘亮程：《整个白天村庄都在成长》，载刘亮程《刘亮程散文》，新疆人民出版社 2009 年版，第 50 页。

② 狄力木拉提·泰来提：《我的南疆》，载狄力木拉提·泰来提《一路向南》，作家出版社 2017 年版，第 86 页。

克人也怀着敬畏之心，世代守护、珍惜自然，在哈萨克人看来人与自然绝非征服和被征服的关系，而是依附、互通和护佑。哈萨克族作家朱玛拜·比拉勒的小说《生存》中，对沙漠之舟骆驼的描写深刻地反映出动物与人的密切性，"骆驼们天生易受惊吓，天生心软，好动感情。然而它们却又天生刚毅，富有耐力。"其中领头驼的黑驼"这个被完美地塑造出来的家伙，一生经历了那么多的磨难。那个石圈，那根总把它拴在风里雨里太阳下的皮绳，那根穿通了鼻隔膜的木棍，那个被烙铁烫的印记，那根吊在鼻孔上的木桩、那个罩住嘴的铁丝网，那时不时挨在头上身上的棍棒，那负重的长途……总之，这一切的一切，在给它留下磨难的同时，也磨炼了它的意志，使它的领袖风采更加扎实和完善。"它"整天高高地昂起头，抖动两只驼峰。"① 这与其说是对骆驼的描写，不如说是哈萨克族人对自然生态的情感和热爱。在哈萨克族作家的自然景观描写中，不论是动物与植物，还是山川与湖泊、草地与大漠等，所有的自然景观都有着其自有的生命属性，这正是游牧文化的泛生命论的神性表现，它反映了哈萨克民族深层的宗教文化心理。这源自哈萨克民族宗教文化的遗留与延续，他们认为万物有灵，宇宙间存在着超自然的生命力量，这种民族心理于无意识中描绘了哈萨克族人在本民族之初的生存状态。

新疆当代文学对自然景观的书写中蕴含的生命意识具有重要的审美价值。相对中原大地的自然地理环境，新疆的自然地理环境有着粗粝、苍凉的地理形态，人的生命在酷烈的自然面前渺小、脆弱、易失，生命更加弥显珍贵，人与山川河流、沙漠盆地、河流湖泊、植物动物等皆是来来往往，繁星浩渺各有所终，其中的人只是生命圈中很小的一部分，大自然为现代人挣扎的灵魂、心灵的栖息和其生命本相的追问保留了可

---

① 朱玛拜·比位勒：《生存》，载吴连增主编《新疆文学作品大系（1949—2009）》（中篇小说卷），新疆美术摄影出版社、新疆电子音像出版社 2009 年版，第 346 页。

贵的空间，同时也为文学提供了生成"美"的资源与环境。在这种自然地理环境中，新疆当代文学所展现的自然地理环境的空间是雄宏、壮阔的大气象，作家在"生命意识"的追求中使自然景观有了"反观"的功能，映照出作家的审美趣味、思维特征、民族情感等，并转化成一种永恒的艺术符号，成为新疆当代文学自然书写独具风采的特征。对人与自然关系的反映、对生命力的崇拜又往往可以成为新疆作家对民族历史文化进行反思的直接契机和思想切入点。"任何人类历史的第一个前提无疑是有生命的个人的存在。因此第一个需要确定的具体事实就是这些个人的肉体组织，以及受肉体组织制约的他们与自然界的关系。"①新疆当代文学中"人与自然"的关系反映出的是原始本真的生存形态，可以为处于困境中的现代文明提供发人深省的精神来源，而处于 21 世纪的新疆作家，从人与自然的关系及其生命意识的张扬中获得启示，以此作为一种基本的价值立场来重新审视民族的历史和文化传统。因此，新疆当代文学总体上对自然景观与生命意识的情感表达，是源于各民族作家彰显新疆文化主体精神的需求。通过自然和人的对应互证中作家获得精神的寄托，其中寄托的恰恰是作家对民族及人类文明的理想与忧患意识。

二　作家的书写方式与心理认同

"地表的性质是高度差异化的，就算是我们对于一个我们所熟知的地方，它的自然地理状况和多样的生命形式也会形成不同的心理特征。"② 从自然的角度来看，没有哪一块地方像新疆这样，大自然对人的影响与制约如此凸显在历史生活的表象与深层，当新疆作家面对这块

---

① 马克思、恩格斯：《德意志意识形态》，载《马克思恩格斯全集》（第 3 卷），人民出版社 1960 年版，第 23 页。

② ［美］段义孚：《恋地情结》，志丞、刘苏译，商务印书馆 2017 年版，第 6 页。

土地时，情不自禁地以各种方式去书写自然，关注人与自然之间的关系，并由此生发出一些对地域的感慨和思考，这样的思考必然会使自然景观带上塑造精神与气质的特点。

新疆当代作家对自然景观的书写在不同的时期也呈现出不同方式，梳理新疆当代文学对自然景观书写的脉络，可以发现主要有三种方式。首先表现为对自然景观的视觉描摹，这种体验式的书写策略在自然景观的抒写中较为普遍。作家在书写中表现出新疆自然地理中原生态的、奇异的景观，新疆的风景优美而充满了诗意。如沈苇的诗歌《一个地区》"中亚的太阳。玫瑰、火/眺望北冰洋，那片白色的蓝/那人傍依着梦：一个深不可测的地区/鸟，一只，两只，三只，飞过午后的睡眠。"① 谢冕评价他"写出了一个令所有人都感到震撼的特异的地区，那辽阔，那无边的寂静。惊人的新鲜，惊人的绮丽。他对中亚风情的捕捉和概括如神来之笔"。②

这种方式的书写也可以认为是对新疆大地的一种记游，从视觉图谱的角度来书写新疆自然景观，赵光鸣的散文《魔鬼城》中对奇形怪状的山的描写也极为突出地体现了视觉的奇异效果："孤零零立着一根几丈高的风蚀斑驳的粗柱，顶端横架一块粗而尖的沙土沉积块，像是一条挺起半个身子的蝮蛇，又像是一棵笔挺的毒蘑菇，还有点像一个背手仰面伫立、正对着苍天沉思的人形。"③ 在这类对自然景观的书写中，作家突出的是新疆自然景观独有的、不可复制的画面。

其次，在对自然景观的书写中，作家体现出一种对新疆存在的超验性表达。在红柯眼里，新疆的自然景观并不仅仅有地理空间，而是扩张到了对整个新疆呈现出的力量与大美的体验。"我初到新疆就一下子被自

---

① 沈苇:《新疆诗章》，中译出版社 2005 年版，第 1 页。

② 同上书，底封。

③ 赵光鸣:《魔鬼城印象》，载夏冠洲主编《新疆文学作品大系（1949—2009）》（散文卷），新疆美术摄影出版社、新疆电子音像出版社 2009 年版，第 327 页。

然的伟力击倒了，我相信天、相信因果报应。我在那里生活了十年，离开时还感到那么新鲜。天山南北给人的感觉就像天地之初，地球刚刚诞生一样。我的观念全变了。我不相信生命为人所独有为地球所独有……生命肯定是在宇宙大爆炸时与星球们同步产生的，生命作为一种潜能隐藏在自然中，到她该出来时她就出来了。我很幸运二十四岁那年来到大漠，我一下子感受到婴儿般的喜悦。1995 年冬天，我回到陕西，但我的精神气质已经是个新疆人了。"① 对红柯而言，"天山"或者"新疆"就是他"生命的彼岸世界"。从红柯作品中可以看到，红柯在小说中叙事的同时，伴有大量描写新疆自然景观的段落，在《喀拉布风暴》中，主人公孟凯"是被沙漠深处飘荡而来的浓烈的红柳的芳香唤醒的。孟凯注定要受这些沙漠植物的折磨。梭梭之后肯定是红柳，它们都是沙漠里的灌木，一棵树就形成一个丘陵似的沙包，红柳的力量一点也不弱于梭梭，要命的是红柳的形象，怎么看都像是少女脸上羞涩的红晕，散发出意味深长的幽香。红柳的花朵是粉状的，如梦如幻飘浮在婆娑迷离的树冠上，那种美艳让人无法正面迎视"。② 红柯认为，在人与物之间，大自然不应当只作为一种背景或风景，自然中的动物、植物更是一种永恒精神的存在，③在红柯的小说中，人不再把动植物作为奴役的对象，而是彼此互为主体，从而打破了长期以来文学中人类世界与动植物世界之间的对立界限，让人具有神性，让动植物具有灵性，由此，人与物在精神上具有了同质性，人的命运与动植物的命运紧紧地捆绑在一起。在他的小说《乌尔禾》中，大地、阳光、风、月亮、兔子、鸟、水、草和女人、男人都是天地造化的灵物，互置互换，人在自然之中与其他形式的生命并无区别，人不再生活在日常经验世界中，而是超验于个体的一种存在。

---

① 红柯：《西去的骑手》，云南人民出版社 2013 年版，第 3 页。
② 红柯：《喀拉布风暴》，重庆出版社 2013 年版，第 29 页。
③ 红柯：《生态视野下的小说创作》（演讲稿），《青海湖》2010 年第 11 期。

红柯的超验性体验表现出对新疆大自然的终极追问,新疆已不仅仅是一种地域性的存在,他领悟到的是真正的新疆文化精神。红柯的感悟,实际上是他发生内心的对新疆地方的认同,这种体验与认同在张承志的新疆系列散文中也有着同样的表达。张承志在《夏台之恋》《日出天山》《白泉》《大坂》等作品中对新疆自然景观也有着细致的观察与描写,"世界化成了斑斓的地图。在分水线上,他同时看见了山脉两侧的准噶尔和吐鲁番两大盆地。唐代敦煌文书描述的古道正静静地深嵌在弯曲的峡谷之底。山顶的一块巨石上铭文剥落,旁边堆着一匹驿马的骸骨。大地峥嵘万状地倾斜着,向着南方的彼岸俯冲而去。这是从海拔四千米向海平面以下伸延的、大地的俯冲。剧烈抖动的气浪正从吐鲁番低地淡白色的中央地带扶摇而起,化成长长一片海市蜃楼。在赤褐色的南侧深沟里,嵌着一条蓝莹莹的冰川。他从未见过如此雄壮的景观"。① 他对自然景观的书写并不是简单化、肤浅化的自然风景呈现,而是倾向于一种信仰的超越性导向,张承志以自身明晰的体验与其他众多的新疆书写拉开了距离,这无疑是他新疆书写的独到之处。

最后,在对新疆自然景观的书写中还存在本土作家对本土化地域意识的刻意书写,其中蕴含着作家对新疆独特的自然地理的浸润之感。新疆本土的各民族作家对于新疆自然地理有着自我独特的解读,他们细致地描绘新疆大地的自然万物,对生息于此的土地产生强烈的故乡意识,始终致力于对新疆地方性的深刻表达,在这类书写中,新疆作家的地域意识被刻意加强,他们执着于呈现故乡大自然与自我之间深刻的联系。艾克拜尔·米吉提的《月色下传来百灵的歌》写自己的家乡伊犁,他并没有像许多来新疆旅居或采风的作家那样去描写伊犁草原风光,而是写家乡的小院:"在我家院里葡萄架与果园之间,便是我母亲辟出的一块花圃。每年春上,她总要亲手在那里栽上一些花草,诸如郁金香、夜

---

① 张承志:《相约来世——心的新疆》,作家出版社 2013 年版,第 110—111 页。

来香、波斯菊、蜀葵、鸡冠花、凤仙花、美人蕉、马鞭草、太阳花等。再把那些去年秋天埋于地下的月季、玫瑰起出来修葺一新，把室内盆养的花卉也一并搬出来摆在那里。不出几日，在明媚的阳光下，这些香花异草便会节节生辉，出落得分外妖娆。到得夏日，不知从何处飞来一对百灵，夜夜寻着花香来到我家院子里歌唱，后来索性就在我家果园里筑起了窝。每当傍晚，全家人便会在葡萄架下一边纳凉，一边谛听百灵鸟的歌声。"① 这段文字的情感朴素而沉静，葡萄架、果园、百灵鸟等都是极具新疆特色的真实的普通风物，艾克拜尔·米吉提与大自然的交流是自然而本土化的情感，他呈现的是新疆自然风景的日常化场景，他表述出的是一个难离故土的赤子之情。周涛在《和田行吟》中写道："瞧，葡萄的长廊是何等隆重的规格，藤架遮蔽住所有的道路，交错的藤蔓织起阳光的筛子、秋风染醉的葡萄晶莹蒙尘，串串累累使人发愁不知该运往何方……当我们来到一座座庭院时，那古朴又典雅的舒适建筑立即使我联想到了古代喀喇汗王朝的王室行宫。"② 周涛对自然景观的书写中将现实与历史、人类与自然渗透交融到一起，自然景观中凝聚着厚重的地方沧桑感，这种着意表达自然风景内在的精神质感的书写方式，独具一种新疆本土作家的风味。在新疆当代文学本土化的方向上，这种沉浸式的文学书写酝酿出的是新疆醇厚的地方质感，也导致了新疆当代文学创作的实质性的进展，刘亮程、李娟、赵光鸣等作家在文坛上引起的反响充分说明了这一点。

从人与自然的关系而言，人类原本就是自然的一部分，大自然中的一切与人类的关系紧密相连，如同海德格尔所言："自然在场于人类劳动和民族命运中，在日月星辰和诸神中，但也在岩石、植物和动物中，

---

① 艾克拜尔·米吉提：《月色下传来百灵的歌》，刘长明、罗迎福主编：《新疆美文精品选——行走在新疆大地》（上册），新疆美术摄影出版社、新疆电子音像出版社 2008 年版，第 181 页。
② 周涛：《阳光容器》，作家出版社 2009 年版，第 215 页。

也在河流和气候中，自然无处不在'令人惊叹'。"① 海德格尔所描述的
"在场"的自然，即作家眼中的自然，它无处不在，更能激起作家的某
种"惊叹"。自然文化是一种富于生命力世界性的文化思潮，其渊源极
深。新疆当代文学的自然景观描写中，既是文学对人与自然属性的回
归，也是自然文化对文学渗透的反映，这一创作现象的发生，基于新疆
作家对大自然发自灵魂深处的解读。纵观新疆当代文学对自然景观的书
写，无论是风景化的视觉映照还是新疆本土地域性的彰显，都是作家们
内在文化精神主体性不同形态的表现。如钱穆指出的："各地域各民族
文化精神之差异，究其根源，最先还是由于自然环境之分别，自然环境
的差异直接影响着人们的生活方式，并由生活方式而影响着民族的文化
精神。"② 所以，新疆自然景观对于新疆当代文学的影响，不仅止于气
候地形、植物动物等，更包括历史形成的人文环境。新疆地域特殊的自
然地理深刻影响着这片土地上生活的作家们的感觉、情绪和思维习惯。
不可否认，"人类的自然性与人文性的双重交错除了其处身的存在之
外，更为重要的还是一个认知过程。人类的认知经验告诉我们，认知既
是一个认识，也是一个表述，具有与动物不同的特殊禀赋，人类在认知
过程中总要与自然环境和现实生活中的其他事项进行参照，此种参照除
了使得人类的认识更为直接以外，还会很自然地将这种类似的事物进行
符号化进而达到符合人类文化的特征。"③ 作家对自然地理环境的认知
过程中都带有地方的文化特征的痕迹。当作家们书写这片土地时，作为
自然景观反映的艺术世界必然打上新疆文化地理的烙印，由地理个性造
成的文化景观也是与其他地方截然不同的。新疆自然地理环境给予作家
的是独有的新疆大地的意识及文化精神，其有意识或无意识中所传达出

---

① ［德］海德格尔:《荷尔德林诗的阐释》，孙周兴译，商务印书馆 2000 年版，第 60 页。

② 钱穆:《中国文化史导论》，商务印书馆 1994 年版，第 1 页。

③ 彭兆荣:《文学与仪式:文学人类学的一个文化视野——酒神及其祭祀的发生学原理》，
北京大学出版社 2004 年版，第 117 页。

的所有的文化因素，都离不开自然的基因。这也说明了人类的文化表述和人文精神如果离开了对自然的认识、见解和启示，终将无从生成与传达。基于此，新疆当代文学植根于新疆自然地理的深处，这些自然的书写对于进一步理解新疆文化地理的复杂性与丰富性具有直观形象的意义。在这样的自然地理环境中，新疆作家们以自己的生命体验、书写厚度及博大开放的格局，显现出自身的无可替代的价值。

新疆当代作家对自然景观的书写是新疆当代文学作品中精彩的一章，他们与大自然的关系如同诗人狄力木拉提·泰来提的诗歌《我与大自然》中所表述的：

我想／用远山的矿脉／提炼我所需的钙质／用土地的容忍融合我的肌体／用荒漠与戈壁的粗犷合成皮肤／用岩石拼接我的骨骼／用纵贯天下的古道生成血脉／用岁月的沧桑催取软骨／站立出一个可以感知冷暖的躯体／让风暴激活我的生命／让日月点亮我的眼睛／让江河流入我的脉络／草原是我浓密的秀发／湖泊是我深邃的目光／四季是我的情感交替／昼夜是我的态度表白／阴晴是我的情绪波动／艳阳是我的笑容／明月是我的幽静／花香是我的心情／鸟语是我的心声／冷暖是我对世界的感知与体验／高耸的冰山是我冷静的头脑／我在大地原野上驰骋／我深爱着这片土地／那是我的智慧／赞美是我的本能。①

因为他们深爱这土地上的一切。

---

① 狄力木拉提·泰来提：《一路向南》，作家出版社 2017 年版，第 1 页。

第四章　文化景观：新疆当代文学的人文地理环境

　　自从人类来到这个世界上，就是自然的一部分，人与自然相互联系、相互作用，有人类活动的地方，就会在自然中留下印迹，在文化层面上，它们就表现为随处可见的文化景观。索尔指出："文化是动因，自然条件是中介，而文化景观是结果"，[①] 文化地理景观代表着人文地理学的全部研究对象。按照文化地理学家的解释，"文化景观是居住在其土地上的人的集团，为满足某种实际需要，利用自然界所提供的材料，有意识地在自然景观之上叠加了自己所创造的景观"。[②] 据此，我们可以作如下理解。文化景观必须具备三个基本要件：第一，它一定是人类所创造的，具备超自然的"人工"性质，二者缺一不可，"人为"所创造的成果在自然界无法天然形成，它完全不同于诸如生物遗传、进化、生长、繁殖或无机物的化合、分解等自然过程，这种创造性既可以依附于自然且将其"升华"，也可脱胎于自然而呈现出一种全新的面貌，诸如人类居住聚落的建立等；第二，它是人类可以感知的文化景色，其中的物质文化景观必须诉诸人们的视觉感官，而非物质文化景观，也常常需要借助一定的物质外壳，方能更好地为人类所认识所欣

---

　　① 唐晓峰：《阅读与感知——人文地理笔记》，生活·读书·新知三联书店 2013 年版，第 71 页。

　　② 王恩涌编著：《文化地理学导论（人·地·文化）》，高等教育出版社 1989 年版，第 30 页。

赏；第三，它超越自然又不脱离自然，物质文化景观的建立需要利用一定的自然地形地貌，非物质文化景观也无法脱离特定的地理环境凭空产生。总之，文化景观是人类活动基于自然的基础上所创造的成果，在长期的形成过程中，每一个时代的人都按其特定时期的文化对本地区的文化景观进行标识，这种带有时间性和区域性的标识直接展现出地域文化的历史演变及其特征。新疆文化景观是基于新疆自然地理基础之上所形成的，它属于新疆文化区的一种人类活动，并有着鲜明的新疆文化特征，据此，新疆当代文学作为一种文化现象，其所蕴含的文化形态与新疆人文地理密不可分。一方面，作家用新疆的文化景观来建构自己的文本，反映新疆人文地理环境因素，如对地名与历史、饮食与服饰、建筑与音乐等的书写来体现新疆文化景观的丰富性；另一方面，新疆文化景观不仅是一个特色独具的创作源泉，而且是一个值得反复研究的话题，它不但对作家的个人情趣和审美观念有着深刻的影响，而且使新疆当代文学的内在精神变得丰富而复杂，而要深入研究这些景观，既要有空间的经验，也要有历史的眼光，新疆文化景观彰显的是新疆地域独有的文化精神。

第一节　地名与历史

新疆当代文学作为一种地域性的文化表述方式，它具有区域文学的地方永久性，而这种"地方文学的永久性，从文化内涵角度来看，直接体现为人文基础的历史性，即进行人文地理开拓"。[①] 新疆当代文学中对人文地理的开拓最具代表性的就是对新疆地名与历史的书写，其中蕴含的是作家对新疆文化地理的深刻理解，渗透着作家纯粹的地区经验

---

① 靳明全：《区域文化与文学》，中国社会科学出版社 2003 年版，第 166 页。

表达,这种地区经验是作家所处的人文地理环境与作家自我认同之间紧密关联的结果,任何一个文学文本,都是在复杂的文化系统中进行的,其内部的文化构成不是单一的,虽然新疆当代文学中对地名与历史的书写在内容、方式等方面各不相同,但都是作家个体阐释新疆文化地理的独特方式,也是读者认识新疆文化地理的客观参照。

一 地名图绘的文化记忆

地名是地理学中重要的研究对象,系指某一特定空间位置上自然或人文地理实体的专有名称,一般来说,地名通常都具有表层之外丰富的文化内涵,它不仅仅是一个地理名词,更是地方文化历史的深厚传承,有的甚至可能与极为复杂的历史地理问题相关联。葛剑雄指出:"地名不仅是一个名称所代表的空间范围和时间范围,还存在地名本身以外很多方面的内容……地名除它的本意之处,还有其历史的、文化的、社会的、民族的等各方面的意义。"① 一个地名或地方对作家意味着记忆、感觉、情绪和那种稍纵即逝的念头。红柯曾说:"新疆的地名跟诗一样美。"② 仔细梳理新疆当代文学对新疆地名的空间图绘,可以看到作家对于地名的书写勾勒出一幅完整的区域空间图像。从首府乌鲁木齐,到南北疆的各区域——喀什、伊犁、阿勒泰、石河子再到吉木萨尔、鄯善、奎屯、库车等地,作家们对新疆地名都有着浓墨重彩的描述,这些作品既是新疆人文地理面貌的真实呈现,也是作家潜意识中流露出的人与地之间不可分割的精神纽带,在地名的书写中,寄寓着他们对新疆大地的深情眷恋。

打开新疆地区的行政地图,天山将新疆分为天山北部与天山南部两大区域,新疆当代文学对地名的空间图绘几乎是一幅清晰的文学地

---

① 葛剑雄:《地名,历史和文化》,《光明日报》2015年9月24日第6版。
② 红柯:《乌尔禾》,上海文艺出版社2013年版,第2页。

图。乌鲁木齐是新疆的首府城市，它不仅是新疆特定的中心空间地理标识，同时也蕴含着深刻的历史文化内涵。清末官方编撰的《新疆图志》载："自古以来各族人民就把这个地方，称为'乌鲁木齐'，意为优美的牧场。"① 乌鲁木齐是新疆政治经济文化的中心，周涛称其为《混血的城》，"乌鲁木齐是一座鲜明的、充满生气的城市，也许它并不伟大，也许它和许多繁华的大都市相比还差得很远，但它充满了自己的个性，它谁也不怕，对谁也不崇拜，它有一种真正悠然自得、傲然独处的精神——这恐怕是它游牧草原的出身所带给它的。同时它还具备另一个看似矛盾的优点，那就是它善于学习，绝不排斥任何先进的事物，它具有青年人一样开放的、善于接受新鲜事物的能力。"② 乌鲁木齐是周涛生活成长的地方，他对这座城市饱含颂扬之情，在他的眼中，这座城市不仅是独具地方风情的建筑空间，也是一个生命的有机体，它有着内在的精神气质。丁燕的《为何还滞留在乌鲁木齐》中："乌鲁木齐是一座中心与边缘交织的城市。它不上不下，不左不右地位于亚洲的中心。仿佛一个肚脐眼——如果亚洲是一个巨人的话。它拥有一条从亚洲通往欧洲的铁路。一转身，它就可以直接抵达欧洲。更早的时候，作为丝绸之路上的明珠，乌鲁木齐拥有不能轻易被取代的中心位置。同时，它又是一座距离海洋最远的内陆城市。乌鲁木齐是一个干燥的城市，没有海浪，没有台风，没有蓝色。"③ 丁燕的描写着眼于城市的历史文化记忆，彰显的是地名作为丝绸之路驿站的作用，完全是客观的、介绍性的描写。而陈漠的《亚洲中心的脉搏》中对乌鲁木齐的书写又是另外一种视角，他以纪晓岚的《阅微草堂笔记》为背景，介绍乌鲁木齐的人文

---

① 魏长洪：《新疆行政地理沿革史》，管守新、高健整理，新疆大学出版社 2010 年版，第23 页。

② 周涛：《周涛散文》（游牧卷），新疆人民出版社 2009 年版，第 272 页。

③ 丁燕：《为何还滞留在乌鲁木齐》，载周涛、赵光鸣编《漫步艺海拾贝》，新疆人民出版社 2009 年版，第 294 页。

地理景观，如红山、西公园内的古建筑等，是一种纯粹的文化与建筑的视域。地理学家考察一个地方往往带着理性的思考，提供给读者的是关于地方的学理性的介绍，而作家则用贴切的描述带领读者对地方的文化历史内涵进行阐释，作品流露的有作家的情感及其个体独特的审美体验，通过作家对乌鲁木齐的书写，地方与历史、情感与现实无不交织在一起，汇聚为这座城市的脉搏，"乌鲁木齐"的人文地理内涵以文学的形式被传播开来，它将永存于文本的记载之中。

　　天山以南的区域中，喀什是维吾尔民族的聚居地，在新疆有这样一个说法：风光看喀纳斯，人文看喀什。喀什是喀什噶尔的简称，作为古代丝绸之路上的历史文化名城，中西文化在这里融会交流，周涛曾说："你可以一眼望穿乌鲁木齐的五脏六腑，但你永远无法看透喀什那双迷人的眼睛。"新疆当代文学中对"喀什"地名的书写是一个非常突出的现象，最为经典的是沈苇与周涛笔下的喀什。沈苇笔下的喀什："漫长的岁月并未毁掉它旧时的容颜，仿佛时光在这里静止下来，紧紧依附在过街楼、厚实的土墙和油腻斑驳的木楣上面。它至今仍保持了浓郁的中世纪风格。"① 当作家进入对地名的空间图绘的同时，也进入了一个情感的世界。沈苇用诗意的情感来表述喀什的人文魅力："你留下自己的名字：马赫穆德·喀什噶里／玉素甫·哈斯·哈吉甫②……或者别的什么／或者不署名，就像一株葱郁的树。"③ 他在历史的纵深思考中，呈现出喀什地名的文化深意，沈苇所书写的是喀什这座城市文化的记忆，喀什在他笔下已不再是简单的地理方位，而是寄寓着对地方文化的审美体验。周涛在《喀什寻梦》中："自古以来，喀什就是多种文明的交汇地和缓冲地，波斯文明和中原文明在这里碰撞，佛教文化和伊斯

---

　　① 沈苇：《漫游：从喀什噶尔到叶尔羌》，新疆人民出版社2006年版，第71页。

　　② 马赫穆德·喀什噶里为《突厥语大词典》作者，玉素甫·哈斯·哈吉甫为《福乐智慧》作者。

　　③ 沈苇：《新疆诗章》，中译出版社2015年版，第56页。

兰文化轮番在这里主宰，还有丝绸之路，还有欧洲文明和蒙古文化，都汇集到这个离海洋最远的地方，形成它复杂的性格、多重的心理、独特的品质。"① 周涛将喀什千百年来的历史文化地理凝缩为短短的几句描述，从时间和空间纵横交错的意义上诠释了喀什地名的厚重内涵，寄寓在这个地名中的流金岁月被作者以文学的形式清晰地表达出来，使人印象深刻。周涛认为"人说'不到喀什不知道新疆之大'，不错，但是不到喀什不知道西域文化之深厚"。所以，看似简单、明确的历史地名，有时足以成为比较复杂的文化地理问题——更准确地讲，应该是历史、地理、文学三方之间的交合，这种对地名的书写对新疆人文地理起到了历史性、文化性及引导性的作用。

天山以北的伊犁哈萨克自治州，自古以来是"驰骋于亚欧大陆北方游牧带的马背民族的一个重要的纠结点"，② 伊犁在清代是新疆政治、军事、经济、文化的中心，是新疆哈萨克民族的聚居地。红柯曾认为伊犁真正算得上中亚腹地的一个好地方，并称："新疆的好地方全在伊犁，伊犁包括整个西天山的伊犁河谷，南北走向的塔尔巴哈台山脉，中亚与北亚大草原分界处的阿尔泰山脉，即行政划分的伊犁地区、塔城地区、阿勒泰地区，几乎全是草原森林河流湖泊粮仓的集中地，伊犁的伊犁河谷被称为塞外江南，跟法国普罗旺斯一样生长着蓝色梦幻般的薰衣草，阿尔泰即是金子与宝石之地，塔城是有名的中亚粮仓。"③ "伊犁"这个地名在新疆当代文学作品中被反复描述，显示了它的重要性。如周涛的《伊犁秋天的札记》、刘萧芜的《伊犁河上游草原漫记》、曹新玲的《伊犁往事》、雷霆的《伊犁纪事》、刘宏的《伊犁短章》等。这些以"伊犁"地名为篇名的作品从不同的角度叙述伊犁地区独特的文化

---

① 周涛：《周涛散文》（游牧卷），新疆人民出版社 2009 年版，第 277 页。
② 韩子勇：《浓颜的新疆》，新疆人民出版社 2008 年版，第 6 页。
③ 红柯：《生命树》，上海文艺出版社 2013 年版，前言。

风貌，使"伊犁"这个地名的传播更广泛、被更多的读者所熟知。刘萧芜在《伊犁河上游草原漫记》中详细介绍了伊犁的自然地理面貌特征，地名的表象之下有着作家对地方的深度感知："你不要以为伊犁只不过是个小小的山旮旯，……你不要看不起伊犁，你不要以为伊犁地处偏远，与全国各地隔绝。其实，从古以来伊犁和全国就是唇齿相依，息息相通，道路再远，也割不断伊犁和内地的联系。两千年前，历史上有名的外交家张骞出使西域，一下子就看中了乌孙，建议汉朝皇帝和乌孙和亲，结为昆弟。于是，前有细君，后有解忧，两位公主，嫁给乌孙，乌孙故国就正在伊犁河上游，特克斯河流域。"① 刘萧芜从古代至现代、从历史到文化，纵横并错中描述出伊犁地区的文化地理，读者凭借这篇散文不仅领略了伊犁地区具体的自然地理，而且对伊犁悠久的历史文化有了印象。刘宏的《伊犁短章》对地名书写的角度与绝大多数新疆作家不同，他没有写伊犁的自然风光，也没有地方人文地理的介绍，而是纯粹地描写了草原上的"牧羊人"，当汽车在大片的油菜花地与草原驶过时，有牧羊人手执羊鞭，远远地甚至有些木讷地望着行驶而过的车。

> 我忽然想，做一名牧羊人不是也很幸福吗？有这样辽阔的草原，这样清新的空气，这样湛蓝湛蓝的天，还有鲜花遍野。但我注意到那位牧羊人的表情，他为何没有表现出我们这一车人的喜悦、激动与激情呢？他本该是自足自满幸福的呼。只一瞬，我便为这些想法感到了自己的浅薄。我问自己，对这片土地的情感，除去瞬间的心动外，真的有他爱得深吗？答案是我们的感受只停留在审美层次，而牧羊人对这片土地的爱，才是浸透血骨的。这片土地，是他全部的生活所在。衣食住行，生老病死，总之，物质的，精神的，

---

① 刘萧芜:《伊犁河上游草原漫记》，载夏冠洲《新疆文学作品大系（1949—2009）》（散文卷），新疆美术摄影出版社、新疆电子音像出版社2009年版，第245页。

全部都在这片土地上了。这些离土地最近的人，有些甚至终生没有去过第二个地方，他们怎么会像我们一样，只单纯地因为看到一点儿新鲜的风景而绽露笑容呢？他们对草原的爱是内在的，深刻的，本质的。而我们，只是一个过客，一路走下去，自有新风景取代旧风景，而这旧风景，比如这个牧羊人以及眼前这美丽的风景，对于我们，只是人生的一种阅历。而对牧羊人就是他生活的舞台——一个少有人关注的于他却性命攸关的生活舞台。①

作者在对牧羊人的思考中阐释地方与人的情感，"伊犁"不仅仅是风景与历史，更是草原上哈萨克族牧羊人特定的生存环境，是他们放牧与生活的家园，"伊犁"这个地名是草原民族的乐园之地，地方的独特感与作家的审美感合为一体，引起更多的遐思。

新疆当代文学中对于"阿勒泰地区"的书写全部来自李娟。李娟生长在阿勒泰地区，她倾其全力地去表达阿勒泰的地方区域感，使很多读者注意到了新疆最北端偏僻的角落里有个叫阿勒泰的地方。作家的生活经验会强烈地影响到他对环境的阐释，李娟对阿勒泰地名的呈现角度就完全是从生活经验出发，她没有以一种宏大的眼光去写阿勒泰地名的历史文化，她所着眼的是描述这片土地上的日常生活。在《阿勒泰的角落》中，李娟以阿勒泰地区所辖属的具体地名为方位导向，结构全文。如阿勒泰的"喀吾图"这个地方："最珍贵的事物莫过于一个晴朗的好天气。那样的天气里，牧民就可以赶着羊走得更远一些，在冰雪斑驳的原野上寻找最后的枯草。"② 在"巴拉尔茨"乡，李娟和妈妈的裁缝店开业了，"本地牧民奔走相告，头一天店里简直挤满了人，大家排

---

① 刘宏：《伊犁短章》，载夏冠洲编《新疆文学作品大系（1949—2009）》（散文卷），新疆美术摄影出版社、新疆电子音像出版社 2009 年版，第 121—122 页。

② 李娟：《阿勒泰的角落》，万卷出版公司 2010 年版，第 44 页。

着队转来转去地视察，每一个门都要推开看一看，连厨房灶台上的锅都要揭开锅盖看一看，嘴里还'啧、啧'个不停。这是一个偏僻寂静、百年如一日没啥动静的小村，村民们的好奇心太严重了"。① 在偏僻的地处山中的"沙依横布拉克"这个地方，她和哈萨克族女孩喀甫娜"做朋友，她可是个老实人，是腼腆害羞的姑娘。她每次到沙依横布位克都会来找我，因为我是她的朋友；每次找我时，都会配合我寻尽五花八门的问话互相打发，因为我是她的朋友。我们俩做朋友，也许她比我还要辛苦"。② 在"桥头"镇，李娟认识了纳德亚一家人，"纳德亚是一个漂亮的中年男人，生得非常高大俊美——可那又有什么用呢？他整天都提着破裤子走来走去"。所有这些日常生活经验的描述之后我们看到的是哈萨克民族的本真的生活气息，李娟津津有味地讲述每一个在阿勒泰发生的故事，饱含着她本人的地方生活的经验，在文字之后呈现出的是哈萨克民族的文化气味，"阿勒泰"这个地方在作品中不仅仅是简单的空间的定位，更有着民族的、地区的、文化的意味。通过李娟对自己阿勒泰生活经验的书写，阿勒泰呈现的并不只是自然场景，或者民族、文化等几个抽象的概念，而是变成可感可知、具体亲切的地方形象。从李娟关于阿勒泰的书写中可以看出，"地名的存在形式与环境和别的符码迥然不同，它享有一定的规格和仪式，这种规格和仪式使人们确信：地名是一种与众不同的所指"。③ 对李娟来说，阿勒泰代表的是一种与众不同的生活经验，它是关于心灵、精神的地方，正因如此，她对地名的书写新鲜而灵动，其文字背后构建的是李娟个体的心灵与精神时空。

刘亮程的《在库车》、韩子勇的《鄯善之思》、红柯的《奎屯这个地方》、刘亮程的《库车》、王族的《石河子短语》等，都是对新疆地

---

① 李娟：《阿勒泰的角落》，万卷出版公司 2010 年版，第 82 页。
② 同上书，第 112 页。
③ 韩子勇：《文学的风土》，新疆人民出版社 2004 年版，第 180 页。

名的空间图绘，从南到北，从东至西，新疆地域的地理方位之图鲜活而清晰地呈现在读者面前，作家以文字的方式勾勒出新疆具体的地理空间。每一个地名其表面的指向可能是地表上孤立的点、线、面，但它们之间内在的联系则昭示着地方的人文地理内涵，新疆作家的地名书写正是对新疆人文地理内在的挖掘，作品所呈现的文学世界与客观地理世界两者是融为一体的。这些地名书写构成了新疆当代文学版图中极具特色的一个方面，这种书写方式使地理要素、文学要素与人文要素三者交织交映，新疆的空间形象立体而具象。新疆当代文学中对地名的空间图绘已不仅仅是空间地理坐标的意义，它更多的是作为新疆文化地理的载体，表述出新疆丰富而多样的文化面貌，从而拓展出一个更宽广的文学书写边界。

二 历史回望的多重镜像①

新疆的历史在某种意义上而言就是一部在路上的历史，是一部迁徙、流离和抗争相生相伴的历史。新疆地处亚欧大陆腹地，其久远的历史演进与文化变迁构筑了新疆文化地理的丰富性。"这些便于交通、势如弹丸的大绿洲也为丝路的存在提供了可能：它们像一些必不可少的'跳板'，构成商道驿站，形成商流、人流、信息流的'据点'。因此，绿洲生活绝不仅仅是一种单纯的农业生活，它的商业意义在相当的历史时期里被置放在首位，控制商道上的绿洲也就控制了连结欧亚的著名的丝绸之路，各种势力集团总是以争夺绿洲为焦点，绿洲自身的编年史被打断、打散，插入庞杂的相异内容。看上去，封闭、孤立的绿洲生活反而形成各种历史力量的漩涡，大大小小的绿洲城郭不断变换着不同种族、不同肤色、不同宗教文化和语言的居住者，时而繁盛一时，时而毁

---

① 本小节中关于傅查新昌《秦尼巴克》的内容来自 2017 年发表于《伊犁师范学院学报》第 2 期的《〈秦尼巴克〉：边疆文化地理的多重镜像》一文，系阶段性成果之一。

于战火，或者一场瘟疫和水道的改换就能使它趋于湮灭。这样一种历史情境，给人以强烈的无序性、非逻辑性。"① 新疆历史为新疆作家们开拓了一个深邃延绵的审美空间，使他们具备了能够纵横捭阖地鸟瞰新疆的宏大视野，在对新疆历史的追溯中，文学作品以一种打开隐藏于历史深处的记忆的方式，去不断还原、回溯新疆文化地理的内涵。新疆当代文学的历史书写中，具代表性的有锡伯族作家傅查新昌的《秦尼巴克》、李健的《木垒河》、赵光鸣的《解忧与冯嫽》、温亚军的《仗剑天山》等，这些作品从不同的角度对新疆历史进行了演绎：傅查新昌与李健的作品主要反映边疆移民这个特殊群体的生活，回望边疆人颠沛流离、世事变迁的历史图景；赵光鸣与温亚军则凭借某一历史人物去回望新疆历史，有着民族寓言、英雄史诗般的宏大感。新疆历史小说中的文化图景记录了新疆往昔岁月的沧桑巨变，是新疆文化记忆的重要形式，在作家的笔下，那些埋藏于历史中的文化景观使我们回望到与之相关的每一地方的盛衰与兴亡。书写历史"能告诉我们有关某个民族的故事，他们的观念信仰和民族特征"，② 作家们以文学艺术的方式去解读、思辨新疆历史，并将其沉淀、积累、储存为层层叠叠的文化记忆。

锡伯族作家傅查新昌的小说《秦尼巴克》以本民族的历史事件、家族矛盾来构筑小说的主体内容，贯穿这一宏大叙事的"秦尼巴克"则是作品中极富象征意蕴的文化景观。景观作为一个地理学的范畴，小至地面上的可见景物，大至房屋街景都可视为景观，而一个地方的地理景观一定是自然与文化的统一。在小说的叙事中，"秦尼巴克"这个景观并非仅有简单的地理属性，它与小说的叙事结构紧密相融，已经成为特定的文化地理标志，承载着地方的文化记忆。小说中"秦尼巴克"

---

① 韩子勇：《文学的风土》，新疆人民出版社 2004 年版，第 35 页。
② ［英］迈克·克朗：《文化地理学》，杨淑华、宋慧敏译，南京大学出版社 2005 年版，第 37 页。

出现的地理背景是伊犁与喀什这两个地方。按照作者本人的介绍"秦尼巴克"是个"混血的词"，取自"中国"的英译"CHINA"和维吾尔文"Bak"（维语花园之意）杂糅而成。位于新疆北部伊犁地区的秦尼巴克镇是作者傅查新昌的出生地，也是小说中主人公德光的出生地，新疆南部的喀什噶尔也有一座秦尼巴克，它是当年英国驻喀什葛尔总领事馆的简称。"秦尼巴克"在小说中第一次出现于英国驻喀什噶尔总领事史密斯之口，他认为伊犁太美了，称其为"秦尼巴克"。小说的主人公德光连夜围攻伊犁新兵营胜利后，他大声宣布伊犁新兵营改称"秦尼巴克"，伊犁的"秦尼巴克"成为一个直观的地理名词，这里喻指一个美好花园。从地理景观的意义来看，"花园是最典型的非自然领域，在那里自然被调遣、被驯服甚至到被折磨……花园是完美形式的表现，目的是衬托出自然界不完美的有缺憾的形式"。[1]"秦尼巴克"的本意是人们获得安居和归属的地方，它象征着边疆人民对美好、幸福、安定家园的向往与追求，而小说中伊犁的"秦尼巴克"却是一个家破人亡，流离失所的地方。在小说中，"秦尼巴克"出现的另一个空间背景是喀什。喀什的"秦尼巴克"在新疆文化地理中是有国际意义的地理景观，特指英国驻喀什噶尔总领事馆的所在地。19世纪末，英俄的中亚利益之争使喀什成为西部边疆的战场，英俄相继在喀什设领事馆，秦尼巴克是英国领事馆在边疆的后花园，所以喀什的"秦尼巴克"地理景观比伊犁更广为人知。凯瑟琳·马嘎特尼在《外交官夫人的回忆》中曾经这样描述秦尼巴克："我们的花园很大，很漂亮。这里各种水果争奇斗艳，有桃、李、无花果、石榴以及白的或黑的桑葚。……"[2]，"秦尼巴克"曾是喀什噶尔的欧洲人聚会的中心，是全世界过客在喀什逗留的

---

① ［英］迈克·克朗：《文化地理学》，杨淑华、宋慧敏译，南京大学出版社2005年版，第30页。

② ［英］凯瑟琳·马嘎特尼：《外交官夫人回忆录》，王卫平、崔延虎译，新疆青少年出版社2008年版，第19页。

驿站。当主人公德光逃离伊犁的秦尼巴克,其生活的空间虽转换为喀什的秦尼巴克,但德光作为边疆人的境遇并未改变,这里依然是硝烟弥漫、战乱不断,无所归依。作为锡伯族移民的德光身处喀什的秦尼巴克,此处与彼处遥遥相望,伊犁与喀什相互关联,他的内心充满了对幸福花园的渴望与希冀,"秦尼巴克"地理景观的含义与作者描写的混乱复杂的社会情形构成了鲜明的对比。在作品中,"秦尼巴克"是一个标示空间的地理景观,但更多地指向了一种精神上的渴求,在"秦尼巴克"的空间表征下,我们可以体味到小说主人公在精神上对美丽花园的长途跋涉与寻找,这是边疆人在流离失所中对美好家园的珍视,寻找家园是每个民族永不破灭的梦想。小说的结尾,"秦尼巴克"地理景观再次以双重的空间背景浮现出来:伊犁的秦尼巴克镇因修筑高速公路而要被拆迁;喀什的秦尼巴克如今已是久负盛名的高级饭店,至此,"秦尼巴克"这个地理景观也完成了它在小说中的使命。"秦尼巴克"这个特定的地理景观与新疆的文化记忆具有恒定的历史联系,傅查新昌在小说中通过"秦尼巴克"这个地理景观线索,将边疆近百年中复杂而特殊的社会情景进行还原,这个地理景观使读者看到了厚重、独特的新疆文化地理。新疆政治、经济、宗教、民族的复杂性就是一部新疆历史,"秦尼巴克"的书写将新疆文化历史的印迹洇晕开来。每个民族的文化记忆都具有典型性特征,《秦尼巴克》记录了一个民族的文化史、心灵史,小说对于本族群的文化记忆进行了追溯与回忆,"秦尼巴克"不仅是一个现实存在的地名,而且犹如一盏遥远而闪烁的明灯,幻化于作者与读者的精神世界之中。

历史的存在是静默无言的,它以各种形式展现曾经发生的事实。李健的《木垒河》将历史的叙述聚焦于新疆特定的时空、人群以及空间,展现了新疆汉族移民的文化史。新疆移民文化是值得去探究和挖掘的一个文化现象,它在新疆文化地理中有着特殊的意义,它是新疆历史上特

殊的一页。作为本土作家的李健，揭开了特定时期新疆移民历史的一
角，小说《木垒河》"以民国新疆往事为描写对象，弥补了新疆民国史
写作的一个空白，有助于人们认知这一段复杂而久远的历史。家族化的
故事，小人物的命运，共同构成了一部厚重的平民史诗"。① 小说中的
"木垒"地处天山北麓，清代时又写作"穆垒"，系匈奴语"蒲类"的
转音，其西汉时为蒲类国地，盛唐时期隶属于北庭都护府下的蒲类县，
唐末属于高昌，宋代归西辽，元代为蒙古族的游牧地，清代隶属于镇西
府，民国六年（1917）设木垒县佐，民国十九年（1930）升格为县，
中华人民共和国成立后成立木垒哈萨克自治县。小说的主人公魏宗寿移
民至木垒后，其家族几代人在这里繁衍、生活，历经动荡骤变、血火相
交织的历史岁月，"在这片神奇而又古老的土地上，世代繁衍生息的弹
冬不拉、敲手鼓、唱京戏、吼秦腔的人们，杂居在一起，交融、冲突、
融合、新生，早已不分彼此"。② 民族、命运、文化、自然以及人性对
于一个作家而言是取之不竭的精神宝藏，《木垒河》的叙事背景中突出
了新疆的民间文化，是一部充满了土味的小说，还原了新疆地方史中真
实的文化因素，有过新疆生活经验的读者会感到强烈的现场感，作家赵
光鸣称"这是一部新疆人的书"。"木垒"是作者李健的生长地，对于
这块土地上的历史与传说、虚幻与现实的文化图景，作者有着本土性的
深刻体验。小说第二十八章"割礼"，描写主人公魏啸鸣去参加哈萨克
朋友吐尔逊孙子的割礼时，"冬不拉骤然响起，清亮醇厚，伴随着琴声
的是浑厚悠扬的歌声"，山中的哈萨克人唱着"男人如果不会舞蹈，
你将不再风流倜傥；女人如果不穿漂亮的衣裙，你就不再美丽大方；
托依上没有舞蹈，将没有欢乐的气氛；哈萨克人没有骏马和歌儿，将
不能在草原驰骋翱翔。……"作为汉族的魏啸鸣内心突然涌动的是秦

---

① 李健：《木垒河》，湖南文艺出版社 2012 年版，封底。
② 同上书，后记，第 383 页。

腔这种古老的文化形式,他在山谷间纵马疾驰,大声吼着的是"锵锵锵锵哒——呼喊一声绑帐外,不由得豪杰笑开怀。某单人独马把唐营端,直杀得儿郎痛悲哀……"哈萨克民族的歌声与汉民族的秦腔交汇在一起,这正是新疆多民族融合的普遍性文化场景,展现了新疆地区特有的汉族与少数民族交融的历史文化形态。李健在小说的叙事中有意地将边疆移民的历史、文化背景与当地少数民族的文化糅合与组构,或者说,他共时态地呈现了木垒这个哈萨克民族与汉民族聚居地的文化图景:这里有夹杂着陕甘宁的本土方言、有哈萨克族人的游牧文化、有汉族人的祈雨仪式等,众多的人物如骆驼客、王哈萨、赵四方、吐尔逊、老赞根、俄罗斯媳妇等,伴随主人公一家生活于匪患、灾荒、兵乱的时代背景中——所有这一切,使小说的叙事中弥漫着新疆移民在动荡不堪的岁月中的无助感与悲剧感,也显现出历史背景下边疆人的坚韧、善良及奋进、不屈的精神。李健的新疆移民书写在为读者提供了一系列不同于现代文明的生存方式和心理图式的同时,也对边疆文化的样态和走向提供了时空坐标。小说"从宏大的战争景观和江山的改朝换代转向了家族和村落,这首先是一种历史单位的重新划定……显示出微型社会组织在历史图景之中的意义"。[①] 在丰厚的多民族文化资源下,作者力图深入边疆移民心理的深层,在历史和未来、过去和现在的书写中,寄寓了他对边疆移民的命运的深沉思考,"人生经历的每一次变数,都意味着一次再生。谁都无法预知,下一刻等待我们的是什么"。[②] 在新疆历史的尘烟中,《木垒河》对宏大历史与个体命运的思考是深入的,作者阐释说:"镇东南角有一段古旧城墙,是历史留给这个镇子的印记。干打垒的旧城墙还残留有二三十米,古拙、斑驳、厚重、残破,好像呐喊、肃杀、乱叶纷飞、飞沙走石之后,突然静下来,于是,一切静止,

① 南帆:《文学的维度》,上海三联书店1998年版,第228页。
② 李健:《木垒河》,湖南文艺出版社2012年版,后记,第383页。

凝固，留下肃穆苍凉的一幕。它静静地立在那里，立在早已远逝的时光中，注视着小镇的古往今来。每次站在残存的古城墙下，我都想探寻刻于这段古旧城墙上的往事；想这个镇子尘封于时光中的历史；想先民们在这片土地上筑城垦地，繁衍生息；想那些远逝的时光里演绎的爱恨情仇、生之艰辛、死之无奈；想我自己；想人生于这个界地，暗含于命运中的很多必然与偶然。人类是如此渺小无助，而现实是如此强大坚硬。恍然间，就觉得世间万物不过都是高高在上的老天爷股掌间的玩物，而我们谁又能逃脱命运的役使?"① 边疆移民的命运叙事在文本中占据着主体内容，这是新疆近现代文明史重要的一部章节，"很多时候，我是恍惚的，不知道是我生活在他们的世界，还是他们原本就是我生活的映射。但有一点该是明白的：他们生活在这片土地上，受这片土地的滋养，与这片土地一起经历动荡、骤变、苦难、刀犁血火；一起经历新生和繁荣，与这片土地休戚与共"。② 小说中历史的沉浮、命运的起伏都与新疆文化地理构成了一种潜在的、隐约的互文关系，它是新疆民族历史的见证，所彰显的新疆民间文化的价值立场，"《木垒河》，一个不一样的关于新疆的故事，一部不一样的关于西部的传奇。边疆的荒野上，历史的辙印里，不知渗透了多少血与泪；远方的乡镇间，民族的胸膛中，不知萦绕着多少情和仇"。③ 边疆移民的文化图景是苍凉而辉煌的，李健作为土生土长的木垒人，他的叙事已经超越了简单的地方历史描写、人性善恶评估的层面，他对故乡历史的思考与土地的情感保持了真实而浑厚的复杂状态，这是无法用单纯的词语所评判的。

新疆的历史不像中原大地的历史那样脉络清晰、线索分明，它呈碎片状堆积，互相缠绕，枝蔓繁复，很多时候，这里波澜壮阔的历史风云

① 李健：《木垒河》，湖南文艺出版社 2012 年版，后记，第 383 页。
② 同上。
③ 同上书，封底。

都被遮蔽于异域风情的文化想象背后，如何使这些历史以真实、清晰、鲜活的姿态出现在读者面前，赵光鸣对此进行了开拓，他的历史小说《解忧与冯嫽》以历史上西域乌孙国和细君公主的传说为内容，铺叙了一段民族融合的大历史。在《汉书·乌孙传》中，对西域历史上的乌孙国和细君公主只有简略的记载，大量的细节早已湮没无闻，关于解忧公主先后嫁给三位昆莫，远巡西域诸国以联络汉胡感情、扩大汉胡影响的故事，史书上只有简单记载，至于解忧公主经历过怎样的情感波折、内心艰难，后人无从知晓。赵光鸣在《解忧与冯嫽》中成功地复活了解忧这位女性，小说描写了解忧公主嫁给军须靡昆莫时的苦闷，与倾心相爱的翁归靡昆莫一起生活时的欢乐，夫妻携手治理国事的默契与意气风发，晚年相搀相惜的如水深情，和失去爱侣后以老迈之身被迫再嫁仇人，任由泥靡蹂躏的屈辱和忍辱负重，耄耋之年的孤寂凄清和刻骨的故国之思，回故乡时对儿女亲友的依依不舍、百般矛盾的心情。赵光鸣细心体悟了解忧作为汉朝使节、昆莫夫人和母亲的内心世界，在小说中对解忧复杂心境的把握达到了非常精确的程度，尤其是解忧晚年心境的描写，给人留下了极为深刻的印象。另外，小说不露声色、自然贴切地描写了作为一个负有特殊使命的汉朝使节，解忧公主所拥有的非凡的政治眼光和过人胆识。解忧公主在小说中散发出光彩夺目的女性魅力，丁帆主编的《中国西部现代文学史》中对这一形象给予极高的评价："赵光鸣积聚平生经验、感受与小说功力塑造出的这个解忧公主的动人形象，是他的一大创造，是他为中国文学做出的一个重要贡献。他的这部小说，填补了中国历史小说的一个空白。"①

温亚军作为一位部队作家，曾在新疆边防哨所度过一段难忘的驻边岁月，他的新疆书写中始终贯穿着一种军人保家卫国的爱国主义精神，长篇历史小说《仗剑西天》表达出他强烈的英雄主义、爱国主义精神。

---

① 丁帆主编:《中国西部现代文学史》，人民文学出版社2004年版，第276页。

小说以新疆历史上左宗棠西征收复新疆事件为题材，塑造了一位可歌可泣的爱国主义英雄——左宗棠。同治三年，俄国侵略者在新疆挑起一场内讧，一直虎视眈眈的中亚浩罕国在俄国与英国的支持下趁机入侵，使大半个新疆被控制在侵略者的魔爪之下，以左宗棠为代表的爱国者，坚决捍卫国家主权，保卫边疆领土，进行了一场气壮山河的反侵略战争。作者温亚军重点突出左宗棠抬棺收复新疆，其意不仅在于回避历史评价的难题或实现历史叙事的传奇性，更在于发掘它的精神蕴含，以期促进爱国主义精神与民族精神的当代性重构。《仗剑西天》中，左宗棠在"国家存亡，匹夫有责"的民族大义面前，不仅有审时度势、高瞻远瞩的政治智慧，而且有为民族国家卓厉敢死的英雄品格，他抬棺收复新疆就是这一品格的集中体现。收复新疆、统一中华，是左宗棠人生的最后追求，这不仅支撑起了他的整个人格，也支撑起了他后半辈子的人生道路。为了实现平生最后一个大愿，左宗棠不怕丢官，不惧李鸿章之流的诬陷弹劾，一面反复奏请朝廷授权发兵，一面锐意吏治、屯田垦荒、练兵备战，最后抬棺收复新疆，成为名垂青史的爱国英雄。小说将左宗棠塑造成一位既是英雄又是"仁者"的人物，他有博大的仁爱精神，体恤下属，对士兵充满关爱与悲悯，对战乱中百姓的苦难更是深感哀痛，他严令三军不许扰民。"智者、仁者和爱国者，就是小说中左宗棠人格构成中的三个主要方面。作为晚清王朝的封疆大吏，左宗棠的人格精神就是放到今天，也极有意义"。①

历史是文化记忆的重要形式，新疆当代文学中的历史叙事是以新疆文化为底蕴的，它不仅是对新疆历史的客观摹写，还具有文学的写意性，打上了作家个人鲜明的烙印，这是作家对新疆历史文化的理解、体会与历史本相的融合，他们的历史书写承载了新疆历史文化的广度与深度。

---

① 李兴阳：《中国西部当代小说史论（1976—2005）》，安徽大学出版社2006年版，第291页。

第二节 饮食与服饰

饮食与服饰是文化的表征,个体的饮食与服饰,足以折射出文化的民族性和地域性特征。人类赖以生存的自然环境向居住者提供了不同的生活资料与生产对象,饮食与服饰除了具有提供人类必需的生活功能之外,同时还对人类的生活方式、行为方式以及文化心理产生深刻的影响。"饮食习惯一旦形成便很难改变,因为它已成为一种不问理由而世代沿袭的生活方式,在历史的传承过程中积淀凝聚着整个族群的情感基因。"① 新疆饮食文化与服饰文化是新疆文化的重要组成部分,是在长期相对稳定的各民族的规定与制约中形成的,已经成为新疆少数民族发展历程中的活化石,也是识别民族身份的重要标识。新疆当代文学作品中关于饮食与服饰的描写有着新疆区域文化的显著特征,它反映出作家对新疆文化表达的特殊方式。

一 隐藏民族灵魂的饮食文化

饮食在人们生活中占有非常重要的地位,它不仅满足人们的生理、生存需要,而且具有丰富的社会文化意义。"食物作为一种文化符号,它还是文化语境中的叙事。"② 饮食的差异是文化差异的一个重要表现形式,与新疆地域文化相适应,新疆地区的饮食习惯呈现出鲜明的区域特点,如饮食以牛羊肉为主,饮食结构中肉类比重极大,喜用奶制品等。新疆饮食文化的形成和发展由社会历史、民族宗教等诸多因素所决

---

① 周晓琳、刘玉平:《空间与审美——文化地理视域中的中国古代文学》,人民出版社2009年版,第321页。

② 彭兆荣:《饮食人类学》,北京大学出版社2013年版,第80页。

定，也决定了新疆饮食文化具有多元性与趋同性相结合的基本特点。新疆当代文学中的味觉表述与新疆文化有着一脉相承的联系，从作品中对饮食的描述我们可以体会到一种"吃出来"的文化色彩，它羼杂了作家的历史记忆、文学想象、人生况味、审美眼光等方面的个体认知。

新疆自然环境和文化环境造就了新疆饮食文化的特点，馕、羊肉、茶、果是维吾尔族不可或缺的食物。这些食物不仅在少数民族作家作品中可以看到，如哈萨克族作家艾克拜尔·米吉提、叶尔克西·胡尔曼别克、维吾尔族作家阿拉提·阿斯木等在作品中都有饮食方面的描写，而且成为汉族作家作品中孜孜不倦的描述内容，如王蒙、红柯、刘亮程、董立勃、李娟等，他们叙写自己对食物的味觉、视觉感受，体现了新疆地方特定的饮食观念和饮食心理。新疆各民族作家书写的饮食文化已成为一种特定的文化符号，在作家感官与情感的关联中构成了颇具新疆风味的文化表述。

新疆当代文学中对新疆饮食文化描写最丰富、最频繁的首推王蒙的作品。王蒙对新疆饮食文化情有独钟，对新疆"吃"的欣赏、肯定之情在他的小说中随处可见，而且他极擅长描写新疆的饮食，其小说中描写新疆饮食的篇幅之多、饮食种类之丰富使读者过目不忘，形成了新疆饮食文化的盛宴。据笔者统计，王蒙的小说中出现过的新疆食物有：馕（王蒙又写过苞谷馕、酥油馕、白面馕等具体种类）、拌面、汤面、烤羊肉、手抓羊肉、羊头肉、煮羊肉、羊杂碎、牛杂碎、米肠子、面肺子、鸽子肉、抓饭、包子、薄皮羊肉包子、薄皮奶油南瓜包子、肉饼子、曲曲儿（馄饨）、那仁（面皮与肉混合的食物）、霍尔炖（以羊肉为主要材料，佐以一些蔬菜制作而成的特色菜肴）、奶茶（王蒙喜欢写只有新疆人能理解的奶皮子厚如棉絮的奶茶）、马奶子、啤沃、葡萄酒、酸奶疙瘩、杏包仁、杏仁、葡萄干、香梨脯、哈密瓜干、蜜饯苹果、无花果酱、蜂蜜、砖茶等，这些丰盛的食物体现了新疆地域质朴、浓郁、热烈的饮食文化。

　　王蒙在小说《淡灰色的眼珠》开篇就写下:"茶喝了一碗又一碗,馕吃了一块又一块。我想起一句维吾尔谚语'因为富才把钱花光,因为馕多才把茶喝光。'诚然如此,馕与茶的关系是这样的,愈吃馕就愈想喝茶,愈灌奶茶就愈想吃馕,良性循环。"① "馕是维吾尔族人非常喜爱的一种食物,维吾尔族人在久远的年代就创造了这种奇特的食物,馕伴随维吾尔人走过了漫长的岁月"。② 自古代起,新疆就有了馕的记载:"馕这种形式的饼食是古老的,新疆出土唐代类似馕的饼,即是例证。"③馕的出现,在新疆有其客观需要。古代新疆气候干燥,交通不便,且要从一个绿洲赶往另一个绿洲,路途遥远,这种特定环境中客观上需要一种水分少、便于携带、容易保存的食品,而馕正是具备上述优点的食品。馕在新疆也是最常见的食物,王蒙曾多次描写到这种食物。《这边风景》中王蒙详细地描述了馕的制作过程及其在当地生活中的重要性:"维吾尔人的主食是馕,馕是烤制的面食。馕加热烤熟的地方本书中译作'土炉',是一个巨型的肚大口小的陶瓮,比一般的瓮矮、肥、大。砌死在地上后,使用时先烧柴加热,后将面剂贴到瓮壁炉壁上。所谓打馕的'打',一个是指用手而不是用工具将面剂做成不同的馕形,一个是指用手将面剂密密地整齐地贴到炉壁上。"④ 这幅打馕的画面对于生活在新疆地区的人们亲切而独特,是王蒙挥之不去的新疆印象。小说的第四十九章,作者又特意描写了两位维吾尔妇女米琪尔婉和雪林姑丽给公社大食堂打馕的场面,打馕是维吾尔家庭生活的盛典,在食物的制作中充满了维吾尔族劳动人民的欢乐与温馨,王蒙借此对馕文化进行了淋

---

① 王蒙:《王蒙文集》,人民文学出版社 2014 年版,第 29 页。
② 巴赫提亚·巴吾东:《馕与神灵》,载夏冠洲编《新疆文学作品大系（1949—2009）》（散文卷）,新疆美术摄影出版社、新疆电子音像出版社 2009 年版,第 725 页。
③ 贺菊莲:《天山家宴——西域饮食文化纵横谈》,兰州大学出版社 2011 年版,第 80 页。
④ 王蒙:《这边风景》（上册）,花城出版社 2013 年版,第 189 页。

漓尽致的阐释，以"馕花印章"在馕上印出各式各样的花纹的细节赞扬维吾尔人爱美的天性，并称"新打好的馕上面，充满了维吾尔农妇的手掌的勤劳、灵巧与温暖的性感"。① 而当馕香洋溢，大家正待收获的当儿，突然出现被谣言蛊惑而狂怒的泰外库上门哭闹，最后一炉馕被烤成了焦炭，馕成为小说人物内在情绪的节点。在维吾尔人眼里，馕不仅仅是一种食品，还带有崇尚和审美相结合的浓厚的文化意义。茶与馕又是相配在一起的："维吾尔人的习惯，吃面条、抓饭、馄饨、饺子、面片之类，叫做'饭'，吃馕喝茶虽然也可充饥，却不算吃饭，只算'饮茶'。"② 在新疆干旱、炎热、枯燥的气候背景下，茶是最解渴的饮品，喝茶是绿洲人的生理需要，王蒙对饮食习惯观察细致而深切，从他的笔下流动出丰盈的、鲜活的民族生活气息。

长达七十万字的小说《这边风景》被称为描写新疆文化习俗的百科全书，也是王蒙小说中最为集中表现新疆饮食文化的一部作品，尽显了王蒙对新疆饮食文化的热爱与重视，这些饮食风俗已经成为新疆不可或缺的文化符号和历史记忆。雷达评价王蒙"写吃食则满嘴流香，无论打馕和面，还是烤羊肉，喝啤沃，总之，吃喝拉撒、婚丧嫁娶、衣食住行、宗教生活，都写到了"。③ 小说一开始主人公伊力哈穆从乌鲁木齐返回伊犁的家中，妻子"摆出大馕和小馕，茯茶和方糖。伊力哈穆吹着滚烫的热茶上的茶叶梗，还没有来得及喝一口，伊塔汗进来了，从裙子里拿出了两个刚刚出炉的金红色的酥油馕。伊塔汗刚出门，吐尔逊贝薇端着一碟子米肠子走了进来"，紧接着，"斯拉木汉老汉的孙子端着一大盘散发着甜香气味的抓饭歪戴着帽子走进来，他撂下抓饭，话也

---

① 王蒙：《这边风景》（下册），花城出版社 2013 年版，第 609 页。
② 王蒙：《虚掩的土屋小院》，载《王蒙文集》（第 9 卷），人民文学出版社 2014 年版，第 96 页。
③ 雷达：《这边有色调浓郁的风景》，载雷达《重新发现文学》，中国书籍出版社 2014 年版，第 226 页。

不说就走了。乡亲们的深情厚意，是无需言语注释的啊"。① 这段描写使人仿佛都看到了这些热气腾腾的食物散发出的香气，王蒙在描写中掺入了他对新疆饮食文化的理解和享受方式。公社书记库图库扎尔和队长穆萨贪图享受时就要吃烤羊肉喝啤沃："乌尔汗拿起一个毛巾，一会儿旋转毛巾生风、把火煽旺，一会儿又分别转动一下铁签，以使肉块的受热均匀。在铁匣子下部的红火的烘烤之下，羊肉渐渐发出了香味，肥肉融下了滴滴的油珠，油珠滴落在炭火上，发出滋拉滋拉的响声，升起了缕缕蓝色的烟雾，油烟又附着在肉块上，使烤肉更加香美。最后，肉块微焦了，就在火上趁着油水未干撒上盐、辣椒粉、胡椒粉和一种叫作孜然（学名'安息茴香'）的香料，这种别具风味的新疆烤肉串就成功了。喝啤沃就烤肉串这是一种讲究，犹如关内之喝白干就松花变蛋。"②在干部库图库扎尔和穆萨吃烤肉喝啤酒的描写中，这两个人物的秉性也暴露无遗，虚伪、自私、狡黠的形象通过吃喝而表现得更加透彻。王蒙如此不惜笔墨地描写这些饮食，一方面他要表现的是伊犁的民俗风情，另一方面在饮食文化中他又对小说中的人心进行透视与剖析，"饮食文化作为社会生活的一种重要的构成要素除了满足人们基本的生理需要之外，还在社会中起着规范人们行为活动，加强人际关系的媒介作用。饮食文化具有的这些社会功能使得它本身包含着某些特定的伦理道德规范和行为准则，它们具体表现为人们在分配食物过程中所应遵守的原则和方法，以食品款待不同角色的人时奉行的礼仪，在特定时间和场合馈赠食品时遵守的规矩，以及进餐过程中人们应注意的有关礼节等。这些饮食礼仪是传统伦理道德规范在饮食文化中的浓缩，集中体现了人们某些特定的价值评价尺度和对不同社会角色的期待。"③ 王蒙在小说中将食

---

① 王蒙:《这边风景》（上册），花城出版社 2013 年版，第 14 页。

② 同上书，第 225 页。

③ 瞿明安:《隐藏民族灵魂的符号：中国饮食象征文化论》，云南大学出版社、云南人民出版社 2001 年版，第 163—164 页。

物与人物彼此的关系联系在一起，食物的往来也是新疆人表达人与人之间情感的工具，当朋友之间情同手足时："老王和里希提，这两个民族、脾性和职位都不相同的人，是由来已久的亲密伙伴了。在给苏里坦和依卜拉欣扛活的日子里，里希提哪怕只剩了一块馕，也要掰一半给老王，而老王如果有了一碗酸奶子，也要等里希提回来一起喝。"① 而当人与人之间情感势如冰点时，对于食物的馈赠对方不会接受："农民们大多数也比较注意情面，哪怕是打出一炉普普通通的馕，他们也愿意分一些赠给自己的邻舍和朋友。拒受礼物，这就够罕见的了，原物退回，这便是骇人听闻。"② 人与人之间的情感被朴素的食物联系在一起，将新疆人直接、干脆的性格表露无遗，王蒙能写到这样的深度和韵味离不开他本人在新疆的生活经历。当年王蒙被派往巴彦岱（位于伊宁市市郊）"劳动锻炼"时，他与维吾尔族老乡朝夕相处，同吃、同住、同劳动，难能可贵的是他学会了一口流利的维吾尔语，所以也更深刻地产生了对少数民族文化心理的认同，王蒙在小说中也清晰地表达了他的认识："民族感情是个有意思的东西，它经常是潜在的、不明显的，甚至是被否认的。特别是对于像老王这样的祖祖辈辈与兄弟民族的劳动人民生活在一起的人来说，他绝不承认自己和兄弟民族哪怕有一丝一毫的隔阂。和维吾尔人在一起，他更多地感到这个民族的优点和长处：豪爽、热情、多礼、爱帮助人。如果你因故耽搁在一个陌生的地方，如果这是个维吾尔人聚居的地方，那么，你放心吧，只要你把自己的情况困难和所需要的帮助讲清，你一定可以得到所需的一切。他们招待路人就像招待友人。"③ 王蒙所描写的维吾尔人对食物极为重视，将其看作待客的礼节，用食物的丰盛来表示对客人热情、隆重的欢迎，而且总是倾其全

---

① 王蒙:《这边风景》（上册），花城出版社 2013 年版，第 110 页。
② 同上书，第 137 页。
③ 同上书，第 112 页。

力，不论贫富，都拿出所有的食物来招待客人。究其原因，首先源于地理环境的影响，新疆地广人稀，且沙漠戈壁成为旅途的天然险阻。对于长途旅行者来说，食物供给是一大难题。当风尘仆仆从一个绿洲赶到另一个绿洲时，最需要的就是异地人们的热情款待；其次，源于新疆文化的影响，新疆人的"好客"现象与当地的少数民族游牧文化也有关，因为"无偿供给的本质是由游牧文化圈内共同的生活方式中存在着的资源平均化共享原则决定的，即通过此时此地的无偿供给，得到彼时彼地的无偿享用权，从而达到共同生存的目的"。① 新疆各民族文化相互融合下，游牧文化的这种观念也对其他民族产生了深远的影响；再次，还有宗教与民族伦理道德的影响，如维吾尔族思想家、诗人优素甫·哈斯·哈吉甫在《福乐智慧》中反复强调善、行善和善德："聚财有道，乐善好施"等，② 这些思想的倡导都在一定程度上形成了维吾尔民族拥有相对突出的热情好客的饮食礼俗。王蒙通过新疆饮食文化表现了新疆维吾尔民族的生存方式、文化理念及民族心理，"吃"中反映出积淀在其民族特性中的本色。

　　"在不同的民族、族群、地区和宗教圈内，饮食的体系关系并不一样，衍生出的相关观念、禁忌等也完全不一样。"③ 王蒙在对食物的描写中还有着新疆少数民族的风俗禁忌，如维吾尔人特别珍惜食物，对于食物一渣一粒都要用手拢起来放进嘴里，牛奶不能随便倒掉，不得不倒时也要用土埋起来，馕饼等食物要放置在高处等。王蒙对新疆饮食文化的描写带有了一种浓郁的地域性风俗价值，作品中对新疆直观的生活化场景描述凸显的是他对地方民族文化的认同，寄寓着他的胃与味蕾对那片土地的思念。他的《在伊犁》系列小说同样也是如此，对食物的描

---

① 贺菊莲：《天山家宴——西域饮食文化纵横谈》，兰州大学出版社 2011 年版，第 197 页。
② 热依汗·卡德尔：《〈福乐智慧〉的文化追求》，中国民主法制出版社 2016 年版，第 4 页。
③ 彭兆荣：《饮食人类学》，北京大学出版社 2013 年版，第 69 页。

写可以信手拈来，如《葡萄的精灵》中穆敏老爹酿造葡萄酒的过程，《哦，穆罕默德·阿麦德》中穆罕默德·阿麦德做喀什拉面的过程。"饮食文化的认同有对'根'的认同感，因为对于具有社会属性的人来说，食物的文化含义至为重要。食物作为一种文化概念，指适合人们需要的饮食，这种'适合'并非完全取决于食物的营养功能，而取决于其文化功能"。[①] 王蒙熟悉新疆饮食的每个细节，也说明了食物具有文化认同的指标价值，可以作为"我是谁"的判断和说明；反过来，人们也在特定的饮食体系中表现和表达某种集体意识，这种集体意识又连带性地产生出对所属文化的忠诚。只有真正熟悉并热爱这个民族，了解这个民族的历史传统、文化积累、心理素质、理解事物和表达感情的独特方式的人，才可能表现出对民族文化的认同感，王蒙对新疆饮食的大量描写表现出他对新疆文化发自内心的体认，也印证了："能吃在一起，才能生活在一起。吃在一起，就是一家人了，心灵和文化自然也相互感染。"[②]

饮食是人们最为日常、也最为重要的功能性身体表述和文化表述，所以它常常成为突出族性和族群认同的基本因素。如，新疆哈萨克民族除了"茶""馕""肉"方面与维吾尔民族相同外，还喜食奶制品。董立勃在小说《乱草》中介绍哈萨克民族的饮食："他们喝的茶是煮出来的，不用水煮，用牛奶和羊奶煮，煮的时候，还要往里面放一点盐。这样的茶，他们说是奶茶。在他们的饭桌上，几乎见不到青色的菜，但肉却顿顿不会少。肉从来不炒，用清水煮熟了吃，吃肉时他们用刀子吃，刀子把肉从骨头上削下来，手再抓起，放到嘴里。不但吃肉这么吃，连吃米饭也这么吃，他们说，这么吃，肉和米饭会格外香。"[③] 特定的饮

---

① 彭兆荣：《饮食人类学》，北京大学出版社 2013 年版，第 123 页。
② 韩子勇：《深处的人群——韩子勇文化评论》，新疆人民出版社 2009 年版，第 85 页。
③ 董立勃：《乱草》，花城出版社 2005 年版，第 229 页。

食方式在一定程度上会影响到民族性格,哈萨克民族吃肉的方式体现了其豪放、粗犷的民族性格,所以"和这些哈萨克人在一起,什么不开心的事都会全部忘记掉。大口地吃肉,大碗地喝酒,还要大声地唱歌"。① 从董立勃的描写中,我们可以认识到,"吃"本身就是一种行为,它可以超越行为本身的意义,可以与其他社会行为交替、并置、互文,并使其他社会行为的意义得以凸显。奶文化在哈萨克族饮食文化中具有重要地位。哈萨克族谚语有"奶子是哈萨克的粮食"一说,牛奶、马奶、羊奶、驼奶都被哈萨克人制成各种美味的奶制品。食物也是一种文化表达,叶尔克西·胡尔曼别克的《额尔齐斯河小调》中"奶奶挤着马奶子",奶奶说:"乳汁是白色的——妈妈的乳汁是白色的,马牛羊的乳汁也是白色的。哈萨克人离不开白色的乳汁,因为它和绿色的山草一样,是生命的象征。"② 酸奶疙瘩、酥油、奶酪等是草原上的美食,常常被用作招待客人或馈赠亲朋好友,叶尔克西·胡尔曼别克的《脐母》中,脐母③来看"我"时的礼物是半袋子奶酪,当"我"去她家做客时,脐母以奶牛的初乳来招待"我",这些都是哈萨克民族对尊贵的客人的最高礼遇。《夏牧场》中,"我"去牧人的毡房中,女主人首先端上来的是一大碗酸奶,在这些作品中,奶制品作为哈萨克族的一种饮食文化符号,不独具有其本身的主题,它还是游牧文化语境中的叙事主题。当然,哈萨克民族奶制品的丰富性有其存在的必然原因,"当牲畜产乳季节时,产乳较多,一天消费不完,需要妥善处理。所以畜乳除了现吃之外,还得被储存,这就客观上要求人们必须想方设法把新鲜液态奶制成其他形态的相对不易变质、耐贮藏的食品,于是干奶酪、奶皮

① 董立勃:《乱草》,花城出版社 2005 年版,第 229 页。
② 叶尔克西·胡尔曼别克:《额尔齐斯河小调》,载王玉、刘霞、沈维琼主编《新疆当代文学作品选讲》,新疆大学出版社 2015 年版,第 221 页。
③ 叶尔克西·胡尔曼别克在《脐母》中解释:"脐母就是一类女人,一类获得了认别人的孩子为自己的孩子的资格的女人。"

子、酥油、奶酒等应运而生。这些乳制品可以补充人们在牲畜无奶或少奶时节对畜乳的需求"。① 哈萨克族人的这种饮食习惯主要与新疆区域生态有关，与他们长期从事畜牧业有关，这种饮食文化已经成为族群认同的标志。

二　彰显民族特性的服饰文化

"衣食住行"中服饰是人类生活的首位要素，它以身体的外在性释放出特有的形象建构效能。从中国古代的《诗经》开始，文学中就有了关于人物服饰的描写。扬之水在《诗经名物新证》中提到："服饰是诗中特别活跃的词汇之一……诗写人，写人的威仪德行，或美或风，或规或刺，几乎都从人的衣着、佩饰写来。"② 扬之水指出古代文学作品中对服饰的描写不仅包含了礼乐和人文制度，而且交织着历史风云。这样看来，"文学作品中的衣饰描写具有特定的功能。衣服的基本功能是御寒和遮羞，前者还属于生理与自然的层面，后者已经进入了社会与文化的层面，进一步的功能就变成了威仪、德行、财富、美貌的'能指'，变成了文化的表征。……文化就是'意义'的产生和再生产。所谓生产，也包括了流通、消费等等环节。语言当然是其中最重要的媒介，但是除了'语言'，还有很多重要的符号系统，其中就包括了衣饰"。③ 新疆服饰文化与生存环境、生活方式、宗教信仰有着密切关系，它是民族文化的象征物。新疆当代文学中的服饰文化包含着极其广泛的文化内容，作家对服饰的描写常常聚焦于少数民族的衣饰，而且这方面的描写大多来自汉族作家的眼光，他们通过新疆民族服饰探寻着新疆文化地理所表征的生活形式，同时也传达出汉族作家对少数民族服饰文化

① 贺菊莲：《天山家宴——西域饮食文化纵横谈》，兰州大学出版社 2011 年版，第 125 页。
② 扬之水：《诗经名物新证》，天津教育出版社 2007 年版，第 420 页。
③ 黄子平：《远去的文学时代》，复旦大学出版社 2012 年版，第 200 页。

极为欣赏的审美情趣。

异彩纷呈的民族文化诞生了形式各异的民族服饰,千姿百态的民族服饰同样积淀了民族的审美情趣和文化心态,服饰体现了民族认同感和共同的民族心理,它是一种显性文化标识,也是区别不同民族的重要物质载体,构成了民族文化中的重要一环。新疆维吾尔族主要居住在天山以南的沙漠绿洲中,他们的服饰文化体现出的是绿洲文化的特征。新疆当代文学中对维吾尔族的服饰,并没有太多从正面进行描述的代表性文本,只有少数文本从侧面来反映其服饰文化。花帽是维吾尔族人特有的服饰之一,也是维吾尔民族文化的符号,狄力木拉提·泰来提的诗歌《花帽》中这样写:"奶奶用额头的皱纹/把童年的记忆/满目沧桑、白云绿水/和爷爷从驿站带回的传说/绣成一顶小花帽//她不懂历史,但会播种/干瘪却很灵巧的手下是松软的土地/星期五的巴扎总会热闹起来/爷爷兴高采烈/说上面的纹路是喀什的古街道/昆仑山上的野花、和田玉/龟兹壁画和古乐/戴上它/你就有血有肉了。"① 这首诗歌中的花帽寄寓着浓郁的民族心理,作者用"巴扎""喀什的古街道""和田玉""龟兹壁画和古乐"等讲述出花帽背后的民族文化历史,花帽承载着一个民族的身影,它浓缩着维吾尔民族的服饰文化特征。褚远亮在散文《土厚能令百宝生》中详细介绍了花帽的制作与形状:"维吾尔族的帽子种类异常丰富。喀什艾提尕尔广场附近的小巷里有许多帽子作坊和专营店",维吾尔族男女老幼都有戴帽子的习惯,这与其信仰的伊斯兰教礼节有关,花帽的制作精致而富有民族风味,更能体现他们的民族特色:"制作花帽时,先绣制四片近似于三角形的花瓣,然后以帽顶为中心拼连缝合,套模成型,最后镶上边。花帽可以折叠,便于携带。花帽上的图案丰富多彩,大都取材于大自然,经过提炼、概括、夸张、变形而成。这些图案有:桃花、杏花、石榴花、巴旦木、葡萄、麦穗、星月

---

① 狄力木拉提·泰来提:《一路向南》,作家出版社 2017 年版,第 106 页。

和雪花等。男帽的风格古朴、肃穆、大方、素雅。女帽则色彩斑斓，艳丽夺目。"① 新疆南北地域的花帽又有差别，如吐鲁番地区的花帽红花绿叶相配，而"库车一带的妇女给自己缝制的帽子串珠、镶银，做出的花饰犹如浮雕。最有趣味的是一种微型花帽，流行于于阗、民丰、策勒和且末一带。微型花帽的直径才十厘米左右，形状像一个倒扣的茶碗。这种帽子专供中老年妇女用针别在披巾上，戴在头顶就像插着一朵花儿，富有浓郁的装饰性"。②

艾德莱斯绸缝制的裙子是维吾尔民族妇女最具有代表性的服饰，早在唐代之前，中原的养蚕造丝技术就传到了和田，唐玄奘在《大唐西域记》中就有相关记载，1883 年，清政府在疏勒建立了蚕桑局，从东南沿海运来几十万株桑树苗，从江浙地区招募来四十多位养蚕工及缫丝工来新疆传授技艺。作家褚远亮的散文中以参观者的角度介绍："艾德莱斯绸采用的是古老的扎经染色工艺。经者，经纬之经也。先得按图案在经线上扎结染色。染色过程中因染液的渗润，形成了中国画具有泼墨效果的色晕。然后再由织工织进纬线。织机是木头做的，纺织时织工得不停地用双脚踏下面的六块木板，双手还得不停地来回抛梭。艾德莱斯绸就这样一点一点地从织机中流淌出来。"③ 维吾尔族人织出的艾德莱斯绸色彩浪漫，富有诗意，多以浓艳的红黄色调为主，穿插以蓝、紫、翠绿及金线等，可谓金碧辉煌，沈苇称："艾德莱斯绸：一种荒凉中的绚烂。世界总是这样，最强劲的想象，最炽热的情感、最艳丽的色彩，往往藏在世上最荒凉的地方。"④ 20 世纪 50 年代在西进热潮中来到新疆的作家储安平曾以浪漫的笔调抒写了节日盛装中的维吾尔族女性："很

---

① 褚远亮：《土厚能令百宝生》，载周涛、赵光鸣编《漫步艺海拾贝》，新疆人民出版社 2006 年版，第 62 页。

② 同上。

③ 同上。

④ 沈苇：《新疆词典》，上海文艺出版社 2014 年版，第 29 页。

多颜色和花色，在内地一般妇女穿不出、不敢穿的，这儿却是百花齐放，光耀炫目。那像石榴花的火红色，那像金子一样闪着光芒的金黄色，那像粟花一样的洋红色，那像铜锈生绿那样的浓绿色，而且配上一身是胆的大花式，带着咄咄逼人的气势，使你竟不得不停下步子来向她们夺目而视。另外，则是一些极其文静的色调……这一切，在你身边过去，又好像一阵清风似的使你感到一种凉爽的感觉。这儿的女子，她们常常兼具东方与西方之美；既丰满而又窈窕，既活波而又柔和……"[①]这段描写生动、形象、传神地描绘了维吾尔族女性的穿着喜好，其中包孕着民族独特的审美意蕴。少数民族对服饰色彩的感受和选择与汉族有着本质的区别，其色彩观与文化地理背景紧密相关。维吾尔人对绿色非常崇敬和喜爱，兼爱蓝与红。这是因为在新疆大地的茫茫大漠中，举目望去全是灰色与黄色，只有绿洲孕育生机，绿色代表了树木草地，生命的存在，所以在沙漠和干旱地区生活的绿洲人崇尚绿色，喜爱绿色。维吾尔族喜爱蓝色有其宗教背景，伊斯兰教中蓝色代表着上天，红色则反映出维吾尔族人民热情奔放的民族性格。色彩对眼睛的刺激和愉悦是明显的，同时大概也是永恒的，服饰中的色彩观不仅与当地的自然地理和社会人文环境有关，还与维吾尔族的发展历史、民族文化尤其是宗教信仰有关，它表达了绿洲文化背景下的维吾尔族关于色彩的文化心理，艾德莱斯绸上的绿、红、蓝、黄主色调映照出的正是这种民族文化心理。

对维吾尔族服饰的描写也是王蒙小说的一大特色，他在小说中对维吾尔族女性服饰的描写显现了他非凡细腻的观察能力。在《淡灰色的眼珠》中，老王去马尔克家时，女主人阿丽娅头上系着乳黄色的头巾，另一位女邻居爱莉曼在褐色黄花连衣裙上罩着一件开领西式上衣。《这边风景》中写在地里劳动中的维吾尔族妇女，年纪大的戴着白色的大

[①] 储安平：《欢乐的库尔班节》，载张新颖编《储安平文集》（下），东方出版中心1998年版，第66页。

纱巾，年纪轻的戴着花绸头巾，"粉红色的丝织连衣裙外面套穿着一件黑绒镂花的坎肩"，维吾尔族女性喜爱穿裙子，系头巾，头巾不仅是重要的装饰品，而且可以抵御风沙烈日，维吾尔族姑娘戴的头巾飘逸活泼，老大娘戴的头巾厚重结实。新疆维吾尔男性服饰中"袷袢"是典型性的民族服饰，以老年男性穿着较多，王蒙描写到："我看见一个蓄着长须、戴着小白帽、穿着无扣的长袷袢的高大的维吾尔人骑着驴迎面而来。"① 骑驴穿袷袢，这是以往在新疆南疆农村中较为常见的一幕。从这些对服饰的描写中可以看出，维吾尔族服饰的文化内涵中具有浓厚的绿洲文化特征，它是新疆自然地理环境、民族文化心理长期孕育的结果。

哈萨克人的服饰富有典型的草原游牧文化的气息："一是其服饰多取自牲畜或禽兽的皮毛，二是较宽较长，便于骑乘。"② 李娟在与哈萨克族牧民长期的相处中，得出哈萨克人"无论是饮食，还是穿着，都有着浓重的习俗和经验在里面，那不是一天两天，十年几十年的时间就可以建立起来的"。③ 李娟在《阿勒泰的角落》中真实地记录了当地哈萨克牧民的服饰，喀吾图的老裁缝说就在几十年前，当地哈萨克族"还穿前辈手缝的生皮子衣裤"，"当地牧民们穿的裤子，都是那种生皮子卷成的两个筒连在一起缝成的"，《新疆礼俗志·哈萨克》中也记录了 20 世纪 50 年代前后的男子服饰与清代基本相同，冬天多穿皮衣，皮裤，多以老羊皮缝制。④ 而董立勃的小说《乱草》中则认为："太阳那

---

① 王蒙：《淡灰色的眼珠》，人民文学出版社 2014 年版，第 56 页。
② 何星亮撰：《维吾尔、柯尔克孜、哈萨克、乌孜别克、塔吉克、塔塔尔、俄罗斯、裕固、撒拉族文化志》，载《中华文化通志》编委会编《中华文化通志》第 3 典，上海人民出版社 1998 年版，第 311 页。
③ 李娟：《阿勒泰的角落》，万卷出版公司 2010 年版，第 25 页。
④ 何星亮撰：《维吾尔、柯尔克孜、哈萨克、乌孜别克、塔吉克、塔塔尔、俄罗斯、裕固、撒拉族文化志》，载《中华文化通志》编委会编《中华文化通志》第 3 典，上海人民出版社 1998 年版，第 312 页。

么毒,他们却穿着皮衣,戴着皮帽子,他们说这样的穿着,阳光晒不透。"① 李娟在裁缝店里为当地牧民做衣服时观察得很仔细:"农民和牧民对衣服的要求差别很大。牧民由于天天骑马,裤腿一定要做得长长的,一直拖到地上,裆深胯肥。这样骑马的时候,双腿跨开,裤子就会缩一截子,而变得长短刚合适,不会有风往脚脖子里灌。同理,由于天天伸着胳膊持缰绳,衣袖也要长过手掌心的。"② 哈萨克人的服饰是记录民族迁徙历史的文化表象,也是构成其民族自我认同意识的要素。在《乡村舞会》上,新娘子"穿着一身雪白的塔裙,重重叠叠的裙裾膨松地垂着。外面套着枣红色的半袖小坎肩,手上捏着小手绢。长长的白色婚纱上插着几簇鹰羽毛,婚纱从绣着珠花的尖顶小帽上拖下来,几乎要垂着地面"。③ 从这段描写中,可以看到哈萨克无论男女都喜欢穿坎肩、戴帽子,在衣服的领角、衣边上绣花,而女性的帽顶上会插一撮猫头鹰的羽毛,这是因为哈萨克人视猫头鹰为吉祥之鸟,常用它来比喻哈萨克人的勇敢与聪慧,一个好的哈萨克族猎人往往被称赞为"有一双猫头鹰的眼睛"。由于"对猫头鹰的特殊喜好以及为了表达对少女成长的祝福,猫头鹰的羽毛成为少女头上的装饰品"。④ 李娟深谙哈萨克牧民的服饰文化,所以她"试着用一种'人'字形绣花,用彩色毛线在马夹的门襟、两侧开衩和兜口处绣上了一些一点也看不出痕迹的——好像是天然织上去一般——当地民族图案。大都是分着岔的羊角图案、小朵的玫瑰、大朵的牡丹、蔓藤状的植物形象和细碎的叶片。每一朵花都配了好几种颜色,每一片花瓣也以两三种、三四种呈过渡关系的颜色细细勾勒,尽量使之斑斓而不花哨,最后又用钩针在马夹的领口、袖口、下摆处织出了宽宽的漂亮花边,熨得平平展展。这样一来,二十多件积压的

---

① 董立勃:《乱草》,花城出版社 2005 年版,第 229 页。
② 李娟:《阿勒泰的角落》,万卷出版公司 2010 年版,第 26 页。
③ 李娟:《我的阿勒泰》,云南出版集团公司、云南人民出版社 2010 年版,第 105 页。
④ 钟茂兰、范朴编著:《中国少数民族服饰》,中国纺织出版社 2006 年版,第 71 页。

马夹迅速卖出去了，而且价钱翻了四五倍"。① 李娟对哈萨克民族服饰的观察是细致入微的，展现出汉族作家审美视角下的少数民族服饰文化。

综上所述，新疆饮食与服饰文化与新疆各民族的自然环境、人文背景以及所从事的生产活动是分不开的，从新疆作家对饮食与服饰的书写中可以感知到新疆各民族的悠久历史和文化特征，反映出少数民族地区的作家们的审美心理，这种书写是各民族长期融合的集体无意识的体现，它是最直接、最具象地呈现新疆少数民族诸多生活信息的方式，这也是进入新疆文化地理研究的新视角。

第三节　建筑与音乐

一个区域的建筑景观、音乐文化在一定程度上是该区域文化属性和特征的反映，它往往成为地区的某种文化标签和文化名片。这是因为建筑景观与音乐文化中有着特定地域文化、特定历史阶段的影响，它们注入了地区文化景观与文化特征的变迁，在新疆当代文学作品中，无论是地标性的建筑，还是毡房、地窝子等特定环境下的建筑物，都有着地区特有的文化地理因素。作为歌舞之乡的新疆，音乐文化的丰富性在新疆当代文学中也有着或浓或淡的反映，无论是建筑景观还是音乐文化，新疆当代文学的书写都体现出强烈的地方色彩，这是任何区域文学都无法复制的。

一　传统与历史交错的建筑景观

建筑是地表直接可见的文化现象，是人类文化的产物，是不同文化体系的展示。作为独特的大地文化，建筑景观的文化意蕴隽永而深邃，

① 李娟：《我的阿勒泰》，云南出版集团公司、云南人民出版社 2010 年版，第 124 页。

它是一种带有实用性功能的物质与精神文化现象,"每一处建筑都是在自然环境中经过艺术化的局部个体,都与周围环境取得了有机的联系,都是特定地点的外在显现。每一处建筑又都处于不同的人文背景之中。由于不同的民族、不同的文化心理结构而形成的特定审美心理的审美观念,影响着建筑的外化特征"。[①] 建筑最能够反映一个民族的心理,在衣、食、住、行四个方面,往往最能看出差别。新疆建筑景观是与新疆大地紧密地结合在一起的物质存在形式,其文化的因素就隐含在这种物质存在的空间形式之中,这种文化意蕴,一般是通过建筑形象的象征得以实现与表达的,所以,考察新疆当代文学中建筑景观描写的文化表征的意义是不言而喻的。

陈漠在散文《亚洲中心的脉搏》中对乌鲁木齐的建筑景观作了介绍。新疆首府——乌鲁木齐的建筑艺术极其独特,古建筑风格多样,现存的一些亭台楼阁、四合院、佛寺、清真寺等都是极具古典风格的精美建筑,这些古建筑皆以砖木结构为主,充分体现了土木文化的精深内涵和特殊风韵。打开首府乌鲁木齐的平面图,红山塔位于乌鲁木齐市的中轴线上,"在城市的平面图上,中轴线是一条抽象的线,但在实际生活中,中轴线是一道极具影响力的城市社会空间"。[②] 红山塔是新疆的地标性建筑景观,也是乌鲁木齐的象征,"这是一座9层实心砖宝塔。塔基高1米,塔身呈平面六角形,塔顶有重叠宝葫芦形陶瓷塔尖,这座十多米高的塔耸立于海拔910米的虎头峰上"。红山塔有着悠久的历史,它"直着身子在红山顶上站了整整220年。二百多年的时光,塔看见了多少生命的细节和世事风云啊!"作者对这座红山塔怀着敬畏、崇敬之情,红山塔将乌鲁木齐的过去与现在联结在一起,"正是这个被风沙磨

---

① 王恩涌、胡兆量、周尚意等编:《中国文化地理》,科学出版社2008年版,第240页。
② 唐晓峰:《阅读与感知——人文地理笔记》,生活·读书·新知三联书店2013年版,第228页。

打得有些圆润和苍老的塔身上，让我们一眼看见时间。看见了时间的脸和沧桑的岁月，同时又看见了时间的重量及质量"。作者陈漠认为红山塔作为乌鲁木齐的标志性建筑，它守护着这片土地上生活的人们。"一般地说来，在一个建筑组群中，总有一个中心存在，这一中心有如一个巨大的磁石，一般附属性的建筑空间，都被吸附在这一中心的周围。这种具有中心吸附性的建筑空间组成方式，几乎是普遍存在的。"[1] 红山塔作为乌鲁木齐的中轴线建筑群上的中心，它具有一定程度的吸附力，将周围的建筑牢牢地吸引住，使乌鲁木齐这座城市成为一个有序的整体。红山塔具有的这种强大的吸附力与"在高处"是相联系的，是一种"力"的象征，这种力是一种向上的力，"给每一位乌鲁木齐人带来无尽的希望和祝福！这既是时间之美，也是时间的力量。只有在这种力量之中，我们每个人才能走得稳当又健康"。[2] 对于以红山塔所形成的乌鲁木齐轴线的地理空间，从建筑学的文化阐释来看，"在建筑的空间组合中，轴线可以由一条街道，一系列的门殿厅堂，一座或数座牌楼或凯旋门所组成。轴线一经形成，一个制约力场条件的骨骼也就形成了。其余的附属性建筑，将被附着性地分布在轴线之上或轴线的两侧。然而，这一轴线骨骼的形成，则取决于某种历史的，文化的，宗教的，民俗的，习惯的以及地理的，气候的等因素的影响"。[3] 红山塔这个建筑景观因其中心轴线的地理意义具有了重要的象征内涵，它与首府乌鲁木齐的历史、社会、文化等诸多因素有密切联系。作为城市文化景观的中轴线，它无声而有力地把持着一种健康向上的存在状态与方向，它让城

---

[1] 王贵祥：《东西方的建筑空间：传统中国与中世纪西方建筑的文化阐释》，百花文艺出版社 2006 年版，第 340 页。

[2] 陈漠：《亚洲中心的脉搏》，载新疆作家协会编《2010 新疆散文佳作》，新疆电子音像出版社 2010 年版，第 192—193 页。

[3] 王贵祥：《东西方的建筑空间：传统中国与中世纪西方建筑的文化阐释》，百花文艺出版社 2006 年版，第 342 页。

市中的人们知道什么才是魅力和美，历史与审美的最终指向是乌鲁木齐这座城市的文化精神。

　　游牧生活的迁徙决定了哈萨克民族"家用物品必须是携带的，没有什么能比草原到处使用的毡房更令人印象深刻的"。① 毡房是便于拆卸和携带的房子，哈萨克族毡房历史悠久，《西域见闻录》卷三记载清初哈萨克人"无城郭屋宇，……毡帐为家"。《新疆礼俗志·哈萨克》记载清末哈萨克人"四时结穹庐"②。哈萨克族女作家叶尔克西·胡尔曼别克对于本民族的毡房的情感是深刻的，她在散文《老毡房》中指出，毡房的大小对于哈萨克民族是一种身份的象征，毡房的天窗有许多民间传说，"哈萨克人不说'继承香火'，而说'继承天窗烟火'；不说'祝你发财'，而说'祝你的天窗好运常在'。"③ 当家中要支一顶新毡房时，父亲和母亲把染得五颜六色的羊毛做成毡房中各种的拉带绳索，大家纷纷来帮忙，白色的毡子与红色的窗梁及各种精美的拉带形成了赏心悦目的画面，毡房中"床上，被垛子，箱子上，到处都是刺绣，鲜花盛开，充满了生活的色彩"。④ 毡房是哈萨克民族文化的外在体现，它的每一处细小的装饰中都寄寓着哈萨克民族的审美心理。叶尔克西对本民族的生活方式是复杂而感喟的，"我们的祖先为什么给他们的后人选择了这样的一种充满了艰辛的生存方式"，"如此下去，谁能说将来的某的一天，毡房就一定不会变成历史博物馆里一个永久的纪念呢?"⑤ 毡房作为哈萨克人岁月的承载体，它与民族的历史相联结，延续到今天

---

　　① ［美］巴菲尔德：《危险的边疆——游牧帝国与中国》，袁剑译，江苏人民出版社2011年版，第28页。

　　② 何星亮撰：《维吾尔、柯尔克孜、哈萨克、乌孜别克、塔吉克、塔塔尔、俄罗斯、裕固、撒拉族文化志》，载《中华文化通志》编委会编《中华文化通志》第3典，上海人民出版社1998年版，第307页。

　　③ 叶尔克西·胡尔曼别克：《永生羊》，新疆人民出版社2003年版，第159页。

　　④ 同上书，第160页。

　　⑤ 同上书，第160—161页。

它已渐渐成为民族文化的符号，自然而然地联系着民族的过去与现在。叶尔克西对于本民族的建筑景观毡房的描写中，一方面展现了她对民族身份的认同，表现出对本民族历史文化的追溯与沉思，另一方面，她立足于现代意识与民族形式相融合的现状中，表现出对族群的忧患意识。在另一篇小说《天亮又天黑》中，叶尔克西·胡尔曼别克更是彻底地表达了她对本族群清醒的思考，小说中哈萨克族人叶森的长子要另立门户时，他用一年多的时间给儿子搭建起一顶毡房，"毡房共十个格墙，直径约十米，有高高的天顶，结实的木头框架，又白又厚实的毡壁，还有那些手绣，要多气派有多气派！"① 长子自立门户是哈萨克族家中的大事，叶森摆了一个大宴，祭了马，宰了羊，请人赐福，毡房是特别请了工匠花了近两万元做的，所以对哈萨克人来说，毡房的"建造是一件严肃的事情，需要举行仪式。"② 但在新的时代背下，毡房已不再是哈萨克族人居住的最佳选择，叶森和长子都住进了定居房，儿子立门户时的毡房被外地来的女老板玛尔吉亚租去开农家乐，叶森的长子及儿媳妇在失落的同时也开始反思如何适应时代的变化。叶尔克西提供了两种角度审视哈萨克民族传统的建筑景观——毡房：一个角度是看它的构造与民族习俗；另一种角度是在现代文明发展的今天，哈萨克民族的民族习俗何去何从？任何一个民族的建筑文化都是其在特定的地理环境、信仰、物质生产形式和历史经历的基础上形成、并不断发展和变化的，就像世界上任何东西都不可能一成不变一样，任何民族的文化中都存在着消极或与社会发展不相适应的因素，叶尔克西认为哈萨克族也不例外。在民族与区域间文化信息的不断交流中，充满着各种文化不断碰撞与冲突时，叶尔克西积极面对这种变化，反思存在于本民族文化和民族性格

---

① 叶尔克西·胡尔曼别克：《天亮天又黑》，载刘霞、沈维琼《新疆当代文学作品选讲》，新疆大学出版社 2015 年版，第 251 页。

② ［美］段义孚：《空间与地方——经验的视角》，王志标译，中国人民大学出版社 2017 年版，第 85 页。

中的消极因素,她实际上提出了一个严峻的问题:哈萨克族牧民应当如何去适应不断发展的现代社会。

地处南疆的喀什老城的建筑景观是典型性的绿洲文化下的产物,《西域闻见录》中介绍:"喀什噶尔回城与镇城相连,极繁盛,习技巧,攻玉缕金,色色精巧,风尚奢华。"① 作家王族介绍历史悠久的喀什地区的建筑景观:"房屋多为传统建筑,伊斯兰建筑风格居多。城中小巷纵横交错,如果你不懂得识别铺在小巷中的六棱砖和长条砖的话,走不了多远,你就会进入死胡同。"② 喀什地面的砖的形状有着指明方向的作用,走在六棱砖的巷子,就是一条通往大路的"活路",走在铺长条砖的小巷里,那就是死路一条,再无路可通向大道了,这是喀什建筑中一个看似平淡实则智慧的创造。另一位作家刘学杰在《喀什的小巷》中专门介绍了喀什奇特的民居,"街巷蜿蜒而伸,盘虬通幽,密如蛛网,进入其间,难辨方向,即使本地人也常有迷路之事"。在喀什的小巷中,维吾尔民居都是清一色的泥巴屋,但里面却极为讲究,墙壁常施石膏花或木雕花或挂毯,"这屋的两面墙上均挂一条长方形地毯,一条是喀什传统的蓝底红花的石榴毯,古朴中透着典雅。一条是几何图形为主的和田地毯,颜色十分华丽"。③ 喀什民居中,最独特最能感悟何谓人生存空间的是过街楼,这种过街楼在喀什小巷中非常普遍,"过街楼的地基是小巷两侧房屋的墙壁,用两堵不很壮实的土墙支撑一座面积十多平方米的空中房屋,真有点玄乎,在建筑技术理论中绝对属于荒诞不经。但上百年来,这摇摇欲坠的过街楼,从未见到哪一座垮塌。看来,这种靠不住的'楼'却靠得住。这种违反科学的建筑才华,悬而又土

① 《西域闻见录》卷1,转引自魏长洪《新疆行政地理沿革史》,管守新、高健整理,新疆大学出版社2011年版,第188页。

② 王族:《马背上的西域》,花城出版社2007年版,第156页。

③ 刘学杰:《喀什的小巷》,载刘长明、罗迎福主编《新疆美文精品选——行走在新疆大地》(上册),新疆美术摄影出版社、新疆电子音像出版社2008年版,第209页。

的楼，在我国难觅到第二家。你能不佩服喀什噶尔人的过人之处吗！"①
每一个地区的建筑文化都有其特殊的文化含义，喀什民居创造了一种有
形的物质文化，这样的建筑，清晰地印证了一个民族在长期发展中的个
人智慧和集体经验，它留给人们的不仅是一种视觉上的印象，更是维吾
尔族人构想建筑、追求生存的寄托。面对喀什老城的建筑景观，周涛写
下诗句"建筑起于生存的需要，最高的建筑却成了艺术/连接历史的纽
带，民族智慧的结晶"。② 同样在南疆，和田的建筑却与众不同，周涛
在散文《和田行吟》中介绍："它除了宗教的特点，似乎还更多地保留
着古代宫廷的痕迹。它不像喀什，喀什更有商业集市的特点，它的民宅
有明显的市民阶层的风味，这种风味是商人和小手工业作坊兴起的特
点。而和田的一些建筑风格，似乎还保留了古代小王国的高贵气象，甚
至一些民宅，也显得大气。"③ 无论是喀什民居还是和田民居，都体现
了维吾尔族人在建筑上十分注意保持本民族的审美风格，对于传统的建
筑艺术持有保留传承的思想观念。

新疆的建筑中，地窝子是一种特殊的存在，因为新疆"所有的垦
地都是从地窝子开始的。"④ 地窝子⑤是一种在沙漠化地区简陋的棚屋。
地窝子的搭建方式比较简单：在地面以下挖约一米深的坑，四周用土坯
垒起约半米的矮墙，顶上放几根椽子，再搭上树枝编成的筏子，最后用

---

① 刘学杰：《喀什的小巷》，载刘长明、罗迎福主编《新疆美文精品选——行走在新疆大地》
（上册），新疆美术摄影出版社、新疆电子音像出版社 2008 年版，第 211 页。

② 周涛：《艾提尕尔礼拜寺》，载刘霞、沈维琼《新疆当代文学作品选讲（作品精选）》，新
疆大学出版社 2015 年版，第 35 页。

③ 周涛：《周涛散文》，浙江文艺出版社 2010 年版，第 60 页。

④ 红柯：《乌尔禾》，上海文艺出版社 2013 年版，第 1 页。

⑤ 1954 年，新疆生产建设兵团成立，他们承担着国家赋予的屯垦戍边的职责，本着不与民
争利的原则，新疆生产建设兵团的职工住的几乎是清一色的地窝子。2010 年 12 月，新疆生产建设
兵团第十三师红星二场发现大片地窝子遗址，整个遗址占地 50 多亩，共有 300 多个残留的地窝
子，地窝子周围压埋的草席清晰可见，这片排列整齐、大小相等、整齐划一的地窝子遗址，是目
前兵团范围和新疆范围内发现的保存最完整、规模最大的地窝子遗址。

草叶、泥巴盖顶。地窝子是新疆兵团开垦者最早的家，兵团作家吴连增在散文《甜甜的土地》中描写的地窝子:"水利工地上那一间间排列得非常整齐的小土屋，大家都叫它'地窝子'。它半截在地面之上，半截在地面以下，屋顶则是涂满泥巴的芦苇。第一次住进去的时候，我曾觉得那么可笑，也曾不止一次地皱过眉头。可我哪里知道，一张张水利工程设计图纸正是从这儿诞生的，一份份施工计划是在这儿孕育的。那些曾经把青春献给人民解放事业的老同志，如今又在这样的小土屋里为人民酿造着甜蜜的事业。每天从工地上回来，他们就在这阴暗的小土屋里工作、学习，愉快地生活。"[1] 地窝子这种建筑在新疆建设兵团也衍生出了"地窝子"精神，是建设新疆的兵团垦荒者们自力更生、艰苦奋斗、不屈不挠的象征。地窝子也是许多早期新疆移民的居住形式。刘亮程的父母从甘肃流民到新疆时也住过地窝子，他的散文《老皇渠村的地窝子》专门描写了这种比较独特的住宅形式:"在老皇渠村的那几年，我们似乎生活在地底下。半夜很静时，地上的脚步声停息，能听见土里有一些东西在动。辨不清是树根在动，还是虫子在动。"[2] 地窝子是新疆自然地理条件的建筑景观，算不上真正意义的房屋，只是人类的挡风避雨之处，刘亮程对地窝子的体会颇深:"经常有树根顶破墙壁伸进地窝子。春天墙上一层白茅根。"下雨时，"雨水从门口灌进窝子"，冬天下雪时则"门都会堵死，只有从天窗出去"。"我们家是这块地下最大的虫子，我们的说话声、哭喊声、锅碗水桶的碰敲声，或许使许多挖向这里的洞穴改变了方向，也使一些总爱与人共居的小生命闻声找到了这里。"[3] 地窝子对刘亮程是亲切的，它的深刻性和重要性成为他散文书写的对象，以至于当二十多年以后，他仍去寻找地窝子的遗址，

① 吴连增:《甜甜的土地》，载夏冠洲主编《新疆文学作品大系（1949—2009）》（散文卷），新疆美术摄影出版社、新疆电子音像出版社2009年版，第531页。
② 刘亮程:《一个人的村庄》，春风文艺出版社2006年版，第156页。
③ 同上书，第155—157页。

"我们打听那几棵大榆树。找到大榆树就会找到我们的地窝子遗址。早没有了。一个村民对我们说。都没有几十年了"。① 地窝子虽然是一种简单的建筑物，但它仍然是一个可以提供住所、提供关怀的地方，是居住者记忆的储藏室。对于作家个体而言，地窝子就是他的房屋，对于新疆集体记忆而言，地窝子则显示着人类生存能力的强大。对于地窝子的记忆，李娟在《遥远的向日葵地》、红柯在《乌尔禾》中都有过专门的描写。作为开垦者创造的一种建筑文化现象，地窝子是基于新疆历史社会发展情境与当地自然地理环境而衍生的特殊建筑景观，它表达出新疆文化地理环境中某一时期人类生活特有的模式，它是新疆大地个人生活和社会生活的变迁记忆，见证了新疆历史的变革，也凝聚着新疆建筑景观的往昔岁月。

二　沉郁与激扬杂糅的音乐艺术

音乐符号作为最活跃、最质感的文化符号之一，是研究新疆文化地理不可或缺的重要元素，是新疆各民族以音符写就的心灵史书。在新疆，丰富多彩的音乐不仅作为音乐文化宝库中的珍贵遗产，它还是各民族表述情感、传达民族精神最直接、最充分的形式。新疆音乐文化是各民族所处的地理环境和长期的历史积淀，它有着民族的生命力与传承性，史籍《西域闻见录》《回疆通志》《西疆杂述诗》等均有对新疆维吾尔族舞乐的记载。由于历史、地理和生产方式等的不同，新疆各地区的维吾尔族音乐艺术在风格上有着各种差异，从而也促成了民间音乐文化的多样性与丰富性，新疆音乐文化"在历史上都通过丝绸之路吸收过其他民族音乐文化的营养，目前也都不同程度地保存了古代音乐的因素"。② 新疆当代作家对于音乐一直表现出浓厚的兴趣，在近70年的新

---

① 刘亮程：《一个人的村庄》，春风文艺出版社2006年版，第158页。
② 杜亚雄、周吉：《丝绸之路的音乐文化》，苏州大学出版社2015年版，内容简介页。

疆当代文学史中，书写新疆音乐文化的传统作品源源不断。对丰富多彩的音乐文化的呈现，反映出新疆各民族音乐文化的延承与超越。

新疆被称为歌舞之乡，随处可听到、可见到音乐的种子，这也形成了新疆当代文学对于音乐文化描写的丰富性，让我们看到了其拥有的音乐文化的独特风韵。在新疆浩如烟海的音乐文化中，木卡姆是新疆音乐文化中最为宏阔、最有影响力的音乐艺术。"木卡姆"为阿拉伯语，意为规范、聚会，在维吾尔语中意为"古典音乐"，它运用音乐、文学、舞蹈、戏剧等各种艺术形式来表现维吾尔族的历史和社会生活，2005年，"十二木卡姆"被列入世界非物质文化遗产名录。维吾尔族诗人铁依甫江·艾里耶夫用文学的书写来传达木卡姆音乐对于维吾尔族的重要性，其在 20 世纪 50 年代创作的诗歌《柔巴依三首》中的第三首："维吾尔人的孩子聆听着木卡姆诞生/木卡姆就像一部摇篮曲那样动听/没有木卡姆的麦西莱甫算不上麦西莱甫/假如没有木卡姆婚礼无法进行/只要聆听到木卡姆的声音/年长的老人也会变得年轻"。[1] 木卡姆作为维吾尔族歌舞艺术的代表性种类，它的文化魅力在一个民族中已经被深化。每一种地方音乐都根植于地方的文化地理，新疆木卡姆"从世界范围内的现象来看，这种音乐文化就是出现在沙漠绿洲的人文环境中，伴随着古代经常的民族大迁徙，多有游牧与农耕的两种文化基因，是一种规模结构相对大型、演唱演奏比较即兴、民间色彩突出的音乐遗产"。[2] 木卡姆的音乐美学和歌词美学是对新疆绿洲地理环境的深刻理解，新疆著名音乐人周吉认为木卡姆的分布区也与绿洲分布区相一致[3]，它是在沙漠绿洲的锤炼和选择之下产生的，"自然的美学，自然的精神，是木卡

---

① 铁依甫江·艾里耶夫:《柔巴依三首》，载王玉、刘霞、沈维琼《新疆当代文学作品选讲》，新疆大学出版社 2015 年版，第 6 页。

② 韩子勇:《深处的人群——韩子勇文化评论》，新疆大学出版社 2015 年版，第 16 页。

③ 杜亚雄、周吉:《丝绸之路的音乐文化》，苏州大学出版社 2015 年版，第 141 页。

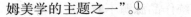

姆美学的主题之一"。①

　　音乐伴随着舞蹈的形式，是维吾尔族民间重要的娱乐形式，载歌载舞，苦乐人生，它给予无数物质贫乏、生活简陋的劳动者生活的乐趣与生机。维吾尔族作家祖尔东·沙比尔发表于1980年的小说《刀郎青年》就是以本民族歌舞——刀郎来表现一个民族对于音乐艺术的孜孜追求，作品通篇洋溢着新疆音乐文化明朗、欢快的氛围。"刀郎"缘于新疆南部——"莎车、麦盖提、巴楚、阿瓦提、库尔勒等塔克拉玛干沙漠西缘及北缘的带状地区，居住着一部分自称为'刀郎'的维吾尔族农牧民，他们的历史起源目前尚无定论。'刀郎'人在语言、习俗、音乐、舞蹈等方面有着独特的特点。"② 小说中的主人公帕拉塔洪是村子里最好的歌舞者，但他的儿子凯山却不喜欢唱歌跳舞，他喜欢的姑娘阿瑟黛因他不喜欢唱歌跳舞，所以不爱他。为了爱情，凯山主动去学习了刀郎麦西莱甫，最后他赢得了爱情，"麦提亚悦耳的歌声，卡农、艾捷克、刀郎热瓦甫的响声汇在一起，专为他敲起的手鼓有节奏的响声，不，这不是响声，而是鼓舞广场上的人们的一种动力，这种动力凯山至今从任何地方、任何一种乐器里都没有感受过"。③ 刀郎音乐的旋律中洋溢着欢乐、密甜、忧伤，使倾听者百味杂陈，陈柏中评价说这是一篇真正有艺术韵味的小说，也是一篇真正有特色的小说，小说将维吾尔族音乐艺术中具有典型意义的刀郎艺术作为民族的象征，使音乐艺术与民族的具体生活场景结合起来，通过人物细微的感情活动和独特心理气质，展现了音乐艺术中的民族特色，让我们看到了音乐艺术在维吾尔人生活中的重要性，这是一个民族传情达意、抒发自我的方式，更是民族特性的最大绽放。

---

① 韩子勇：《深处的人群——韩子勇文化评论》，新疆大学出版社2015年版，第16页。
② 杜亚雄、周吉：《丝绸之路的音乐文化》，苏州大学出版社2015年版，第112页。
③ 祖尔东·沙比尔：《刀郎青年》，载刘霞、沈维琼《新疆当代文学作品选讲（作品精选）》，新疆大学出版社2015年版，第35页。

在新疆，在没有任何先兆、暗示、提醒、计划、鼓励、怂恿的情境下，突然就盛开歌舞的天地，让人惊喜不止，歌声和舞蹈渗透到民族日常生活的肌理之中，无时无刻、无拘无束。陈漠的散文《麦西莱甫的时间》中描述了新疆跳麦西莱甫的场景："麦西莱甫是维吾尔族民间盛行的歌舞游艺联欢会。其不朽的魅力在于，这是一种任何人都可以参与其中并且给人带来欢乐的公共游乐活动。每个人都可以尽情展示个性魅力与精神活力的地方，也是那种可以把无尽的欢乐有效地传递给所有亲人朋友或陌生人的地方。"① 维吾尔族喜爱举行麦西莱甫，用它来庆祝节日。节日、婚礼，尤其是庆丰收，这是绿洲人表达喜悦与成功的隆重方式。

维吾尔民族对音乐的偏爱与新疆的地理因素有密切关系，这也是自然环境如何激发出人类生命力的一个生动例子。在被戈壁沙滩所环绕的绿洲是生命存在的基本地理环境，人一旦离开这生命的岛屿，就要饱尝烈日炙烤、风沙席卷、饥渴煎熬和脱离同类的孤寂之苦。唐代诗人岑参说："十日过沙碛，终朝风不休。马走碎石中，四蹄皆血流。"（《初过陇山途中呈宇文判官》）在"沙则流漫，聚散随风，人行无迹，进多迷路。天远茫茫，莫知所指"之时，只有委婉、深情的音乐才能成为慰藉心灵的神丹妙药。新疆的自然条件下，农业耕作比起水乡泽园要艰难得多，在艰苦的环境中，绿洲人必须以苦中作乐的精神和不屈不挠的斗志作为支柱，必须付出巨大的代价才能换得丰收和成功。由于丰收和成功来之不易，绿洲人对此会感到分外的欣喜，甚至沉醉到如痴如狂的程度，歌舞就成了这种喜悦之情的传播工具。音乐以高亢激昂、欢快热烈的特色表达出绿洲人对生命的热爱与珍惜，所以，悲亦歌、喜亦歌，音乐成了绿洲人祖辈相传的表达感情最重要的手段，周涛对此有着深刻的阐释："当那些表面上载歌载舞的人们吐露忧伤的时候，就会比那些整

① 陈漠：《色日克克尔钦的时间》，新疆美术摄影出版社2016年版，第272页。

日郁郁寡欢，努力作深沉状更真实，更能触动人的心灵深处。"①

王刚在小说《英格力士》中借主人公之口表达出：新疆"给我最多的音乐就是维吾尔的手鼓和热瓦甫。记得小的时候，有一首曲子在流行：我的热瓦甫。那是非常好听的音乐，我敢向你保证，那是世界上最美的音乐。它说尽了新疆的荒凉和博大"。② 热瓦甫③是维吾尔人的代表性乐器，维吾尔作家阿拉提·阿斯木多次在他的小说中表达了他对民族乐器热瓦甫的热爱，在他的小说中最打动人心的就是维吾尔老艺人们对热瓦甫的守护之心。阿拉题·阿斯木写于20世纪90年代的小说《遗产》描写了维尔族老艺人艾尼与热瓦甫一生相伴，年轻时"艾尼就会弹起他心爱的热瓦甫琴，于是汉子们就会唱起祖祖辈辈也没有唱完的民歌"，④老人一心要将心爱的热瓦甫传承给儿子，但儿子却认为热瓦甫的时代已经过去了，艾尼在临终时刻断断续续地告诉儿子："你——错——了……孩——子，热瓦甫琴…热瓦甫琴——的时代——没有过——去，你——说世界上没有——一成不变——的——东西——不是——这样——孩子，人本身——就是一成不变的——东西……当然——人有生——有死，但人的种子——是永恒的……人……"⑤ 热瓦甫作为维吾尔的传统乐器，已融入了他们的血液之中，老艺人艾尼将它看作生命的种子，这种音乐艺术已经贯穿了维吾尔人自生至死的整个生命历程之中。在《最后的男人》中，阿拉提·阿斯木仍然描写了一位弹热瓦甫的老人——艾孜穆热瓦甫，当主人公阿西木去找这位老人时，"老人正在那唯一的桃树

---

① 周涛：《周涛散文》（游牧卷），新疆人民出版社2009年版，第261—262页。

② 王刚：《英格力士》，载陈柏中主编《新疆文学作品大系（1949—2009）》（长篇小说下卷），新疆美术摄影出版社、新疆电子音像出版社2009年版，第431页。

③ 杜亚雄与新疆著名音乐家周吉合著的《丝绸之路的音乐文化》中介绍：热瓦甫是一种横抱拨弹乐器，新疆各维吾尔族聚居地都有流传但形制各异。

④ 阿拉提·阿斯木：《遗产》，载黄永中主编《西部六十年精品选·短篇小说卷》，新疆美术摄影出版社2015年版，第360页。

⑤ 同上书，第362—363页。

下弹他的热瓦甫,那旋律低沉忧伤,像一个在黄昏迷了路的人向这个人间发出他最后的呐喊"。① 诗言志,歌咏情,老人在热瓦甫的音乐中寄寓着自己深沉的情感,热瓦甫弥漫在维吾尔人的日常生活中,已成为民族生命中不可忽略的基本元素。

哈萨克谚语中称:歌和马是哈萨克人的两只翅膀,哈萨克人的一生都伴随着歌声度过。所以,哈萨克诗人写下"当你降生的时候,诗歌为你打开世界的门户,当你死亡的时候,诗歌又伴你走进坟墓"。② 无论爱恨情仇,还是喜怒哀乐,哈萨克人都习惯用歌声来表达,歌声伴随了从生至死的整个生命过程。哈萨克族女作家哈依夏·塔巴热克的小说"灵魂三部曲"(《魂在人间》《魂在草原》《魂在大地》)中生动地描绘了哈萨克民族的音乐艺术。《魂在人间》中当老牧人去世时,他的亲友们都唱着挽歌诉说失去亲人之痛;《魂在草原》中的哈萨克家庭几代人对哈萨克音乐文化的热爱,爷爷是方圆几百里有名的斯伯孜柯吹奏家,"别看这么简单的民间乐器,草原上的那些憨厚、纯朴的哈萨克人却对它的声音如醉如痴,甚至流出泪水,尤其是老爷儿们老娘儿们"。"父亲、弟弟与我都酷爱音乐,就连五岁的小侄子也能用小冬不拉弹着流传悠远的哈萨克民间乐曲《瘸腿野马》",作者在文中关于本民族音乐的描述增强了作品的民族性,反映出哈萨克民族在音乐艺术的情感中寄寓着对生活的美好向往,"不知是人类在无情的大自然面前显得软弱无力,还是人类本身就很复杂。总之,我发现,每一个人的心里都有忧伤的情愫。只有那无拘无束,有时充满温情,有时充满着揪人心肺的忧伤的音乐才能使心灵释然。每当这种时候,人才能体验到光明和自由的含

---

① 阿拉提·阿斯木:《最后的男人》,载阿拉提·阿斯木《蝴蝶时代》,文汇出版社 2012 年版,第 41 页。

② 此为哈萨克斯坦著名诗人阿拜依所写,转引自杜亚雄、周吉《丝绸之路的音乐文化》,苏州大学出版社 2015 年版,第 228 页。

义，才会觉得生活着是美丽的"。① 游牧的迁徙生活提供给哈萨克民族的认知正是对于生命的沧桑感，音乐，是对迁徙生活最好的表达，哈依夏所表达的深意也正在于此。《魂在大地》中，哈依夏对草原上世代生活的哈萨克人最亲密的伙伴——冬不拉②写下："哈萨克人就是冬不拉。哈萨克人因为有了冬不拉，才有了倔强、顽强、自强不息的生命，在冬不拉那单薄而又细长的双弦上栖息着他们全部的欢乐与幸福、哀怨与忧伤。"③ 冬不拉是哈萨克民族文化的符号，它不仅是人们生活上的认同，更是心灵上的认同。叶尔克西·胡尔曼别克指出："哈萨克族是一个典型的游牧民族，很多人身上有一种天生的寻根意识，冬不拉的演奏满足了他们思念的感情，不仅得到文化身份的认同，还得到一种情感的宣泄。在跨文化的角度上，冬不拉作为哈萨克族典型的乐器更是起到宣传和弘扬民族精神的作用。"④

阿肯弹唱是哈萨克族富有民族性和文化性的一种音乐样式，参加阿肯弹唱会是每个哈萨克人一生中重要的经历。李娟接连写下了《弹唱会上》和《期待已久的弹唱会》两篇散文来描述哈萨克人的阿肯弹唱会。"看这样一次弹唱会是很不容易的。路途遥远不说，比起县级或乡级的弹唱会，这种大型的地区级弹唱会七年才有一次呢！在各个县市轮着举办。（而最最盛大的弹唱会，就不只是一个县、一个地区的哈萨克人的事情了，远在外蒙、俄罗斯、哈萨克斯坦等邻近国家的哈萨克人也会赶来参加呢！）弹唱会，就是以阿肯（哈萨克民间歌手、诗人）弹唱表演为主的哈萨克民间聚会活动，一举办就好几天。除了弹唱以外，还有叼羊呀，

---

① 哈依夏·塔巴热克：《魂在草原》，《民族文学》1994 年第 9 期。
② 杜亚雄与新疆著名音乐家周吉合著的《丝绸之路的音乐文化》中介绍：冬不拉是哈萨克草原上最常见的乐器，几乎每一个哈萨克帐篷中都能见到，其结构简单，是一种横抱拨弹乐器，在弹奏中非常注重乐曲本身内容的表达。
③ 哈依夏·塔巴热克：《魂在大地》，《民族文学》1995 年第 2 期。
④ 叶尔克西、张春梅：《多元文化的对接——叶尔克西·胡尔曼别克访谈录》，载欧阳可惺、王敏、邹赞等《民族叙述——文化认同、记忆与建构》，暨南大学出版社 2013 年版，第 296 页。

赛马呀，姑娘追呀，以及驯鹰、摔跤什么的民族体育竞赛。活动地点一般选择在阿尔泰群山中人迹罕至、草深花浓的地方——也就是夏牧场里最美的地方。而且必须得地势开阔，适合布置弹唱的赛台和跑马。"① 在这段描写中，我们可以看到阿肯弹唱会是群众参与程度高，极受哈萨克人喜爱，也得到社会的广泛认同的艺术形式。哈萨克族作家艾克拜尔·米吉提认为"阿肯与哈萨克族人民之间形成一种亲密无间、血脉相连、充满互动的关系，是哈萨克族音乐文化的核心和纽带"。② 阿肯弹唱这种音乐形式之所以与哈萨克民族是血肉相连的，这是因为"哈萨克民间音乐的形态特点有一些与本民族的渊源和历史条件有关：由于哈萨克的先民中既有印欧人种的成分（如塞种），又有蒙古人种的成分，在漫长的岁月里又通过草原丝路和东西方的各地区和民族在政治、经济、文化领域相互影响，所以在他们的传统音乐中同时存在着与欧洲音乐及蒙古音乐乃至中国北方其他民族音乐相接近的成分。另有一些与本民族所处的生态环境与所从事的主要生产方式有关。从中也可以看出决定某一个民族传统音乐风格的两个最主要方面：'地缘'与'血缘'。比起此二者来，语言、宗教信仰等因素的力量要显得纤弱得多"。③ 哈萨克族的音乐文化是新疆文化地理环境下产生的，阿肯弹唱是哈萨克民族文化的凝聚和民间情感的历史传唱，它是古丝路沿线各地区、各民族的文化对接交流的结果。而这种"古老的弹唱会也在与时俱进地改变着内容和形式。虽然在这样的盛会上，牧人们所领略的快乐与这片大地上那些久远时间曾有过的快乐似乎没什么不同"。④ 作为民族活力的永恒

---

① 李娟：《我的阿勒泰》，云南出版集团公司、云南人民出版社 2010 年版，第 171 页。

② 张春梅、艾克拜尔·米吉提：《跨语际的成功实践——艾克拜尔·米吉提访谈录》，载欧阳可惺、王敏、邹赞等《民族叙述——文化认同、记忆与建构》，暨南大学出版社 2013 年版，第 287 页。

③ 杜亚雄、周吉：《丝绸之路的音乐文化》，苏州大学出版社 2015 年版，第 239 页。

④ 李娟：《我的阿勒泰》，云南出版集团公司、云南人民出版社 2010 年版，第 173 页。

象征，阿肯弹唱对于哈萨克人而言是关乎民族生命力的不朽艺术，它用粗犷的曲调和奔放的情感，凸显了一种生命的激情，散发着民族活力的充盈，尽管它的存在如李娟所言："这些总是深远地、寂静地进行，在不为人所知的深山里的集会，其中的欢乐与热闹，很难为人所体会。"①

从新疆当代文学作品对音乐的书写中，我们能够看到作家对于新疆文化地理的内在理解，正是这些闪烁着民间智慧和生活气息的音乐艺术，让作家们认识到新疆的博大和坚韧。当音乐艺术带着新疆原初气息出现在读者们眼前时，它们完全变成了一种顽强、乐观的生命力的表达，在音乐艺术的内核中，新疆是一个饱经沧桑但又散发着灼热生命力的地域，音乐的旋律与生命的律动融为一体，共同发出震撼人心的节奏。从某种意义上来说，音乐在新疆已超越了单纯艺术的范畴，它们回旋在新疆沙漠绿洲、戈壁草原的自然中，驻留在新疆各民族坚强与不屈的性格中，并成为他们情感中无法抹去的一部分，新疆当代文学对音乐艺术的书写也让更多的人看到了新疆音乐艺术中人们激扬的灵魂所在。

第四节　文化景观书写的深度探寻

文学地理学家唐晓峰认为："文化景观是人类获取知识的三大文本之一（另两个是文字文本与口述文本），其中符号、语法、含义等文本要素一应俱全。"② 文学是社会生活的反映，更是人类心灵历史的描述，文化景观是人类活动过程中不同时代的见证人，是民众心理中最深层、最稳定的部分，因此作家要想真实、客观、准确地反映人类精

---

① 李娟：《我的阿勒泰》，云南出版集团公司、云南人民出版社 2010 年版，第 172 页。
② 唐晓峰：《阅读与感知——人文地理笔记》，商务印书馆 2010 年版，第 272 页。

神世界，想要真正了解和熟悉新疆文化地理的面貌，从更深层次上去认识和把握民族特点，就离不开对文化景观的密切关注。新疆当代文学中文化景观的书写让我们感受到作家对地方的炽热之情，他们以自我的情景感受、纵深思考、贴切描述，带领读者徜徉在新疆景观文化的具体表象中。在作家的笔下，新疆的文化景观成为地方文化鲜活的读本。

通过对新疆当代文学中文化景观的书写分析，我们可以探究到这种书写的启示与意义，文化景观是新疆当代文学的文化地理标记，它从各个角度反映出新疆文化的内涵。新疆当代文学中的文化景观书写有作家自身的深刻体验，也有文学对文化传统的追寻，这种书写是以新疆文化地理为底蕴的，这既是新疆当代文学的立足点，也是作家对人类文化现实层面的探寻。

一　人地同构的文化景观

新疆作家狄力木拉提·泰来提认为"新疆之美不只在于它地质地貌的多样性，十三个世居民族多姿多彩的民俗民风、多种语言、多种文字、多彩服饰、多样美食、多重性格以及多样表情的灿烂笑容和交融交汇的绚丽文化，足以让人烂醉如泥"。[①] 新疆当代文学如果离开了文化景观的书写将会黯然失色，于是我们看到了作品中对于新疆地名、历史、饮食、服饰、建筑、音乐的具体描写，这些都为中国当代文学提供了一种全新的审美体验，毫无疑问，新疆当代文学中的文化景观描写是推动新疆文学有可能达到丰厚和深刻的重要元素，从这些书写中或许我们可以看到对于新疆本土文学建构的一些启示。

对文化景观书写的启示首先来自新疆作家对文化景观的深刻体认，这是以文学的形式对新疆文化地理、民族文化传统、民族文化心理综合

---

① 　狄力木拉提·泰来提:《一路向南》，作家出版社 2017 年版，序言，第 2 页。

性的一种生动反映。洪子诚指出："一个地区的住房、居室陈设、穿戴、语言、道德观念、表达方式的情况，以及家族状况、村落组织、交际方式、婚丧礼仪、传统节日、宗教信仰等等，都取决于这一地区的人们在地理上、种族上、历史过程上、政治生活上的特定位置。"① 新疆当代文学中的优秀作品离不开对特定的新疆文化的深入表现，它们显示了作家对新疆某一历史时期、某一文化现象具体而深入的体察，这种体察是避免作家在创作中简陋、粗疏的一个保证。如李娟对于阿勒泰牧民生活的深入体验，红柯以新疆作为自己探索人生的"基地"，都说明了这一点。文学是以包括全部民众生活文化史在内的社会人生为审美对象的，它是表现一个地区文化因素的形式之一。新疆文化景观存在于历史的长河中，它的形成有自然地理、文化环境的基础，并裹挟着新疆各民族发展的印记。在新疆作家眼中，文化景观不仅在生活中占有重要的地位，而且从多方面影响着作品的审美风格与文化精神。新疆当代文学对于文化景观的偏爱，实际上也体现出新疆作家的某种精神趋向，由此形成了"文化与人的同构"的关系。在人与文化的特殊关系中，"虽然文化是由人也是为人创造出来的，人首先是文化的生产者，但由于一种反作用的结果，文化也生产了人：人决定了文化，而反过来体验到文化对人的塑造"。② 新疆当代文学与文化景观的密切关系，正是文化与人的双重建构的结果，体现了作家与新疆文化地理的血肉联系。

作家对新疆文化景观的体认是多方面、多层次的，具体到作品中表现为：第一，在作品题材意蕴的拓展与深化上，新疆当代作家将笔触深入新疆文化景观的方方面面，从文化历史到衣食住行，对新疆生活及生活中的人以多种角度去观察、审视和把握，表现出新疆文化的内在化、深邃化。这方面表现较具代表性的如叶尔克西、王蒙、周涛等，他们对

① 洪子诚：《作家姿态与自我意识》，北京大学出版社 2010 年版，第 52 页。
② 赵学勇：《文化与人的同构》，兰州大学出版社 2000 年版，序言，第 3 页。

新疆文化景观并没有停留在表象上,而是以审美的方式来挖掘其文化内蕴;第二,在主题话语的生成上,新疆当代作家承继了新疆文化中的兼容并蓄的文化态度,发展了一个富有魅力的文化空间,如双语作家叶尔克西对游牧文化景观的描写是在本民族游牧文化的因子下,吸纳了汉民族文化的成分,她出入于哈萨克语、汉语两种语言的思维方式和表达方式之间,以结构方式的新颖、叙述语言的别致吸引着众多读者;第三,在书写的方略上,新疆当代作家虽然展示的生活景象不同、文化色调不同,写法上也各有千秋,但他们都致力于开掘文化景观表象之下新疆人生活的真实状态,从而使作品具有更为深邃的社会意义。由于作家们对新疆文化景观的深度阐释与重构,使得新疆当代文学承载了丰厚的文化内涵与深度。

文学文本是地域文化形象建构与传播的重要载体,所以,文化景观书写的启示还表现于新疆当代文学对新疆区域文化形象的塑造。新疆地域文化的形象是一个综合体,它是公众对地方的认识及总体评价,如何认识新疆地域的文化形象?韩子勇指出:"被大漠、关山重重遮挡的新疆,给人留下的印象是感性的。绚丽歌舞、瓜果美食、民族风情——这三样,像古代传讯的鸣镝,只能发出内容明确而简单的信号。而缺乏耐心的当代人,不耐烦'在很久、很多久以前'这样的开头,于是我们很难说清楚稍微复杂一点的事物。"① 在媒体网络发达的今天,许多内地人对新疆的认识仍是凭借想象与传说,新疆地域文化的传播中仍需大量的事实来印证。新疆当代文学中文化景观的书写恰恰是新疆地域文化形象较为直观的一个载体。在新疆当代文学的文化景观描述中,新疆人的生活方式、饮食服饰、建筑音乐等诸多文化景观被表现出来,在文学的虚构与真实中再现了一个形象直观的新疆形象。最为重要的是,文本中诸多的新疆文化景观是作家结合新疆真实的文化历史与现实生活进行

---

① 韩子勇:《浓颜的新疆》,新疆人民出版社 2008 年版,第 111 页。

的创作，绝不是向壁虚构、伪造奇观的。如王蒙作品对新疆文化景观的描写就起到了"因人传地地传人"的传播效果，他的作品为人们了解新疆提供了最好的范本，从这一点而言，王蒙对于新疆的意义是极为重要的，"新疆这片土地滋养了王蒙，丰富了王蒙，而王蒙则用最好的精神回报了新疆——他的第二故乡，那就是'让世界了解新疆，让新疆走向世界'。王蒙的作品已译成二三十种外文，在全世界拥有千百万操不同语言的读者，通过他的作品，新疆—伊犁—巴彦岱，不只是辽阔，雄奇，多姿多彩，以至人种、民族、文化的博物馆等几个抽象的概念，而变得可感可知，具体亲切的形象世界。这比千百篇宣传文章有力得多，也持久得多"。① 同样，如周涛、陈漠、阿拉提·阿斯木、叶尔克西·胡尔曼别克等的作品皆显现出新疆文化地理本土性的特点，为读者认识新疆、了解新疆提供了多样化的角度。新疆当代文学的文化景观书写对于新疆文化形象的塑造有着积极的肯定性因素，所以，作家唯有以积极的、自信的姿态，对新疆的区域形象作出客观、深入的书写，才更有可能把新疆文化地理真实地展示在世人面前。

二 有方向、有深度的文学写作

"各地文化精神之不同，穷其根源，最先还是由于自然环境有分别，而影响其生活方式，再由生活方式影响到文化精神。"② 新疆文化景观对新疆当代文学的文化精神起到了重要的作用，与此同时，文本中的文化景观书写也彰显出新疆文化的底色。随着对新疆当代文学中文化景观书写的深度探寻，我们看到了新疆的文化底色所焕发出的勃勃生机，这既是一种有"方向的写作"，也是一种"有深度的写作"，有方

---

① 陈柏中：《跨文化写作的独特魅力——王蒙反映新疆生活作品的审美价值》，载陈柏中《融合的高地——见证新疆多民族文学 60 年》，新疆人民出版社 2010 年版，第 171 页。

② 钱穆：《中国文化导论》，商务印书馆 1994 年版，弁言，第 2 页。

向、有深度正是对新疆文化景观书写的意义。

面对中国当代文坛令人目不暇接的各种写作，新疆当代文学反而在总体上呈现出一种稳定性，韩子勇称其为有方向的写作。"作为'有方向的写作'，其中一个重要的原因是西部生活与文化的吸附力相当之大"，韩子勇指出的这种"吸附力"正是新疆深厚的文化传统、丰富的文化景观所构成的。新疆文化景观是新疆历史、文化、生活的存在，在这些文化景观的强大吸附力下，作家们在新疆文化的沐浴下，书写下对新疆人琐细切肤的日子中的生活与情感，这或许就是新疆当代文学对文化景观书写所独具的价值与意义。新疆文化景观进入当代文学，所带来的绝不仅仅是表面形态的描写，在文本中呈现出一定的趋同性表现，即对新疆俗常生活状态的挖掘，这恰恰是新疆当代文学书写的亮点。"有方向的写作"在新疆土著作家身上表现得尤为明显，他们大多都是土生土长的新疆人，对新疆生活感同身受，他们注重的是新疆文化景观表象之下的日常生活经验，而饮食、服饰、音乐、建筑恰恰是表现这些生活的最佳元素，在这种有方向的写作中，新疆日常生活的鲜活与凝重无不得到恰如其分的表现。我们看到，李娟描写的哈萨克族阿提坎木大爷"无论是什么舞曲他全部蹲在地上扭古老的'黑走马'，边跳还边'呜呜呜'地大声哼哼黑走马的调，并且只跟着自哼的调踩舞步……音乐只在他衰老的、细微的、准确的，又极深处的感觉里"。游牧生活现状是贫穷与困苦的，李娟描写的日常却充满着生活的乐趣。刘亮程的"地窝子"中，尽管有"一只老鼠打洞，有一次打到地窝子里。那个洞在半墙上。我们一觉醒来，墙上多了拳头大一个窟窿。地上没土，我们知道是从外面挖进来的。也许老鼠在地下听到了我们的说话声，便朝这边挖掘过来，老鼠知道有人处便有粮食。或许老鼠想建一个粮仓，洞挖得更深更隐秘些，没想到和我们的地窝子打通了"。[1] 在地窝子的居住

---

① 刘亮程:《一个人的村庄》，春风文艺出版社 2005 年版，第 156—157 页。

环境中，作家仍有着细腻的体察，祖尔东·沙比尔的《刀郎青年》展现的维吾尔民族对音乐的热爱、天性达观、乐天的性格，狄力木拉提描写花帽的诗句，铁依甫江的对木卡姆音乐描述……我们看到的是新疆作家始终能够坚持对这片土地生活的有声有色的书写，能够把俗常的生活与文化景观同时渗透在作品中，只有新疆作家，他们在本土化方向的写作进一步完成了对于新疆文化地理的集中呈现。

在很大程度上，新疆当代文学的文化景观书写展现出的是多民族文化交流与互动的意义，这正是一种"有深度的写作"的表现。作为多民族地区，新疆各民族文化如何展开具体的交流？新疆各民族以何种方式增进情感？只有翻开新疆作家的作品时，我们才能够对这些问题有一个近距离的了解：我们在地名的书写中，看到周涛在《喀什寻梦》中，维吾尔长者在冬天拿出精心储藏的木纳格请他品尝；在历史的书写中，傅查新昌的《秦尼巴克》中锡伯族、回族、汉族、维吾尔族等多民族互帮互助；在饮食文化的书写，王蒙作品中"老王"与维吾尔族群众交流最频繁、感触最深的就是食物；在董立勃的作品中，我们看到兵团屯垦人帮助当地哈萨克牧民赶跑了狼群，哈萨克牧民们专程请他们去吃肉喝酒；在建筑文化的书写中，我们看到刘学杰写他去喀什维吾尔族民居参观，敲开门后女主人热情的介绍；在音乐文化的书写中，我们看到李娟去参加阿肯弹唱会时，尽管听不懂，但重要的是与哈萨克族人的交流；陈漠的《麦西莱甫的时间》中，汉族观众被维吾尔族群众热烈相邀一起"狂欢"的喜乐。透过这些文学景观，我们看到了淳朴、本真、善良、苦难、沉重、忍耐、奋斗……新疆作家以鲜活的文化景观反映了各民族文化交流融合的具体形式及过程，这种交流与融合是已经渗透于新疆人的衣食住行、方方面面，并长时间潜移默化地形成了一种集体无意识的文化心理。从这个意义上说，新疆当代文学对文化景观的描写无疑是具有"深度"的写作，它是新疆元气淋漓的现实生活场景与民族情感相结合的结果。"文学要走向世界,单纯的汲取是远远不够的,它更要求作家通过自身的努力,建设属于这个民族的优秀的、灿烂的文化,并把这些文化和精神的精华呈现在世界面前。"① 新疆当代作家对文化景观的大量书写,不仅表现出清晰可感的新疆文化面貌,更提升了新疆当代文学的自身品格,我们看到的是它更加深广的发展空间。

新疆的文化景观对新疆当代作家的文学创作产生了极为深刻的影响,但需指出的是新疆当代作家对于文化景观的书写推陈出新与极尽完善的空间仍有很大,一方面需要通过作家作品对新疆文化景观进行更多的整合、提炼和阐释,提升文化景观与文学相得益彰、互为观照的表现力,以文学的形式赋予新疆文化景观多样的表现形式和意义;另一方面,需要把新疆文化景观置于新疆多元文化的汇流中,追踪它既成的特性与衍变的轨迹,在新的文化阐释中获得更多表述与反映的可能性。

---

① 赵学勇、王贵禄:《守望·追寻·创生:中国西部小说的历史形态与精神重构》,北京大学出版社 2012 年版,第 363 页。

第五章 文化因子：新疆当代文学的多元文化态势

钱穆在《中国文化史导论》中指出："人类文化，由源头处看，大别不外三型。一、游牧文化，二、农耕文化，三、商业文化。游牧文化发源在高寒的草原地带，农耕文化发源在河流灌溉的平原，商业文化发源在滨海地带以及海之岛屿。"① 人类不同的自然地理环境引领了不同的文化形态，新疆的南疆与北疆、草原与沙漠、绿洲与盆地迥然不同，民族、地理的分布也大不相同，因此，新疆从南到北都有十分鲜明的自然、文化、历史背景，这些丰富而多样的自然地理环境与人文地理环境决定了新疆是多元文化荟萃、多种文化并存的格局。在这片土地上，不仅存在绿洲农耕文化、草原游牧文化还有兵团建设者们汇聚的兵团屯垦文化，这些形态各异的文化彼此交流相融，兼收并蓄，形成了多元一体的新疆文化。而在长期的文化交流中，绿洲文化、游牧文化、屯垦文化这三种文化形态在熔铸中又形成一种叠加的混血文化，其主要特征是混杂性与综合性，这种文化现象在新疆文化中非常普遍。从文化地理学的视域来看，新疆文化是一种文化扩散与文化传播的混合现象，形成的是一种"我中有你、你中有我"的多元一体的文化现象。新疆诸多丰富的文化因子是形成新疆当代文学的源泉，它对新疆作家的影响已遍布从生活到心灵等诸多层面，并积淀为作家们稳定的文化心理因素，这些文

---

① 钱穆：《中国文化导论》，商务印书馆 1994 年版，弁言，第 2 页。

化因子以各种形式展现出它颇具能量的影响力。在新疆多元一体文化的濡染下，新疆当代文学具有了文化地理学上的意义，它彰显的是新疆当代文学的文化标识。

第一节　绿洲文化因子在新疆当代文学中的折射

绿洲是一种生态地理景观，一般指浩茫无垠的沙漠戈壁中水草茂盛的地方。"新疆是一个地理单元很多样的地方。这样的位置很多，但最有说服力的位置——就是绿洲。"① 新疆典型的干旱环境造就了典型的绿洲景观。新疆绿洲大约占新疆总面积的 8.2%，② 水是绿洲形成和扩展的关键，沙漠边缘的绿洲主要依靠河流水源，凡河流经过的地方，便有绿洲，这里水源丰沛、土壤肥沃并延伸到沙漠深处，为人类提供了良好的生活条件，自古以来星罗棋布的新疆绿洲是人类聚集繁衍之地。生活在绿洲上的人们，既有农耕生活的文化特点，又因其特殊的生态环境而具备了新疆游牧生活的特点，因此，新疆绿洲文化是新疆自然地理环境和气候条件下产生的一种文化形态。

韩子勇认为许多人对绿洲的作用和功能有细致的讨论，但都忽略了一点，即绿洲本身对文化的"收留、汇聚和保鲜机制"。"就像新疆沙漠地带完整地保存一座古城和一具古尸——它炼狱般的温度，使新鲜的肉体和古代文明迅速'脱水'不会腐败：如同一个制作标本的大师那样，手法熟练地用高温杀菌用细沙小心地掩埋，然后不露痕迹地迅速撤离。偏远孤立的绿洲之舟，杳无音讯的大漠深处，这一切是如此诡秘。

---

① 韩子勇：《浓颜的新疆》，新疆人民出版社 2008 年版，第 103 页。
② 新疆百科全书编纂委员会编：《新疆百科全书》，中国大百科全书出版社 2002 年版，第124 页。

被沙漠隔离的绿洲，她活态绵延的文明，由于处于丝绸之路的要冲，而接纳大量不同的文化信息——许多差异太大的文明，甚至需要此处的转译、消化、稍许的加工，然后继续前行。这个二传手在丝绸之路气若游丝、弃断塞绝的时候，又较少被打搅、改变、流失从而完成'保鲜'的工作。直到现代交通和通讯，迅速改变绿洲封闭面的今天，深入内部，我们仍能感受那种扑面而来古文明的遗韵。"① 有学者指出：敏感与脆弱、主观与客观、传统与开放是绿洲文化的性格。而绿洲与沙漠、生命与死亡等两两对立的元素又锤炼出绿洲文明与文化。在绿洲文化的形态中，村庄与巴扎是其空间背景的呈现，在具体的新疆当代文学作品中，村庄的封闭性与巴扎的热闹性形成鲜明的对比。在绿洲文化的背景和氛围中，新疆作家寻找自己生存的这块土地的独特文化精神，致力于挖掘新疆人的个性气质及生存方式，展现出新疆文化的丰富多彩。

一　绿洲文化的景观——村庄与巴扎

村庄与巴扎是绿洲文化形态中的代表性景观，如果说沙漠绿洲中的村庄是封闭的、静寂的，那么巴扎则完全与之相反，它是开放的，热闹的。新疆作家对"村庄"与"巴扎"的书写呈现出绿洲文化形态中两种不同的空间景观，这两者已不仅仅是空间意义上的地理特征，更成为文化意义上的象征体。

"绿洲在地貌上具有高度封闭性，在地域分布上具有高度分散性，在水源供给上具有高度依赖性，在生态上具有高度脆弱性，在经济活动上具有严重单一性，所以千百年来发展相对滞缓。考古挖掘已证实，新疆最早的城郭主要分布在水草繁茂的古绿洲上。"② 在新疆的许多地方，

---

① 韩子勇：《浓颜的新疆》，新疆人民出版社 2008 年版，第 105 页。
② 哈丽达·斯拉木：《绿洲聚会：维吾尔巴扎与民俗生活》，中州古籍出版社 2018 年版，第55 页。

一个绿洲就是一个乡镇，或者一个小绿洲就是一个自然村，而各个绿洲之间只有沙漠或戈壁。在新疆广袤苍远的大地上，村庄是绿洲中古老的景观，它是孤立的、零散的、稀薄的。"孤村、孤镇、孤城以及三五成群或单门独院的'独立房子'如同在一个巨大的棋盘上不规则散落的点点棋子，联系松散、交流稀缺，他们与自然的对话时间要远比与同类对话的时间多。"① 张承志在小说《三岔戈壁》开篇就写下绿洲中村庄的景观："这样的小村庄，其实只是个居民点。几间快坍塌的土坯筑的小屋，在斜阳下孤零零地蹲在戈壁滩中央。漫漫茫茫的戈壁滩流泻般拥过它们淡黄色的土墙，仿佛不屑理睬这些渺小肮脏的东西似的。"② 从这段描写的景观看，绿洲中的村庄与中原大地上的村庄差别明显，这里是沙漠戈壁中孤远的村庄，张承志以一个存储着内地生活经验的作家角度，敏锐地观察到绿洲中这迥然不同的景观。新疆本土诗人郁笛则写下"这微小的村庄，寄寓荒野的一部分旅途"。③ 新疆绿洲中的村庄景观永远是旅人目光中的一撇，微不足道地在荒野中静默，但它却是立足于绿洲中人的生活基地，这里承载着数千年来无数绿洲人的哀乐人生。

　　"文学艺术能够描述不够引人注目的人文关怀领域，例如中西部的一座小镇、地处密西西比河流域的一个县、大城市的一处街区或者阿巴拉契亚山脉的一道山谷。"④ 如果没有刘亮程的《一个人的村庄》，位于古尔班通古特沙漠旁的黄沙梁这个小村庄或许永远沉寂在新疆众多的绿洲中，不会为人所知。刘亮程介绍："我在古尔班通古特沙漠边的一个小村庄长大成人。我还是少年时，喜欢坐在草垛上，向北看几眼沙漠，又朝南望一阵天山。我夹在这两个东西中间有种被困住的感觉。玛纳斯

<hr />

① 韩子勇:《文学的风土》，新疆人民出版社 2004 年版，第 44—45 页。
② 张承志:《北方的河》，十月文艺出版社 1987 年版，第 157 页。
③ 郁笛:《新疆诗稿》，新疆美术摄影出版社 2016 年版，第 243 页。
④ ［美］段义孚:《空间与地方——经验的视角》，王志标译，中国人民大学出版社 2017 年版，第 134 页。

河从我居住的地方，挨着沙漠向西北方蜿蜒流去，最终消失在沙漠中。它是沙漠和绿洲的分界河，早年树木葱郁的河岸平原，都变成了棉花田。"① 黄沙梁是刘亮程说不尽的话语空间，他几乎所有的叙述都围绕着这个"村庄"展开，也因为"一个人的村庄"，让我们看到了新疆绿洲中村庄的劳动与日常。"村庄周围是无垠的荒野和地，地和荒野尽头是另外的村庄和荒野。"② "我"在这个村庄中的野地上看守麦垛，出门时一般都扛着铁锨，村庄里常态的物象是房子、院子、炊烟、风、土墙、大树、麦子、驴、马、狗、蚂蚁、鸟等，刘亮程将村庄中的一切皆收拢在他的视线中，他对自己的村庄有着细致入微的了解。"黄沙梁"这个村庄被还原到了纯粹的本体层面，它以原生态的景观呈现在读者眼中。"村庄"对于刘亮程是极有意义的存在，黄沙梁成为无数个新疆绿洲中村庄的载体，它所承载的意义是双重的，一是创作主体刘亮程赋予的意义，一是它自身自足自在的精神意蕴，两个主体之间构成了"对话关系"，并在"对话"中各持己见，如《孤独的声音》中，"我"听鸟说着动听的鸟语，充当着"说"与"听"的对象，最终二者同构为一体；在《通驴性的人》中，"驴日日看着我忙忙碌碌做人；我天天目睹驴辛辛苦苦过驴的日子。我们是彼此生活的旁观者，介入者"，③ "我"和驴形成双主体的世界。刘亮程反复说自己对世界的认识首先是从一个村庄开始的，对他而言，黄沙梁不仅是一个居住的村庄，更是他毕生所要倾诉和书写的对象，是他内心深处不断构筑和丰富的灵魂之地。《一个人的村庄》散发着新疆绿洲农耕生活的日常气息和文化色彩，别具魅力。

绿洲中的人们形成自成体系的生产方式和生活习惯，一般不跨出绿

① 刘亮程：《在新疆》，春风文艺出版社 2012 年版，第 141 页。
② 刘亮程：《一个人的村庄》，春风文艺出版社 2008 年版，第 51 页。
③ 同上书，第 7 页。

洲，也能够照样生存、繁衍，这最终导致了绿洲生活方式的封闭性、地域性、单一性，而封闭性又是绿洲地理环境的重要特点。绿洲文化的封闭性反映于文学作品中，不仅是地理意义的荒凉，更是作家的心灵面对孤独的体验。封闭性首先来自地理环境，绿洲曾是丝绸古道上沙漠中的承接者，自海上贸易兴起之后，"这些绿洲，成了真正的沙海孤岛，是欧亚大陆的偏僻腹地。近代，这里成了'天之所忘'的地方，中国文明的中心彻底东移南下，……西北，特别是新疆，陷入世外烟云般的沉寂萧条"。① 作为绿洲文化中的景观——村庄，是一个独立的地理单元形态，孤立性与封闭性形影相随。在刘亮程的村庄里"一条土路与外面世界保持着坑坑洼洼的单线联系"。② 在日复一日、年复一年的生命中，村庄只是一个封闭而被遗弃的世界，村庄中《只剩下风》和《一村懒人》，村庄中"树是旱死的。房子是风吹旧的。人是太阳晒老的"。③ 这里的农民与内地农民热气腾腾的农耕生活决然不同，基本是采取听天由命的古老农耕方式，村庄仿佛被静止在某一历史时间内，千年不变，与历史遗址楼兰一样存在于博物馆中。"村庄"不但是地理环境的所指，同时也赋予了作品特殊的历史语境。与绿洲中封闭的环境相对应的即是人的封闭性，孤房孤村的地理形式使这里的人们较少被外界打扰、改变，韩子勇感喟道："多少次漫漫戈壁路，多少次日暮乡关时准时出现的绿洲，多少个你记不住的乡野远村，绿洲白杨，每次都是这样——这样使人上瘾和受用，几乎是世界上最复杂、最难忘的享受。这世外的桃源，这沙漠绿洲的人间乐土，几乎要把人埋葬，几乎要把外界遗忘。"④ 刘亮程村庄中的人固守着绿洲，甚至于"在这个地方住久了，脚下都生了根"。《有人死了》中的王占跟冯三一样，

① 韩子勇:《浓颜的新疆》，新疆人民出版社 2008 年版，第 103 页。
② 刘亮程:《一个人的村庄》，春风文艺出版社 2008 年版，第 41 页。
③ 刘亮程:《刘亮程散文》（下），新疆人民出版社 2009 年版，第 59 页。
④ 韩子勇:《浓颜的新疆》，新疆人民出版社 2008 年版，第 109 页。

注定要在黄沙梁久住下去，王占的儿子也没想过要离开黄沙梁。"封闭"与"固守"相互形成了绿洲文化中的特征，或许绿洲中村庄的人们正是因为这样一种无意识的、与绿洲相守的观念而永远地消失在沙漠中，如刘亮程所言："一个人/在黄沙梁出生长大/种几十年地/最后老死埋在黄沙梁/这是很平静的/也没什么不好。"① 封闭性促使绿洲人养成了浓重的固守意识、地方意识，这种地理意识促成了绿洲人安分知足、注重经验、重土思家等心理特质，所以"一个人/即使离开了黄沙梁/在外面享够了福/老了他也想回来/傍晚时靠着土墙/卷一根莫合烟/晒晒黄沙梁的太阳。"② 从这个意义而言，刘亮程的"村庄"更像是一个空旷而封闭的大屋子，空间背景的现在与过去含混、多元而不可分。

封闭的村庄带给作家的是灵魂的孤独与苍凉，刘亮程在挣扎与倾诉中不断地重复着"一"这个数字。从他的散文篇名中，可以看到有《一条土路》《永远一样的黄昏》《最后一只猫》《一个长梦》《一场叫刘二的风》《一个人回来》《一顿晚饭》等，刘亮程的内心刻画了一个孤独者的形象："我想起黄昏穿过村子走远的一个外地人——低着头，躬着腰，驮着一个破旧包裹，小心地迈着步子，不踩起一粒土，不惊动一条狗，一只鸡，甚至不抬头看一眼旁边的树和房子，只是盯住路，悄悄静静地穿过村子走了。"③ 这些空灵而飘逸的"一字式"句型反映出的是刘亮程内心的孤独与恐惧，这是一种没有尽头的孤寂，而且对个体的心理产生的影响是根深蒂固的，永远无法抹去，所以，刘亮程始终是一个人，他看到了花的笑、老鼠的收成、风的影子，这种感受是一个人长期面对孤独的结果。某种程度上，刘亮程的村庄毋宁说是他自我孤独

① 刘亮程：《晒晒黄沙梁的太阳》，载王玉、刘霞、沈维琼主编《新疆当代文学作品选讲》，新疆大学出版社2015年版，第84页。
② 同上。
③ 刘亮程：《刘亮程散文》（上），新疆人民出版社2009年版，第61—62页。

灵魂的版图,刘亮程认为"每个人都在自己的生命中,孤独的过冬"。①
在黄沙梁的叙说中,刘亮程展现的是一种绿洲大地的气质——苍凉的孤独感。

作为绿洲文化的空间标志——村庄是基于绿洲农耕文化而产生的,它是人类的可耕地,是绿洲人的家园,与沙漠比邻的强大反差使人们更感受到生命与家园、坚守与躲避、孤独与忧伤,村庄已是绿洲中的极致景象,这里"即使没有一间房,没有一个亲人,这个家,也已被完成。一只脚踏进沙漠,一只脚留在绿洲。就像生死之间无数次穿梭,反复的体验,积累出情感与回忆,积累出极致"。② 刘亮程的村庄反映了绿洲文化背景下人的生存方式和文化观念,黄沙梁成为永恒的绿洲村庄的代名词,它杂糅着绿洲文化的精神向度:关于家园、信念乃至对永恒的基本主题,这也是刘亮程散文有异于其他作家的独具个性。他说:"我一直庆幸自己没有离开这个村庄,没有把时间和精力白白耗费在另一片土地上。"③ 刘亮程以完全个人化的视角阐释了绿洲文化的地理背景——村庄,这正说明了他以"土著人的身份——在架构属于他的地方——毋庸置疑的,原因在于支撑其身份的故乡就如他可以看到的和触摸到的岩石和水洞一样真实"。④ 村庄是独属于刘亮程的,是他所依恋的故乡,情感的纽带将他们紧紧相连。

在新疆,"巴扎"一词是维吾尔语,意为集市、农贸市场。巴扎多见于城乡,它是绿洲文化形态下的一个特殊现象,也是绿洲中最热闹的地方。维吾尔族的观念中具有经商、崇商、重商的传统,天山南北各地绿洲上的巴扎是维吾尔人长期从事商贸活动、进行经济交流的场所。

---

① 刘亮程:《刘亮程散文》(下),新疆人民出版社 2009 年版,第 74—75 页。
② 韩子勇:《浓颜的新疆》,新疆人民出版社 2008 年版,第 109 页。
③ 刘亮程:《刘亮程散文》(下),新疆人民出版社 2009 年版,第 41 页。
④ [美]段义孚:《空间与地方——经验的视角》,王志标译,中国人民大学出版社 2017 年版,第 129 页。

"巴扎可以说是新疆绿洲的说明书和维吾尔文化的博物馆。"① 周涛认为在天山南麓与广阔无垠的沙漠边缘，巴扎在一块又一块大大小小的绿洲上演绎着另一种族的别样生活，如果有机会作一番了解，可能比浏览内地农贸市场获得更多的一些新鲜感受。② 巴扎是绿洲中的维吾尔人进行经济交流、展开社会交往、从而满足物质与精神生活需要的空间，所以，巴扎绝非普通意义上的集市或是单一的农贸市场，而是集买卖、表演、民俗、传统、风土一体的综合性代名词，它的内涵和外延已远远超出集市的范畴，它已经浓缩为维吾尔族人世俗生活的象征性场所。胡康华的《巴扎人生》中，"许多人这样计划的，用自己的产物换回维持生计的生活用品，吃一顿美味的午餐，痛快淋漓地跳一场'麦西来甫'，然后心满意足地走几十里路回家，在村里向人们炫耀自己的经历和所见所闻"。③ 巴扎被称为绿洲中的欢聚，也是一种娱乐和放松的媒介，"巴扎对于维吾尔族人来说，不单纯是做买卖或者购物。它更像是一个节日，美食、博览、娱乐、消闲都包含其中"。④ 巴扎一般位于绿洲中人口集中、辐射广，商业和物流相对集中的地方，如刘亮程笔下的库车巴扎就是库车县城行政、经济、文化的中心地带，"每一个巴扎都是一个盛大的节日"。巴扎像绿洲上的磁铁，吸引来了男女老幼和各色各样的人，也满足了他们不同的需求："女人在巴扎上主要为了展示自己的服饰和美丽，买东西只是个小小的借口。女人买东西，一个摊位一个摊位地挑，从街这头到那头，穿过整个巴扎再转回来，手里才拿着一点点东西。年轻小伙上巴扎主要看漂亮女人。没事干的男人，希望在巴扎上碰

---

① 哈丽达·斯拉木：《绿洲聚会——维吾尔巴扎与民俗生活》，中州古籍出版社 2018 年版，第 2 页。

② 周涛：《周涛散文》（游牧卷），新疆人民出版社 2009 年版，第 299 页。

③ 胡康华：《巴扎人生》，夏冠洲主编：《新疆文学作品大系（1949—2009）》（散文卷），新疆美术摄影出版社、新疆电子音像出版社 2009 年版，第 706 页。

④ 同上书，第 704 页。

到一个熟人,握握手,停下来聊半天。再往前走,又遇到一个熟人,再聊半天,一天就过去了。聊高兴时说不定被拉到酒馆里,吃喝一顿。"①对于维吾尔族来说,逛巴扎已成为他们的精神寄托,他们通过巴扎的形式形成对周围其他人生活方式的交流与观察,以此增强对自己所属群体的生活方式的认知,从而使各地绿洲人在具体生活方式上的差别得到有效的调整和统一。绿洲中的巴扎在物质、生活、文化、娱乐等各方面充当了重要角色,成为绿洲人了解社会、人际社交、传播信息的重要窗口。

由于绿洲与绿洲相距甚远,绿洲生活封闭而又单一,"巴扎是绿洲内的商贸中心及农村的主要集散基地,绿洲社会内的每一位成员基本都有逛巴扎的习惯,所以巴扎的人员流量自然较大,这也就决定了维吾尔族的巴扎是一个热闹非凡的地方"。② 热闹的人群和琳琅的物品,形成了声音、气味、色彩的大聚会,巴扎上马嘶、驴鸣、羊叫与主人的吆喝,掀起尘土和声浪,浩浩荡荡地涌动。在巴扎集市的喧腾中,久居绿洲中孤寂的绿洲人在这种热闹中感受到的是一种集体主义的温暖。"哪里人多,哪里热闹,哪里就有巴扎。"周涛在《赶巴扎》中写下:"白杨林下,果园浓荫之畔,只要有赶毛驴车的、步行的、赶巴扎的人们,就能遇到或庄重、或幽默、或活泼的维吾尔人,也就必能找到阿凡提。美哉维吾尔人,令人目不暇接,赶巴扎的日子,如同置身古西域人物的历史长廊中。"③ 巴扎像其他文化景观一样,在不断的循环往复中得到群体的认同而保存下来,并成为民族文化的一种标志和象征。

二 绿洲文化塑造的文化品格

作为新疆人世世代代生活的栖息地——绿洲,其文化地理环境使人

---

① 刘亮程:《在新疆》,春风文艺出版社 2012 年版,第 87 页。
② 哈丽达·斯拉木:《绿洲聚会——维吾尔巴扎与民俗生活》,中州古籍出版社 2018 年版,第 12 页。
③ 周涛:《周涛散文》(游牧卷),新疆人民出版社 2009 年版,第 299 页。

们对大自然的各种精神内涵产生更强的领悟和感受能力。绿洲文化因子也铸就了新疆作家的文化精神，文化精神是一种综合性的价值取向，起主导作用的因素包括个人经历、民族个性、地域特点、社会文化取向、历史视角以及时代精神，在这些因素的共同作用下，作家的价值观、哲学观经过审美过滤在作品中得以体现。绿洲文化塑造的文化精神通过作家自身的精神追求和审美倾向达到一种超越现实的文化艺术境界，它所凸显的是作家创作的姿态、意识和信心。

被沙漠戈壁所环绕的绿洲生活比起水乡泽园要艰难得多，在恶劣的生存环境中，绿洲人必须以苦中作乐的精神和不屈不挠的斗志作为支柱，必须付出巨大的代价才能获得丰收和成功，所以绿洲文化对作家文化精神的塑造首先体现于作品中乐观、幽默的处世精神。绿洲文化的特点在维吾尔族人身上非常突出，"维吾尔人民大都有一种开朗、乐观、宽容、坦率的幽默感，这表现在他们的思维方式、心理素质、语言动作、观察事物的角度以及待人接物的礼仪等一切细微之处。这也是维吾尔人民族气质中一个很突出的特点"。[1] 新疆作家对于乐观幽默的民族性格有着自己深刻的体验与感受。如维吾尔族小说的拓荒者祖农·哈迪尔的《锻炼》讲述了一个无业游民如何由懒汉转变为"新农民"的故事，作者惟妙惟肖地勾画出主人公麦提亚孜的懒散疲沓：一个车轮子修了六个月；半天给人剃一个头，还自鸣得意地讲着民间流传的故事，他种的油菜熟过了头，可他却躺在老桑树下咒骂糟蹋了他苞谷籽的乌鸦，幻想着桑葚掉到他的嘴里来，全篇充满了欢快、明朗、幽默的基调。老舍评价这篇小说："他的塑造人物的本领和幽默的笔调都是难能可贵的。他的《锻炼》我已读过两遍，还愿再读几遍。"[2] 祖尔东·沙比尔

---

① 陈柏中：《别具风采的生活画面——谈维吾尔族作家祖尔东的小说创作》，载陈柏中《融合的高地——见证新疆多民族文学 60 年》，新疆人民出版社 2010 年版，第 178 页。

② 老舍：《天山文采》，《文艺报》1960 年第 9 期。

的小说《贡献》中的阿里木江、《在接待室》中的沙克等人物性格身上都有这种鲜明的喜剧因素，作者用阿凡提式幽默机智的语言传神地写出了维吾尔人内在的乐观开朗的民族气质，作家体现的是以宽容、坦率的幽默感为原则的人生观念，使作品更加具有一种民族的韵味。同样，王蒙在新疆与维吾尔民族长期共处中，绿洲文化对他的影响已内化到他的举手投足之间。他的小说《买买提处长轶事》中塑造的主人公买买提处长是一位阿凡提式的幽默人物，他"没有一天不开玩笑"，即使他身处荒谬境遇中仍然保持幽默，王蒙把它称之为"维吾尔人的黑色幽默"。在 20 世纪 80 年代创作的《在伊犁》系列小说中，王蒙多次提到"塔玛霞尔"精神，他解释说"它包含有嬉戏、散步、看热闹、艺术欣赏等意思，既可以当动词用，也可以当名词用，有点像英语的 to enjoy，但含义更宽。当维吾尔人说'塔玛霞尔'这个词的时候，从语调到表情都透着那么轻松适意，却又包含着一点狡黠"。[1] 王蒙在小说中写到的"塔玛霞尔"可谓形色各异，如维吾尔民族一见面就有说不完的打趣笑话，家庭聚会中一轮又一轮直达高潮的豪饮和弹唱，都是"塔玛霞尔"。在《淡灰色的眼珠》中，主人公马尔克滔滔不绝地"东一榔头西一棒子，一句语录加一句俚语，一句维吾尔语加一句汉语外带俄罗斯与塔塔尔语，声音忽高忽低，忽粗忽细，似乎也是一种能量的释放"，这是语言的"塔玛霞尔"；民兵连长深夜请客，把"虎、牛、羊、鸟、鱼"都拉到一起吃酒赴宴，借大批判之名，率领浩浩荡荡的队伍进城看"毒草"影片《冰山上的来客》，更是"塔玛霞尔"精神的表现，"维吾尔人玩起游戏来总是那么认真、热烈、隆重、全身心地投入；而对所谓庄严的某些'大事'，对繁重艰苦的劳作，又常常以游戏的心态处之"，[2] 王蒙透过"塔

---

① 王蒙:《淡灰色的眼珠》，载王蒙《王蒙文集》（第 9 卷），人民文学出版社 2014 年版，第 52 页。

② 陈柏中:《王蒙与维吾尔语》，载陈柏中《融合的高地——见证新疆多民族文学 60 年》，新疆人民出版社 2010 年版，第 160—161 页。

玛霞尔"这个词发现了"快乐的阿凡提的乡亲们"的一种心态，这是民族文化的一种底色，也是绿洲土地上的一种生存智慧。绿洲上的人们苦中作乐，化苦为乐、自得其乐，正如周涛指出的"新疆人的乐观的确是一种天生天赋，那是健康的体魄，生命的活力超越于生存苦难之上的自由飞翔。但这并不等于没有苦难、没有忧伤，更不等于心灵对苦难和忧伤麻木不仁。恰恰相反，乐观和幽默是对付苦难的最有效的武器，只有面对大苦大难才能产生出乐观和幽默"。①

"绿洲有一个很好的沙漠的边缘，有一个很好的生死对比，就像奇迹在大地上出现，这样的突然，这样的不可思议。"② 绿洲文化是在与沙漠为邻的自然环境中，在为人类生存而进行的艰难的斗争中形成的，在人与自然生死对抗的过程中，人与人之间必须齐心协力，共同抗争大自然，所以绿洲文化塑造了重情重义的文化精神，这是一种符合人性的自然存在，它不但能协调人与人的关系，而且能够丰富人的心灵结构。在文本中，我们可以看到这种重情重义的文化精神已经融入了新疆人日常生活的各个方面：思维观念、语言行为、处世方式等。在阿拉提·阿斯木的长篇小说《时间悄悄的嘴脸》中就灌注了这样一种浓厚的情义观，小说的主人公"玉王""艾沙麻利"在夺玉大战中误以为伤人致死，逃到上海做了变脸后又返回家乡，他的家人、朋友、情人都经历了考验，面对时间悄悄的嘴脸，"艾沙麻利"最后选择变回本来的脸，与昔日的仇人握手言和，获得重生。这篇小说中，阿拉提·阿斯木集中笔墨描述主人公重情守义的心态及行动，"艾沙麻利"对亲情、爱情、友情都是有情有义，当他遭遇不幸之时，首先想到的不是自己，而是自己的母亲、兄弟、妻子、妹妹，当危难解除时，他经过反省告别从前，在仇人哈里面前真诚致歉："我出去流浪的那些光阴，每当夜深幽静的时

① 周涛：《周涛散文》（游牧卷），新疆人民出版社2009年版，第253页。
② 韩子勇：《浓颜的新疆》，新疆人民出版社2008年版，第109页。

候，时间就特别地关照我，告诉我一个永远没有眼睛的真理，即便人的财富壮大到可以收买太阳的地步，人也是家乡五谷的奴隶。相信我，我的灵魂已经看清了自己的嘴脸，我伤害的不仅仅是你的躯体，也有你的尊严和时间。我认罪，今天你要我的腿，我不会给你手臂。我要赔偿你的损失，经济的和身心的损失。最后，我要和你做朋友，让时间监督我的行为和嘴脸。"[1] 不仅仅是主人公，小说中的其他人物也都表现出情义无价的观念，如"艾沙麻利"的朋友艾海提"老鼠"冒着生命危险帮朋友保管珍贵的玉石，将每一块玉石都拍照编号，深埋在自家地窖中，毫不动心，当"艾沙麻利"要给他一块玉石作为奖赏时，他没有接受，他说："我的规矩永远是一碗干净的抓饭，我不能在自己的饭碗里掺沙子。"[2] 甚至"艾沙麻利"的情人也不是见利忘义的女人，始终坚守着自己对"艾沙麻利"的感情，不受其他的诱惑。小说中从上海来的王医生说："新疆人重情义，好交朋友"，所有的人与"艾沙麻利"的往来中都充满了人情味，让我们看到了绿洲文化中人们世态人情美好的一面，感受到绿洲上生活的人们那种浓厚的重情重义的精神及表达情义的独特方式。阿拉提·阿斯木所反映出的人情味给这篇小说打上了绿洲文化的印记，而小说也因一种人情美的力量取得了某种人性的深度和感情的浓度。

任何一种文化因子当它被作家以一种非常自觉的态度和眼光写进文学世界，就一定会与某种精神气质相联系。在绿洲文化苍凉的自然背景下，作品中的人物往往具有一种充满了血性的男子汉气概，它所反映出的是一种有胆有识、敢于担当的文化精神。新疆作家在绿洲自然生态与文明形态的审美描述中，展现的是对男性极度的强者气质和硬汉风骨的欣赏之情。艾贝保·热合曼的小说《儿子娃娃》中的主人公塔西铁毛

---

[1]　阿拉提·阿斯木:《时间悄悄的嘴脸》，人民文学出版社 2013 年版，第 127 页。

[2]　同上书，第 105 页。

尔就极具这种打动人心的魅力。小说的篇名"儿子娃娃"就是新疆土话中夸赞男性的褒义之词，它所涵盖的是男性血性阳刚、顶天立地、心胸宽广、不拘小节、豪爽义气、胆大无畏、敢干敢当、言必行、行必果的品质，可以说这个词囊括了一个标准的新疆男子汉所应有的全部优良品格。《儿子娃娃》以新上任的乡长塔西铁毛尔为主人公，他被塑造为"儿子娃娃"这个词的内涵的典型性形象。为了帮助贫困户沙它尔"救济"盖房子，塔西铁毛尔想尽办法去解决资金问题，他抹下脸硬着头皮去求人，小说中写道："看在他乡长的份上，沙石、红砖和钢窗等建筑材料人家答应可以赊账，只是提出一个小小的条件，希望乡上七站八所以后少找麻烦，多服务。他当然是拍着胸脯，说麻达没有。""麻达没有"（新疆土话，意思是"没问题"）正是他"儿子娃娃"气概的一种显露。塔西铁毛尔除了自掏腰包垫付工程款，还为了解决预制板的问题和预制板厂的老板哈斯木比赛割麦，"谁让他叫塔西铁毛尔这个名字，又是石头又是铁的、儿子娃娃说话算话，既然答应了人家，即便牙打掉咽进肚子里，也不让人戳脊梁骨"。[①] 他沉稳坚强，说到做到，绝不食言，而且有果决的行动能力。可以说，小说中塑造的塔西铁毛尔形象是一个近乎完美的新疆人眼中的"儿子娃娃"，他赢得了乡亲们心服口服的赞赏，就连懒惰而又挑剔的贫困户沙它尔"救济"也一手竖着大拇指，一手拄着拐杖在地上"咄咄"敲着："羊群看头羊，打铁要火旺，到底是儿子娃娃，还是一个塌头，人心里都有一本账。我活这么大岁数，还没有好好服过谁，乡长算是一个，为什么？就是说到做到，还要做好。别人放心不放心，我可是一百个放心！"塔西铁毛尔的"儿子娃娃"的精神更在于他敢于担当大任和无所畏惧的责任感，当被他开除的驾驶员阻止工地施工，并公开挑衅："是儿子娃娃就喝

---

① 艾贝保·热合曼：《儿子娃娃》，载吴连增主编《新疆文学作品大系（1949—2009）》（中篇小说卷），新疆美术摄影出版社、新疆电子音像出版社2009年版，第520页。

（酒）"，当驾驶员不依不饶用烟头烫自己胳膊，以自虐的方式向他示威时，塔西铁毛尔这个"儿子娃娃"竟然举起菜刀砍了自己的无名指，"然后一边用手帕包扎着血肉模糊的手指，一边对着包工头高声喊道：'赶快抓紧时间施工，不然，影响明天竣工验收，我可拿你是问！'说完大步流星地走了"。① 作者艾贝保·热合曼在塑造这个人物的过程中，探索了回荡在新疆人口中的"儿子娃娃"的分量，小说颇有余味。在赵光鸣的小说《帕米尔远山的雪》中，主人公铁来克也是这样一位"儿子娃娃"式的人物，他爱恋的曲曼古丽得了骨癌，他依然信守承诺，不离不弃，而且工作中乐于奉献，给读者留下了深刻的印象。在阿拉提·阿斯木的《最后的男人》《时间》中，小说中的男性常吊在嘴边的一句话就是"咱们都是站着尿尿的人，从来都是一加一等于二的爷们儿"。通过这些男性形象都显示出新疆人"儿子娃娃"的内在精神气魄，这个称谓充满了血性的、阳刚的男子汉气概。在具体的文学作品中，不同的作家对"儿子娃娃"的表现形态尽管存着一些差异性，但"儿子娃娃"的形象却构成了新疆当代文学作品中最富于感染力的人物系列。红柯这样阐释新疆"儿子娃娃"的含义："西域是一个让人异想天开的地方，让人不断地心血来潮的地方，这里产生英雄史诗、产生英雄传奇，这里甚至没有男人或男性之说，也没有什么江湖好汉、绿林好汉之说，统统叫儿子娃娃，儿子娃娃即英雄好汉，牧人叫巴图鲁。这就是为什么从古到今来这里的中原人都是中原文化的异类。"② "儿子娃娃"显现了绿洲文化中的新疆人别样的一种气度。

杨镰指出："只有写出有深刻的历史感、鲜明的时代感的作品，

---

① 艾贝保·热合曼：《儿子娃娃》，载吴连增主编《新疆文学作品大系（1949—2009）》（中篇小说卷），新疆美术摄影出版社、新疆电子音像出版社2009年版，第530页。

② 红柯：《西去的骑手》，上海文艺出版社2013年版，自序。

只有站在中华民族的发展和进化的角度上来认识新疆，反映新疆，才能称之为新的西域文学。"① 新疆作家所体现出的绿洲文化精神正是对时代、社会与地方发自内心的思考，这种深度思考具有非常重要的价值。现代文明给人类带来生活便利的同时，正日益消磨着人的精神文化，针对这种退化，绿洲文化因子的活力既为现代文明提供了参照体系，也为文学和文化输入了难能可贵的精神养料，"一部真正意义上的文学作品，其本质上绝不是什么非理性的或反理性的，而是经过了心灵的洗礼，以它的生命的光辉照亮人们的灵魂"。② 绿洲文化无论从自然环境还是人文环境而言，都有着自身的轨迹和特点，从新疆当代文学的书写中，我们看到了绿洲文化丰富的文化色彩，这是一种异质文化的生机和活力，也是新疆当代文学迥异于其他区域文学的意义。

第二节　游牧文化因子在新疆当代文学中的印迹

　　新疆天山以北，今准噶尔盆地及其周围地区，自古以来就是游牧民族生活的乐园。他们逐水草而居，创造了人类五大文化圈中被称为"草原文化圈"的文化，哈萨克族在这里生息繁衍，勾连出新疆游牧文化的图景。哈萨克族是世界著名的游牧民族之一，他们的日常生活与草原紧密相连，"在游牧经济中，牲口靠在地面上自然生长的草得到食料，牲口在草地上移动，牧民靠牲口得到皮、毛、肉、乳等生活资料，就得跟牲口在草地上移动，此即所谓'逐水草而居'。当然游牧经济里牲口和人的移动也是有规律的，但一般牧民不能长期在一个

---

① 杨镰：《柳暗花明又一村》，《飞天》1984 年第 9 期。
② 邵振国：《我的文学自白》，《飞天》1988 年第 1 期。

地方定居，必须随着季节的变化，在广阔的草原上转移。牧民有马匹作行动的工具，所以他们的行动也比较迅速，集散也比较容易"。① 生活在新疆的哈萨克族也是中国游牧民族中保存传统文化最为完整的民族之一，游牧文化是其基本的文化形态，这种文化形态内容丰富且闪着朴素的光辉，如张承志所言"它深藏着一种合理的社会结构，一套人与自然和谐的关系，以及一些人的基本问题"。② 游牧文化在新疆当代文学的印迹既有其悠久的民族传统和文化的元素，又受制于现代汉民族文化的影响，呈现出鲜明的时代性和民族色彩。牧场与迁徙是游牧文化形态下产生的景观，新疆当代作家都对此有着真实、生动的书写。

一 游牧文化的景观——牧场与迁徙

游牧文化与绿洲农耕文化有着鲜明的文化落差与反差，与绿洲文化相比较而言，游牧文化是以草原为空间背景不断迁徙的生存状态，这使得游牧文化具有开放性的特征，与绿洲农耕文化的封闭性形成鲜明的对比。因为"游牧人不迁徙难以生存，农耕人却必须依附于土地。开田辟地、建设水利，需时费工。垦殖有成，则世代有赖，所以往往足不出乡里，行限于方圆，安土重迁。游牧人迁徙则行踪万里，两者在生产、生活乃至文化心态上是大有不同的"。③ 作为新疆游牧文化的主体——哈萨克民族，他们的文化、生活方式都受到游牧文化的影响。哈萨克族作家叶尔克西·胡尔曼别克曾谈道："哈萨克族是一个游牧民族，他们的文化、生活方式都受到游牧文化的影响。我们哈萨克族的先祖包括塞人、乌孙人、阿兰人等早期游牧民族，这些早期

① 费孝通:《中国文化的重建》，华东师范大学出版社2014年版，第10—11页。
② 张承志:《一页的翻过》，载张承志《草原》，花城出版社2007年版，第417页。
③ 项英杰等:《中亚:马背上的文化》，浙江人民出版社1993年版，第319页。

游牧民后来又不断和部分匈奴人、突厥人发展融合，形成了今天的哈萨克族。"① 哈萨克族在游牧中经常会赶着羊群转场，年复一年地服从自然的意志。春天来临，牧民们在冰雪融化前进入春牧场，他们赶着畜群沿着渐次融化的雪线从山地阳坡地带逐步迁移到中部草原；夏季则迁移到山地高处，水草丰盛的夏牧场；夏季过后，气温迅速下降，高山降雪，牧民们又逐次向雪线以下进发，一路告别和南下，直至有平原、荒漠草原地带的冬牧场，从春牧场到夏牧场再到冬牧场，周而复始。牧场是哈萨克族赖以生存的空间背景，叶尔克西·胡尔曼别克这样说："从冬牧场到夏牧场，不仅符合了自然的规律，也是对草地的保护，是一种互惠行为。"② 她在散文集《永生羊》中多次描写夏牧场优美的景观，"夏牧场是大自然最有魅力的地方"，也是哈萨克族一年之中最美好的时节，"充满眼帘的是满目的青山、红岩叠嶂。在阴坡高处，岩体下的林间空地间，一群绵羊像散落在草丛中的珍珠一样，发出点点珠光"。③这幅流动的风景画描绘了新疆地方特有的草原之景，它是游牧文化生发的自然地理基础，"刚下过一场阵雨，空气湿漉漉的。满地的牧草被雨水浇过强劲起来，金阳的余晖洒下，草叶上折射出点点星光。山谷间一些沉云游动，东边的天空一道彩虹，大自然就好像一个个刚刚出浴的婴儿，清清爽爽、干干净净、甜甜蜜蜜地散发着一股迷人的奶香。羊群已经牧归，这边来了母羊群，那边来了羔羊群"。叶尔克西对夏牧场空间的描绘动静结合，犹如以变焦的长镜头将"金阳、草叶、沉云、彩虹、羊群"都扫描、融进了夏牧场的广角镜中，在直观的画面中打通了读者的视觉与听觉。叶尔克西的童年有一段完整的牧民家庭生活经历，她

---

① 叶尔克西·胡尔曼别克、张春梅：《多元文化的对接——叶尔克西·胡尔曼别克访谈录》，载欧阳可惺、王敏、邹赞等《民族叙述——文化认同、记忆与构建》，暨南大学出版社 2013 年版，第 293 页。

② 同上书，第 294 页。

③ 叶尔克西·胡尔曼别克：《永生羊》，新疆人民出版社 2003 年版，第 150 页。

的散文几乎全部写她在牧场的生活，在牧场中的哈萨克人健康、朴素、平静，他们日出而作，日落而息，乐天安命，牧羊、挤奶，与生生不息的草原一起完成生活的全部。冬季是哈萨克牧民一年中最严酷的季节，寒冷的气候来袭，"冬季牧场营地的位置对于生存而言至关重要……冬季的牧场刚好只够维生"。① 李娟在散文《羊道》系列中详细描写了自己跟随牧民从《深山夏牧场》到《冬牧场》的生活。冬牧场上"鸟儿远走高飞，虫蛹深眠大地，其他留在大地上的，无不备下厚实的皮毛和脂肪，寒冷却理所当然"。② 冬牧场的景观与夏牧场截然不同，留给李娟的是荒野中寒冷的记忆，"每当我穿过一片旷野，爬上旷野尽头最高的沙丘，看到的仍是另一片旷野，以及这旷野尽头的另一道沙梁，无穷无尽——当我又一次爬上一个高处，多么希望能突然看到远处的人居和炊烟啊！可什么也没有，连一个骑马而来的影子都没有。天空永远严丝合缝地扣在大地上，深蓝，单调，一成不变。黄昏斜阳横扫，草地异常放光。那时最美的草是一种纤细的白草，一根一根笔直地立在暮色中，通体明亮。它们的黑暗全给了它们的阴影。它们的阴影长长地拖往东方，像鱼汛时节的鱼群一样整齐有序地行进在大地上，力量深沉"。③如果说夏牧场是诗意的，那么冬牧场则是艰辛的，更多的是一种荒凉和贫瘠，寂寞和无奈，这里居住的是地下的冬窝子，饮水靠人工每天背雪融化，里面夹杂着羊粪、马粪，最难以抗拒的还有零下三十多度的寒冷。在人们通常的印象中，广阔的草原一望无际，白色毡房星星点点地撒在草原上，壮阔大美的草原景色为草原牧人的生活披上了浪漫的纱巾。李娟对冬牧场的描述使我们看到了在现实生活中，哈萨克人其实也类似孤身行进在戈壁荒滩上的旅行者，他们体验的依然是孤寂之苦。比

---

① ［美］巴菲尔德：《危险的边疆——游牧帝国与中国》，袁剑译，江苏人民出版社 2011 年版，第 29—30 页。

② 李娟：《冬牧场》，新星出版社 2019 年版，扉页。

③ 同上书，第 37 页。

起定居的农业生活，游牧生活要更多地受大自然的制约，冬天和夏天他们要在不同的牧场上放牧，赶着牲畜，驮上帐篷，穿过山山水水，哈萨克人能更加充分地领略大自然的美景，也要为大自然所施加的暴虐付出更多的代价。在叶尔克西与李娟对牧场的书写中，"不论在夏牧场或冬牧场，都可以看到哈萨克牧民创造的绚丽多彩的草原文化"，① 我们看到了与游牧文化有关的生活方式、人生礼俗等，展现的是丰盈的游牧文化意味。畜牧是哈萨克族物质生活资料的重要来源，夏牧场与冬牧场的生活几乎都是围绕着畜牧展开的。哈萨克族"全部的生活从羊开始，春天出生的羔羊，秋天死于无罪。它死后，生命仍未结束。它的毛絮在家的每一道缝隙里，它的骨肉温暖牧人的肠胃，它的肚囊盛装黄油，它的皮毛裹住雪地中牧羊人的双腿。它仍然是这个家的一部分"。② 哈萨克人的生活日常与羊、马、骆驼等紧密相关，饮食起居全都围绕着畜牧，畜群的多少则是衡量一个哈萨克族家庭财富的标志。"哈萨克人的待客礼俗是无论哪个民族、不论认识与否，都热情欢迎，竭诚接待，客人来到时，主人都会从毡房中出来迎接，还经常宰羊待客，认为这是光荣体面的事"，③ 所以，叶尔克西·胡尔曼别克的《夏牧场》中男牧主面对客人时说："你是远道而来的客人，我们将为你宰一只羊，祷告吧！"④，哈萨克人对待客人慷慨大方，不论认识与否、男女老幼皆是如此，除了热情、周到的招待外甚至连客人随行的马匹也备受照顾，在太阳下山时放走客人是绝不允许的，在第二天送行时，他们也绝不会收取任何财物作为补偿，索要财物被视作耻辱，自古以来哈萨克族民间就有这样的俗语"财产的一半属于客人"。意为招待客人要尽心尽力。叶尔克西曾明确地表达了本民族的文化心理："在转场时，站在行进中的羊群旁，你会看到

---

① 苏北海：《哈萨克族文化史》，新疆大学出版社 1989 年版，第 15 页。
② 李娟：《深山夏牧场》，中信出版社 2019 年版，第 191 页。
③ 苏北海：《哈萨克族文化史》，新疆大学出版社 1989 年版，第 15 页。
④ 叶尔克西·胡尔曼别克：《永生羊》，新疆人民出版社 2003 年版，第 152 页。

刚从夏牧场上下来的羊是跳跃着的,非常鲜活。当你看到这样壮观的景象时,就会产生一种对生命的敬畏。有的羊很弱,我们要把它宰杀了,会为它举行仪式。哈萨克民族的仪式感很强,什么事都要做点仪式,我想这应该是体现出人类理性的情感,这种仪式也是弘扬民族精神的一种方式。由个体到群体,表现了人与天地、生命所包含的一切大爱。"①

游牧文化的显著特征是迁徙,毫无疑问,"游牧生活基建于民众与其动物季节性迁徙的能力之上"。② 李娟认为哈萨克民族是迁徙距离最长、搬迁次数最频繁的民族,他们往返一生迁徙的羊道"是哈萨克牧民生命中必经的道路,是大自然给他们安排的艰辛壮阔的迁徙之路,他们盛装跋涉在祖先的道路上,完成自己的一生、青春、衰老、贫穷、爱情……他们是真正的'在路上'"。③ 迁徙是游牧生活的常态,对于哈萨克族人来说,马背就是"车",移动的帐篷就是"房子","游牧"之"游",不仅是指游牧民族代代相沿成习的正常生活秩序,而且包含了千百年历史积淀过程中逐渐内化成哈萨克族人的生存观念、思想方法、心理模式。叶尔克西称迁徙之路是哈萨克族人都要走的一条路,这条路上留下的是一个牧人:"几十年的心跳,几十年的呼吸,几十年的憧憬与失落,几十年的春风和秋雨。"④ 在《牧人的路》《走过的人家》等篇目中,叶尔克西无限感喟本民族的迁徙之路:"他们像候鸟一样离开老栖息地,飞向另一个新的栖息地;从一段岁月的深处,走向另一段岁月的开始。为的是完成一段生活的里程。"⑤ 迁徙的队伍中有老人、有

① 叶尔克西·胡尔曼别克、张春梅:《多元文化的对接——叶尔克西·胡尔曼别克访谈录》,载欧阳可惺、王敏、邹赞等《民族叙述——文化认同、记忆与构建》,暨南大学出版社 2013 年版,第 294 页。

② [美] 巴菲尔德:《危险的边疆——游牧帝国与中国》,袁剑译,江苏人民出版社 2011 年版,第 28 页。

③ 李娟:《深山夏牧场》,中信出版社 2019 年版,封底页。

④ 叶尔克西·胡尔曼别克:《永生羊》,新疆人民出版社 2003 年版,第 145 页。

⑤ 同上书,第 62 页。

小孩儿、有刚过门的媳妇，也有刚刚出生的婴儿和风华正茂的年轻人，甚至还有已经故去的人，他们盛装骑马而行，不断前行。对此，叶尔克西有着对本民族深刻的理解："不断地迁徙，让人总是处在悲欢离合的体验中，'离'与'合'多了，一定会让人变得深刻，内心世界沧桑、苍凉，又悲壮。对人生的理解和感悟，也会很深很深。"① 同样，哈萨克族作家努瑞拉·合孜汗对本民族的迁徙之路也有着深刻的体悟，她的小说《风雪迁徙》以描写哈萨克族牧民在现代生活中艰难的迁徙之路而引起众多的关注。小说中的哈萨克族牧民们每年从夏牧场迁徙至冬牧场，春夏秋冬，四季轮回，这种生活已成为他们的时间常态。对于如何选择迁徙的时间，迁徙的方法他们都有着多年的经验，小说重点描写了暴风雪即将来临之际，牧民们与当地干部之间因迁徙而发生了矛盾。作者努瑞拉·合孜汗巧妙地将民族的风俗与牧民之间的深厚感情作为化解矛盾的润滑剂，通过主人公赫德尔·阿勒这个人物形象表达出哈萨克牧民们团结协作、同舟共济的民族精神。"民族的不断迁移完成了哈萨克民族的生产生活及文化形态，而民族的文化脉络和文化指向都显示出这个民族的历史。"② 游牧民族的历史与文化存在于每个成员的身上，包括他们的精神世界，虽然哈萨克族人创造的物质财富没有定居者丰盛，但是他们的内心世界依然是丰富多彩的。

由于"迁徙"不定的生存状态，哈萨克族男女在日常生活中分工非常明确，男性以放牧为主，生活洒脱，无忧无虑，女性起早摸黑，终日操劳，是世界上最能吃苦、最为耐劳的女性之一。李娟《冬牧场》中的男主人——五十多岁的居麻"给大家带来了多少快乐与释放啊"，放牧归来，居麻在野地里冻了一天，一碗接一碗喝茶，等喝饱了，终于

---

① 叶尔克西·胡尔曼别克、张春梅：《多元文化的对接——叶尔克西·胡尔曼别克访谈录》，载欧阳可惺、王敏、邹赞等《民族叙述——文化认同、记忆与构建》，暨南大学出版社2013年版，第294页。
② 同上。

暖和过来了,"然后让我给他拿来镜子,举着左顾右盼半天,然后满意道;'嗯,还是那么漂亮! 还是一个小伙子嘛!'"令读者忍俊不禁地发出笑声。而女主人像陀螺一样整天忙得团团转,"所有破碎的时间都被她填得满满当当,连去隔壁家喝茶聊天都从不忘带上纺锤或绣了一半的毡片"。女主人炸油饼被滚油烫伤严重,但她一直坚持干完活后才处理,"那时我才发现,伤得非常严重! 烫起了一大片厚厚的水泡,好几天不能触动"。李娟对此表示:"好像受伤这件事的严重性远远排名在几只炸煳的油饼之后,又好像表现出对伤痛的重视会是多么伤脸的事……真是令人难以理解的坚忍与节制。"①从李娟的这些描写中,我们看到了哈萨克族的行为方式、思维方式乃至道德观念,无不带有民族的烙印,也反映了迁徙生活中形成的民族文化心理。

游牧经济的迁徙属性使游牧文明具有了不同于农耕文明的民族文化心理。哈萨克民族的不断迁徙所带来的生产与生活的流动性,不但使游牧文明除却了农耕生活的保守心态及意识形态上的观念体系,而且培育出哈萨克民族宽广的胸怀与开阔的视野,也为大规模的各种文化交流提供了有利的条件,形成了游牧文化特有的开放性、包容性的文化特征。"哈萨克族地处中亚,是在欧亚文化的大通道上,而且历史上又是一个以游牧生产生活为主的民族,所以,跨文化现象其实从很早就开始了,因为跨文化的状态造就了哈萨克民族开放的文化品格。"②哈萨克民族在本民族文化的基础上,吸收其他民族的文化精华,逐步形成与众不同的文化体系。这种文化体系主要由三种文化整合而成:"一是本民族固有的文化,可以说是主体文化或基层文化;二是伊斯兰文化,是他们信仰伊斯兰教后吸收的文化,是外来文化;三是中国汉文化,哈萨克族的

①　李娟:《冬牧场》,新星出版社 2019 年版,第 95—109 页。
②　[美]巴菲尔德:《危险的边疆——游牧帝国与中国》,袁剑译,江苏人民出版社 2011 年版,第 29 页。

祖先乌孙、匈奴等，自汉代便吸收了大量的汉文化，尤其是十八世纪后受汉文化的影响更大。现在，大多数青年人都通汉语，懂汉文。"① 所以，哈萨克族的开放性更多地体现在作家对双语写作的接受方面，他们扩展了哈萨克族文学的生命，延伸着本民族文化的无限可能性。哈萨克族双语作家群是新疆当代文学的一个重要现象，以其鲜明的特点格外引人注目。虽然双语创作是新疆当代文学中比较普遍的现象，但哈萨克族作家较其他民族作家而言，人数所占比重较大。如：艾克拜尔·米吉提、叶尔克西·胡尔曼别克、努尔兰·尼亚孜、哈伊夏·塔巴热克、阿依努尔·毛吾力提、叶尔肯·米那塔耶夫、朱玛拜·比拉勒等，这些哈萨克族作家从小学习汉语，熟练掌握了母语和汉语，而且熟知本民族的风俗习性，具有跨文化写作的独特优势。他们能用两种或多种相比较的文化视角来观察生活、审视生活，又能以两种思维方式交替使用以表现生活，塑造人物。这两种文化交替的视角产生了微妙的创作方法，使双语写作的作品具有了审美视域的新鲜感。新疆哈萨克族"双语"作家创作上的优势主要在两个方面：首先，他们热爱本民族深厚悠久的历史文化传统，具有扎实的民族文化根底，但他们又能从传统文化的束缚中脱离出来，在与其他民族文化的差异中真切地感受到两种文化的冲撞与调和，在矛盾、焦虑、认同、融合的心理交汇中兼收并蓄，广采众长，获得创作灵感，同时又将现代意识注入本民族的传统意识，使作品既包含了哈萨克本族的生命体验又超越了民族的界限，使其民族文学以更开阔的视野面向世界。其次，由于汉语属汉藏语系，从音、形、义到文化背景与属于阿尔泰语系的哈萨克语有天壤之别，然而他们在大环境中能将汉语运用得像本族语一样自如，辗转切换，顺意揉捏两种不同思维方

---

① 叶尔克西·胡尔曼别克、张春梅：《多元文化的对接——叶尔克西·胡尔曼别克访谈录》，载欧阳可惺、王敏、邹赞等《民族叙述——文化认同、记忆与构建》，暨南大学出版社 2013 年版，第 298 页。

式下的文化，自然书写中带有天然的混血气息，尽显双语思维的优势，从而使双语作家获得一种复合型思维的优势。双语作家的优势具体还表现为：丰富的观察角度、新颖的作品设计和构思、不俗的表现手法和写作技巧等。如艾克拜尔·米吉提的小说《努尔曼老汉和猎狗巴力斯》，主人公努尔曼老汉这个人物形象具有典型的哈萨克民族的特性——淳朴、善良、注重本民族的礼仪和美德。努尔曼老汉有一条拿黑牛换的好猎狗巴力斯，刘副书记为了讨好上司要将努尔曼的猎狗送给苏书记，当苏书记下台后，刘副书记便在大会说猎狗是努尔曼为了拉关系亲自送给苏书记的，努尔曼老汉对人性中的狡诈充满着鄙夷，他借用打狼的故事说"灰狼一见我到来，慌忙丢开那只可怜的羊，笑嘻嘻地对我说：哎呀，善良的牧羊人，你算白养了这条懒狗。这条饿鬼偷偷把你的这只肥羊拉到野外，正想吃掉。幸亏我赶来了，可怜的羊才幸免于祸。牧羊人，快快打死你那条饿狗吧！我从来没见过这种会睁着眼睛说瞎话的祸害，只一枪，就把它撂倒了"。[①] 这一故事正好讽刺了刘副书记反咬一口的恶人行径，小说批判了人性之恶，努尔曼老汉用哈萨克族人特有的机智，讽刺挖苦了栽赃嫁祸而又像变色龙一样的刘副书记，使其丑态百出的德行在不动声色中暴露无遗。这种写作方式的选择，是艾克拜尔·米吉提对哈萨克民间文化及汉民族文化熟谙的结果，小说中的人物、语言、习俗都有哈萨克民族的文化土壤和生活基础。而艾克拜尔·米吉提在思维方式、文化心态、创作手法方面都受到了汉族文化的深刻影响，他在秉承本民族文化传统的同时又吸引借鉴了汉族作家的创作风格，这是很多作家所难以企及的。针对哈萨克族双语作家的现象，陈柏中指出："这些作家既有哈萨克民族的文化土壤，又以开放性的胸怀接受了汉族文学及世界文学的影响，运用母语或汉语他们都可以直接阅读和写

---

① 艾克拜尔·米吉提:《努尔曼老汉和猎狗巴力斯》，载黄永中主编《西部六十年精品集》（短篇小说卷），新疆美术摄影出版社2015年版，第101—103页。

作，一方面受到广泛和先进文化的滋养，另一方面他们又在不同民族文化的相互参照中可以更好地把握和审视本民族的生存形态，这些哈萨克族双语作家带着草原文化的精神血脉走向了更广大的世界，具有更自觉的现代意识和审美眼光。"① 哈萨克族作家的双语创作现象正是新疆各民族文化交流与融合的见证，说明了他们在创作中富有探索精神，并且这种探索是富有成效的。21 世纪以来，跨文化现象对哈萨克民族的影响越来越广泛，叶尔克西称"哈萨克族一直是处在跨文化状态中的一个民族。我们所讲的跨文化写作，应该是这种现象的一种细化。我觉得我这一生能做一个跨文化的写作者，很荣幸。这让我的呼吸更加自由，内心世界也更加丰富，写出来的东西也因此打上了跨文化的烙印。我常用哈萨克语思维，用汉语进行创作"。② 此外，众多通晓汉语的哈萨克族作家翻译了大量本民族的优秀作品，既增进了民族间的互相了解，又弘扬了民族精神与文化，极大地促进了哈萨克民族文学的发展。

二　游牧文化确立的审美追求

文学是创作主体形成的精神复杂体，作家通过自己的努力，给读者奉献出带有自我深刻体验的作品，同时也把他对于世界的看法或隐或显地保留在那些原本干枯的文字当中。不过除了作家之间的个体差别，不同的创作者还可能有着相同或相似的文学追求，反映到作品中，就形成了作品叙述语言、美学风格、精神取向甚至主题意义上的相似性。在新疆游牧文化形态的影响下，作家们的审美追求有着鲜明的倾向，他们书写中确立着游牧文化的审美追求，这是作家们用开阔的现代审美意识映

① 陈柏中：《哈萨克族当代小说发展的新生态》，载张孝华、萧嗣主编《走动的石人——哈萨克当代短篇小说选》，新疆人民出版社 1992 年版，序言，第 6—7 页。
② 叶尔克西·胡尔曼别克、张春梅：《多元文化的对接——叶尔克西·胡尔曼别克访谈录》，载欧阳可惺、王敏、邹赞等《民族叙述——文化认同、记忆与构建》，暨南大学出版社 2013 年版，第 298 页。

照、把握哈萨克族草原生活的结果。

具体的游牧文化因子并不仅仅表现为物质、典章、制度和各种符号所记录的思想成果，而是表现于具体的哈萨克民族的生活、行为、思维方式等方方面面。在新疆当代文学中，游牧文化的审美确立首先体现于作家作品对丰盈的草原文化气息的迷恋。如哈萨克族作家朱玛拜·比拉勒在描写本民族的小说中，往往带有浓郁的哈萨克族草原文化的气息，他的小说《蓝雪》《少妇》等篇中，有着大量的对草原民情习俗的描绘，让读者看到了传统草原文化中民族文化心理积淀。朱玛拜·比拉勒在对本民族宽容理解、温和批判的创作态度，引发了读者对草原文化的优劣和走向的深入思考。有评论者认为朱玛拜·比拉勒的文学创作是将草原文化的传统与现代交织于一起，"当他从哈萨克族丰厚的民间文学资源中开掘题材时，他又渗透进现代精神，进行了创造性转换，使之表现变动不居的草原上人们的生存状态和精神状态。因而，他的小说不论是写实的，还是虚拟的，都透着新鲜的草原气息，有着令人沉醉的浓浓的文化韵味"。[①] 朱玛拜·比拉勒其他的小说如《生存》《朦胧的山影》等写动物的小说，同样贯穿着一种游牧文化的因子，反映了哈萨克民族既贴近草原、热爱自然，又畏惧自然、敬奉草原文化的民族传统。同样，叶尔克西·胡尔曼别克的小说《额尔齐斯河小调》中的奶奶挤马奶时想的是哈萨克族人祖祖辈辈都默诵着的格言："鹰的翅膀，是靠它自己飞出来的。它的翅膀属于蓝天"，她想把盲孙培养成草原上最好的阿肯（歌手）和冬不拉琴手，然后"子子孙孙都在大草原上过下去，永远吸吮白色的乳汁"。[②] 小说中奶奶的心理活动与草原文化结合在一起，令人感受到作者对本民族文化深厚的情感。需要指出的是：哈萨克

---

① 陈柏中:《哈萨克族草原小说的新拓展:朱玛拜》，载陈柏中《融合的高地——见证新疆多民族文学60年》，新疆人民出版社2010年版，第193页。

② 叶尔克西·胡尔曼别克:《额尔齐斯河小调》，载王玉、刘霞、沈维琼主编《新疆当代文学作品选讲》，新疆大学出版社2015年版，第223页。

族"因游牧生活居无定所，宗教观念相对淡薄，伊斯兰文化对哈萨克族社会生活各方面的影响也不是很大"。① 这也是哈萨克民族的文化观念为什么更多地受到本民族固有的传统文化影响的一个重要原因。哈萨克族作家艾克拜尔·米吉提的小说《金色的秋叶》在男女主人公的视角下来展现哈萨克民族对草原的依恋，《绿茵茵的草坪》中的年青一代在草坪上想起了家乡广阔的草原，这些都反映出他们对草原的深切情感，草原是游牧民族生存的大地，这是哈萨克民族祖先挥洒汗水的地方，是哺育一个民族成长的力量。艾克拜尔·米吉提对于草原的眷恋代表了哈萨克族对其赖以生存的大草原的深厚情感，"那辽阔、迷人的草原景色，那哈萨克族特有的民情风俗、待人接物的礼仪，那曲折有致、娓娓动听的草原上发生的故事，还有从牧民口语中提炼出的生动、机智的语言，贴切、新鲜的比喻……这一切，自然而然地构成他作品独特的民族情调和草原风味，就像那马奶酒一样，醇厚而又芬芳"。② 地理学家段义孚指出："游牧的狩猎民族不会待在一个地方，也因为他们对土地所有权意识是不明确的，所以我们可能认为他们不太依恋于土地。但是事实上，在这样的民族中可能存在对于哺育他们的土地的最强烈的情感。"③ 哈萨克族作家们对草原的依恋正是对土地哺育的感恩之情。

"哈萨克民族是天才的诗歌民族，哈萨克草原是诗歌的海洋。"④ 游牧生活原本是艰辛的，但哈萨克族是一个诗化的民族，他们从生到死都在追寻着民间诗意的生活。"游牧"这样一种生活性质无论如何不利于

---

① 何星亮：《维吾尔、柯尔克孜、哈萨克、乌孜别克、塔吉克、塔塔尔、俄罗斯、裕固、撒拉族文化志》，载《中华文化通志》编委会编《中国文化通志》第 3 典，上海人民出版社 1998 年版，第 3 页。

② 陈柏中：《时代精神与民族特色的交融——谈哈萨克族青年作家米克拜尔的小说创作》，载陈柏中《融合的高地——见证新疆多民族文学 60 年》，新疆人民出版社 2010 年版，第 179 页。

③ ［美］段义孚：《空间与地方——经验的视角》，王志标译，中国人民大学出版社 2017 年版，第 128 页。

④ 苏北海：《哈萨克族文化史》，新疆大学出版社 1989 年版，第 13 页。

确定牢靠的认同与归属，不利于记述与叙事，它天然地亲近抒情的浪漫主义。"它地广人稀，如同海上的渔夫，散居于迷茫的旷野，自由地各自游牧，它把死者的尸体浅埋于草地，坟墓上甚至不留标志，它在牧草萌生的夏季活动于野外，牧草枯死的秋冬则蛰居于穹庐之内，过着分散孤独的生活。在这种纽带松散、地缘关系微薄的贫弱社会，在这种草原的空旷和单调的环境中，它一直和自己的畜群一块儿，过着朴素、孤独、单一的生活，那种经济的和文化的单一、同质状态，几乎根本没有什么年代差别和地域差别。这本身就暗示着一种'浪漫'和'诗意'，一种纯粹的'抒情状态'，一切都清浅为优美、悲伤的抒情，而不是字斟句酌的枯燥叙事。"[1] 尽管哈萨克族作家对诗意的表达各有情态，纷繁而不相同，但我们总能强烈地感受到游牧文化对诗意的不同阐释。哈萨克族作家阿吾里汗·哈里的散文《白天鹅回来了》极尽对白天鹅的赞美，"哈萨克"这个词的释义在哈萨克语中也有将其译为白天鹅的说法，哈萨克民族有着崇拜白天鹅的图腾文化，作者从骆宾王的《咏鹅》写到哈萨克族民间著名诗人阿拜的诗句"天鹅时而展翅腾空疾飞，玉翎闪光，似把白鸥攫住"。在古老的乌伦古湖上：白天鹅"扬颈肃立，如雪莲绽开，展翅飞翔，似仙女飘逸，羽洁白，一尘不染，肉冠鲜红，如血凝成"。作者沉醉于"白天鹅"诗意的释意中——"幸福的鸟，吉祥的鸟，珍贵的鸟"[2]，作者从哈萨克民族白天鹅的诗意传说中开掘出醉人的沉静之美，我们感到的是纯美的诗意。艾克拜尔·米吉提的《走动的石人》以伫立在夏甫柯河边的哈萨克族人的千年石人来象征古老的生活方式和神灵崇拜，牧人耶斯姆别克因把石人搬回家而被梦魇煎熬，长者告诉他石人是千古圣人，它保护着这方人畜山川的安宁，虔诚

---

① 韩子勇：《文学的风土》，新疆人民出版社 2004 年版，第 35—36 页。
② 阿吾里汗·哈里：《白天鹅回来了》，载夏冠洲主编《新疆文学作品大系（1949—2009）》（散文卷），新疆美术摄影出版社、新疆电子音像出版社 2009 年版，第 369—378 页。

的哈萨克族人向石人敬献，挂满了七彩布条，而在文物考古的孔所长眼里石人只是历史遗迹，宁静而带有神秘色彩的石人与草原形成了和谐的诗意氛围，石人的走动暗示着草原古朴的生活魅力和现代文明之间产生的冲撞，令人感到的是惆怅的诗意。朱玛拜·比拉勒的小说对诗意的追寻则寄托在人性人情之美中，小说《家业》中通过儿子的叙事视角展现父亲在草原上充满艰难的人生，但草原上人与人之间却有着纯粹的人情美、人性美，这种美滋润着父亲的心灵，当作者对人性美好的感受和由衷赞赏化为优美的文字时，达到了自然与人、人与人心灵诗意的契合。朱玛拜·比拉勒的另一篇小说《蚊子》中，原本在荒原上"劳动改造"的汉子，躺在房顶上仰望夜空，当灿烂的银河流过他的头顶，他突然捕捉到一种解脱的快感，美丽的星星成了他经历苦难的见证，大自然的微妙唤起他生命的激情，诗意也从中升腾起来。从哈萨克族作家的这些书写我们感到一个民族对诗意的追求。民族的诗意，无论它是美丽的、沉重的还是冷静的，都是富有意味的，而这种诗意所产生的"意味"或"韵味"正是久远的游牧文化的魅力表现，他们的审美追求和生存土地的文化形态及文化传统保持着割不断的精神联系，并从中透视出人类共同具有的人性本质。

游牧文化对作家确立的审美追求还体现于对哈萨克民族古老民俗文化的书写。"民族是血缘和文化的共同体，所谓民族文化特色在很大程度上不是取决于其精英的成就，而是取决于其民族大众的风俗习惯，包括服饰、饮食、居住、婚姻家庭、宗教信仰、人生礼仪、节日时岁等，有自己特点的行为模式，并以此与其他民族相区别。而民族内部在民俗上的地区差别，则是大同中的小异，形成多样性的统一，如同一个语言系统中有不同的方言一样，民俗文化中的多样性将是一个永恒的存在。"① 哈萨克族的民俗是受史前人类生活、生产以及经验、

---

① 牟钟鉴：《中国宗教与中国文化》（卷三），中国社会科学出版社 2005 年版，第 101 页。

信仰和原始思维的影响而形成的，由于游牧生活的缘故，保留了较多的氏族部落制度的残余形式。哈萨克族的民俗文化中有着具体丰富的民族文化样式，如朱玛拜·比拉勒的小说《蓝雪》描写了胡尔丽莺在丈夫死去后与他人相爱，按照哈萨克族人古老的风俗则要受到在冰窟窿中"呛水"的惩罚；而一个月后，"幸福终于回到了这个守寡不久的女人头上"，她要和那位热恋着她并一同身遭厄运的男人结婚了，曾经"审判"他们的族长与众人又前来祝福，大家共同喝着洗过银戒指的蜜糖水。在对民情习俗的描绘中，作者显示出对民族文化传统既有批判又有肯定的新的理解，让人们独自去思索游牧文化的优劣和走向。对待死亡，哈萨克族有着与汉族人完全不同的思维方式及行为模式。叶尔克西·胡尔曼别克的《帷幔两边》中，母亲将自己结婚时的红帷幔交代给孩子们时说："记住，一个人是会死的，我和你们父亲，也是会死的。那是天意所定，迟早要发生的事。如果哪一天，我真的死了，有人问，给你妈遮面的东西在哪儿，你们要把这个拿给他（她）。其他的事，交给他们去做就是了。你们还应该记住，丧失亲人虽然是一件很难的事，但是任何一种悲哀都应有所节制。否则，就会让人瞧不起，或让人耻笑。"①哈萨克族将死与生放在同等的地位，对死亡是从容而超脱的，简洁、平静的生死观不仅反映着民族文化心理，更是对人生的彻悟，所以他们对死亡的达观令人惊异，叶尔克西·胡尔曼别克在《父亲的堂兄》中记录了本民族对待死亡的真实态度，文中将死之际的堂兄笑着来向亲友告别，而对死亡，堂兄并没有恐惧与伤心，他走遍了附近所有人家去告别，就像把什么喜讯告诉给大家一样。叶尔克西认为在哈萨克族人传统的生命价值观中，并不认为死亡是可怕的，死者只是跨越了生死的界限，"这是因为哈萨克这个民族对死亡的理解到了一种更高的境界，可以很坦然地面对死亡了。事实上，生与死的距

---

① 叶尔克西·胡尔曼别克:《永生羊》，新疆人民出版社 2003 年版，第 14 页。

离只有一步，逝者也只不过比我们早一步去了那个世界"。① 另一位哈萨克族作家阿依努尔·毛吾力提在散文《红柳泉纪实》中详细地描写了哈萨克民族"还子与哭歌"的礼俗，"我小的时候能和祖父、祖母在一起生活，说起来是得益于哈萨克族古老的风俗——还子。'还子'是哈萨克族古老的风俗，家里的长子或长女结婚后生的第一个子女要送给自己的父母"，这个孩子"从生下来就和祖父、祖母（外祖父、外祖母）生活在一起，小的时候可以带给老人很多快乐，长大以后又可以照顾年迈的老人的饮食起居。现在草原上的哈萨克族这种风俗依然存在"。② 而"哭歌"是指在哈萨克族葬礼上死者的女儿、儿媳或妻子唱的送行歌，"也是哈萨克族古老的风俗，是哭着唱的一种歌"，"如果一个哈萨克族妇女不会唱哭歌，那是会被人耻笑的，即使是现在，会唱哭歌的人依然很受尊敬"。③ 事实上，这也是迁徙生活提供给哈萨克族的认知，那就是那种对生活沧桑感的感喟。离别带给了人痛苦，同时教会了人克制和表达，唱，是一种最好的表达方式。"虽然亲人们会哭，但是都很节制，然后会把自己的思念唱给友人听。这是一种对逝者的怀念，这种唱，会延续一段时间，可以唱到一年（当然，这是在过去，现在少了）。"④ 哈萨克族的民俗习性在他们日常生活和精神结构中有着重要的作用，也是作家着力书写的一个方面。对哈萨克族作家来说，本民族的民俗文化在他们身上留下了清晰的投影，这是他们从小就熟悉的民俗文化，而且正是在这些风俗的浸润下，也才能对本民族的体认更深

---

① 叶尔克西·胡尔曼别克、张春梅：《多元文化的对接——叶尔克西·胡尔曼别克访谈录》，载欧阳可惺、王敏、邹赞等《民族叙述——文化认同、记忆与构建》，暨南大学出版社2013年版，第295页。

② 阿依努尔·毛吾力提：《红柳泉纪实》，载王玉、刘霞、沈维琼主编《新疆当代文学作品选讲》，新疆大学出版社2015年版，第455—456页。

③ 同上书，第456页。

④ 叶尔克西·胡尔曼别克、张春梅：《多元文化的对接——叶尔克西·胡尔曼别克访谈录》，载欧阳可惺、王敏、邹赞等《民族叙述——文化认同、记忆与构建》，暨南大学出版社2013年版，第295页。

刻。当然，哈萨克族作家对本民族风俗的审美追求并不停留在具体的事象上，他们眼中的民俗文化不仅是一个民族精神的审美表达，还有着对悠远的游牧文化的发掘与发现，他们以这种方式来观照民族的心理特征和文化走向。

文学的真意义与真价值在于它能在多大程度上敲开人类灵魂的障蔽，直达人类精神的深层并由此融会。对于哈萨克族作家来说，游牧文化的精神与文学之魂是挽系在一起的，新疆辽阔的草原上的游牧文化给予他们的是一种天然的联系，特定的游牧文化是文学作品产生的思想源泉，这是任何其他地方文学所不能抵达的深处。当然，新疆作家并没有局限于文化视野和审美眼光方面，而是较深层地开掘出游牧文化形态下的民族心理结构，这正是他们的作品独具的审美价值所在，正因如此，游牧文化因子下的新疆当代文学为中国当代文坛提供了一种全新的审美体验。

第三节　兵团屯垦文化在新疆当代文学中的映照

新疆兵团屯垦文化是新疆地区特殊的一种文化形态，如果追根溯源，这种文化形态最早始于汉唐以来的西域屯田文化，但真正形成一种高度成熟的社会组织形态则是中华人民共和国成立后的新疆生产建设兵团。"新疆生产建设兵团是新中国历史上独特的屯垦戍边组织，它集党、政、军、企为一体，从主要以农场及牧业为中心的政治、军事、生产组织，发展为囊括城市、科技文教、工业、贸易、农业、牧业等多种形态的政治、军事、经济组织。它镶嵌于天山南北，是新疆社会的有机组成部分，同时又构成了一种区别于新疆其他城乡社会的独特社会形态。新疆生产建设兵团承续了中国历史上屯垦戍边的历史传统，但并非这一传统的简单延伸，而是在中国革命和建设中诞生的新型社会组织。"① 新疆生产建设兵团带来了大批垦荒者，新疆文化形态在这些外来者的影响下，不断地在冲击融合中产生出一种新的文化形态——兵团屯垦文化，"它以内地文化特别是汉文化为母体，以开发边疆、建设边疆、保卫边疆为根本宗旨，以前仆后继的屯垦军民为主要载体，吸收了新疆多民族文化以及内地移民文化，兼具爱国主义精神、开拓进取意识和多元共生态势"。② 在兵团屯垦文化的影响下，新疆当代文学涌现了一批表现兵团人生活的兵团屯垦小说，如董立勃的小说《白豆》《米香》《暗红》《静静的下野地》等，陆天明的《桑那高地的太阳》《泥日》，安静的小说《将军的故事》，韩明人的《大漠风情》系列小说，王刚的小说《这些"老兵团"啊》，韩天航的《跳鼠之家》，施祥生的《野麻滩》，钱明辉的《黑梭梭》等，这些小说塑造了众多性格鲜明的兵团人形象，向外界掀开了新疆垦荒者化剑为犁的垦边人生，触摸到了不曾被发现和表达的兵团屯垦文化的经验。

一 兵团屯垦文化的景观——"下野地"与场部

"兵团屯垦文化"的书写在新疆当代文学谱系中是一个独具特色的题材形态，它与其他新疆文化因子一起构成了新疆当代文学之"多样性"的重要方面。那些游走在兵团屯垦文化中的作家，在解读和书写着新疆兵团人的心路历程，他们叙说的不仅仅是兵团人的垦荒生活，更是已衍化成兵团人的人生体验和心灵感悟的魂魄，具有一种荡气回肠的艺术魅力。

董立勃的小说是兵团屯垦文化在新疆当代文学中最好的映照，他的

---

① 汪晖：《序言》，载邹赞《穿过历史的尘烟——新疆军垦第一代口述史》，暨南大学出版社2016年版。

② 邹赞：《穿过历史的尘烟——新疆军垦第一代口述史》，暨南大学出版社2016年版，第5页。

"下野地"系列小说在对兵团屯垦文化的书写中取得了较大的突破,他将兵团人的赤子之心毫无保留地倾注到他的生长之地——"下野地"。董立勃的小说空间背景大都发生在20世纪50—70年代新疆"下野地"的农场。《静静的下野地》中介绍:"下野地是一个地方。也是一个农场。地方很古老,没有人知道已经存在多少年了。农场却很年轻,从创立那天算起,也不过才几年时间。下野地,也没有什么特别的,一片很大的荒野,也叫戈壁滩。这样的地方,新疆多得很。它们没有什么区别,只是叫的名字不一样。同样,下野地农场,也是平常的农场,此时,和它一样的农场,在天山的北边和南边,至少也有几百个。"[1] 正是从下野地这个地方,作家打开了隐于兵团屯垦生活背后蕴含的历史和文化意象,他的"兵团屯垦"系列小说成为新疆当代文学备受关注的资源话语。"那团升起了炊烟的地方,有一个名字,叫下野地。"[2] "下野地"的空间地理位置是边地中与沙漠、天山相连在一起的,董立勃多次在小说介绍:"下野地离沙漠很近,走过那片看得见的胡杨林,就能看到那个叫古尔班通古特的大沙漠。"[3] 在下野地世界,边疆荒滩上的自然景观本身就是一部传奇,戈壁老树、枯河古道、苜蓿胡杨,仿佛是感受着亘古的时间与浩渺的空间的饱经沧桑的老者,这些富于传奇色彩的自然物象形成了兵团人的生存环境。新疆建设兵团驻扎的地理位置是远离绿洲的新疆荒漠,在这样的蛮荒之地充满着兵团人不息的生命意志,他们凭借自己的双手建设出自己的家园,正如《静静的下野地》中韩队长所言"咱们是军垦战士,一手拿锄,一手拿枪,建设边疆,保卫边疆"。作为开荒队的队长,他领着一群男女,开了许多荒地,但他还想要多开些荒地。戈壁滩上荒地多得很,只要有水,全能变成生长

---

① 董立勃:《静静的下野地》,上海文艺出版社2004年版,第5页。
② 同上。
③ 同上书,第38页。

庄稼的田地，而开荒这个事，主要还是靠人，"下野地要开十万亩地，现在只有人。人的力气没有拖拉机大，也没有牛大。一个人怎么也拉不动一只铧犁。那就八个人一起拉一只犁。八个人把力气往一个地方使，虽说不能和拖拉机比，可比起一头牛来，一点儿也不差"。① 小说中的主人公了妹与兵团男女战士们在这片荒地上种棉花、挖大渠。在董立勃的"下野地"系列小说中，下野地有职工宿舍、食堂、幼儿园、养鸡场、养羊场、养马场、大礼堂、大晒场、打铁铺等，这里种蔬菜、种棉花、种西瓜，下野地所呈出的景象是高粱红似火，向日葵像是金色的大盘子，看棉花像是白云，玉米像是红缨枪。② 在僻远荒芜、极端艰苦的下野地，兵团人以组织的、集体的力量顽强地扎根下来，显示了人类生命力的坚韧，他们的奋斗史和创业精神，成为新疆别样的兵团屯垦文化景观。

作为新疆兵团屯垦农场的缩影，"下野地"是一种特殊的新疆地方农业组织形式，这是诞生于20世纪50年代且带有准军事或半军事的性质，下野地："虽然和我们熟悉的北方的村庄，南方的村庄，有着太多的相似，可还是有些不同。有些东西，别的村庄没有，只有在下野地才能看见。没有寺庙，没有家族，没祖传的家谱。百家姓里有的姓，这里全有。五湖四海的方言，这里全能听到。早上起床后，还要集合上早操，有人喊口令，大家要排队。排好队，再一起唱歌。唱得最多那首歌，是《三大纪律，八项注意》。下野地的人，男男女女全会唱这首歌。见面称全呼，在名字后缀上同志二字。关系好一点，也有喊大哥大姐的。除此以外，再没有别的称呼。起先连孩子都没有，现在有了孩子，却还是没有老人。这就是20世纪50年代初的下野地。"③ 兵团生

---

① 董立勃：《乱草》，花城出版社2004年版，第38页。
② 同上书，第122页。
③ 董立勃：《白豆》，载陈柏中主编《新疆文学作品大系（1949—2009）》（长篇小说下卷），新疆美术摄影出版社、新疆电子音像出版社2009年版，第324—325页。

活的组织程度、集中程度并不亚于军队,它的计划性、有序性又使它和一般的新疆乡村景观区别开来,它的时空存在虽然没有像绿洲景观那样被切割成片状,但醒目的阶段性特点与乡村时空的自在风貌保持着一定的距离,它的商业文明和市民文化不及城市深厚,但它同时也缺乏乡村生活根深蒂固的传统沿袭。它与自然保持着密切的联系;以土地为对象进行物质生产的交换,但这种交换的方式又不同于地道农民的土里刨食。[①]

下野地是兵团屯垦地的一个微小景观,但映照出的是新疆建设兵团普遍性的文化地理特征。董立勃创建的"下野地"是一个有形的、明晰的小世界,他在这样的世界中清晰地阐明了兵团屯垦文化的个人经验和集体经验。从小说中可以看到,"下野地"的人员组成分了几部分,一部分是战争结束后的军人或起义人员,他们打完仗就开起了荒,有一部分,是从内地招兵招来的,有一部分是分配调来的,这一部分人叫支边的,再一部分,就是自己从老家跑来的。叫自流人员。和其他几部分比起来,自流人员似乎低了一等。如《白豆》中的白豆、白麦,《静静的下野地》中的娟子、了妹等就是从内地以征兵的名义招来下野地给脱下戎装的军人做妻子的。而《米香》中的米香则是自流来到下野地的,这类人员在新疆有一种专门性的指代词语——"盲流"。王刚在小说《英格力士》中借主人公之口介绍这个词在新疆文化中的含义:"这些人之所以被叫做盲流,是因为他们都是自流来新疆的。就是说,他们既不是跟着王震走进新疆的老二军成员,也不是像我爸爸妈妈这样的由组织安排支援新疆建设的。他们是一路要着饭来的。盲流在我们这些孩子的心目中是骂人的话。"[②] 而在下野地,无论你以什么身份而来,来

---

① 韩子勇:《深处的人群——韩子勇文化评论》,新疆人民出版社 2009 年版,第 61 页。

② 王刚:《英格力士》,载陈柏中主编《新疆文学作品大系(1949—2009)》(长篇小说下卷),新疆美术摄影出版社、新疆电子音像出版社 2009 年版,第 597 页。

多少人都不多，只要走进下野地、只要说不走了，下野地就把户口给你，把饭碗给你，把房子和衣服给你，只有一个条件——下地干活。在下野地无论是上工还是下工，都有统一的时间，董立勃几乎在每一篇小说中都写到了"下野地"的钟，钟声一响就是军号吹响，"全下野地的人听了这钟声，都往大操场上跑"。① 在作品中下野地的人干什么都要听钟声，从起床到吃饭，到下地干活，再到开大会小会，每天不知听多少遍钟。下野地的生活是一种亚军事风俗，生长于兵团的韩子勇指出，亚军事风俗意味着军人成为赤手空拳的劳动者，农民带有"兵"或"工人"的色彩与形象，令知识分子懂得纪律和命令的重要，让"小市民"确定集体化的意识、军事化的心理，它没有内地农村中顽固的家族势力和血脉倾向，它的基本成员不是工人和市民，也不能简单地判定为一般农民，它的社会分工协作水平却远远高于乡村中一家一户的分散经营。"下野地"就是董立勃倾力打造的这样一个兵团屯垦的特定空间，"散布在新疆天山南北的屯垦农场，有几百个，全差不多。看了一个，就知道所有农场的垦荒者是怎么样在劳动在生活"。②

　　在董立勃的小说中，"下野地"也是一块充满了魔力的大地，这里到处是险恶的玉米地、神秘的胡杨林、不祥的储水库、诱人的沙枣花、骇人的沙尘暴，这些富于传奇色彩的事物形成了极具西部风情的生存环境。"置身于这样苍凉粗犷的自然景观和艰苦卓绝的生存环境中的温柔倔强的边疆女人及野性十足的军垦男人，注定要上演一幕幕爱恨情仇的人间悲剧。因此，阴谋与爱情，压迫与反抗，罪恶与真相，都成为董立勃边疆书写传奇性的构成元素。"③

---

① 董立勃：《乱草》，花城出版社 2004 年版，第 162 页。

② 董立勃：《白豆》，载陈柏中主编《新疆文学作品大系（1949—2009）》（长篇小说下卷），新疆美术摄影出版社、新疆电子音像出版社 2009 年版，第 412 页。

③ 赵学勇、王贵禄：《守望·追寻·创生：中国西部小说的历史形态与精神重构》，北京大学出版社 2012 年版，第 98 页。

"场部"是兵团作家反复书写的一个政治地理景观,"场部是下野地的中心,都想住到那里去,可很少人有这样的机会,下野地多数的人,还要去偏远的荒野上种地"。① 董立勃在小说《白豆》《米香》《乱草》《静静的下野地》中都有对"场部"景观几乎相同的描述,这是农场的最高权力者——场长的办公室,这个空间背景"通常有两间,外头一间,里头还有一间。外头一间用来办公,里头一间用来休息。里头一间主要是用来睡觉的,一般来的人只能呆在外间,进不到里间去"。② 这个空间是权力、欲望的象征,拥有这个空间的场部主人——场长往往代表着组织,他拥有生杀予夺的权力,如《乱草》中的赵场长:"下野地很大,可下野地对赵场长来说,像是赵场长家的院子,像是赵场长家的菜地,闭着眼也不会走错路。想到什么地方,抬腿就能走到。想看见谁,举目就能看见。赵场长到什么地方,没有人觉得怪,赵场长要见谁,也没有人觉得怪。"③ 《米香》中的保卫干事让米香去堕胎时说:"在我们下野地,没有什么是个人的事,不管什么事都要听从组织的安排,你一定要去把这个孩子处理掉,这是开会决定的,是吴场长亲自安排的。"④ 显然,场长是这个边地基层的"权力者"的代表,董立勃笔下的下野地场长们从不流露自己内心的真情,善于经营自己的权力核心,而且毫不留情地将所有对自己产生威胁的因素都消灭为零。《乱草》中的朱队长因发现了赵场长和夏兰的情人关系,以此为筹码威胁赵场长而升职为副场长,他与赵场长去哈萨克牧民家里做客时,赵场长明知他不胜酒力,还让他代表团场给对方不停地敬酒,返途中朱副场长酒醉跌落雪地,赵场长从他皮大衣口袋掉落的本子中看到了记录及检举乱搞男女关系的材料后,"赵场长没有跳下马去把朱副场长喊醒,也没

---

① 董立勃:《米香》,人民文学出版社 2004 年版,第 102 页。
② 董立勃:《乱草》,花城出版社 2004 年版,第 40 页。
③ 同上书,第 180 页。
④ 董立勃:《米香》,人民文学出版社 2004 年版,第 127 页。

有把他扶起来，让他重新坐到马背上，让马把他驮回家"。朱副场长死于醉酒。当晚赵场长与情人夏兰约会时，朱副场长的死"并没有影响到他的情绪，赵场长好像比过去还兴奋了"。① 团场一切的人事调动、人员升迁都由场长说了算，场长往往代表了组织，所以"下野地"这个地方"不是村庄，这个地方，是农场，组织纪律性很强，谁的话都可以不听，组织的话不能不听"。② 毫无疑问，场部是权力的营盘，权力政治紧紧与场部束缚在一起，权力无处不在，当场长的妻子春草想要调换工作到托儿所时，赵场长想了想，说"好吧"，很快托儿所的一个阿姨被调去种菜了，春草如愿以偿去了托儿所，"原来的那个托儿所的所长坚决要把位置让给春草，说春草比她有水平当所长更合适。春草推了推没推掉，就把所长这个位置接过来了"。董立勃在小说中写道："在这个地方要你干什么不让你干什么，你最好不要问，因为问也是白问，还会让安排你的领导干部不高兴。"③《米香》中的吴场长、《白豆》中的马营长都是掌握着下野地最高权力的代表，他们以组织的名义行使权力，并将个人的意志强加于手中的权力来支配一切。与权力同系一起的还有权力者的欲望，他们的欲望往往是小说中女性爱情、婚姻命运的重要因素。在小说中场部供场长休息的那个房间往往是欲望达成的空间场所，《乱草》中的春草、夏兰，《静静的下野地》中的花子，《烈日》中的雪儿等都是在场部这个空间被当权者占有身体。《白豆》中的白豆与白麦都是这种权力欲望的牺牲者，"在这个地方"，最高的权力者"想娶哪个人，只要这个人还活着，这个人就得嫁给他，谁也没有办法"。④ 白麦因为比白豆漂亮，便被"独眼"首长选作妻子，且

① 董立勃：《乱草》，花城出版社 2004 年版，第 231—235 页。
② 董立勃：《米香》，人民文学出版社 2004 年版，第 127 页。
③ 董立勃：《乱草》，花城出版社 2004 年版，第 81—82 页。
④ 董立勃：《白豆》，载陈柏中主编《新疆文学作品大系（1949—2009）》（长篇小说下卷），新疆美术摄影出版社、新疆电子音像出版社 2009 年版，第 328 页。

首长运用权力让医生给她暗地里做了绝育手术，目的是更好地照顾他与前妻所生的孩子，白豆因被马营长看中，却由此陷入了爱情、阴谋、权力设置的重重陷阱中，对下野地来说，马营长就是下野地不落的太阳。在权力者及其所代表的"组织"面前，所有的人都是脆弱不堪的，无论男人还是女人，都不过是如草木般的工具。迈克·克朗指出"考察地理景观就是解读阐述人的价值观念的文本。地理景观的形成过程表现了社会意识形态，而社会意识形态通过地理景观得以保存和巩固"。[①]场部作为体现权力的一种地理景观，是兵团体制下政治观念的象征系统，而兵团社会就是构建在这个政治观念之上的，它深刻地反映出兵团屯垦文化中的政治观念与人之间的关系，从这个角度来看，董立勃作品中对权力与政治性描写，是站在人道主义的角度上，借对复杂人性的探求，把最具现代性的平等、自由、尊严和人权意识贯注于他所要彰显的善良人性中。这其实隐含着作者对反人道、反人性的兵团集权政治的挑战，是对政治文明与社会民主的呼唤，而这恰恰是董立勃对作为故乡的"下野地"特别的关爱与凝视。

通过文本可以看到，董立勃的垦荒叙事的写作意图不是要塑造战天斗地的英雄群像，不是抒发青春无悔的豪情壮志，而是追溯被历史事件所湮没的兵团人的生存本相，重拾宏大叙事之外的情感碎片，描述普遍人性的变异史。基于底层生存状况的焦虑，董立勃不厌其烦地诉说着权力的邪恶，权力拥有者不仅为所欲为，而且不断向底层施加着有形和无形的压迫，这种书写实际是对军垦历史神话的"祛魅"。"下野地"有着不同于一般村镇社会的特殊性，军垦农场是半军事化的管理方式，如果说在一般的乡镇中我们看到更多的是文化习俗对人的制约，在这里却是一切都带上了政治权力的烙印，权力无孔不入成为主宰下野地人命运

---

① ［英］迈克·克朗：《文化地理学》，杨淑华、宋慧敏译，南京大学出版社 2005 年版，第27 页。

的隐形之手。需要注意的是，引起人性冲突的权力在董立勃的边疆书写中具有举足轻重的地位，所有人都敬畏权力，尤其是女性，权力的至高无上最主要地体现为谁有"被分配到"结婚的机会，这种权力彰显了兵团屯垦生活对女性而言非常残酷的另一面。在下野地世界，"干部"以"组织"和"群众"的名义行使着权力，并通过堂而皇之的理由，对人的自由构成侵犯，从而也就瓦解了个体的主体性。董立勃的小说关注的兵团屯垦文化体制下个体的生存困境、情感缺失与人的现实需求之间的裂痕，反映出兵团屯垦这种组织强调人的社会性，忽略个人情感的个体性，揭示了在兵团"组织"和"革命需要'的名义下，个人爱情婚姻自主权的丧失，宣示了政治婚姻存在的无奈及不合理性。

"下野地"与场部构成了董立勃小说中重要的空间背景，在这两种景观的映照下，使得作品中人物的命运达成了某些衍变与冲突，从而在更高的意义上表达了兵团文化的现实意义。

二 兵团屯垦文化蕴含的文化性格

文化性格是指一定文化类型下群体或个体所表现出的无意识特征，它由具体的价值观念、行为模式、心理积淀而组成。兵团屯垦文化有着新疆特殊时代的历史背景，它是兵团人在长期的垦荒劳动中所形成的文化观与审美观，它沉淀于每一个屯垦人的灵魂之中，寄寓在每一个兵团人的血液之中，已经成为一种特定的无意识心理。新疆当代文学中的兵团屯垦类型书写与其他反映新疆文化地理的作品有着质的区别，那就是兵团屯垦作品中有一种关键性的支撑因素——兵团文化，对这些作品而言，新疆生产建设兵团社会的结构、性质与组成是笼罩于作品之上的社会背景，正是在这样的背景下，我们看到兵团屯垦文化性格是杂色的、悲情的、不妥协的。

对于新疆兵团屯垦的形态，韩子勇认为："无序的流动，大规模的移民，接力赛一样地散落着，每一块可垦的荒地都燃起篝火，都搭起窝棚，或沉默或歌唱，或舞动或停滞，构成一幅开天辟地的创世图。孤立的绿岛被沙漠分隔，显得偏僻，也带来安详与宁静，黄尘与炊烟、沟渠与牛羊、坡地的孤树与独房屋，野地种了又荒，荒了又种，崖畔与风城、枯树与乱石、混杂的语种与质朴的风情、有组织的垦荒团队与土丘后的盲流们的矮棚、各色人等平安相处，敏感如弦而又豁达如鼓。秩序就这样被确定下来，'自然'参与着分工，'自然'划定着属区，'自然'又促使着交流。这一切都像是静物，没有太复杂的背景，没有蛛网般的历史纠葛，关系简单、松散而又坚固，这是一个新组成的时代家庭。"① 从这段描述中，可以看到兵团屯垦文化从实质上来说，是国家内部的一种移民文化，它以自身的奇特组合和非凡功效决定了社会的精神生活和文化生活，这是一种农耕与军旅的结合、交汇与融合而产生的新的文化类型，它所形成的是一种混合的、杂色的文化性格，这也是移民文化所形成的文化整合的结果。在兵团作家的作品中，有带着战火纷飞的难忘记忆就转入繁忙的农事活动的军队官兵，韩天航《我的大爹》中："春节刚过不久，根据上级的安排，部队就要开往戈壁滩去开荒造田。"他们表现出的仍是军队的纪律与作风，进疆时部队急行军，部队编制内仍是政委、团长、参谋长等，董立勃的《乱草》中的赵场长仍喊年少的同志为"小鬼"，不同的是，昔日军队中拿枪的战士变成了拿锄的农垦战士，他们成为兵团群体的骨架和支柱。从20世纪50年代末开始，在国家政策的号召下，大批有组织的支边青年和无组织的"盲流"也加入兵团屯垦这个群体，他们的身份组成极为复杂，或是地地道道的农民、或是内地城市的市民、或是学生，来到兵团后，所有的人都统一为农垦战士，还有因其他各种特殊的原因陆续加入兵团队伍的人员，无论他们来自哪里，兵团都变为他们今后的栖身之地，所以这个群

---

① 韩子勇：《深处的人群——韩子勇文化评论》，新疆人民出版社2009年版，第60页。

体没有统一的地域文化传统，传统从他们开始，在兵团这个共同的体制框架内，这些来自全国各地的兵团人开始依据不同的理解和身份倾向进行千差万别的文化选择。钱明辉的小说《母亲》中"新疆建设兵团到上海去招干，说新疆赛江南，我的父亲和母亲便来了新疆"，上海城市文化的影子便在兵团地方中有着明显的体现，如"我小时候的衣服大多是上海外公外婆寄来的，当我穿着这些时髦的服装在母亲身边跑来跑去或在奶奶家疯玩时，便引起了连队年轻女工们的极大兴趣"。母亲为孩子们买"春雷"牌收音机，花四个月的工资也要买"永久"牌自行车，这是上海都市物质文化培育出的观念与选择；韩明人的《甘草》中甘草妈是从中原之地来的女兵，她最喜欢吃擀面条，有着中原女子能干、泼辣、吃苦的特性，她成为团里的劳模，其性格及生活习俗是中原农耕文化的延伸。在兵团作家的作品中，我们看到无论在饮食文化还是语言文化方面，兵团这个地方都像个"大杂烩"，他们"都是来自五湖四海，为了一个共同的目标走到一起来了，河南话不知不觉在非河南籍的'战士'中流通，上海话的大量词语进入某个区域的各个交流层次，新疆话席卷靠近城市的兵团屯垦区。人们各自从原籍带来各自的文化译码——当然不只是语言，还有些无法触摸的心理倾向、行为倾向等"。[1]兵团人来自不同地域，各自带着不同文化的心理积淀，他们之间的母体文化冲撞、交融，构成了兵团屯垦杂色的文化氛围。正是在这独特的氛围中，董立勃展示着兵团屯垦人在开发边疆的历程中孕育出的开拓精神，它汲取着历史文化的精华，又掺杂着兵团人的意识，我们看到了新疆兵团垦荒中各种的人生世相。身份不同、境遇不同的兵团人的垦荒经历，为兵团文学提供了各具特色的人生故事和生活材料，新疆作家们植根于兵团的杂色氛围，写出了兵团屯垦文化的本色和人生形态。兵团屯垦文化在历史实践的基础上，所形成的杂色文化性格也说明了兵团屯垦

---

① 韩子勇：《深处的人群——韩子勇文化评论》，新疆人民出版社 2009 年版，第 60 页。

文化具有的包容性与开放性特征，在这样的群体中，身份冲突与身份意识显得微不足道，"杂色，意味着综合，是一种显示团结和活力的颜色"。[①]这种杂色或许正是兵团屯垦生活中最富表现价值的文化意蕴、历史内涵，这也正是兵团屯垦文化在新疆当代文学中形成的极具价值的一种文化性格。

从 20 世纪 40 年代末开始，解放军将士们变身为军垦兵团开垦新疆的戈壁荒野，"稍后，一批批山东、湖南等地的姑娘们远嫁来到大西北，再加上大批胸怀祖国建设大业与人生梦想的上海、北京、四川、浙江、天津、西安的知识青年涌进了边疆农场，军垦农场的分工成分开始变得越来越驳杂。这些因为各种缘由、来自天南地北的男男女女汇聚在边地荒原上，似乎注定要上演形形色色的人生悲喜剧"。[②] 在极为艰苦的屯垦生活中，兵团屯垦文化中人生命运的"悲情"性成为兵团作家作品的底色，这种"悲情"性往往贯穿于作品人物的命运中。董立勃的"下野地"系列无一例外地讲述各种悲情的故事：《白豆》中的"悲情"主要围绕着主人公白豆的爱情婚姻遭际，铁匠胡铁、马车夫杨来顺、马营长同时看上了白豆，在与马营长成婚前夕，白豆却在玉米地里被强暴，马营长下令抓捕了疑点最多的胡铁，同时抛弃了白豆与另一个女人结婚。此时杨来顺乘虚而入与白豆结婚。故事至此本来该结束了，却又节外生枝。杨来顺酒醉之后吐露实情，白豆向上级做了汇报希望洗清胡铁的罪名，以此表达对胡铁的愧疚之情，然而上级驳回了白豆的申诉。在另一场景中，被冤枉的胡铁出逃监狱，在农场庆功大会上用匕首胁迫杨来顺交代了自己的罪恶，然而为了维护权威的尊严，罗首长仍然草菅人命以劫持人质为由宣布胡铁以重罪。这时，会场突然卷起一场沙尘暴，混乱中，极度绝望的胡铁匪性大发，掷出飞刀，然后不知所踪。

---

① 韩子勇：《深处的人群——韩子勇文化评论》，新疆人民出版社 2009 年版，第 60 页。

② 丁帆主编：《中国西部现代文学史》，人民文学出版社 2004 年版，第 171 页。

这个故事既是一场婚姻悲剧，也是一桩冤狱，可谓一波未平一波又起，被作家讲述得娓娓动听而又触目惊心。董立勃的小说中几乎每个主人公都有着悲情的人生，《米香》中的米香天性善良，在追求爱情的道路上却充满了悲情，为了和许明在一起，她舍身下水去堵决口，换得了调到场部的机会，许明落难时她毫不犹豫地站出来为他说话，并坚持和他一起回到垦荒队，用爱情安慰了许明。当许明成为英雄人物后却抛弃了怀孕的米香，米香最后从下野地消失了；《乱草》中的冬梅向往真诚美好的爱情，勇敢追求自己的幸福，为了救自己的爱人宋卓而死于枪口下。这些故事叙述干净、透亮，但读来却使人有一种冰寒彻骨的悲剧力量，"悲情"使小说产生了恒久的艺术魅力。王刚的《这些"老兵团"啊》也是一篇笼罩在"悲情"氛围中的小说，主人公"老兵团"讲述了兵团第一代创业者的艰辛和坎坷的人生道路，尤其是"老兵团"与来疆接受改造的妓女翠翠之间曲折的爱情经历，在悲情中展示了人的命运的不确定性、兵团人生的苦难，使兵团社会生活的本相在有血有肉的普通人命运中得以展现。通过这些悲情的人性的描写，我们看到了作家对兵团人生观察的深度与广度，他们要表现的是对人性悲情的理解与追问。如果说历史选择新疆作家来表现兵团屯垦生活是一种偶然的话，那么当他们在兵团屯垦文化的背景下，对人与自然的冲突、爱情与人性冲突的描写则是一种必然，这与作家作为西部屯垦戍边中的一员不无关系。作为兵团人，作家面对物质与精神、理想与信念及外部环境等诸多因素下产生的碰撞，油然而生的是掺杂着各种情感的兵团情愫，这是任何作家都无法绕开的文化情结。

细读描写兵团屯垦的作品会发现，作品中的许多人物都饱含一种坚韧的、不妥协的性格。董立勃《静静的下野地》中的了妹可以视为坚韧、不妥协类型的代表人物。小说的故事情节并不复杂，了妹是下野地一个平常的女兵，"她的好看，一下子看不出来，要看一阵子才能看出来",柴杆子看上了她,以刀威逼她也不妥协。在队里干活时,了妹像男人一样去拉犁地的铧犁,跳到大渠中用身子堵住跑水处,她找白小果识字的过程中爱上了他,但韩队长却以白小果的家庭出身不好为借口反对他们,"了妹认准的事很难改变"。队长为了让了妹死心,借故派白小果上山伐木一年,当了妹得知白小果在山上被树砸死的消息,她选择跳河自杀,被救起后的了妹渐渐恢复了以前干活的样子。丁场长老婆死后要娶了妹,在成亲的路上,了妹疯了般地大喊白小果的名字,当韩队长想用威严制止了妹时,了妹抬手给了韩队长一耳光,"这个耳光好响,听起来好像比汽车轮胎爆炸声还要响"。小说的结局是了妹疯了,好人老古选择和她在一起。董立勃在这篇小说的后记中说:"写了妹是我一个心愿,这个愿不还,怎么样我都不会心甘。这么多年了,不肯放弃写小说,大约也是这个缘由。"[1] 了妹为什么对于董立勃如此重要?读者可以注意到,了妹这个形象在小说中具有鲜明的兵团屯垦文化塑造的特征——坚韧、不妥协,面对兵团屯垦艰苦的生活了妹从不叫苦,无论干什么农活都不惜力气,而且非常有主见,她不是传统意义上的女性,当老赵要欺负花子时,了妹有胆有识帮花子摆脱了他;她坚持识字想做个有文化的人,当每天结束完疲惫的劳动后,别人都在休息,她以自己的饭票及帮白小果洗衣服打扫房间来换取识字的机会,当自己坚守的爱情夭折时,她以充满了人的尊严的不妥协精神来反抗、蔑视权贵,"了妹就很可爱,怎么想怎么做,干起活,不要命,爱起人来,也不要命。活得极其自然,像棵野草,看起来很细柔,却能在风吹雨打中,活出自己的色彩来"。[2] 这是董立勃小说中让读者永远无法忘记的一个女性,在读者心中久久回旋。董立勃自己也说:"我可能喜欢了妹,有点多于喜欢白豆。可能是一开始写小说,就想到了了妹。相处的时间太长

---

① 董立勃:《静静的下野地》,上海文艺出版社 2004 年版,后记,第 257 页。
② 同上书,第 259 页。

了，自然注入的感情也多了，难免就有点偏爱。再一个原因，了妹这个人，会让我想起荒原上太多的女人，她们中，有我的亲人，有我的阿姨，还有的女人，我应该叫姐。这部小说，准确一点说，是为我的母亲我的姨姨，还有荒原上另外的女人写的。"① 类似于了妹这样体现兵团文化中坚韧、不妥协的人物性格在钱明辉的小说《母亲》中也有深刻体现，《母亲》在母子情深的氛围中塑造了一位卓尔不群的母亲形象，这位从上海来新疆兵团参加屯垦劳动的女性，在艰苦的环境中含辛茹苦抚养孩子，她支持为丈夫申冤，追求人的尊严，并始终保有人性的尊严，作者在对母亲日常生活的陈述中，母亲身上具有善良、贤惠、坚强、疾恶如仇、无怨无悔等多个标签，这样的女性，显然已经逸出了我们的日常生活经验，带有了兵团屯垦文化的力量。坚韧、不妥协的性格在一些作家作品中的男性身上也有所体现，如韩明人的《青格达湖的碑影》中的姜永、高登榜以"盲流"的身份来到兵团参加劳动，他们勤劳善良但不轻易妥协，始终坚持自我正派清洁的标准，最终成为兵团中"盲流"人员的强者。

兵团屯垦文化的书写是新疆当代文学对于文学的特殊贡献。这些作品虽数量不多，但其中描写的人物是鲜活的、具有艺术魅力的，完全忠实于兵团屯垦人的生活。在新疆作家精心打造出来的兵团人物形象的展览馆中，这些人物格外饱满，呈现出的是兵团大地上人的本色、人的尊严、人的美好，是新疆兵团屯垦文化下边疆人的生存状态，他们理应被载入文学的记录中，因为"在这地方，开发西部，建设西部，有许多人付出血汗和青春，包括生命。他们的名字埋在泥土里"。②

在此特别强调的是，在研究新疆文化地理对新疆当代文学的影响时，我们在肯定新疆民族特色的同时，不能否定中华人民共和国成立后

---

① 董立勃：《静静的下野地》，上海文艺出版社 2004 年版，后记，第 257 页。
② 董立勃：《乱草》，花城出版社 2004 年版，后记，第 302 页。

成百上千万兵团儿女进疆，建设边疆的巨大贡献，与此同时带给新疆文化上的跃进和冲击。"那是一片神奇的土地。在那儿，拓荒者勇往直前，开拓了一个又一个边疆。"① "五湖四海的优秀中华儿女为新疆的建设奉献了青春和热血，并将他们自身带来的区域文化融入新疆新文化的洪流之中，从而强化了新疆区域文化的融合和多元性。"② 兵团屯垦人对新疆大地的情感正如兵团作家吴连增所表达的："我们的青春像一滴滴露珠，无声地渗进新疆的大地。我不知道这滴露珠对于滋润广袤的荒原是否曾经起过些微作用，但我永远不会忘记，新疆这块甜甜的土地怎样滋润、哺育了我们。"③

第四节　混血文化在新疆当代文学中的呈现

新疆各民族文化是中华文化的重要组成部分，在历史的长河中，"新疆各民族成员共居、共学、共事、共乐，在语言、饮食、服饰、音乐、舞蹈、绘画、建筑等社会生活和文化艺术各方面相互影响、吸收融合"，④ 形成了"你中有我，我中有你"的文化格局，"各种文化都是深深地依赖于文化渗透或跨文化现象，文化间的影响甚至可以达到'文化杂交'或诸如混合的程度"。⑤ 新疆丰富多样的文化因子彼此交流、互相吸引的过程中，也衍生出一种"混血文化"，从文化地理学的角度

---

① 唐纳德：《西部，边疆的故事》，载孙重人《荒野行吟：美国自然文学之旅》，生活·读书·新知三联书店 2017 年版，第 291 页。

② 周尚意、孔翔、朱竑：《文化地理学》，高等教育出版社 2004 年版，第 244—245 页。

③ 吴连增：《甜甜的土地》，载夏冠洲主编《新疆文学作品大系（1949—2009）》（散文卷），新疆美术摄影出版社、新疆电子音像出版社 2009 年版，第 530 页。

④ 中华人民共和国国务院新闻办公室：《新疆的文化保护与发展》白皮书，国务院新闻办公室网站，www. scio. gov. cn，2018 年 11 月 15 日。

⑤ ［法］米歇尔·苏盖、马丁·维拉汝斯：《他者的智慧》，刘娟娟、张怡、孙凯译，北京大学出版社 2008 年版，第 21 页。

来看，这是文化整合的结果。如前所述，"所谓文化整合是指不同文化相互吸收、融化、调和而趋于一体化的过程。文化不仅有排他性，也有融合性。特别是当有不同文化的族群杂居在一起时，他们的文化必然相互吸收、融合、涵化，发生内容和形式上的变化，逐渐整合为一种新的文化体系"。① 混血文化是糅合了新疆多民族文化的特征而形成的一种多维态文化，它不仅是新疆文化极有价值的一个方面，更是新疆各民族文化长期共荣共存的象征。

新疆丰富的文化形态造就了新疆作家对文化差异性的接受能力、转换能力，汉族作家在文化心理、文化视域上无不打上少数民族文化的烙印，同样，少数民族作家也受到汉族文化的感染与影响，彼此之间建立起千丝万缕的联系。这种混血文化的双向建构无论对汉族作家还是少数民族作家都是无法规避的，他们的作品中常常流淌着混血文化的特质，使新疆当代文学的面貌呈现出与众不同的审美风格及文化观念。

一　混血文化的双重建构

王刚在小说《英格力士》的开篇写下："为什么今天所有的男孩儿都会心情沉重，因为阿吉泰要走了，而且她长得漂亮，她皮肤很白，她是二转子人，对不起，二转子是乌鲁木齐话，我得翻译，那就是她的妈妈是维族，她爸爸是汉族，或者相反，她爸爸是维族，她妈妈是汉族。"② "二转子"是人种学上的混血儿，也是新疆地域比较独特的一个存在，这种混血儿是最漂亮、最聪明的。新疆各民族在长期的共同生活中，无论是在血统上还是文化上都有着混血的体现，而文化或文学上创作上的混血，也会带来新的发现与新的创造。混血文化在新疆当代文学

---

①　周尚意、孔翔、朱竑：《文化地理学》，高等教育出版社 2004 年版，第 245 页。
②　王刚：《英格力士》，载陈柏中主编《新疆文学作品大系（1949—2009）》（长篇小说下卷），新疆美术摄影出版社、新疆电子音像出版社 2009 年版，第 427 页。

中呈现出的是一种双向的建构，既有汉族作家对少数民族文化的吸纳与融合，也有少数民族作家对汉族文化的涵化与兼容。

新疆本土评论家陈柏中认为："时至20世纪末，中华民族又迎来了一个改革开放、全面振兴的时期，在文化上则又一次出现了中原文化和边疆少数民族文化的大规模交流和融合。如果说在这之前就出现的闻捷的诗、王玉胡的电影、王蒙的小说等等，主要是吸纳了异质的地域文化的滋养，在某些领域有所创造的话，那么，周涛这一代人及其后来者，则一辈子扎根新疆，不离不弃，又适逢改革开放的大时代，他们就不可避免地要在文化交融中扮演自己的角色。"① 新疆多元文化的融合以周涛的作品颇具代表性，他所书写的新疆景观中常常可以感受到汉文化、农耕文化与草原文化三者之间既对峙又交汇、既冲撞又互补的关系，在周涛的智慧与天真，自由与散漫的风度中，我们都可窥见新疆多元一体文化精神对他潜移默化的影响。周涛常常自称是"半个胡儿"，"都市里的牧人"，在《游牧长城》中他明确地向众人宣称："我，中原文化一脉相传的嫡亲，同时又是天山山麓的游牧人的养子……"② 当9岁的周涛随父母从北京来到新疆后，从小就与维吾尔族、哈萨克族的伙伴们在一起，他坦言自己的行为和心理都受到多元的民族文化影响，读大学时周涛在新疆大学就读于维吾尔语专业，毕业后，他在新疆伊犁地区、喀什地区都工作过。伊犁地区是哈萨克民族的聚居地，游牧文化最为浓郁，而喀什地区则是维吾尔民族的聚居地，是绿洲文化最典型的地区，所以周涛的这种人生经历构成了他混血文化的基础。汉文化是周涛的母体文化，新疆独特的游牧文化与绿洲文化是他生活与成长的地域文化，这三种文化因子之间互相冲撞、激荡，又彼此融合、汇合，在"他的

---

① 陈柏中:《文心画胆皆是诗——读周涛散文集〈我醉欲眠〉札记》，载陈柏中《融合的高地——见证新疆多民族文学60年》，新疆人民出版社2010年版，第291页。
② 周涛:《周涛散文》(游牧卷)，新疆人民出版社2009年版，第10页。

血质中杂糅了边地底层百姓式的豪野，维吾尔人式的幽默，哈萨克民族式的苍凉与豪情，且兼有孩童式的顽皮、率真式机敏，岩石式的骨质，和哲人式的睿智与犀利，而保存了一种像随意散步一样的自由、放松的心态。"① 文化的杂糅形成了周涛创作丰富性的原动力。对于游牧文化，周涛的感知与体味是深刻的："他们永远体味不到'北方坐在马鞍上透过风扬的黑鬃俯视河水'时的心情，他们也不可能想到那个坐在马鞍上俯视河水的'北方'，其实正是我。我二十年前每天早晨到巩乃斯河边饮马，马饮的时间很长，它饮一会儿，就要换个地方挑一处新的水面，再饮，仿佛同一条河里的水味道有什么不一样。那时我似乎借助了马的记忆和灵性，一下接通了游牧者的心。我觉得理解了那些游牧者的生存，甚至感到自己也是他们当中的 一员。"② 游牧文化是周涛表达自我情感的依托，也形成了他的文化视野与文体文风。无论边塞诗还是散文创作，周涛的视野都是开阔自由的，《二十四片犁铧》《沙哈尔随笔》《游牧长城》等散文篇目气势磅礴，一泻千里，贾平凹曾称他为"狂涛"，他的这种"狂"恰恰与汉民族文化中的"和""忍"等形成鲜明的对比，只有在新疆生活的人们才能理解这种"狂"，这不是一种无知的狂妄，而是生命个体在广袤的新疆大地的直接感应，是新疆多民族文化的混血文化散发出的气息。周涛对于"混血"也有着明确的体认，"依托一座混血的城，依托从它悠久的历史身上散发出来的特殊的气息，依托时间，依托那份野蛮的单纯。混血的城！让我们一起去创造神话吧"。③ 与内地的汉族作家相比而言，这种混血文化使周涛具有了一种超乎汉民族本位文化之上的文化视野，也赋予了他作品独特的文化魅力。

红柯的小说充盈着奇诡、瑰丽的诗意化审美情趣，这与他在新疆受

---

① 丁帆：《中国西部现代文学史》，人民文学出版社 2004 年版，第 136 页。
② 周涛：《周涛散文》（游牧卷），新疆人民出版社 2009 年版，第 9—10 页。
③ 同上书，第 273 页。

到的异域文化的影响密不可分。红柯在新疆生活了十年,从一位关中子弟脱胎换骨为草原哈萨克族,"新疆对我的改变不仅仅是鬈卷的头发和沙哑的嗓音,而是有别于中原地区的大漠雄风,马背民族神奇的文化和英雄诗",①他在汉民族传统文化之外知道了维吾尔族的《福乐智慧》《突厥语大辞典》、柯尔克孜族的民族史诗《玛纳斯》、蒙古族的《江格尔》等,其中浮现出无数的历史英雄人物,红柯认为这些人物身上所表现的"草原的刚烈与强悍是内地人所无法接受的。这恰是我孜孜以求的"。②在红柯小说中,我们可以发现与日常理解完全不同的历史英雄形象,如努尔哈赤、格萨尔王、马仲英、盛世才等,他对新疆民族史、英雄史极为推崇,他称:"对我而言,新疆就是生命的彼岸,就是新大陆,代表着一种极其人性化的诗意的生活方式。"③这里有着各民族的大融合,异质的、新鲜的各种文化混合在一起,红柯善于吸收并敞开心胸去接纳各民族文化的养分,混血文化的写作思维使红柯小说的叙事赢得了独特存在的品性,生活于伊犁哈萨克族自治州的他形成了清丽、澄明而又阳刚气十足的叙事境界与诗性叙事风格,这显然与游牧文化对他的耳濡目染是分不开的。

对于混血文化,曾经在新疆生活了十六年的王蒙有一段经验之谈极富启示意义:"我觉得,绝大多数情况下,题材、思想、想象、灵感、激情和对于世界的艺术发现来自比较——对比。了解了维吾尔族以后,才有助于了解汉族,学会了维吾尔文以后才发现了汉文的特点和妙处,了解了新疆的雪山绿洲戈壁以后才有助于了解东西长安街。物理学里有一个'参照物'的概念,没有参照物就无法判断一个物体的运动。在文学里,创作的辩证法里,也有类似的现象。新疆与北京

---

① 红柯:《绝域之大美》,《西去的骑手》,上海文艺出版社 2013 年版,序言。
② 韦建国、李继凯:《陕西当代作家与世界文学》,中国社会科学出版社 2004 年版,第 356 页。
③ 红柯:《西去的骑手》,上海文艺出版社 2013 年版,序言。

互为参照，这是我的许多作品得以诞生的源泉。"① 在新疆少数民族文化与汉民族文化的互相参照中，王蒙以汉族文化的角度来观察少数民族生活，他所接受的维吾尔民族文化又加深了他对内地汉族生活及整个中国社会的认识和理解，陈柏中指出：这种双重的思维使王蒙作品体现了一种多民族文化相互辉映又相互交融之美，这是一种混血的美。②

同样，汉族文化对少数民族的影响以及少数民族对汉文化的接受在新疆当代文学中也有着更多明显的体现。诗人狄力木拉提·泰来提在诗集《一路向南》的自序中写下："如果说我的身份是维吾尔族，或者说我的血脉里流淌的是维吾尔人的血，但我兼容的内心世界和信马由缰于多重文化的软件系统，表明我肯定是一个除肉体以外的一切都是混血的杂种。当我的许多族人在竭尽全力试图找到自己的血统、历史、文化以及民族心理方面的纯正性的时候，我却发现我的情感、灵魂、智慧以及内存的历史文化、宗教体系、审美情趣和处世之道，都具有鲜明的多样性，从这个意义上讲，我应该是一个复合体，或许我的某些部件可以作为太空材料。"③ 狄力木拉提是维吾尔族，他从小在汉族小学接受教育，维语水平、汉语水平都非常高。在新疆多民族的生活中，狄力木拉提穿梭于维吾尔族文化和汉文化两种氛围中，他觉得民族文化之间应该互相交流，所以他以翻译的方式做起了维汉民族沟通的桥梁。他不仅翻译了大量优秀的维吾尔文诗歌，还翻译了乌孜别克族、柯尔克孜族、塔吉克族等民族的民歌和诗歌，他翻译的维吾尔族文化史的重要著作《福乐智慧》显现了他驾驭汉语的熟谙能力。如果读他的诗歌，其语言的表现张力更让读者过目难忘："终极行走/无论我们选择怎样的方式/还原

---

① 王蒙：《萨拉姆，新疆》，《新疆文学》1980 年第 11 期。
② 陈柏中：《跨文化写作的魅力——王蒙反映新疆生活作品的审美价值》，载陈柏中《融合的高地——见证新疆多民族文学 60 年》，新疆人民出版社 2010 年版，第 166 页。
③ 狄力木拉提·泰来提：《一路向南》，作家出版社 2017 年版，自序，第 1 页。

方向/生与死/永远都是独来独往/只在来去之间/我们选择同行。"① 我们可以看到他与很多称为"新疆化"写作所体现出来的审美角度不同，他的思维角度完全是维吾尔民族与汉民族文化相交织所体现出的一种混合文化，狄力木拉提称"自幼学习汉语的我，很多年来一直在用汉文进行文学创作，力图用我个人对诗歌的理解和对自然的感悟，用朴实而大胆的创作手法，让我的个性在笔下的湖光山色里驰骋，创作出不同于他人风格的诗歌，这或许是我的材质决定的"。② 从他的诗歌《一路向南》《我的南疆》《维吾尔村落》中都可以看出，引领他创作的是丰富多元的文化，他并不囿于本民族文化圈子，而是对民族文化反观的审视，是对超越功利的人与自然、个人与民族命运的深度关注，他所代表的方向是对新疆多民族文化的诗意寻找。狄力木拉提诗歌创作是多民族文化交融、影响的产物，基于此，他对新疆文学的发展有着自我的思考："我一直认为，在新疆，只有各民族的文学一起并肩发展，我们的新疆文学才能真正走向辉煌"③。

哈萨克族女作家叶尔克西·胡尔曼别克曾坦言："汉文化对我的影响，不是一两句话就能说得清楚的。文化对人的影响，最能说明问题的，往往是在价值观上。我是学着汉语长大的，首先语言没有任何障碍，也因此，汉文化中一些价值观不可能不影响我。比如，孔孟之道、儒家文化中为人处世的一些价值观，还有水墨画、汉语古典诗词、汉语文学传统，不可能不受这些影响。我在写小说或写散文的时候，很注意汉语独特的韵律。在做文学翻译时，也很注意把握这一点。"④ 她称自

---

① 狄力木拉提·泰来提:《行走》，载狄力木拉提·泰来提《一路向南》，作家出版社 2017 年版，第 131 页。

② 狄力木拉提·泰来提:《一路向南》，作家出版社 2017 年版，自序，第 2 页。

③ 同上书，第 3 页。

④ 叶尔克西·胡尔曼别克、张春梅:《多元文化的对接——叶尔克西·胡尔曼别克访谈录》，载欧阳可惺、王敏、邹赞等《民族叙述——文化认同、记忆与构建》，暨南大学出版社 2013 年版，第 298 页。

己常用哈萨克语思维，用汉语写作。自己身后有两层文化背景，一层是本民族的，一层是中华民族的，"两者对我都有认同，它们认同我，我认同它们"，① 这种双重的文学视野构筑了叶尔克西的创作优势，她游离于本民族文化与汉文化之间，使作品呈现出多样的文化因子。我们可以从叶尔克西的作品《永生羊》《额尔齐斯河小调》《天亮又天黑》中看到，她对民族心理、民族文化、民族生活的表现中更多的是在寻求人类共同的东西，作者所感受到的是在不同民族的读者之间那种微妙的心灵的融合，如她自己所言"我们应该交流文化中不同的东西，也要交流共同的东西，走进彼此的心灵。这一点很重要"。②

在新疆，各民族之间文化交流之频繁自古以来就有着诸多的表现，"近现代以来，现代性进程所带来的一系列技术的便利，使得原本的混血的交流在原先程度上更为明显地体现出来"。③ 在文学的话语之中，我们看到无论是汉族作家还是少数民族作家，他们在新疆接受的文化影响大都是多变的、多维度的，既有本民族文化的影响，也有异质文化的影响。在汉文化、少数民族文化两者之间所构成的双向度的文化背景下，究竟哪一种文化对作家的影响是最基本的、最主要的、最强烈的呢？无数的事实证明，是作家的"母体文化"，这是作家作为一棵文学之树得以萌生和成长的基础，这种母体文化"培育了他的基本的人生观、基本的价值观、基本的文化心理结构和基本的文化态度，这些东西构成了他这棵文学之树的'根'和'本'，构成了他生命的'原色'"。④我们在研究混血文化的双向建构中，会发现作家的母体文化基因是强大

---

① 肖惊鸿：《山那边传来大地的气息——与叶尔克西关于〈黑马归去〉的对话》，《民族文学》2009 年第 3 期。

② 叶尔克西·胡尔曼别克、张春梅：《多元文化的对接——叶尔克西·胡尔曼别克访谈录》，载欧阳可惺、王敏、邹赞等《民族叙述——文化认同、记忆与构建》，暨南大学出版社 2013 年版，第 297 页。

③ 刘大先：《现代中国与少数民族文学》，中国社会科学出版社 2013 年版，第 263 页。

④ 曾大兴：《文学地理学研究》，商务印书馆 2012 年版，第 59 页。

的，它始终是作家建构文化身份的心理要素，所以，当周涛回到山西坂坡村时，他感触到的是母体文化的皈依心理，对故乡的思念成为他刻骨铭心的人生体验，所以"一方面他受到新疆地域文化的影响和熏陶，在文化背景和精神性格上已有别于他们的前辈，另一方面，他又要坚定中原文化的血脉，让中华文化的优秀传统在这块土地上生根开花，发扬光大"。① 对于作家对母体文化强调的原因，叶尔克西从另一个角度进行了阐释："我想在很多作家的写作中恐怕都有这样一个心理，那就是所谓的写作'使命感'。你是哪个民族的，那就有使命去写哪个民族。"② 这是一个作家的切身体会，每一个作家在接受其他地域或族别文化的同时，其自身的文化特征得到丰富和更新，但无论怎样丰富和更新，他都永远在其文化心理结构里，烙上其母体文化的特征。

　　基于此，我们在讨论作家作品时，不应过于强调异质文化对作家的影响，而忽略母体文化的重要性，这一点在很多汉族作家身上表现得较为明显。如很多关于沈苇诗歌的研究中，严重遮蔽了作家生长的江南文化所奠定的诗意文化基因。他作为移民诗人的身份，使很多研究者对他的诗歌研究只注重客观的、外在的因素，强调新疆第二故乡的异域文化的影响，而不注重沈苇诗歌受江南文化润泽之深，这种研究完全忽略了作家的母体文化对他主体意志和个体生命的规约。沈苇自幼在浙江湖州长大，生活了二十多年，接受的是江南儒家文化的熏陶和洗礼，他的人生观更多体现的是江南文化的内核。当然，殊异之处在于，不知沈苇是有意还是无心，他也一再强调新疆异域文化对他的影响，对新疆极尽溢美之词："新疆，在我最美的词中就座/新疆，在我最亮的词中上升/新

---

① 陈柏中:《文心画胆皆是诗——读周涛散文集〈我醉欲眠〉札记》，载陈柏中《融合的高地——见证新疆多民族文学60年》，新疆人民出版社2010年版，第291页。

② 叶尔克西·胡尔曼别克、张春梅:《多元文化的对接——叶尔克西·胡尔曼别克访谈录》，载欧阳可惺、王敏、邹赞等《民族叙述——文化认同、记忆与构建》，暨南大学出版社2013年版，第299页。

疆，在我最洁的词中展开生命的盛大背景"，① 他对母体文化避而不谈或极尽批评，对评论者具有一定的误导作用，使得评论家一边倒地强调沈苇的新疆生活经验而忽略了他的江南生活经验。对于沈苇混血文化中显现出的他者视域，新疆本土作家穆罕默德·巴格拉西在一次访谈中认为沈苇的《新柔巴依集》与真正意义上的本民族柔巴依还有差别，"感觉上不是真正意义上的柔巴依，可能色彩上，或者音乐性，没有能好好地写出来"，他对维吾尔族的了解"应该是不够的，对柔巴依这种诗体的认识可能还有些不足。还有语言特点问题。诗是由许多语言因素组成的，有色彩、音乐等特点，是独特的，是任何其他一种语言都不能替代的。还有，读者的感觉也是存在的，我是维吾尔族人，我读他的柔巴依时很可能是用我们民族那种独特的感觉和眼光来读的吧"。② 与此类似的还有红柯，尽管他的故乡与新疆在地理方位上同属西部区域，但陕西的关中文化与新疆文化并不同属一个文化区，他在新疆十年虽然受到少数民族文化的影响，但母体文化对他的影响应该是更深刻的，基于此，当我们在谈到混血文化形态时，无论作家的创作是如何去表现异质文化的，都有必要从实际出发客观地去谈这种影响，而不是脱离具体的文化语境，只强调某一方面。

二　混血文化的内外张力

在混血文化的形态下，有一个情况是显而易见的，这就是作家在混血文化中呈现出的文化心态及创作倾向，这种倾向的存在当然有其地域的必然性，不需要做许多的仔细辩查和证实，它既是新疆文化地理的状况所决定，也是新疆各民族在长期共同生活中的文化大融合的反映。同

---

① 沈苇：《沈苇诗选》，长江文艺出版社 2014 年版，第 212 页。
② 穆罕默德·巴格拉西、张春梅：《为这样的读者写作——穆罕默德·巴格拉西访谈录》，载欧阳可惺、王敏、邹赞等《民族叙述——文化认同、记忆与构建》，暨南大学出版社 2013 年版，第 335 页。

时，我们可以看到的是，"混血文化"这一不可忽视的文化现象的存在，又显示了相当一部分新疆作家文学观念的某一基本点的性质。

在新疆，混血文化这种形态历时性地存在于各民族的不同空间之中，每一种文化都不是排他性、替代性的，很多时候在文学创作中存在重叠和交叉的地方。在新疆当代文学的场域中，很多新疆作家都有一种根深蒂固的混血文化的意识，这种多维度的文化形态以不同的内涵和不同的强烈程度，同时存在于大多数作品之中，这也导致了两种混血文化心态：一是汉族作家对汉民族文化的自我审视，如红柯一再强调新疆少数民族文化对他的影响，他在两种文化的对比中得出："在西域，即使一个乞丐也是从容大气地行乞，穷乡僻壤家徒四壁，主人一定是干净整洁神情自若。内地人所谓人穷志短，马瘦毛长，仓廪实而知礼节在西域是行不通的。大戈壁、大沙漠、大草原，必然产生生命的大气象，绝域产生大美。"[①] 新疆少数民族独特的生活方式、文化的价值观念与红柯的审美理想相呼应，造就红柯极富诗意的小说在创作取向上追求人性的自然生长、赞美人性的原始张力。红柯以新疆异质文化为参照，进而对母体文化进行理想的拯救和新质补充。另一种混血文化倾向则表现为在两种文化的对比中，少数民族作家以汉文化为参照，对本民族文化的省视。作家作为有独立意识的精神个体，当面对混血文化的多维现象时，往往会产生对"自我"民族的认识、自省的意识。如哈萨克族作家艾克拜尔·米吉提在作品《走动的石人》中就表达出对本民族文化的反思，他认为在这部作品中"我想说的，我想表达的，以及作者'立场'均已蕴含于文本中，它涵盖了历史与现实、传统与现代、城市与乡村、文化与差异、价值与判断、科学与理性、信仰与追求、割裂与摒弃、发现与探索、动与静等多重复杂成因。历史的石人（它是真实的客体存在）与现实的真人并存（被主人公从山坡上搬来作为大门门柱），显然

---

① 红柯：《西去的骑手》，上海文艺出版社 2013 年版，序言，第 3 页。

这位主人公迷失了对这位石人的文化认同和敬畏，出现了价值判断的断裂，所以引发了他的轻率、他的惶恐、他的痛苦、他的迷惘，由此牵引出一系列的故事。而这一点，似乎也是许多现代人共同的感知和心路历程。传统文化似乎与我们渐行渐远，甚或变得隔膜起来，而新的文化积淀尚没有夯实，还在形成中，有时甚至显得相当脆弱。但是，犹如那座跨河而建的桥梁，虽被洪水冲毁，我们依然要致力于构建它，因为生活需要它。当然，现实生活中也存在诸多的诱惑和歧路，我们该怎样面对？"① 艾克拜尔·米吉提在此表述了对于哈萨克民族文化的忧患意识，他认为少数民族作家必须要坦然面对民族文化传统的流逝与变化，他自诩"我不是一个狭隘的民族本位主义者，迄今为止我所从事的都是为了促进我国 56 个民族文学共同繁荣发展的崇高事业。而这一切，不仅需要一个开阔的文化视野，更需要一个坦荡的文化胸襟。或许正因为如此，我才可以拥有他人无法获得的文学视角"。② 上述两个方面，可以说是反映了作家文化混血中出现的文化心态，在新疆当代文学中，这两种文化心态的表述文本还可以找到很多例子，如李娟、叶尔克西·胡尔曼别克、狄力木拉提·泰来提等，这也正说明了任何文化形态都不是一种简单的表现形式，它是长期的文化积淀与变迁的结果，作家面对混血文化产生的各种文化心理，正是新疆文化地理环境对人产生的深刻影响。

混血文化是新疆当代文学中不可忽略的文化样态，表现于作家的创作中，各民族作家作品都有着对混血文化丰富性的呈现，较为突出的有这样几种类型：第一，作家在文学创作中借鉴与学习的多层面呈现，如维吾尔作家祖尔东·沙比尔阅读了大量的中国文学名著，他在小说创作

---

① 艾克拜尔·米吉提、张春梅：《跨语际的成功实践》，载欧阳可惺、王敏、邹赞等《民族叙述——文化认同、记忆与构建》，暨南大学出版社 2013 年版，第 279 页。

② 同上书，第 281 页。

中汲取了汉族文学的营养;阿拉提·阿斯木的小说对当代文坛先锋小说创作的借鉴等。现代文学中鲁迅、老舍、巴金、赵树理等作家作品是许多少数民族作家文学创作的启蒙读物,如哈萨克族作家朱玛拜·比拉勒曾说:"汉民族是一个很古老的民族,也是一个发达的民族,汉文化是几千年来流传下来的文化,产生了很大的影响。鲁迅和巴金的作品我都喜欢看,特别是巴金的。"① 这种影响贯穿了少数民族作家文学创作的全过程,直至自身独特的文学风格形成。在汉族作家中,也有不少作家受到少数民族文学的影响,如维吾尔族诗人铁依甫江曾写下《柔巴依》,沈苇写的《新柔巴依》虽内容与之大不相同,但形式上无疑吸收了铁依甫江的"柔巴依"风格,回响着维吾尔族古代文学巨著《福乐智慧》的余韵;王锋的长诗《塔克拉玛干的心旅》中写骆驼的爱情、无花果树与狐狸都有着维吾尔族《突厥语大词典》中的民歌的影子。汉族作家与少数民族作家在创作中互相学习借鉴的现象是一种在混血文化形态下的自觉状态,尽管不同作家、不同作品表现出来的借鉴的成分各不相同,对文本的关注点和审美风格也有很大差异,但俨然构成了新疆各民族文化观念的大融合。

第二,作品审美风格的丰富性体现。如新疆游牧文化对红柯的影响最为深远,红柯的小说《金色的阿尔泰》《生命树》等在叙述中都有着哈萨克民族诗歌的抒情性特征,书写新疆的这些作品从立意、叙述、结构、语言都有着新疆游牧文化的特征,红柯常常将游牧文化中自然崇拜、万物有灵的原始思维融合于作品之中,产生了作品中文化信息的丰富性和特异性,这使他的作品具有一种混血文化下产生的陌生化审美效果。红柯小说的混血文化意义也正在于此:他扩展了西部文学乃至中国当代文学的审美视域,发扬了混血文化的审美经验。"金色的综合"是

---

① 朱玛拜·比拉勒、张春梅:《现代寓言一种》,载欧阳可惺、王敏、邹赞等《民族叙述——文化认同、记忆与构建》,暨南大学出版社 2013 年版,第 274 页。

沈苇在诗歌美学上的一种追求。他曾写过一首题为《混血的城》的诗，在这里，"混血"几乎就是"综合"的同义词。沈苇的"综合"，在诗歌创作上就表现为他对新疆各民族诗歌营养的吸收方面。在沈苇身上，作为第一故乡的母体文化的脐带亦未割断，并始终牢固地维系着。他的诗歌创作明显地得到了第一故乡的润泽，吮吸了母体文化的精华与灵气："我的情结：一只汁液饱满的水蜜桃/在绵绵细雨中吮吸乡镇的精气。"（《从南到北》）如果说沈苇在第二故乡找到了其诗歌创作的灵魂方向与精神向度，那么，其诗歌创作的基因与胚芽则源于第一故乡。正是得益于两个故乡的滋养和福泽，使沈苇的诗歌呈现出一种审美的丰富性，呈现出"一种地域大跨度带来的混血、杂糅、包容、隐忍的特征，一种悲欣交集、哀而不伤的正午气质"（沈苇语）。在艺术风格上，沈苇融江南水乡的细腻灵秀与大西北的豪放粗犷于一体，形成了自我独特的诗风。狄力木拉提·泰来提的诗歌也显现出混血文化带来的审美风格之丰富，他的诗歌中有一种包容、综合、健康纯正的气派，从他的诗歌中我们都可以真切地体验到这种审美气质。在《上海青浦的小院》中"一片青绿的麦田/路边的油菜花自我陶醉/争风吃醋的蜜蜂/池塘里的蛙声/编造着五月的情窦信息/在几日的雨中瑟瑟发抖。"① 狄力木拉提·泰来提诗中所体现的观察南方春天的角度完全是一种民间情调和趣味，与汉族诗人笔下的江南春景有着本质的差异性，他的诗歌具有少数民族文学自然、洒脱的文化气质，也少理念化，诗的格调明朗、鲜活，既散发着民间情采，亦潜蕴着汉民族文化古典的韵致，显示出独特的审美特质。作家于混血文化思维下呈现的审美风格的丰富性，正如杨义所指出的是一种"变调—反刍"的文明律动，是作家主客位置的变换所形成的内质和情调，即"少数民族诗人使边塞诗胡化，增添了几分田园诗的情调。而田园诗情调，又来自汉诗传统，又反作用于少数民族诗人的

---

① 狄力木拉提·泰来提：《一路向南》，作家出版社 2017 年版，第 171 页。

中华化"。这样的创作方法,"使中华民族各个民族板块之间愈来愈深刻地互置灵魂与血脉,浑然成为相互认同的文化共同体"。①

第三,作品中人物民族身份书写的丰富性。在新疆当代文学作品的人物长廊中,我们可以看到新疆各民族人物的丰富性。关于这一点,不仅在王蒙、李娟等作家作品中可以得到典型性的印证,在之前章节中提到的很多新疆作家中都有着类似的书写,如李健的作品《木垒河》中的哈萨克族人吐尔逊、老赞根;刘亮程的小说《凿空》《捎话》中无一例外的以维吾尔民族作为其小说建构的主要人物类型,所描写的故事内容也与之密切相关,这些作品中的人物往往形成一种"混纺"的质素。如维吾尔族作家阿拉提·阿斯木在小说《时间悄悄的嘴脸》中大加称赞的上海王医生,《蝴蝶时代》中的王大妈,艾克拜尔·米吉提的小说《努尔曼老汉和猎狗巴力斯》中的刘书记,在傅查新昌的小说《秦尼巴克》中更是会聚了新疆各民族人物形象:锡伯族、汉族、维吾尔族、哈萨克族、满族、回族、俄罗斯族等。这些作品中各民族的大会聚成为新疆文学鲜明的标识,因为没有哪一个地方能像新疆当代文学这样拥有如此众多的民族人物谱像。

以上列举了混血文化形态在新疆当代文学创作中丰富性的一些体现,当然还有更多形态各异的书写方式,可以说,混血文化在新疆当代文学的书写中具有普遍性,这是一种"集体潜意识"的存在,这种理念给新疆作家提供了一种从他者角度考察文化的视角。当然,这样的写作"不是为了评判它,全盘接纳它,甚至也不是为了理解它;而是为了试着去了解,试着去体会差异性与共同点",这样的跨文化意识"才能挣脱自我,准备好迎接意外、震惊,或是被驳斥"。② 汉族作家以何

---

① 杨义:《文学地理学会通》,中国社会科学出版社 2013 年版,第 83 页。

② [法] 米歇尔·苏盖、马丁·维拉汝斯:《他者的智慧》,刘娟娟、张怡、孙凯译,北京大学出版社 2008 年版,第 1 页。

种倾诉方式去表现个体感受到的混血文化影响，关系到"他者"与"自我"的文化身份的确认问题。如果放在新疆当代文学的整体上来考量，文学作品对异质文化因子的言说方式反映了作家自身拥有的内在文化身份意识，构成了混血文化形态下对作家创作心态的审视角度。如李娟长期受到游牧文化因子的影响，在她的散文"阿勒泰"系列、"羊道"系列，我们看到哈萨克民族的一切生活都是鲜活灵动的，充满了诗意，无论是古老的擀毡、背雪融水还是在荒野中参加劳动，都显现出李娟对诗意游牧生活的刻意表述，她对游牧文化的书写完全是站在"他者"角度的审美取向。接受了汉民族文化的熏陶的叶尔克西·胡尔曼别克对本民族的言说方式却有着这样的认识："新中国成立已经60年了，无论哪个民族的社会生活和精神生活都发生了翻天覆地的变化，这点谁都清楚。但是，作为当下的一名作家，最重要的是不能还像过去那样，块状地、粗线条地、图解地去介绍本民族生活发生的变迁。因为这是远远不够的。如果，你还在以块状的方式讲解自己，那么在今天这样一个后技术时代，在信息越来越普及的时候，只会引起别人的误读，还以为你的民族仍然住在毡房里，依然会私奔，那实在有点对不起生活。作为一个哈萨克族作家，我觉得我有义务去消除这些误解，也希望用细腻的方式，用我自己的方式来描绘哈萨克民族的生活。"① 基于这一点，混血文化尽管对作家有着这样或那样的影响，但最终指向的仍是作家不同的文化身份，这就需要作家客观地阐释所认识到的异质文化，彼此之间平等对话交流才能拓展出一条内涵丰富、多元共生的书写途径。

"我在新疆数十年，不离不弃，相看两不厌。到底是什么让我难以割舍呢？竟然对一个并非故土的、人们认为遥远而又相对落后的地域以

---

① 叶尔克西·胡尔曼别克、张春梅：《多元文化的对接——叶尔克西·胡尔曼别克访谈录》，载欧阳可惺、王敏、邹赞等《民族叙述——文化认同、记忆与构建》，暨南大学出版社2013年版，第296页。

一生相许呢? 是她的迷人的文化。那是一言难尽的、刻骨铭心的东西,那是比所谓相对的先进和发达深远得多的东西,一旦与之遭遇,心领神会,别的地方就很难再施展什么魅力迷住你。你的文化品格从此就变了,换了一种眼光换了一颗心,还换了一双耳朵。"① 周涛对新疆文化的这段表述让我们看到新疆文化灼人的魅力,这是新疆当代文学成形的沃土,新疆文化实际上就是一种多种文化观念、文化形态合成的混合文化。客观来说,新疆当代文学中的文化因子的丰富性,远不是我们通过个别作品的文本分析就可以完全把握的,它始终在一种动态的、发展的道路上走向大融合的方向,这是新疆各民族文化交流繁荣的硕果。老舍先生十分强调各民族的文学交流,他认为:"没有别的东西能像文学作品那样会使彼此从心灵上相互了解",② 而这种心灵的相互了解,正是各民族相互信任、相互理解、同心协力、和谐相处的精神前提,这也是各民族作家认同多元一体的中华文化的重要途径。

---

① 周涛:《周涛散文》,浙江文艺出版社 2010 年版,第 86 页。
② 老舍先生在 1957 年新疆作家协会成立大会的祝词,转引自陈柏中《回顾这片广阔而丰腴的文学园地》,载黄永中主编《西部六十年精品选》(短篇小说卷),新疆美术摄影出版社 2015 年版,序,第 5 页。

第六章　新疆当代文学的文化符码

　　文化作为赋予人类无数意义的、具有归属性的事物，可以使人类感知并获得精神上的某种特质。文学作品作为文化的特殊形式，它将人的文化感知投置到了无数文本之中，一种文本系统，就是一种文化的符码系统。文学创作虽然不是文化最终的目的，但它与文化是殊途同归的，文本就是直接存在而永生的世界。通过文本的揭示，我们可以体认一个地方的文化符码，它是区域文学永恒的魅力之源，在这些文化符码中，或显现了地方的文学精神，或显现了作家的文学品格，或显现了文学的文化色彩。对于这些文化符码，唯有深入地细读文本，才能破解文学之为文学的生命存在的本质，以及作家为之作家的源泉所在。

　　新疆——作为中国西部最西端的省份，这里的文学创作被称为"偏僻省份的写作"。新疆当代文学的书写不仅反映了新疆的自然景观、文化景观、文化因子，也包含了文学与文化图景中所有的话题，如生态、民族、历史、世俗、现代、乡土、民间等，所有的书写都在不同的角度中有着对新疆文化地理或浓或淡的反映。如果与西部地区的其他文学创作相比较，新疆当代文学的独特价值是什么呢？它比西部其他省份的文学创作中更多的是"流寓者""移民者""支边者""垦荒者""漫游者""边缘者"等的身份标识，"生命""家园""荒野""漂泊""焦虑""悲凉""孤独"等无不是蕴藏在文本表义下的精神内核，这些潜隐于新疆文化地理纵深之处的各类精神元素，无一不是作家对新疆大地的认知与反馈。在新疆作家的内心深处，边缘、荒野、家园已内化为新疆当代文学的文化符码，它们与新疆大地的辽阔、遥远一样成为新疆当代文学的永恒符号。

韩子勇称"写作从哪里开始，在何时开始都是一样的，都是平等的，中心区域的写作是这样，偏僻省份的写作也是这样"，因为"文学写作是最彻底的'自然经济'，是灵魂的'手工作坊'和'心灵的刀耕火种'不管生活性质和外部条件发生了多么大的变化，文化最终的成功是心灵的成功"。[①] 在新疆当代文学中，无论是对自然景观、文化景观还是文化因子的书写，终极的指向都与作家的心灵有关。11 世纪末维吾尔族思想家、诗人玉素甫·哈斯·哈吉甫在他不朽的《福乐智慧》中的诗句"我说了话，写了书，伸手抓住了世界"这正是新疆当代文学书写的意义。

第一节　边缘

美国人类学家格尔兹有一句名言："文化是一张地图"，每一张地图都有中心与边缘，它以特殊的方式叙述着地方。"文化分层的方式和标准，也有许多维度，从地理方位上看，有中心的文化和边缘的文化；从社会地位上看，有主流文化和非主流文化；从政治经济构成上看，有城市文化和乡村文化等。"[②] 边缘是勾勒新疆地区的线条，无论从地理位置还是从文化位置来看，新疆文化都具有边缘的性质，这种"边缘"首先意味着新疆自然地理的"边"，是边塞、边疆、边陲、边远、边防

---

① 韩子勇：《文学的风土》，新疆人民出版社 2004 年版，第 162 页。
② 杨义：《文学地理学会通》，中国社会科学出版社 2013 年版，第 23 页。

等地理方位，是位于国家地理边界的区域；其次是政治经济意义上的"边"，与国家政治中心及其他的内地大都市相比，是国家边防驻守的地方，是经济欠发达的地方；最后是文化意义上"边"，即新疆文化带有异质的、边缘的性质，它是非主流的。新疆当代文学对于"边缘"的书写首先来自作家对边缘的阐释，他们从不同的角度，以不同的方式来表达对"边缘"的认知，而边缘给作家带来的影响的焦虑也是明显的。从边缘出发，构成了新疆当代文学别有风味的话语主题。

一 边缘的话语阐释

对"边缘"的阐释是新疆当代文学版图中一个重要的构成，从杨牧、周涛、章德益的"新边塞诗"，到刘亮程的村庄、董立勃的"下野地"系列，再到李娟的"阿勒泰"，形成了一个序列性的话语范畴。新疆"边缘"话语的书写属于一种极致的空间体验，它包含新疆自然文化、民族文化、历史文化。这种书写构成了观察新疆文化地理的一个独特的角度，往往能够在更深层次上把握新疆文化地理的特殊性。"边缘"是贯穿新疆当代文学史书写的一种重要话语，就新疆当代文学而言，这种书写涉及了地理空间的意义、政治的意义及文化的意义。

对边缘话语的表述首先体现为地理空间上的"边地"表述。杨牧在《这里比北京晚两个小时》中写下："当前门的琉璃瓦/抖动晨光耀金的鳞片/天山宿鸟还紧紧搂着松林的梦幻/当广场的车铃/启闸一个工日的早潮/边塞牧女才点着牛粪火的炊烟/这里，比北京晚两小时/这里是太阳最远的驿站。"① 在这首诗中，对边缘的阐释首先表现为时间上新疆比政治文化中心北京晚两小时，空间上则是"最远的驿站"，杨牧都充分表述出新疆地理的边缘性，他从空间地理的宏观方面来书写对边

---

① 杨牧：《这里比北京晚两个小时》，载王玉、刘霞、沈维琼主编《新疆当代文学作品选讲》，新疆大学出版社 2015 年版，第 37 页。

缘的体验。与此不同，李娟则从微观的角度凸显着地理的"边缘"：

> 在最最久远的时间里，这个地方是没有人烟的。这里地处深山，地势险峭，冬季过于漫长。但由于山区气候湿润，积雪冰川融汇成河，有河便有树，于是这里有着生命最基本的供养。后来就渐渐被凿空，成为连接东方与西方的通道。而东方与西方之间，多是戈壁沙漠，驼队归期遥遥，一一倒落路旁。人没有水，畜没有草。后来，出于战争或其他原因，开始有人来到这个绿色长廊定居，并渐渐适应了这方水土气候。当部落规模膨胀到危险的程度，开始有灾难爆发，死亡遍地。于是又一次大迁徙从这里出发，山林间又一次了无人迹。草木覆盖道路，野兽夜栖宅院。①

我们看到了一个真实的"没有人烟的"的边缘之境，静静的在深山之中散发出一种久远的气息，所以这里"了无人迹"，只有草木与野兽，李娟的"阿勒泰"显然位居边缘的边缘，几近与世隔绝，仿佛一个被世界遗忘之境地。刘亮程在《一个人的村庄》中也有着对地理空间的边缘性表述，他的"村庄"是隐没在国家的版图中，是没有经纬度的，村子里是一群被遗漏的人，"他们与外面的世界彼此无知"，新疆地方的边缘地理特征被凸显出来。边缘成为新疆作家们指明新疆地理空间方位的描绘。

"边缘"在新疆作家的阐释中更有着文化的意味。周涛以诗歌建构着一个边缘文化的镜像，"那些远离故土踏上新丝路的商贾/那些醉卧沙场血染玉门关的儿男/那些贬谪边陲造福于万代的官员"，② 这是唯有

---

① 李娟：《阿勒泰的角落》，万卷出版公司 2010 年版，第 100 页。
② 周涛：《荒原祭》，载祝谦主编《新疆文学作品大系（1949—2009）》（诗歌卷），新疆美术摄影出版社、新疆电子音像出版社 2009 年版，第 206 页。

长年生活在新疆的诗人能捕捉到的边疆镜像，这些诗句从外形到内质，都回响着苍凉豪烈的边塞余韵，也流淌着周涛边疆生活中获得的人生感受与顿悟。红柯的小说中"写新疆的历史人物、新疆农垦兵团的男男女女，写新疆原初状态的自然风物。他也考察人与人之间的社会关系（如《古尔图荒原》《石头与时间》，但他更注重人与自然的某种神秘关联（如《美丽奴羊》《奔马》《金色的阿尔泰》)"。① 我们看到了《美丽奴羊》中的神羊，《奔马》中与汽车及司机赛跑的大灰马、红马，《金色的阿尔泰》中感到一股神秘力量的营长和女人，显然，"这是一种根源于农耕文化和游牧文化'唯生'观念的泛生命意识"。② 在红柯的小说中，有着新疆的民间文化、宗教文化和少数民族文化的成分，红柯以拥抱的姿态融入边缘之境的自然神性与生命神性之中，他超越了自身，超越了现实，进入灵性的境界，体验着边缘带来的无限与永恒。董立勃的"垦荒"系列小说中，以"人的兵团"而不是"兵团的人"为视角，依托兵团屯垦特有的生活，体现了兵团屯垦这种新疆独有的文化形态，不仅如此，董立勃的"'下野地'系列还始终弥漫着由西部少数民族和内地汉族移民杂居后所形成的文化氛围，但作者的着眼点显然不是民俗或乡土风情的展示，而是将其衍变成了人性范畴中的生命感慨。这些方面的开掘与叙述，标志着董立勃边疆书写的特殊视景"。③ 从这些作家作品对边缘话语的书写中，可以感受到杨义指出的文学和文化的一种理论——"边缘活力说"，他认为"当中原的正统文化在精密的建构中趋于模式化，甚至僵化的时候，存在于边疆少数民族地区的边缘文化就对之发起新的挑战，注入一种为教条模式难以约束的原始活力和新鲜思维，突破原有的僵局，使整个文明的动力学系统重新焕发生机，在新的

---

① 丁帆：《中国西部现代文学史》，人民文学出版社 2004 年版，第 377 页。

② 同上。

③ 赵学勇、王贵禄：《守望·追寻·创生：中国西部小说的历史形态与精神重构》，北京大学出版社 2012 年版，第 96 页。

历史台阶上出现新一轮的接纳、排斥、重组和融合的生命过程。可以这样说，中华文明之所以具有世界上第一流的原创能力、兼容能力和经历数千年不坠不断的生命力，一方面是由于中原文化在领先进行精深创造的过程中，保持着巨大的吸引力和凝聚力，另一方面是丰富的边缘文化在各自的生存环境中保存着、吸收着、转运着多姿多彩的激情、野性和灵气，这两个方面的综合，使中华文明成为一潭活水，一条奔流不息的江河，汇总为波澜壮阔的万顷沧海"。① 新疆当代文学正是这种文化边缘活力的最好范例，它是多元一体的新疆文化在长期的冲突、互补、重组、升华中而得到的审美结晶。

边缘在政治意义上的阐释更多地体现为国家边陲、边防的意义。在任何景观中，最基本的政治要素就是边界，"空间组织的第一步即是划定区域的边界，然后将其细分到人。因此，边界是明确无误的、永恒不变的、不容侵犯的、必不可少的"。② 周涛在散文《边陲》中指出："所谓'边陲'，就是两个国家之间的一大块废弃的地方。它的主要用途就是在政治关系紧张的时候成为两国政府用以表演自己爱国主义的立足点。"边陲给人的印象就是"仿佛专门为战争留下的一大块场地"。③ 在新疆六千多公里的漫长边防线上，驻守边防的边关男儿也在书写着边防军人的生活。对于新疆边防描写的军旅小说中，第一个走向全国并产生较大影响的是李斌奎反映边陲哨卡生活的小说《天山深处的大兵》，小说的主人公郑志桐善思考、有理想、有抱负，对祖国边疆有着一种执着而近乎圣洁的爱，弘扬着边防军队英雄主义的主旋律。在小说中，边疆自然环境的暴虐与生存的艰苦同样是为验证军人对边防的热爱和忠诚，带有地理与政治双重意义的边防造就了作品中灵魂净化、精神超拔的英

① 杨义：《文学地理学会通》，中国社会科学出版社 2013 年版，第 248 页。
② ［美］段义孚：《恋地情结》，志丞、刘苏译，商务印书馆 2017 年版，第 24 页。
③ 周涛：《边陲》，载周涛《周涛散文》，浙江文艺出版社 2010 年版，第 70 页。

雄形象。唐栋的《兵车行》讲述了驻守边防的战士上官星奉献边疆的精神，作者并未用过多笔墨，只是如实地记录了边塞环境的险恶，当军车在冰大坂上陷入冰雪之中时，上官星果断地将同车的"我"推下车，把葬身于深谷的危险留给自己，边防军人的无私与崇高精神闪耀出最美的光彩，这些军旅小说塑造的人物都有着保家卫国的革命意识。面对边陲，周涛发出了四连问："海拔最高的边防站在哪里？""蚊蚋最大的边防站在哪里？""阿拉山口边防站以风大著名，风有多大？""离边境最近的边防站近到什么程度呢？"[①] 同为边防军人的周涛以欣赏的眼光发出感慨："边陲有哪一点比人差的地方呢？边关男儿，昆仑列队；射雕英雄，雪原骋马；白日做梦，雨夜读书；远离尘嚣，独享宇宙；饮大碗酒，抓大块肉；植大林带，抱大沙漠……噫吁呜呼！边陲的生活有哪一点儿让人生遗憾呢？"在对边缘的权力话语书写中，边陲、边防产生的意义早已超越了这个词的本原之义而被赋予军人精神的象征。

自 20 世纪 90 年代以来，中国当代文学市场化、媒体化和大众化的价值理念蔓延开来，尤其是网络文化的兴起，文学的深度模式被迅速瓦解，虽然中国当代文坛内各种文学命名活动此起彼伏，但读者对文学的热情却大幅降温。这样的状况下，新疆作家仍在边缘中坚守着对边缘话语的书写。周涛、刘亮程的散文"极力彰显'自我'生命精神的优越感"。[②] 生命精神的优越感正是新疆边缘文化的魂魄所在。董立勃以兵团屯垦文化建构起了边缘的存在方式，并始终心怀对边缘书写的坚守之心；李娟将边缘的游牧生活化为诗意的栖居，对边缘而又边远的阿勒泰

---

① 海拔最高的边防站在新疆喀喇昆仑山海拔 6000 米的神仙湾的边防站，一年三季为冰雪季，氧气的定量被海拔高度减去了一半；蚊蚋最大的边防站在新疆阿勒泰地区的哈巴河边防站，蚊子之多、之大令人不能生存，有"三个蚊子一盘菜"之称，战士夏季需全套防护；阿拉山口边防站风力常常达到最高级十二级，全年风日可达两百多天，这里号称"一年一场风，从春刮到冬"。

② 范培松：《西部散文：20 世纪末最后一个散文流派》，载《重塑"自我"灵魂的狂欢——范培松散文论集》，江苏人民出版社 2005 年版，第 47 页。

情有独钟。在这些边缘的书写中，寄寓着新疆作家关于人类普遍命运的深沉思考。新疆当代文学在作家坚守边缘，书写边缘的不懈努力中拓展着边缘书写的形态。"文学是需要定力的，尤其当一个作家置身于消费文化的尘嚣之中时，尽管周边漂浮的物象总是干扰着作家的定力，但那些能够撞击读者灵魂的文字却无不是由定力生发出来的。"① 对边缘话语的阐释中，有新疆作家对文学性的坚守，表现出不凡的"文学定力"。新疆当代作家的"血地"是这样的偏远，但内心却安居于这样的边缘，这些对边缘的话语阐释都给我们带来了别样的体验和欣慰，如周涛所言："边陲就是这样，于寂静中产生无数奇人奇事，在边远处孕育无穷大德大能。尽善来自于朴素，尽美来自于自然，尽善尽美，当之无愧。"② 边缘为新疆文学的主题与内容提供了某种不同的活力。

　　本土评论家韩子勇也清醒地看到了边缘书写的另一种走向，"在'主流文化'观念制约下创作出的'边疆文学作品'获得反响，文学的边疆意识又被放大为固定化的地域符号，成为一种概念性的东西，越来越抽空对这片土地的真实感受，创作过程成为'空心化'的过程，人们得意或得计于此，并沾沾自喜，一个有特点的创作群落也因此走向狭隘、保守、僵化的目标，直到付出代价，一部分作家重新觉醒，重新思考土地的性质。"③ 这种提醒不无道理，在我们强调边缘性的同时，如何避免出现这样的局面，仍是需要新疆作家们认真思考的问题。

二　边缘的影响焦虑

　　边缘的影响给新疆当代文学带来了活力的同时也带来了焦虑，韩子

---

① 赵学勇、王贵禄：《守望·追寻·创生：中国西部小说的历史形态与精神重构》，北京大学出版社 2012 年版，第 215 页。

② 周涛：《边陲》，载《周涛散文》，浙江文艺出版社 2010 年版，第 75 页。

③ 韩子勇：《文学的风土》，新疆人民出版社 2004 年版，第 69—70 页。

勇指出边疆作家有着"那种因身处'边域'、'边缘'而产生的焦虑",边缘与中心相对,边缘意味着失落、忽略,边缘的影响焦虑投映于作家的心理与创作中,其表现角度又各不相同。

对于边缘影响产生的焦虑,首先来源于新疆作家对边缘文化自身的思考,其中夹杂着作家矛盾的文化心态。周涛指出"在版图上,边陲像是一大块被人忘钉上城市的铆钉的木板那样,呈现出大面积的空白区,这种空旷使它显得异常凄凉。"① 周涛旗帜鲜明地指出自己不喜欢边缘、西部之类的说法,对于中心,他认为并非是永恒的,而边缘也并非生来就有的。周涛坚守着边缘的书写,但其内心对边缘的焦虑感也紧紧萦绕在心田,挥之难去,"我与长城的无缘之缘,恰成为生命中不可承受之轻或是生命中的可以承受之重!"文学作为一种精神文化,与创作主体的内在精神特征相关,焦虑是作家在文学创作中经常会遇到的心理状态。周涛的焦虑不是自然而然产生的,而是主体努力寻找中心的结果,是一种极其矛盾的心灵历程,究其根源,则是作家内心对边缘的心理状态。当他面对中原文化时,他的内心深处又徘徊、自怜于边缘文化的挣扎中,他看到异质文化中的"风景这边独好的骄傲与自负",同时还有"新疆人'我不尿你'"的狂妄的文化心态,他感到冰冷、不适。周涛在汉文化与少数民族文化的双重选择中有着困惑、彷徨,他始终徘徊于双重文化的交汇中,纠结于如何明确、重铸自身文化身份的心理。因为在他面对故乡时:"我爱你们,我恨你们。爱你们不废千载,在水一方,总是立在记忆长河的尽头栩栩如生;恨你们潜过生死的边界,时间的隧道,以嘲弄的手拨乱世纪的时针!只是,这又能怪谁呢?"② 在爱与恨交织在一起的复杂情感中,周涛的自我灵魂在边缘与中原之间徘徊,两种文化的撕扯使他难以言说地产生焦虑感,这种文化归属的

① 周涛:《周涛散文》,浙江文艺出版社 1995 年版,第 70—71 页。
② 周涛:《周涛散文》(游牧卷),新疆人民出版社 2009 年版,第 30 页。

煎熬，从一个侧面反映出边缘对作家的心理冲击导致的内心骚动、困惑、无奈，他说："这将成为我终生的矛盾和难解的情结。"① 周涛的内心始终处于两种文化的反向张力之间，表现为故乡与边疆撕裂的状态，打破了自我对边缘言说的表象，"难免有时候会有这种情况，在同一个国家，边陲会比一些发达的城市落后近一个世纪"。② 他更多地感悟到故乡与他乡、中原与边缘、理性与感性、过去与现在之间的困境，在这样一种两难的处境中，个体的困惑与焦虑是显而易见的，弗洛伊德认为焦虑是不愉快状态加上通过固定通道而来的对外输出或宣泄现象。这种宣泄现象减轻了构成焦虑基础的"兴奋的亢进"。首要的兴奋亢进也许是"出生创伤"。③ 在周涛的散文中我们常常可以看到一种激烈、洒脱的气质，这其中又何尝不饱含着因为边缘带来的惆怅、失落，同时夹杂着他难以排遣以及不被认同的悲凉与失望之情，散发出难以言喻、无法形容的苦涩之感，这样的内心焦虑委实不是一件令人惬意的事，它简直是一种灵魂的磨难。"在人烟稀少、远离浮华的大西北，在稀稀拉拉的土著和三三两两的游客偶尔闯入的新疆，周涛像溃败的帝裔误入荒野的那一支余脉。偏僻省份的写作和缺少相对交流者的困难使他的喜悦与心碎都成为不为人知的隐秘。相对封闭环境更有利于沉思而不利于对话"。④ 身处边缘的周涛是一个巨大的存在——孤立、决绝，不为所动。边缘影响的焦虑中所形成的文化心理同样也反映于少数民族作家身上。如哈萨克族作家叶尔克西·胡尔曼别克的焦虑就来源于她对游牧文化在现代化进程中变与不变的思考。在草原文明与城市文明、传统生活与城市生活的差异中，叶尔克西的焦虑寄寓着她对草原生活的热爱。她认为

---

① 周涛：《周涛散文》（游牧卷），新疆人民出版社2009年版，第54页。

② 周涛：《边陲》，载周涛《周涛散文》，浙江文艺出版社2010年版，第70页。

③ ［美］哈罗德·布鲁姆：《影响的焦虑———一种诗歌理论》，徐文博译，中国人民大学出版社2019年版，第4页。

④ 韩子勇：《文学的风土》，新疆人民出版社2004年版，第109页。

游牧文化也在改变："或远或近，都在改变，我们别无选择，这是宿命。"① 叶尔克西对游牧的文化心态和精神结构带来的焦虑构成了书写的两个极致：一方面她是如此热爱她本民族的游牧文化，极致地描写草原的游牧生活与哈萨克人，另一方面她又清醒地认识到游牧文化落后的方面极致地表现出对本民族文化的反省之情，另一位哈萨克族作家朱玛拜·比拉勒也有着同样的焦虑，他通过小说《寡妇》表达了对游牧文化的焦虑："我们这个民族为什么寡妇多，因为男人喝酒，骑摩托车，还有就是容易冲动、动刀子，有很多穷光蛋等等，这些男人都早早死了，留下孤儿寡母。因此，我就通过法官的生活打个问号，还照这种生活方式下去，这个部落将怎么办？"② 对于作家，这样的焦虑非但不是创作的心理障碍，反而是文学创作的心理条件，少数民族作家在边缘影响下面对的是确立文化目标的艰难，当传统的游牧文化与汉族文化、现代文明交织在一起，本民族文化何去何从？现实与传统的问题仍在焦虑着他们的心灵。

刘亮程因《一个人的村庄》而成为众人关注的对象，"生命说"是众多评论家对他的看法，然而摩罗却从中看出了"生命意识的焦虑感"，"刘亮程散文的内在精神既丰富、复杂，又混沌、模糊，充满了相互抵牾的矛盾，这与他的现代性焦虑和生命存在的焦虑有关"。③ 从新疆文化地理的内涵而言，与其说刘亮程是"生命焦虑说"，不如说这仍是一种边缘的影响焦虑。刘亮程早期曾写过一首名为《一生的麦地》的诗，其中有几句："许多人开始感到家不在这里/他们被自己的狗咬

---

① 叶尔克西·胡尔曼别克、张春梅：《多元文化的对接——叶尔克西·胡尔曼别克访谈录》，载欧阳可惺、王敏、邹赞等《民族叙述——文化认同、记忆与构建》，暨南大学出版社 2013 年版，第 297 页。

② 朱玛拜·比拉勒、张春梅：《现代寓言一种》，载欧阳可惺、王敏、邹赞等《民族叙述——文化认同、记忆与构建》，暨南大学出版社 2013 年版，第 271—272 页。

③ 丁帆：《中国西部现代文学史》，人民文学出版社 2004 年版，第 387 页。

伤/在麦子快长熟时发现/种子错撒在别人的地里/自己的那片荒在野外/一个早晨你醒来四周已成空房子/人们在远迁的另一个村庄/注销你的名姓地址/而你还惦念着他们/扔下一生的麦地去远方寻问/年代那头的破墙下面/一个很像你的人/正结算你一生的收成/你要顺路去看看、离他不远/另一些人表情麻木/大捆大捆的麦子扔进火堆。"① 这首诗中刘亮程的发轫点是麦地，整首诗的情绪和味道充满了陈旧、忧郁、孤立、迷茫，很琐碎，但却虚无缥缈、了无踪迹，"空房子""麦地""荒野"是他后来的很多散文中都描写到的，刘亮程的散文一直延续着这些意象，他内心的焦虑无疑与边缘有关，黄沙梁从空间地理位置来说是与世隔绝的，从文化交流来说是稀少匮乏的，他常常在村庄里四处留下自己来过的痕迹，他感到荒凉与孤独，"他有一种偏僻之地写作者的焦虑，"② 刘亮程要通过写作来传递自己的情绪。在《只有故土》中他说"生活在什么地方都是中心"，在看以平静的表象下，他内心有着对中心的颠覆，他的村庄就是他的中心。"村庄"是刘亮程生存与精神的家园，是属于他内心的中心，这种身处地理与文化双重的边缘加剧了他的焦虑，这种边缘的影响如同王尔德苦涩的感叹："影响乃是不折不扣的个性转让，是抛弃自我之最珍贵的一种形式。影响的作用会产生失落感，甚至导致事实上的失落。"③ 在边缘的焦虑中，刘亮程在《虚土》《凿空》《捎话》从村庄转向了对"驴"的书写，在驴的崇拜中他所要面对的依然是自我追寻中的边缘焦虑的痛苦，《捎话》结尾中："我已遗忘了地上的家乡，我想到天庭做翻译"，他说："捎话的本意是沟通。贯穿小说的也是不断的和解和沟通"，④ 他内心对话语交流的极度渴望正是边

① 张功臣编：《边地快车》，新疆人民出版社1993年版，第9页。

② 韩子勇：《文学的风土》，新疆人民出版社2004年版，第107页。

③ ［美］哈罗德·布鲁姆：《影响的焦虑——一种诗歌理论》，徐文博译，人民大学出版社2019年版，第4页。

④ 刘亮程：《捎话》，译林出版社2018年版，第309—330页。

缘的影响下焦虑的表现。

边缘的影响焦虑在沈苇身上也有鲜明的体现。沈苇边缘的影响焦虑产生于南方与北方、"水"与"沙漠"的两极分裂之中，这是他内心深处渴望被异地认同的心理。作为移民作家的沈苇与周涛不同，如果周涛是因父母调动从而来到新疆，沈苇则是属于主动性移民，是新疆真正意义上的外来者。20 世纪 80 年代，沈苇大学毕业自愿从江南水乡湖州到新疆工作，他称："我要做的，是为干旱的沙漠加入一点水，一点江南之水，一点可能会被蒸发掉的童年之水。"① 当沈苇面对与南方差异较大的新疆生活时，他尝试着努力去调和这种南与北、中心与边缘产生的矛盾与焦虑。沈苇曾提出"混血的诗"的概念说明了他竭力想融入新疆"第二故乡"中的心态，他大量的诗歌中都填塞着新疆地域的各种名词，如"阿凡提、巴扎、楼兰、柔巴依、香妃、二道桥、纳瓦依"等②。在诗歌中沈苇始终不倦地呼唤着"新疆"，追逐着"新疆"，对"新疆"的书写构成了沈苇诗歌创作的基本的归着点。然而，"在新疆呆了 20 多年的沈苇虽然完成了文化回归，但他的取材和眼光是非常接近闻捷的"。③ 尽管国内诗歌界对沈苇的诗歌评价较高，但从新疆本土研究者的角度看沈苇的诗歌依然是对新疆异域化的书写，他始终还是无法达到创作者本土化的身份认同，沈苇认识到："即使一个故土不离、终老家乡的人，身份感的认同和确立也要经历困惑的矛盾"，"在异乡建设故乡是一个漫长的过程"。④ 在"水"与"沙漠"的无法调和中，沈苇的焦虑之情是显而易见的，"移民是将自己抵押在了远方，所以他是远方的人质，他者的人质"。⑤ 在无法摆脱的内心焦虑中，沈苇孤独

① 沈苇：《沈苇诗选》，长江文艺出版社 2014 年版，第 240 页。
② 沈苇在《新疆词典》中以新疆一百多条典型性的地方名词为词条，对每个词条进行阐释。
③ 程光炜：《文学史二十讲》，东方出版中心 2016 年版，第 315 页。
④ 沈苇：《沈苇诗选》，长江文艺出版社 2014 年版，第 234 页。
⑤ 同上书，第 235 页。

前行，行色悲壮，"异乡人！行走在两种身份之间/他乡的隐形人和故乡的陌生人/远方的景物、面影，涌入眼帘/多么心爱的异乡的大地和寥廓/在异族的山岗上，你建起一座小屋/一阵风暴袭来，将它拆得七零八落/回到故乡，田野已毁村庄荒芜/孩子们驱逐你像驱逐一条老狗/你已被两个地方抛弃了/却自以为拥有两个世界/像一只又脏又破的皮球/被野蛮的脚，踢来踢去/异乡人！一手掸落仆仆风尘/一手捂紧身上和心头的裂痕。"① 这种"异乡人"在异地渴望被认同的身份焦虑不仅是诗人，也是许多远离故土的人们普遍性的心理。在无法实现的身份认同的焦虑中，沈苇最终选择了逃离——返乡。

不得不承认，对新疆当代文学来说，边缘本身就是一种力量，这种影响的焦虑已经超过了影响本身。在 21 世纪的今天，作家对写作性质的认识，越来越影响到写作本身的质地方向和形态，新疆当代文学的边缘性特点，更要求作者不断深化对写作性质的认识，认识到写作的必要、可能和自己的位置，加深对环境的了解，对世俗语境的了解，对文坛沙文主义的了解，也只有这样，才能缓释和克服"影响的焦虑"，保持一种积极有益的心态。对此，沈苇的阐释极有意义："什么是中心？边缘的边缘。什么是边缘？自成（或生成）的中心"。②

第二节　荒野

荒野的本意是指"未被开发、未被人干扰区域"。③ 在文学中，荒野在指涉荒凉原野的同时，也暗示着一种人文的境况，具有了一种象征

---

① 沈苇：《沈苇诗选》，长江文艺出版社 2014 年版，第 192 页。

② 同上书，第 232 页。

③ ［美］戴斯·贾丁斯：《环境伦理学——环境哲学导论》，林官明、杨爱民译，北京大学出版社 2002 年版，第 176、264 页。

功能。荒野在新疆不仅是一种自然地理的典型现象，更是文学中一个特殊的文化符码，是新疆作家追求自我灵魂的指向。在"荒野"的书写中，我们看到了作家的心灵轨迹。地理学家段义孚指出，荒野具有两种矛盾的意象，一方面，它是一片荒芜孤寂之所，人类在那里四处游走，另一方面，荒原也被视为避难之所。① 面对新疆人迹罕至的荒野大地，有李娟、刘亮程、狄力木拉提·泰来提等荒野记游式的独行者的行吟，也有赵光鸣等荒野叙事的流浪者的悲歌。新疆作家对荒野的书写最终关联着荒野大地上的"人"及人的心灵、人的精神，这或许是因为"荒野让我回到一种原始状态的单纯，生命的定义在此变得非常简单，似乎只是有无、存在与不存在的体认。生命稍纵即逝，生命也可能永恒，但绝对是美丽不俗的，人类肯定已无法回归荒野之中，但荒野却伴随着人类，隐藏在我们的心灵之中，而我们也时时刻刻惶恐地在生活中寻找荒野，只是人的途径不一"。② 荒野是新疆作家寄托心灵的微妙空间，在荒野的言说中，我们看到的是作家对新疆当代文学"稀有价值"的挖掘。荒野的映照下给予新疆当代文学苍凉的震撼力。

一　荒野记游的独行者

人类对自然环境的认识是与感觉、情绪、心境和潜意识密切相关的。荒野是新疆文化地理的一种独特元素，荒凉的原野、人烟稀少、冷清凄凉、空旷寂寥，对荒野的书写是置身于这种环境下的新疆作家们的极致生命体验。李娟、刘亮程、狄力木拉提·泰来提等作家的作品中都以记游的方式来表达出对荒野的独特感知，荒野记游的独行者共同所拥有的是对新疆大地的苍凉感，他们对于苍凉的表述角度各不相同。

在新疆当代文学关于荒野记游的书写中，李娟都是一个特殊的研究

---

① ［美］段义孚：《恋地情结》，志丞、刘苏译，商务印书馆2017年版，第162页。
② 王家祥：《自然祷告者》，（台中）晨星出版社1992年版，第66页。

对象，这种特殊充分表现在她文本中从头至尾对"荒野"的书写。李娟被称为从"新疆阿勒泰地区荒野中忽然出现的作家"，从她的《我的阿勒泰》《阿勒泰的角落》（2010）到"羊道"系列（2012）再到新近获鲁迅文学奖的《遥远的向日葵地》（2017），"荒野"是李娟文本中反复被提及的一个词，她自称："我无数次沉迷于荒野气息不能自拔，却永远不能说出这气息的万分之一。……我无数次赞美荒野，仍不能撇清我和荒野的关系。"① 李娟的散文具有一种"荒野"的气质，她以记游行者的方式表述了"荒野"之于新疆文化地理的特殊意义，我们看到了赋予李娟以野性自由的荒野，也看到予以李娟生存的荒野。荒野之中寄寓着李娟挥之不去的忧伤之情。

李娟的荒野记游全部来自她的阿勒泰生活，《我的阿勒泰》中多篇写到荒野，如《摩托车穿过春天的荒野》，荒野大地"粗糙而黯淡""空旷无碍"；《在荒野中睡觉》"面孔朝天，看得最多的就是云"②；《遥远的向日葵地》中，李娟写荒野中的家、在荒野中种地、养鸭子等，几乎每一天的生活都从荒野开始。"葵花南面是起伏的沙漠，北面是铺着黑色扁平卵石的戈壁硬地。没有一棵树，没有一个人。天上的云像河水一样流淌，黄昏时刻的空气如液体般明亮。一万遍置身于此，感官仍无丝毫磨损，孤独感完美无缺。此时此刻，是'自由自在'这一状态的巅峰时刻。"③ 李娟的这段文字极具新疆荒野特色，沙漠、戈壁、无树无人，大地原始、古朴而荒凉，独行在大地上的李娟，"在这片干涸、粗糙的荒野中慢慢往前走。大地沉重，天空轻盈。走啊走，一直走到最后，大地渐渐轻盈无比，载着我动荡着上升"。④ 梭罗认为荒野具有野性的价值，而野性的也是最有活力的，李娟在荒野中倾听到自我发

---

① 李娟：《遥远的向日葵地》，花城出版社 2017 年版，第 150 页。
② 李娟：《我的阿勒泰》，云南出版集团公司、云南人民出版社 2010 年版，第 117 页。
③ 李娟：《遥远的向日葵地》，花城出版社 2017 年版，第 84 页。
④ 同上书，第 91 页。

自灵魂深处的对自由的呼唤，她展现了生命中无拘无束的自然状态，这是她内心生活的原动力。李娟所栖身的荒野是新疆自然大地的重要参照物，在时间、空间的流转中，她的生存境遇是简朴而原始的，如地理学家奥尔森所言："与低吟的荒野密不可分的是由失而复得的原古生活方式中寻到的简朴的自由，时光的永恒及对远景的期望。"① 荒野在李娟的笔下于野性中洋溢着自由的张力，给读者构建了值得反复回味的空间。

作为荒野中的主人，与荒野自由空间相对应的是李娟的生活境遇，《遥远的向日葵地》中："荒野生活，不但伙食从简，其他一切都只能将就。然而说起来，这片万亩葵花地上所有的种植户里，我家算是最不将就的。"② 荒野之中的蒙古包是李娟一家的住所，而葵花地里的劳动便是她的生存基础。在阿勒泰戈壁草原的乌伦古河南岸，李娟一家在贫瘠的土地上劳动，"无星无月，我们连夜播种"，"我"被封为鸭司令，"于是我趿着拖鞋，操起长棍，整天沿着小河上上下下跑"，我拾柴揉面，烙饼烧水，我为荒野中的劳动而沉醉，为人的力量和人的野心而感慨，但这种劳动"仍和千百年前一样，生存于侥幸之中，一场冰雹就有可能毁灭一切，一个少雨的夏天就能绝收万亩土地上的全部投入。"③ 所以"我"只好拼命地赞美："赞美种子的成长，赞美大地的丰收。我握住一把沙也赞美，接住一滴水也赞美。我有万千热情，只寻求一个出口。只要一个就够了。可荒野紧闭，旁边的乌伦古河日夜不息。我赞美得嘶声哑气，也安抚不了心虚与恐慌。"④ 当葵花丰收了，"我"砍葵花，敲葵花，搬运葵花到收购车上。李娟将荒野大地的种植劳动完整地记录下来，"我无数次感慨北方大地""我无数次地走过无人的空旷大

---

① 孙重人：《荒野行吟》，生活·读书·新知三联书店 2017 年版，第 181 页。
② 李娟：《遥远的向日葵地》，花城出版社 2017 年版，第 9 页。
③ 同上书，第 194 页。
④ 同上书，第 195 页。

地，总是边走边激烈地想象脚下这片土地的命运。"① 李娟在荒野中对劳动的体验是她具体生存境遇的感验，劳动本身已经化为荒野的一部分。荒野劳动中的险恶、灾变与人的渺小，人对客观选择的局限和不可把握性等因素，加深了荒野中人的生存困境，人的感叹与忧伤成为李娟记游中的重要底色。这恰恰与舒芜评论的李娟的作品充满了明亮的底色形成了相反的结果，只有在新疆地域有过生活经历的人，才能真正感受到李娟内心深处无所不在的寂寞与忧伤感，她所呈现的是一个在荒野中寂寞而忧伤的行者形象。

由以上可以看到，在李娟的阿勒泰书写中，荒野更多地体现为一种心态，而不是对大自然本身的描述，所以，李娟在写作中曾无数次地发出感喟："生活带着人们在荒野里四处流浪，谁又知道下次见面又会在什么时候呢？谁知道今后的命运又会有着怎么样的面目呢？"②（《阿勒泰的角落》）；当她在《荒野漫步》时"在空敞的天空下，一片片戈壁缠绕着一片片沙丘，永无止境。站在高处，四望漫漫，身如一叶。然而怎么能说这样的世界里，人是微弱渺小的？人的气息才是这世界里最浓重深刻的划痕。"③（《冬牧场》）；"同时渗入的还有我的悲哀，我的疲惫。我一动不动举着手电，手电光芒在无边黑暗中撑开一道小小缝隙。荒野中远远近近的流浪之物都向这道光芒靠拢。"④（《遥远的向日葵地》）。从《阿勒泰的角落》到《冬牧场》再到《遥远的向日葵地》，构成了李娟荒野生存的三部曲，她用看似悠闲的荒野漫步来掩饰身处荒野的生存境遇，但却掩盖不住渗入骨髓的灵魂的忧伤，这是一种至深的带有精神历程的忧伤。如果说审美意义上的忧伤是自然物象与生存境遇相结合所产生的寂寞感与苍凉感的集中体现，那么李娟的这种忧伤就是荒野大地

① 李娟：《遥远的向日葵地》，花城出版社 2017 年版，第 232、235 页。
② 李娟：《阿勒泰的角落》，万卷出版公司 2010 年版，第 132 页。
③ 李娟：《冬牧场》，新星出版社 2019 年版，第 144 页。
④ 李娟：《遥远的向日葵地》，花城出版社 2017 年版，第 35 页。

与自身生存结合而对人所形成的一种气质，是人在荒野的忧伤。"我会跑，会跳，会唱出歌来，会流出眼泪，可我就是不能比绿更自由一些，不能去向比绿所能去向的更远的地方。又抬头看天空，天空为什么这么大！当我在这个世界上，明明是踩在大地上的，却又像是双脚离地，悬浮在这世界的正中。我在山顶上慢慢地走，高处总是风很大，吹得浑身空空荡荡。世界这么大……但有时会想到一些大于世界的事情，便忍不住落泪"。① 这段文字中李娟的"忧伤"清晰明了，面对荒野的人，其孤独的感慨是油然而生的，李娟对自我个体生命的感伤以及无可奈何的悲悯在荒野中全部弥漫开来。命运安排了她荒野大地的生活，对李娟而言，荒野不仅是现实的生活境遇，更是情感的抒发对象，它寄寓了一个荒野大地独行者的心灵之语，荒野使李娟陷入对生命更深邃的思考，李娟的荒野无疑是她对新疆大地的深度解读。李娟在《阿勒泰的角落》的序言中写下这样一段话："而每次重读，总能真切地看到独自站在荒野中，努力而耐心地体会着种种美感的过去的自己……漫长过程中，一点一滴贯穿其间的那种逐渐成长、逐渐宁静、逐渐睁开眼睛的平衡感，也许正是此时全部希望的生活根基与凭持吧。让我觉得很踏实，觉得自己的写作其实才刚刚开始。"② 她以"独行者"的方式编码了一个苍凉与美丽共存的阿勒泰世界。

刘亮程的荒野书写与李娟有着异曲同工之效。无论在散文《一个人的村庄》，还是小说《虚土》中，刘亮程都在描写村庄、劳动与荒野大地的关系，村庄与劳动是他表达荒野的载体。"这个村子在荒野上丢掉了都没有人知道，它唯一的一条路埋在大雪中"，"所有走过这荒野的人，都会讲述一个村庄"。③ 荒野中的村庄是他表达心灵体悟的对象。

① 李娟：《我的阿勒泰》，云南出版集团公司、云南人民出版社 2010 年版，第 148 页。
② 李娟：《阿勒泰的角落》，万卷出版公司 2010 年版，序言。
③ 刘亮程：《一个人的村庄》，春风文艺出版社 2005 年版，第 122 页。

而"在一个人的一生里，在一村庄人的一生里，劳动是件荒凉的事情。隐身劳动的人，成为荒野的一部分"。① 劳动与人在荒野中是同一画框中的风景，二者不可分割的，互为印证，人的一生也成为荒野中劳动的一生。与李娟比较而言，刘亮程的"荒野"记游中更多的是一种孤独与寂寞，他"看见自己的人群，一千一万个我在荒野上走动。我在虚土梁上的小村庄里，静静地看见他们"。②

"荒野"在维吾尔诗人狄力木拉提·泰来提的诗歌中也是出现频率较高的一个词，如《失落的土峪沟》《莎车那片荒野》《风的选择》《胡杨林》《荒野童年》《与秋天告别》《神木园》等诗篇都有对"荒野"或多或少的表述，他对荒野大地的描摹更注重于物的形态，他表达的是新疆自然环境、历史文化和社会生活形态显现的一种荒野气质。《莎车那片荒野》中"依米提的荒野里/莎车的巴达木开口了/叶城的黑脸汉子遥望身后的黑色山峦/古老的战场被月球引力洗刷干净/季节的洪流急功近利/叶尔羌早产于一万多年前/追寻岁月的路虽然很多/我该走哪一条"。③ 狄力木拉提·泰来提在诗中观察荒野的方式均呈现出边疆特有的场景，"叶城""古老的战场""叶尔羌"都是荒野组成的物象形态，而"追寻岁月"与荒野的苍凉形成了同构一体的效果，所以狄力木拉提·泰来提的荒野气质更多的是从他诗歌中自然发出的："所有的风/流浪的乞丐/隐藏于荒野的任何角落/起初，它们一点点撕咬红柳/午后，刀郎艺人高亢的呼喊/孵化远古。"④ 刀郎艺人的歌声使荒野获得了深沉的历史感和巨大的时空意识，产生了互文性的表述效果。

新疆当代文学荒野记游的书写方式与新疆文化地理有着密切的关系。通过分析我们可以看到，新疆文化地理并不是一个固定的静态概

---

① 刘亮程：《一个人的村庄》，春风文艺出版社2005年版，第58页。
② 刘亮程：《虚土》，春风文艺出版社2006年版，第225页。
③ 狄力木拉提·泰来提：《一路向南》，作家出版社2017年版，第83页。
④ 同上书，第97页。

念，它总是以种种不同的方式显现在作家具体的生存境遇之中，甚至已经内化为作家创作的心灵投影。荒野作为新疆当代文学特殊的文化符码，它映照出荒野的独行者们的姿态，他们没有退缩与逃避荒野的理由，只有承受，个体生命只有不断地改变自身以顺应荒野的力量，才能保证个体自身的存在。所以我们看到李娟面对阿勒泰山区的荒野，没有无常的宣泄或诉说，而是将自己的生活冷静地呈现给读者，表现一种苍凉大地的忧伤与静思；我们看到刘亮程在荒野之中的村庄中不断地游走，将自己化为荒野中的一部分，在荒野中寂寞而孤独地劳动；我们也看到了狄力木拉提·泰来提不囿于小我，在宏阔、苍远的荒野中踽踽独行，去探寻新疆大地的生命真谛。

二　荒野叙事的流浪者

地域辽阔的新疆，地广人稀，大片的荒野之地也成了生活在中原、西北和西南贫困地区社会底层的人向往的"乐土"。鲍昌曾言："我在新疆短暂停留期间，看到的一切都是粗犷的，富有活力的……因为它太大了，太壮观了。它是开拓者的乐园，它向一切人展开了双臂。所以，不知从什么年月开始，无数的人自东往西，来到新疆这块亚洲的腹地探险。他们在历史上有不同的名称。中华人民共和国建立后，被起了个政治性的名字——盲目流动人员，简称就叫'盲流'。这名称，颇带贬义，仿比穷光蛋、流浪汉、叫花子高不了多少，有时更被看成了'罪犯'……十万人流进新疆，像是撒向旷野的一把草籽，有的被风吹去了，有的生根发了芽。"① 在一个时期内，新疆成为全国接纳移民最多、最集中的地区。正如段义孚所言，荒野成为一个避难之所，盲流便是荒野之中的避难之人。新疆"向来是活命的地方，逃命的地方，创业与避世的地方"，②

---

① 肖云儒：《中国西部文学论》，青海人民出版社 1989 年版，第 298 页。
② 韩子勇：《文学的风土》，新疆人民出版社 2004 年版，第 25 页。

这些荒野中的"流浪者的奋斗史和业绩，流浪者的创业精神和硬汉性格，蕴藏着丰富的文学矿藏"。[①] 对新疆荒野中流浪汉的生活展开叙事，是赵光鸣对新疆当代文学独特的贡献。

荒野是新疆流浪者的生存之地，但要如何生存，却只能在那些最细微之处才能发现，赵光鸣荒野中展开的叙事正是我们解读这些细微之处的窗口。赵光鸣在小说集《远巢》的后记中写下："我十一岁踏上西出阳关之路，一路结识的都是流浪者"，他品尝了颠沛流离之苦，"父亲是桥工队的工人，一座桥落成，就卷铺盖到另一个地方去造另一座桥，南疆北疆到处安家。频繁的迁徙，便成了我最早接受的人生课题"，[②]所以他"大部分生涯，都在荒蛮地带或荒芜路上"。[③] 赵光鸣的小说几乎都是围绕流浪汉展开的，在他浪迹荒野的人生中，赵光鸣反复地讲述流浪者的故事，由此成就了他的流浪汉叙事领域。所以，"赵光鸣是真正属于新疆这块浩瀚广袤的土地——他从童年时代开始在这块土地上生活。指出这一点我以为是十分重要的，它将涉及赵光鸣小说创作的描写内容或题材领域的问题"。[④]

《石坂屋》是赵光鸣最早关于流浪者的一部小说，小说的空间背景是一个"卡卡斯雅"的地方，"卡卡斯雅"是维吾尔语，译成汉语即为"荒凉的地方"，而"石坂屋"是在荒野中用石块垒成的"丑陋不堪的石围子"，小说的空间背景似乎也是小说中流浪者命运的客观对应物。小说描写了由各色流浪者组成的施工队住在石坂屋中为矿区在荒野大地盖房的过程，在荒野之地展现出这群流浪者个体的悲剧命运。花儿铁是作者着墨较多的一个流浪汉形象，也是最震撼人心的一个人物。他的一生都是在流浪中度过。年轻时的花儿铁打工时与商家的小妾发生恋情，

---

① 夏冠洲等编：《新疆当代多民族文学史》（小说卷），新疆人民出版社2006年版，第211页。
② 赵光鸣：《远巢》，新疆人民出版社1989年版，后记，第321—322页。
③ 赵光鸣：《远巢片语》，《青海潮》2004年第2期。
④ 周政保：《序言》，赵光鸣《远巢》，新疆人民出版社1989年版。

被打成伤残后便开始了在新疆荒野的流浪生活，他一路打零工，从鄯善、哈密沿博格达山麓，从木垒、奇台一直往西走，在貌似流气猥琐的外形下，却是一个实诚干净、正义善良的流浪汉。花儿铁从内心深爱着寡妇石牡丹，却又身无片瓦，自知爱情无望，胸怀漂泊世人的忧伤孤独，唯以粗俗的玩笑来加以掩饰和调节，以悲凉的"花儿"来抒发；他在最困难时仍出手相救素不相识且与他同样流浪的东乡人穆生贵一家，小说结尾他为了施工队早日完工而殒命于风暴之中，可以说，花儿铁至死也没有得到过人世间的一丝温暖，通过作者的描写，一个外刚内柔、古道热肠、诚挚善良的流浪汉形象跃然纸上。小说中的流浪者们因不同的缘由聚到了一起，如范中原为逃犯，石牡丹是随家人流浪到新疆，他们为了生存东奔西走，以新疆荒野大地作为他们逃生的避难之地。荒野为《石坂屋》的流浪者们涂上了一层雄壮悲凉的色彩，如同艾略特所言："荒野什么都没有，只有繁重的劳动、无尽的渴望和来自荒野本身的诱惑"。①

《西边的太阳》是赵光鸣引起文坛轰动的一篇小说，曾获"《当代》优秀中篇小说奖"。在小说中他非常留意对于新疆荒野的特征描定："那是一处在任何地图上都找不到的角落。那地方阳光炽热，细砂铺成的漠野浩瀚地向远方延伸。远方的风蚀残丘奇形怪状，嵯峨嶙峋如远古的城堡。河流流过的地方，到处呈现出类似史前时期的景象，鹅卵石巨大光洁，枯死的胡杨残躯灰白干裂，东倒西歪，极像翼龙、猛犸之类庞大动物的残骸。"② 荒野之中的世界，是一个苦寒、空旷、寂寥的地方。小说采用了两条互无因果关系的情节线索相互交织的方式来结构故事，显示了荒野之于流浪者的意义。第一条情节线索是作为流浪世家后代的"我"的家族之谜，"我"有三个祖父之谜，现在的祖父戴秉初其实是

---

① ［美］段义孚：《恋地情结》，志丞、刘苏译，商务印书馆 2017 年版，第 164 页。
② 赵光鸣：《穴居之城》，新疆美术摄影出版社、新疆电子音像出版社 2011 年版，第 141 页。

我父亲的养父，大概出于某种愧疚或逃避惩罚，他才辗转流浪到新疆谋生的。晚年的祖父对"我"十分疼爱，送我去上学时，在荒野上迷路时，看到荒漠奇观："太阳的昏黄晕圈在西天悬浮着。展现在我们面前的是一幅让祖父和我同时瞠目的景象：雪原上，一些彼此孤立的巨树树桩奇兀地挺耸着，所有这些树都只有躯干而没有旁枝。在苍黄的太阳下，这些红褚色的巨树桩或粗或细，或高或矮，嵯峨狰狞，形态怪异可怖，如雷火轰劫后一座古城堡遗址的残墙断壁，笼罩着莫可名状的神秘幽怖的魔域气氛"。[1] 荒野奇特魔幻的氛围与祖父的流浪之途混合在一起：祖父和我在完全偏离县城的方向朝北偏西走了近40公里，如果没有遇到这片荒野中魔幻的原始森林的石化残骸，"我们将会继续一步步走向号称'死海'的我国第二大沙漠古尔班通古特沙漠，在向晚的西北天际，死神默默地等候着，已经向我们绽开了稀落惨白的笑容"。[2] 小说由"我"因失恋到舅舅家中作为中转或链接，引出第二条情节线索，即舅舅家附近的一群内地流浪者，他们在波斯坦的荒野中开垦，这些来自各地的流浪者认为这里"生荒地啥都能长出来"。为了生计，荒野是流浪者们需要战胜的对象。当他们各自的生存受到威胁时，流浪者们不惜流血自戕以保卫在荒野中的开垦之地。面对奉命前来无理驱赶他们的人员，为保卫自己的"乐土"和成熟的庄稼，回族老人马忠甚至用刀插进自己的胸膛，以死抗拒。这些血性的汉子们，在危急时刻所表现的那种坚忍不拔和拼命精神，令人惊心动魄、肃然起敬。小说叙述的空间背景、人物命运都与荒野大地联系在一起，强化了人物的悲剧性命运，所有流浪者的辛酸、悲苦、坎坷与荒野共同构成了沉重的人生的哀歌。

在长篇小说《青氓》中，主人公英子因抗辱而失手杀"兄"，仓皇

---

[1] 赵光鸣：《穴居之城》，新疆美术摄影出版社、新疆电子音像出版社2011年版，第149页。
[2] 同上书，第150页。

出逃，她千里寻母到"乐土驿"这个地方。小说描写了英子扒火车受辱，偶遇阎泰娃获救，半路受牵连被拘禁，沙漠巧遇寻宝，亲睹沙漠幻境及寻宝者暴力拼杀，沙漠迷路遇怪人获救，最终寻到母亲，又与亲父异地相会等一系列场景，极富浪漫传奇色彩。毫无疑问，赵光鸣是偏爱这个传奇故事的，他先以《乐土驿》为名以中篇小说的规模进行叙述，并收在小说集《远巢》中，后以《逃亡》为名收在小说集《绝活》中，然后他又以《青氓》为名以长篇小说的规模进行叙述，后又以《绝地逃亡》为名再出版。小说的重心是寻母之路，母亲在遥远的边疆，英子找到母亲，她流浪的心才能平静安稳下来，英子的寻母之路也是主人公寻找内心精神依托的过程，所以当英子与母亲相见之时，"这千里之外的异乡的荒野，这大而化之的广阔无垠的天和地，赋予她内心以悲怆的博大和宽容，过去二十余年里的是是非非、爱爱憎憎、恩恩怨怨皆渺小如同尘烟。她快快地走着，觉得天地纯净，心也纯净"。[①] 荒野在这里升格为英子的精神家园，流浪者与土地、与亲人是分不开的，爱情、亲情、友情是每个流浪者的内心居所。赵光鸣在这篇小说试图将荒野叙事提升到形而上的层面来观照，借流浪者们寻找活路的故事，表达人类的精神流浪及寻找家园的心路历程，所以，小说原来的篇名《乐土驿》与其描写的"荒野"具有了世外桃源的象征意味。

荒野与流浪者是赵光鸣小说的基本要素，形色各异的流浪者是社会最底层的小人物，他们是定型的，但却是被悬置的存在，是真正的余物，是被排除、抛弃和否定的同义语，是自身环境的对立物，是要被铲除的"异己"。于是，这些在故土失去存在的物质基础与"合法性"的"异己"者，便以决绝的姿态踏上了荒野大地的流浪之路。显然，这些流民是中国农民中最有性格的一群，他们是文化的哗变者，是稳当的、安土重迁的、聚族而居的村落生活的解构者，更是荒野大地的建设者。

---

① 赵光鸣：《青氓》，敦煌文艺出版社1996年版，第366页。

也正因为如此，在荒野中的他们，对"自身与环境是双重的不信任，荒野是一条危机四伏、险象环生的求生之路，目之所遇是陌生的，皆是异象、异物、异闻"。① 荒野在赵光鸣的小说中与逃亡、异族、异域、异物、异象、异闻、爱情、神秘、凶险乃至寻宝等叙事元素联结在一起，形成了荒野的魔幻性效果。

赵光鸣在他的小说集《远巢》的后记中写道："选择这样一个题材领域，部分得归结于我的身世、经历和对漂泊生涯的切身体验。……1966 年 10 月到 1967 年初，我步行沿兰新线走了两千公里，亲自感受了一次大西北惊人的贫困，底层人民的艰难和不幸。我接受再教育的那个村子成分也很复杂，老的和新的盲流占了本村人口的绝大部分，他们中的每一个人，都是一部活生生的迁徙史……因此当我拿起笔来学写小说的时候，我首先想到要写的就是那些颠沛流离的人们。"② 赵光鸣的独特之处，恰恰就在于对荒野叙事的流浪者形象的塑造，他准确而深挚地摹写出荒野大地上流浪者们的人生感受。荒野在赵光鸣的小说中具有一定的复杂性，它与流浪者连接起来，使这个形象更具有了一种沧桑感与悲苦感，赵光鸣所关注的，是荒野大地的流浪者为了生存而付出的精神的或肉体的代价。对于荒野大地，赵光鸣有着这样的浩叹："新疆这块土地浩瀚无边，荒凉亦无边。人站在苍穹下面显得过于渺小和孤单，精神时常感到过于空荡和无所寄托。揣着无尽的乡愁寻找家园，是这土地上远离故乡的人们的一种特有心态。"③，他的身心几乎同时抵达荒野，在荒野的世界中其漂泊的灵魂得以返乡，在这个意义上，作者完成了对自己的流浪者文化身份的认同，如赵光鸣在小说《西边的太阳》中通过父亲所说的："就像所有的浪迹天涯的人一样，他也有他选择这种生

① 韩子勇：《兄长赵光鸣》，载赵光鸣小说《青氓》，敦煌文艺出版社 1996 年版，序言。
② 赵光鸣：《远巢》，新疆人民出版社 1989 年版，后记，第 321—322 页。
③ 同上。

活方式的充足理由。"① 赵光鸣的荒原叙事更坚实地靠近了新疆大地上的生灵、生命，因而具有一种穿透人心的力量，荒野叙事的流浪者形象将新疆深沉的苍茫渲染得分外引人关注。

第三节　家园

家园是人类最早获得安居和生存的地方，当人与自然疏离或丧失土地之时，人们必然会萌生出浓郁的乡愁和伤感，这是人类内心对归属的追求和渴望，因此家园是人的肉体和精神的双栖之地。对于众多的作家而言，"家园"一词具有重要而深厚的内涵。从某种意义来讲，"家园"是等同于"根"之意象，对一个普通人而言，如果没有家园之"根"，他的灵魂就会像浮萍一样四处流浪，对于作家而言，其文学创作就失去了源泉。"家园"是许多文人学者内心挥之不去的乡愁，他们的生命之树不断进行再移植，其经受的酸甜苦辣、人生百味，与"家园"有着割舍不断的联系。

在新疆当代文学的创作领域中，"家园"是一个无法忽略的文化符号，对"家园"的呼唤是每一位作家内心迸发出的最真挚的情感。傅查新昌认为新疆文化的关键词是"移民文化、生存冲突、心灵结构、灵魂倾诉"，这几个词无一例外地都与作家内心的"家园"情思有关。正是在移民文化的背景下，我们看到无论是像周涛、董立勃、赵光鸣这样自少年时期随父母西迁，还是像刘亮程、李娟之类因父母流寓而生长于新疆的作家，还有像沈苇、陈漠等后期移民到新疆的作家，他们都不能算是土生土长的新疆人，如周涛所言的"一个人只要没有个亲人埋

---

① 赵光鸣：《穴居之城》，新疆美术摄影出版社、新疆电子音像出版社 2011 年版，第 148 页。

在地下，那他就不是这地方的人"，① 在故乡—他乡的生存冲突中，他们的心灵中始终有着"家园"的情结，在"漂泊"和"寻归"的叙述中，作家们完成了自我的灵魂修炼，留给读者的是深邃而悠久的惆怅。

一　追寻与漂泊

漂泊是与家园连为一体的，乡关何处？何以为家是身处异乡之人产生的情愫，"漂泊"成为一种被抽去实证内容的象征物，于是人们以"漂泊"作为表征寻找回家之路。正因对家园的追念，漂泊才显得如此有意义，所以，漂泊不仅仅是指肉体上的无所归依，还应该有一种精神与灵魂的颤动。新疆当代文学对漂泊主题的书写既有作家个体对命运坎坷的感慨，也有漂泊怀乡的感伤书写。

李娟的作品从始至终都弥漫着漂泊的气息，透过文本的表象之下，我们会发现她的漂泊来自命运的感慨。李娟在成名作《阿勒泰的角落》"自序"部分写下这样一段话："我的家庭在很多年里一直在阿尔泰深山牧区中生活，开着一个半流动的杂货店和裁缝店，跟着羊群南上北下。后来虽然定居了，也仍生活在哈萨克牧民的冬季定居点里，位于额尔其斯河南面戈壁滩上的乌伦古河一带。其实，我之前在学校读书，之后又出去打工，在家里生活的时间并不长，却正好处在最富好奇心和美梦的年龄。……哪怕到了今天，我也仍然只是攀附着强大事物才得以存在。但是我希望自己有一天也能够强大起来。"② 这段看似平实的介绍却显现了李娟彻头彻尾的漂泊无依的生活状况，她内心"有一天强大"的渴望使漂泊不仅仅是个空间的概念，更多地指向了时间最终的结果。李娟的命运与漂泊联系在一起，命运将她安排在荒野之中，"像我们这样的人，早就不录家谱的汉族人，自己都不知自己来历的逃难者的后

① 周涛：《稀世之鸟》，解放军文艺出版社1990年版，第125页。
② 李娟：《阿勒泰的角落》，万卷出版公司2010年版，自序。

代——我连爷爷和外公的名字都不知道——身世潦草，生活潦草，蒙古包也潦草，偶尔来个客人，慌张半天。和人的相处也潦草，好像打完眼下这茬交道便永不再见了。潦草地种地，潦草地经过此地。潦草地依随世人的步伐懵懂前行，不敢落下一步，却又不知前方是什么"。① （《遥远的向日葵地》）李娟作品中内在的漂泊感非常强烈，生活与生命于她都是无根无源的，她感喟这种生存状态，以自我身份的确认来追寻生命的本源，当她学不会跳哈萨克民族的"黑走马"舞蹈时，她说"我是汉人嘛，我的心中已经装满了别的东西。我所理解的喜悦是汉人特有概念里的喜悦"② （《阿勒泰的角落》）。当身处哈萨克族牧民中，她所强调的是："在人山人海的哈萨克牧人之间，从来没有像此刻这样，真切地感受到自己是个汉族人。我是汉族人，我没有这样的宗教信仰，我不能面对没有的东西，没有资格效仿——甚至些许的表演也做不到了"③ （《深山夏牧场》）。以上的表述分别是李娟创作的三个阶段中不同作品的内容，通过这些时间的线索可以看到李娟始终囿于自我身份的缠绕中，这种文化身份的追寻中，伴随着对地理与精神上双重的"家园"的极度不确定性，"我在新疆出生，大部分时间在新疆长大。我所解的这片土地，是一片绝大部分才刚刚开始承载人的活动的广袤大地。在这里，泥土还不熟悉粮食，道路还不熟悉脚印，水不熟悉井，火不熟悉煤。在这里，我们报不出上溯三代以上的祖先的名字，我们的孩子比远离故土更加远离我们。哪怕再在这里生活一百年，我仍不能说自己是'新疆人'。哪怕到了今天，半个多世纪过去了，离家万里，过去的生活被断然切割，我又即将与外婆断然切割。外婆终将携着一世的记忆死去，使我的'故乡'终究变成一处无凭无据的所在"。④ 李娟虽然在新

---

① 李娟：《遥远的向日葵地》，花城出版社 2017 年版，第 144 页。
② 李娟：《阿勒泰的角落》，万卷出版公司 2010 年版，第 57 页。
③ 李娟：《深山夏牧场》，中信出版社 2017 年版，第 71 页。
④ 李娟：《我的阿勒泰》，云南出版集团公司、云南人民出版社 2010 年版，第 46 页。

疆出生属移民二代，但生命境遇依然是背井离乡、无家可归、前途未卜的痛楚，在她的心目中家园是"根"的所在，它在李娟内心中强大无比，不可撼动，但她却没有还乡之路。李娟的漂泊之路充满了伤感，她不断陷入虚无和绝望之中，《我们的家》中，李娟与母亲、年迈的外婆辗转在荒野之中，大雨倾盆，"我们一家三口三个女人就这样被扔在暮色中的荒野沼泽中。……天又冷，下了雨就下冰雹，然后又下起雪来……天黑透了，柴禾也找不到几根——那样的时刻，没法叫人不绝望"。① 李娟对漂泊命运的体验，如韩子勇所言："漂泊的体验深度在西部可能更有赖于荒野恐惧。无人之境和缺乏交流，废墟与孤立无援、旷野了无边际和月明星稀……这都像是一次洗礼，一种诱导，使这个主题走向终极性的阐释。"② 在荒野中的李娟漂泊在一个又一个村庄，这是绵绵无边的荒野跋涉。

李娟在漂泊中对于"家园"的渴望使她在作品中全部化解为与"房子"有关的描写，她在不断地写关于"房子"的记忆。《我们的裁缝店》《叶尔保拉提一家》《我们的房子》《在戈壁滩上》等，李娟所有的情思都与"家"有关。不断地迁徙，不断地搬家，帐篷、地窝子、蒙古包、铁皮房子、荒野中被废弃的土坯房子、没有窗户、没有门的遗弃的水泥房都短暂地成为李娟的家，而每一次的搬迁都是与家园的别离，"唉，想想都觉得可惜！为什么我们不能永远在那个地方生活下去呢？那里有房子，有可以播种的土地，有河。而且那里如此美丽。河边，秋天的桦树林里，白的枝子，红的叶子，金黄的大地，明亮的池塘，天空总是那样蓝……过去的人们为什么舍得放弃那里呢？还有我们的房子，还有其他的更多的房子，它们曾经是如此温暖的所在呀！"③

---

① 李娟：《我的阿勒泰》，云南出版集团公司、云南人民出版社 2010 年版，第 125 页。
② 韩子勇：《文学的风土》，新疆人民出版社 2004 年版，第 87 页。
③ 李娟：《阿勒泰的角落》，万卷出版公司 2010 年版，第 225—226 页。

李娟发出："我们家到底在哪儿？我家到底是什么样的？"究竟在一个地方住多久才算是家呢？这是所有异乡人的普遍情怀，李娟对家的渴望使她对命运的思考更为深刻，背负着永远的精神乡愁，脚下的土地不能够依凭，只能在漂泊中去寻觅栖息之地，漂泊没有归宿，确如她所说的："人的命运和自然的命运截然相反。我到了葵花地边，为这巨大的相反而惊骇，突然感到漂泊远不曾停止，感到往下还要经历更多的动荡。"[1] 漂泊是置身荒野之中的李娟对家园的心理需要和精神寻归，它所表达的是人的命运、精神的状态，在家园与漂泊的辗转之途中，李娟写下有关《命运》《孤独》《寂静》的文字，给我们留下家园与漂泊的人生感受，如她自己写下的："未来的家，只在未来保护我们。"[2] 李娟的写作与她的命运连在一起，她体验到的是生命的孤寂和漂泊，当多数作家在消费时代里放弃书写人生的基本状况时，李娟却一直居住在自己的内心中，仍旧苦苦地追求家园与漂泊的价值与光辉，仍旧坚定地向荒野地带进发，这份能力与执着，深深唤起读者对她自身所处生存境遇的关切，她在《冬牧场》的自序中写下："说起来这一切都是悲观的，但我心里仍有奇异的希望。我但愿这一切只是自己狭隘的见识，我但愿这世上只有我最懦弱。……命运是深渊，但人心不是深渊，哪怕什么也不能逆转，先付出努力再说吧，这就是我的努力。"[3]

怀乡是每一个远离家乡、漂泊游子的共同的情感。沈苇的漂泊来自他浓浓的乡愁，江南是他的故乡，他身在异处，却无时无刻不在怀念自己的家乡，二十多年的江南之乡湖州的生活经验对沈苇可谓刻骨铭心，在那里，他度过了童年、高中和大学时代，这是人生观、价值观形成的重要时期，也是有着"葱郁而孤独的恋情"[4] 的时代，故乡给他留下了

---

① 李娟：《遥远的向日葵地》，花城出版社 2017 年版，第 30—31 页。
② 同上书，第 134 页。
③ 李娟：《冬牧场》，新星出版社 2019 年版，自序。
④ 此句为沈苇诗歌《南浔》中的诗句。

挥之不去的心绪。当沈苇的笔触写到故乡时，怀乡之情汩汩流淌，《清明节》中："死去的亲人吃橘红糕、糖塌饼、猪头肉/最老的一位颤颤巍巍，拄着桑木拐杖/最小的一个全身沾满油菜花粉/年轻人喝着醇香的米酒"①，沈苇选取"橘红糕""糖塌饼""猪头肉""米酒"等来寄托乡情，他表达的是一幅江南生活的俗世画面，故乡的每一种食物都散发出亲切的温暖气息，沈苇的怀乡之情被具化为食物，形象地抒发了漂泊异乡之人的乡愁，这显然与他写新疆的"混血的诗"完全是两个格调。他说："在新疆呆久了，我会如饥似渴地思念家乡、思念家乡的小镇、村庄、运河、稻田、竹林、桑树地（那里留下了多少童年愉快的记忆啊），思念家门口的小路、水井、桂花树，一天天衰老的父母……只要回去呼吸几口家乡清新湿润的空气，吃一碗母亲做的香喷喷的米饭，还有炒青菜、咸肉蒸冬笋，我的思乡病就会得到治愈。"② 沈苇无时无刻不在怀念自己的家乡，所以他在《南浔》中写"香樟叶柔软地铺了一地"，"睡莲们继续睡着"，在《黄昏散步到一棵香樟树下》写："我披着不轻不重的暮色回来，坐到母亲身边，剥笋、豆子"，每种文化都有它自身亲切性的象征物，这些象征物是得到当地人广泛认同的普通之物，沈苇在这里所写的"香樟树""睡莲""笋""豆子"等不仅对他是亲切的，对生活在江南的人们也是重要的生活物象，如同新疆的胡杨树、白杨、沙枣③一样是一个地方形象的代表物，是难忘的故乡生活经验，具有永恒的意义。怀乡之情使沈苇在浙江湖州—新疆乌鲁木齐之间无数次地踏上返乡—离开的路途，他写下《两个故乡》："当我出生时，故乡是一座坟墓/阳光和田野合伙要把我埋葬/于是我用哭声抗议/于是我成长，背井离乡，浪迹天涯/我见过沙漠、雪峰，女人和羔羊/现在我

---

①　沈苇：《沈苇诗选》，长江文艺出版社2014年版，第76页。

②　刘翔：《沈苇与他的混血诗》，引自 http：//www. literalure. org. cn/Article. aspx? id＝15012，2004 年。

③　这些都是沈苇在关于新疆的诗歌中写到的物象。

老了，头白了／我回来了——又回到故乡／——流水中突然静止的摇篮。"① 故乡是专有的，私人的，它铭刻于游子的记忆深处，每当想起故乡的时候人们就会获得强烈的满足感。无论是故乡还是他乡，漂泊中的沈苇都喜欢用记忆中微小、熟悉的事物来展现，这正如地理学家弗雷亚·斯塔克所言："记忆展现了它最强的魅力，让我们在一些琐事上、一些风物上、一个语调上、一种味道上统统听从它的支配，岸边的海草，田边的野菜……这当然是家的意义——一个日复一日的地方。"② 沈苇在家园与漂泊之中交织着"地理"怀乡和"文化"怀乡的双重情愫，他的诗歌充分显示了自我与江南故乡、江南文化的维系。

赵光鸣的小说总是流露出一股淡淡的乡愁，总是有一种人在途中的漂泊感，《远巢》《云游》《背影》莫不如此。《远巢》写了游子归巢的忧戚心绪；《云游》写两个漂泊者的可悲可幸的精神面貌，《北影》的寓意更明确地在于跋涉者的人生追求，如在"荒野"中分析的，多年流浪者的经历深化了他对漂泊的复杂体验。因此，赵光鸣的小说都在讲述漂泊的流浪者寻找家园的故事，这些漂泊者为了生存东奔西走，他们的人生几乎没有定所，他们不停地向西部偏西的地方走去，而他们心里揣着的是不尽的乡愁，远离故土的悲哀总是敲击着他们难以宁静的乡梦，他们有时不得不将故乡的记忆埋葬，他们除了忍受超乎常人的肌体的苦难外，还要承受永远的心灵的折磨。赵光鸣在小说中从三个层面为我们阐释了他对人生漂泊状态的理解。第一个层面是作品中流浪者们离开家乡流浪新疆，决定了家园空间的漂泊，如《穴居之城》中的王绳祖、马玉贵、草根嫂都是从内地来到新疆讨生活的异乡人，《西边的太阳》中"我"的祖父、众多的流浪者都是远离家乡的人；第二个层面

---

① 沈苇：《沈苇诗选》，长江文艺出版社 2014 年版，第 49 页。
② ［美］段义孚：《空间与地方——经验的视角》，王志标译，中国人民大学出版社 2017 年版，第 118 页。

是流浪者无法主宰自己命运的漂泊，如《石坂屋》中的花儿铁、范侉子都无法摆脱流浪汉自身的悲剧命运；第三个层面是精神家园的漂泊，如《死城之旅》中的姬大维是一个特殊的流浪汉，他有着传奇性的经历，流浪二十多年来当过金客、伐木工、石匠、马背小学教员、酿酒工人、养蜂工和牧羊人，最后他成了岩画艺术研究生。他见多识广，意志坚强，生存能力极高，有着强烈的事业心，甚至通晓神秘老人的古怪语言。更为重要的是，姬大维经过智者的指点，加上多年漂泊生涯的磨砺，对生命有着深邃的思考，特别是对生与死的哲学问题，他悟透了人生，当他的生命走近了死城，精神却获得了新生，完成了漂泊的精神之旅。在《迁客骚人》中赵光鸣描写了流浪在外的三类知识分子不同的精神走向，这些人物形象都是另一种意义上的盲流，在这两部小说中，人生道路的摸索与精神道路的探寻融成了一体，赵光鸣完成了一次形而下与形而上的交织叙述。

赵光鸣的故事给人的印象是，物质的家园总还可以找到，他笔下的盲流们不管经历多少磨难，但最终都找到了可以安身立命的家；而精神的最终家园却殊难求得。借盲流们背井离乡寻找活路的故事，表达出精神流浪及寻找精神家园的心路历程。赵光鸣指出："精神在无止境地漫游，真正的家园和归宿是没有的，它们就在不断的寻找过程中。漂泊就是归宿"。①

从新疆作家的创作中可以看出，"家园"的影像清晰地闪烁在他们的内心深处，它与"漂泊"相依相伴，表达着新疆这片土地上人们的关于家园的心灵史。真正的家园和归宿何处可寻，在不断寻找的过程中，漂泊是必然的结果。漂泊的经历并不单单是肉体的，它反映的是新疆作家对家园的历史感与超越性的探寻，一种虽不断前进却又永远无法到达的生命过程。

---

① 赵光鸣：《远巢》，新疆人民出版社1989年版，后记，第322页。

二　守望与回归

地理学意义上的"家园"是一个处所，与自然、土地连在一起。它是远离之后难以割舍的眷恋，是五步一回头的伤感。家园与土地肥瘠无关，与物质的贫富无关，它只跟人的心灵相关，跟人的精神相关。在文学写作中，典型的地理学结构就是设定一个家园，无论是失落的家园也好，回归的家园也好，许多文本的故事中都在呼应"家园"这个主题。家园是给人以归属感和安全感的空间。如刘亮程所言"人虽非草木，家却是根，把人牢牢拴在一起"。如果从"根"的角度而言，对于周涛、刘亮程、董立勃等汉族作家而言，新疆既是故土又非故土，他们对"家园"一词有着深切之感。一方面是对自然地理的"家园"的追寻，他们是新疆大地的住居者，对新疆大地有着融为一体的深情；另一方面家园更是一种文化和心理上的追寻，是作家生命中永恒的情怀。海德格尔在《漫游》一诗中这样写道："离去兮情怀忧伤/安居之灵不复与本源为邻。"海德格尔对此作了进一步阐释，他认为接近"本源"的最佳状态是接近故乡，"还乡"就是返回与本源的亲近①。作家们对"家园"的思索从未停止过，满怀着海德格尔式的"还乡"，他们在寻找家园的过程中，饱含了对新疆大地的热爱，完成了家园的回归之路。

"家园"是与土地、与生命、与血脉、与故土纠结于一起的意象。一个生于斯长于斯的新疆汉族人，只要籍属地不是新疆，永远也不能称作一个彻头彻尾的新疆人。他们内心没有依附和归宿的感觉。周涛以"返乡"的方式去寻归家园，在他的作品中，始终有着对往昔、对家园的呼唤。在《命里的街道》中，他写下"我们没有自己的家，这条街

---

① ［德］海德格尔：《人，诗意地安居》，郜元宝译，广西师范大学出版社 2000 年版，第69—73页。

道上一座院落也不是我们的家",那么何处是家? 他认为"真正意义上的家在万里之外,那里埋着祖上的骨殖,也有属于自己的宅基,但是我们远离了乡音故土"。① 家对于周涛的意义是远方的祖脉与乡音。当他回到坂坡村时,他一遍遍地追问:"我们为什么要如此地重视故乡呢? 从空间上讲,故乡已与我们的生活相距甚远;从时间上讲,故乡早与我们相隔数十载,相会不过两日,匆匆又将离去;从环境上讲,故乡还很贫困,远不如我们生活的那座边城。那我们为什么还要热爱自己的故乡呢? 难道不能走哪儿算哪儿,活一天是一天吗? 何必要牵肠挂肚、千里迢迢地跑来看这一片黄土山峦呢?"② 怀念家园、渴望回归是人类最古老而普遍的情感,对于周涛而言,他心目中的故乡是留在记忆深处清晰具体的,他对于"故乡"的观念,"寻找"的困惑,交织在一起是新疆移民情感与文化的复杂心理。我"是一个即便万里归来,亦将故土难容的失却家园的人",对于周涛,"家园"是混沌的情感象征,面对故土的疏离与生分,他分析:"我们把这种爱的根系扎得很深的目的,并不是为了据地自守、画地为牢,而是为了让树干长得粗大高直,让枝叶的呼吸更开阔,视野更高远,覆盖的面积更广大。如果贫困的故乡是值得爱恋的,那么大河上下乃至大千世界能不更值得热爱吗? 如果故土的乡民是不能从情感上割舍的,那么拥有亿万优秀人物、蕴藏数千年灿烂文明的祖国血脉能够被轻易斩断吗?"③ 在对家园的追寻中,周涛表现出的依然是洒脱的个性,所以他对千愁百转的乡愁很快就释然了:"不忘旧故乡,热爱新土地,四海为家,生生不已。埋骨何须桑梓地,天山未必不丰碑。"④ 从故乡到祖国,再到新疆,周涛完成了家园的回归,他的家园由两方热土组成,一方是他的籍属——山西坂坡村,一方是他

① 周涛:《周涛散文》(耕读卷),新疆人民出版社 2009 年版,第 181 页。
② 同上书,第 171 页。
③ 同上。
④ 同上书,第 172 页。

安身立命的新疆，两地故土构成了他家园情感坚实的基石。范培松认为周涛是"精神至上者"，他所皈依的文化在西部，他的散文标榜的"精神"总的文化倾向和特征是西部的。① 从这个意义上来说，新疆文化正是周涛的"精神家园"的坚强依托，或者说是"精神源"，周涛的散文是属于新疆文化的，再明确地说周涛是属于新疆的。

董立勃在一次访谈中说："人与故土的联系，是一种与生俱来的难以言明的情感，是一种藤葛纠缠、撕扯不断的精神依恋。"② 董立勃执着的"下野地"叙事是他回归家园的方式，他所完成的是存在于历史、乡土、文化的个人心路史的回归。董立勃两岁时随母亲来到新疆建设兵团生活，他多次强调自己小说创作所依赖的"新疆经验"，并特意言明自己所书写的人物及人生故事都与他的家园——下野地有关，他说："别的地方，我写不了，只能写这个地方，我在兵团工作，我母亲和我姨是第一代来新疆的女兵。"③ 新疆生产建设兵团的地理空间背景是荒野之地，而董立勃却从荒野的垦荒生活中找到了他书写新疆的独特角度，垦荒与家园在董立勃的内心处于同一精神层面，超越了具体的经验背景，带有浓厚的形而上色彩。从文学的意义来说，"下野地"正是家园的代名词，是董立勃内心深深的眷恋之地，荒野之中的一条河、一片胡杨林、一丛梭梭草，都萦绕在他的记忆中。董立勃在小说《青树》的结尾，借主人公青树的内心独白倾诉了自己对脚下这片土地的热爱："都说这个地方很原始，很荒凉，很偏远，还说这个地方比起沿海来，要落后二十年。还说在这里生活一辈子挺亏的。可我总觉得，一个人生活得好不好，高兴不高兴，幸福不幸福，其实和一个地方没有太大的关

---

① 范培松：《重塑"自我"灵魂的狂欢——范培松论文选集》，江苏人民出版社 2005 年版，第 59—60 页。

② 岳朝杰：《精神家园的追寻者》，《魅力中国》2009 年第 1 期。

③ 张巨睿：《董立勃：十年构筑西部神话》，《中国书报刊博览》2003 年 9 月 22 日。

系。只因为这里是我的家。"① 在新疆，可以看到兵团人建设家园的岁月之轮，这里是成千上万兵团人扎根的土地，他们与新疆大地的关系建立在与之亲密无间的垦荒劳动之中。在兵团人的屯垦生活中董立勃看见了那些令人敬畏的从垦荒大地上遗留下来的故事的痕迹，以及那些不朽的生命刻下的印迹。"人类始终需要一个精神家园，文学就是通向这个精神家园的最佳途径之一。"② 新疆建设兵团峥嵘历史中的每一处景观，每一个生命都成为董立勃的精神家园的源流，兵团生活就是他的精神家园，是一本凝聚在内心的久远的家谱。他说："我从来没有想到，五十年代的新疆荒原，能让我写出五部长篇来。我得感谢下野地这个地方，还有下野地这个地方的人，感谢了妹这样的一群了不起的兵团女人。"③ "下野地"唤起了沉淀在兵团人灵魂深处的家园寻归之路，董立勃的家园与寻归具有了深刻的兵团屯垦的历史内涵。

家园的回归与土地的言说者有关，陈漠在对土地的言说中去寻找家园的归途。陈漠是新疆大地的移民者，他在陕西安康出生并长大，1983年参军到新疆后就再也没有离开过这片土地，他几乎用全部的精力去书写对新疆大地的追寻。《大地上的门》中："有时候新疆很小，小得只有在心里才能放下它。有时候新疆很大，简直大得无边无沿。"作者在大地上的门中穿梭，时间和空间消弭了界限，"心里总会产生一些清晰的感谢及记忆，好像那些门不是门，而是一个地区独特的象征。""我"在寻找我的门，"我"知道自己永远也离不开这些门，"我"的门肯定在远处等"我"，他坚信有一扇不易看见的门会向自己敞开："是精神的通道或瞭望孔"。④ 显然，大地上的门在这里存在多种隐喻，首先，

---

① 董立勃：《青树》，北京十月文艺出版社 2008 年版，第 298 页。
② 蔡益怀：《情网·后记》，（香港）获益出版事业有限公司 1998 年版，第 189 页。
③ 董立勃：《静静的下野地》，上海文艺出版社 2004 年版，后记。
④ 陈漠：《大地上的门》，载韩子勇主编《深处的漫游——美文二十家》序言，新疆人民出版社 2006 年版，第 103—104 页。

"大地上的门"是诗意的栖居之所，是精神家园，"我"在寻找门的过程正是自我追寻家园的历程，陈漠始终没有放弃对家园的寻归之路，在新疆大地上的门是他"安在心灵的旷野里的一盏灯"。家园寻归的终极向度是回到心灵，它是对个体存在意义的终极领悟。在"回到大地"的言说中，陈漠的家园构筑于一个想象的空间定点和时间坐标之上，而回到心灵显然是对家园回归方式的超越和完成，意味着精神家园的建构依托于新疆大地且构筑于个体自身的心灵深处。《大地的教育》中，陈漠写下："大地是最宽厚而朴素亲切的智者，是万物永恒的老师，大地教导我们一直同简朴的事物在一起，终生向美向善。"[①] 大地在陈漠的言说中具有多重的内涵，其形而下层面指人类赖以生存的土地，指涉一个实体空间，而形而上的层面则指向人的心灵本源。"出于崇拜，人们往往把它想象成赋予人们安宁与富足的地母，指涉一个虚在的精神空间，即家园。"[②] 大地是陈漠内心中的幸福家园，"大地——家园"的意蕴使陈漠对家园的寻归具有了一种较为诗意的魅力。所以，陈漠在《优钵罗花》中"讲述新疆土地的秘密及渴望的时候，这里所有的生命都在侧耳倾听"。[③] 大地的植物、大地的雪水、大地石头，甚至于盐碱地都成为陈漠诉说的对象，诉说时间与苦难，也诉说坚定的思念或苦涩的热爱，所有这些都融会于陈漠寻归家园的过程中所经历的生命体验与人生感悟，他心中的大地也因而获得了生气与灵气。海德格尔认为："诗并不高翔在大地之上以便逃避它，在它上面盘旋。诗是那最初把人带到大地，使他属此大地并因此而把他带入栖居的地方。"[④] 对大地的

① 陈漠：《大地的教育》，载韩子勇主编《深处的漫游——美文二十家》序言，新疆人民出版社 2006 年版，第 107 页。
② 叶君：《乡土·农村·家园·乡野》，中国社会科学出版社 2007 年版，第 212 页。
③ 牛学兴：《土地有自己的言说者》，载陈漠《优钵罗花》，新疆人民出版社 2010 年版，序。
④ 《海德格尔诗学文集》，成穷、余虹、作虹译，华中师范大学出版社 1992 年版，第 195—196 页。

言说是陈漠回归家园的重要方式，他认为人只有回到土地本源才能获得简单、真实和落定的心境，大地是陈漠寄托心灵的精神家园，他沉浸于这片土地的安宁与喜悦之中。

无论是家园还是故土，它们之于人的意义都是作为人们情感或精神的慰藉、牵系，让人处于一种落定的状态。对于新疆众多的移民作家而言，"生活在此处"的新疆大地让他们有"在家感"，在这里他们有着灵魂的安妥，尽管他们"寻归"家园的路径并不相同，但都是源于对这片土地的深沉的依恋，这里有着熟悉的声音和味道，有着随着时间积累起来的记忆。新疆作家对于家园的热爱之情一目了然，他们不断书写新疆、赞美新疆，大胆裸露真情，以"新疆"之名呼唤对这片土地的热爱，他们分别写下：周涛的《新疆！新疆!》、刘亮程的《在新疆》、韩子勇的《新疆之疆》《文化新疆，心灵故乡》、黄毅的《新疆大地》、北野的《在新疆生活》、孤岛的《新疆啊，新疆》、高兴的《行走在新疆大地》、张列的《新疆小孩》、狄力木拉提·泰来提的《美丽新疆》，新疆是给予他们家园温暖的地方，它是包容与博大的家园，只有生活在这片土地上的人们，才能真正地领略并体验到这种情感，韩子勇说出了所有新疆作家的心声："为故乡、人民和我们自己写作是幸福的，就像是写亲人和同学的作文，而你们——亲爱的读者，是一个个不曾谋面的老师，拿着蘸水笔，用心灵核对隐秘的体验，请原谅我们的乡土主义和自恋情结，在不同的族群和文化中穿行相互的眺望、欣赏和沟通是这样必要，如同一个人同时拥有无数人的人生。"①

---

① 韩子勇主编：《深处的漫游——美文二十家》，新疆人民出版社2006年版，序言。

结　语

　　本书共六章，着重从四个专题讨论了文化地理环境对新疆当代文学的影响。

　　对新疆自然景观的呈现是新疆文学重要而且普遍性的书写内容，新疆当代文学与自然景观之间的关系简单而言就是文学领域中的"人地关系"，风景中的万物被作家以生命的意识去解读和理解，这种描写既是文学对人与自然属性的回归，也是自然文化对文学渗透的反映。新疆当代文学中的文化景观书写具有历史学、社会学、民族学、民俗学、地理学多方面的文化意蕴。新疆作家对地名书写的沉迷在中国当代文学的坐标上具有启示性的意义，它以文学的方式勾画出了新疆地理。本文选取饮食、服饰、建筑、音乐作为新疆人文景观的典型性代表，通过具体的作家作品的分析去不断寻找新疆文化地理的内核，呈现出真实鲜活的新疆生活的场景。新疆诸多丰富的文化因子是形成新疆当代文学的源泉，它对新疆作家的影响已遍布从生活到心灵等诸多层面，并积淀为作家们稳定的文化心理因素，这些文化因子以各种形式展现出它颇具能量的影响力。绿洲文化因子、游牧文化因子、兵团屯垦文化因子以及在诸多文化形态下所形成的新疆混血文化都是新疆独有的文化形态，在新疆多元一体文化的濡染下，新疆当代文学具有了文化地理学上的意义，它彰显的是新疆当代文学的文化标识。通过对这些文化形态的分析，我们会发现，新疆各民族在分布是交错杂居，经济上相互依存，文化上兼收并蓄，情感上相互亲近，形成你中有我、我中有你的多元一体文化格局。通过对新疆当代文学整体的研究，本文认为边缘、荒野、家园与新疆大地的辽阔、遥远一样成为新疆当代文学的文化符号，新疆当代文学的质地与价值就蕴藏于此。

新疆文化地理在作家日积月累的生活中，已经不自觉地浸润到他们的血脉之中，他们的写作饱含着对新疆文化地理的透彻体悟，从而使新疆这个偏远省份的写作具有了更加深远的意义。我们可以肯定的是，新疆各民族作家以各自的方式书写新疆的文化地理，以不同的话语表达着对新疆的挚爱，由此形成了新疆当代文学丰硕的成果。新疆文化地理的丰富与多样决定了作家们对新疆多元化的观照和诠释。客观而言，新疆当代文学不应仅仅被看作一种地域的写作，它更应是一种文化的、审美的，包容着精神取向和价值取向的写作。

需要说明的是，在本书的写作中，新疆文化地理的丰富性与复杂性带来了诸多尚需探究的问题，尤其是政治、经济、宗教等，限于本文有限的视角，未能展开这些问题。在选取作家文本分析时，本书尽量选取能代表新疆当代文学的实绩、在文坛上有影响力的作家。另外，深感遗憾的是文中对新疆少数民族作家文本的研究较为薄弱，尤其是用少数民族语言创作的作品限于翻译、传播等原因，查找资料极为困难、匮乏，只能选择放弃。本人所能够做的就是尽力呈现可能呈现的部分。学无止境，书无尽言，诸多无法说清的问题只能留待日后再作探讨。

参考目录

一 著作类

阿来:《大地的阶梯》,人民文学出版社 2001 年版。

[英] 爱德华·泰勒:《原始文化》,连树声译,上海文艺出版社 1992 年版。

[美] 巴菲尔德:《危险的边疆——游牧帝国与中国》,袁剑译,江苏人民出版社 2011 年版。

白烨编:《中国文情报告 (2008—2009)》,社会科学文献出版社 2009 年版。

包亚明编:《现代性与空间的生产》,上海教育出版社 2003 年版。

包亚明主编:《第三空间——去往洛杉矶和其他真实和想象地方的旅程》,陆杨等译,上海教育出版社 2005 年版。

[俄] 别林斯基:《别林斯基选集》卷 1,辛未艾译,上海译文出版社 1980 年版。

曹红:《维吾尔族生活方式——由传统到现代的转型》,中央民族大学出版社 1999 年版。

陈柏中:《融合的高地——见证新疆多民族文学 60 年》,新疆人民出版社 2010 年版。

陈国恩主编：《中国当代西部小说与地域文化专题研究》，中央广播电视大学出版社 2013 年版。

陈庆元：《文学：地域的观照》，上海远东出版社、上海三联书店 2003 年版。

陈寿朋：《草原文化的生态魂》，人民出版社 2007 年版。

陈思和：《中国当代文学史教程》，复旦大学出版社 1999 年版。

陈晓辉：《红柯小说的叙事维度》，人民出版社 2015 年版。

陈炎：《中国审美文化史》，山东画报出版社 2000 年版。

程光炜：《文学史二十讲》，东方出版中心 2016 年版。

程金城：《中国新时期散文研究资料》，山东文艺出版社 2006 年版。

辞海编辑委员会：《辞海》，上海辞书出版社 2000 年版。

［美］大卫·哈维：《希望的空间》，胡大年译，南京大学出版社 2006 年版。

［美］戴斯·贾丁斯：《环境伦理学——环境哲学导论》，林官明、杨爱民译，北京大学出版社 2002 年版。

戴伟华：《地域文化与唐代诗歌》，中华书局 2006 年版。

［法］丹纳：《艺术哲学》，傅雷译，安徽文艺出版社 1991 年版。

［法］德·斯太尔夫人：《德国的文学与艺术》，丁世中译，人民文学出版社 1981 年版。

丁帆主编：《中国西部现代文学史》，人民文学出版社 2004 年版。

董健、丁帆、王彬彬编：《中国当代文学史新稿》，北京师范大学出版社 2011 年版。

杜亚雄、周吉：《丝绸之路的音乐文化》，苏州大学出版社 2015 年版。

［美］段义孚：《空间与地方——经验的视角》，王志标译，中国人民大学出版社 2017 年版。

［美］段义孚：《恋地情结》，志丞、刘苏译，商务印书馆 2017 年版。

樊星：《当代文学与地域文化》，华中师范大学出版社 2006 年版。

范培松：《重塑"自我"灵魂的狂欢——范培松论文选集》，江苏人民出版社 2005 年版。

方宁主编：《批评的力量》，人民出版社、西南师范大学出版社 2009 年版。

费孝通：《中国文化的重建》，华东师范大学出版社 2014 年版。

冯肖华：《文学气象与民族精神》，中国社会科学出版社 2010 年版。

凤媛：《江南文化与中国现代文学》，文化艺术出版社 2008 年版。

傅光明主编：《生命的美学地图》，新世界出版社 2006 年版。

盖光：《文艺生态审美论》，人民出版社 2007 年版。

郜元宝：《2007—2008 中国当代文学评论双年选》，广东省出版集团、花城出版社 2009 年版。

郭郛：《山海经注证》，中国社会科学出版社 2004 年版。

郭晓东：《服饰民俗》，新疆美术摄影出版社 2012 年版。

哈丽达·斯拉木：《绿洲聚会——维吾尔巴扎与民俗生活》，大地传媒、中州古籍出版社 2018 年版。

［美］哈罗德·布鲁姆：《影响的焦虑——一种诗歌理论》，徐文博译，人民大学出版社 2019 年版。

［德］海德格尔：《诗·语言·思》，彭富春译，文化艺术出版社 1991 年版。

韩子勇：《深处的人群——韩子勇文化评论》，新疆人民出版社 2009 年版。

韩子勇：《文学的风土》，新疆人民出版社 2004 年版。

韩子勇：《西部——偏远省份的写作》，百花文艺出版社 1998 年版。

何星亮：《维吾尔、柯尔克孜、哈萨克、乌孜别克、塔吉克、塔塔尔、俄罗斯、裕固、撒拉族文化志》，《中国文化通志》编委会编《中国文化通志》第 3 典，上海人民出版社 1998 年版。

贺菊莲：《天山家宴——西域饮食文化纵横谈》，兰州大学出版社 2011 年版。

［德］黑格尔：《美学》第二卷，朱光潜译，商务印书馆 1979 年版。

［法］亨利·勒菲弗：《空间与政治》，李春译，上海人民出版社 2008 年版。

［美］亨廷顿：《亚洲的脉搏》，王彩琴、葛莉译，新疆人民出版社 2013 年版。

洪子诚：《中国当代文学概说》，北京大学出版社 2010 年版。

洪子诚：《作家姿态与自我意识》，北京大学出版社 2010 年版。

洪子诚、孟繁华：《当代文学关键词》，广西师范大学出版社 2002 年版。

胡阿祥：《魏晋本文学地理研究》，南京大学出版社 2001 年版。

胡良桂：《文学主流的多维空间》，人民出版社 2011 年版。

华梅：《服饰与中国文化》，人民出版社 2001 年版。

黄发有：《诗性的燃烧》，百花洲文艺出版社 2002 年版。

黄万华主编：《多元文化语境中的华文文学》，山东文艺出版社 2004 年版。

黄子平：《远去的文学时代》，复旦大学出版社 2012 年版。

［美］霍尔姆斯·罗尔斯顿：《环境伦理学》，杨通进译，中国社会科学出版社 2000 年版。

季羡林：《季羡林全集》第 17 卷，外语教学与研究出版社 2010 年版。

季羡林：《走向天人合一——人与自然丛书》，东北林业大学出版社 1996 年版。

姜广平：《经过与穿越——与当代著名作家对话》，广西师范大学出版社 2004 年版。

靳明全：《区域文化与文学》，中国社会科学出版社 2003 年版。

［法］居伊·德波：《景观社会》，王昭凤译，南京大学出版社 2007 年版。

［英］凯·安德森、［美］莫娜·多莫什等主编：《文化地理学手册》，李蕾蕾等译，商务印书馆 2009 年版。

［英］凯瑟琳·马嘎特尼：《外交官夫人回忆录》，王卫平、崔延虎译，新疆青少年出版社 2008 年版。

［美］克利福德·格尔茨：《文化的解释》，韩莉译，译林出版社 2008 年版。

蓝棣之：《现代文学经典：症候式分析》，人民文学出版社 2006 年版。

劳舒编：《刘师培学术论著》，浙江人民出版社 1998 年版。

老禺主编：《当代散文潮流回顾丛书》，北京师范大学出版社 1993 年版。

雷达：《当前文学症候分析》，作家出版社 2009 年版。

雷达：《重新发现文学》，中国书籍出版社 2014 年版。

李浩：《唐代三大地域文学士族研究》，中华书局 2008 年版。

李鸿然：《中国当代少数民族文学史论》，云南教育出版社 2004 年版。

李力：《周涛散文艺术论》，河南大学出版社 2008 年版。

李明滨：《20 世纪欧美文学史》，北京大学出版社 1995 年版。

李书磊：《都市的迁徙》，时代文艺出版社 1993 年版。

李天道：《西部地域文化心态与民族审美精神》，中国社会科学出版社 2010 年版。

李晓峰、刘大先：《多民族文学史观与中国文学研究范式转型》，中国社会科学出版社 2016 年版。

梁启超：《梁启超全集》，北京出版社 1999 年版。

梁启超：《饮冰室合集》第 4 册，中华书局 1941 年版。

林建法主编：《21 世纪中国文学大系：2008 年文学批评》，春风文艺出版社 2009 年版。

刘保瑞等译：《美国作家论文学》，生活·读书·新知三联书店 1984

年版。

刘长明：《走进新疆丛书》第二辑，新疆美术摄影出版社 2008 年版。

刘大先：《文学的共和》，中国社会科学出版社 2013 年版。

刘大先：《现代中国与少数民族文学》，北京大学出版社 2015 年版。

刘南威：《自然地理学》，科学出版社 2000 年版。

刘沛林：《家园的景观与基因》，商务印书馆 2014 年版。

刘师培：《刘师培中古文学论集》，中国社会科学出版社 1997 年版。

刘锡庆：《当代艺术散文精选》，北京十月文艺出版社 1989 年版。

刘跃进：《秦汉文学地理与文人分布》，中国社会科学出版社 2012 年版。

［美］露丝·本尼迪克：《文化模式》，何锡章、黄欢译，华夏出版社 1987
　　　年版。

吕林：《世纪末的精神守望——论 20 世纪 90 年代中国散文主潮》，上海
　　　三联书店 2009 年版。

罗钢、刘象愚：《文化研究读本》，中国社会科学出版社 2000 年版。

马克思、恩格斯：《马克思恩格斯全集》第 3 卷，人民出版社 1960 年版。

马丽华：《雪域文化与西藏文学》，湖南教育出版社 1998 年版。

马学良、梁庭望、张公瑾等：《中国少数民族文学史》，中央民族大学
　　　出版社 1992 年版。

［英］迈克·克朗：《文化地理学》，杨淑华、宋慧敏译，南京大学出版
　　　社 2005 年版。

梅新林：《中国古代文学地理形态与演变》，复旦大学出版社 2006 年版。

梅新林、潘德宝：《中国文学古今演变研究通论》，上海人民出版社 2016
　　　年版。

［法］孟德斯鸠：《论法的精神》上册，许明龙译，商务印书馆 1963 年版。

孟繁华：《坚韧的叙事——新世纪文学真相》，福建教育出版社 2008
　　　年版。

孟繁华：《游牧的文学时代》，作家出版社 2009 年版。

［德］米夏埃尔·兰德曼：《哲学人类学》，张天乐译，上海译文出版社 1998 年版。

［法］米歇尔·苏盖、马丁·维拉汝斯：《他者的智慧》，刘娟娟、张怡、孙凯译，北京大学出版社 2008 年版。

牟钟鉴：《中国宗教与中国文化》卷三，中国社会科学出版社 2005 年版。

南帆：《文学的维度》，上海三联书店 1998 年版。

南帆、刘小兵、练暑生：《文学理论基础》，北京大学出版社 2008 年版。

［美］欧·奥尔特曼、马·切默斯：《文化与环境》，骆林生、王静译，东方出版社 1991 年版。

欧阳可惺、王敏、邹赞等：《民族叙述——文化认同、记忆与建构》，暨南大学出版社 2013 年版。

潘富俊：《草木情缘》，商务印书馆 2015 年版。

彭兆荣：《文学与仪式：文学人类学的一个文化视野》，北京大学出版社 2004 年版。

彭兆荣：《饮食人类学》，北京大学出版社 2013 年版。

戚嘉富：《中国红：少数民族服饰》，黄山书社 2012 年版。

钱超英：《"诗人"之"死"——一个时代的隐喻》，中国社会科学出版社 2000 年版。

钱穆：《中国文化史导论》，商务印书馆 1994 年版。

钱中文：《文学理论：走向交往与时代的对话》，北京大学出版社 1997 年版。

［英］R.J. 约翰斯顿：《地理学与地理学家》，唐晓峰译，商务印书馆 2010 年版。

热依汗·卡德尔：《〈福乐智慧〉的文化追求》，中国出版集团公司、中国民主法制出版社 2016 年版。

［英］萨拉·L.霍洛韦、斯蒂芬·P.赖斯、吉尔·瓦伦丁：《当代地理学要义——概念、思维与方法》，黄润华等译，商务印书馆 2008 年版。

沈义贞：《中国当代散文艺术演变史》，浙江大学出版社 2000 年版。

［加］威尔弗雷德·坎特韦尔·史密斯：《宗教的意义与终结》，董江阳译，中国人民大学出版社 2005 年版。

史小溪编：《中国西部散文》，东方出版中心 1998 年版。

舒乙：《在文学馆听讲座》，华艺出版社 2002 年版。

［法］斯达尔夫人：《论文学》，徐继曾译，人民文学出版社 1986 年版。

［英］斯图尔特·霍尔：《表征——文化表象与意指实践导言》，徐亮、陆兴华译，商务印书馆 2003 年版。

［日］松田寿男：《古代天山历史地理学研究》，陈俊谋译，中央民族学院出版社 1987 年版。

苏北海：《哈萨克族文化史》，新疆大学出版社 1989 年版。

［美］苏珊·朗格：《艺术问题》，滕守尧、朱疆源译，中国社会科学出版社 1983 年版。

孙宏：《中美两国文学中的地域主题研究》，外语教学与研究出版社 2007 年版。

唐晓峰：《阅读与感知——人文地理笔记》，生活·读书·新知三联书店 2013 年版。

天然：《新疆百科图志》，新疆美术摄影出版社 2008 年版。

汪娟：《文化地理视域下的新疆当代散文》，西安交通大学出版社 2013 年版。

王恩涌：《王恩涌文化地理随笔》，商务印书馆 2010 年版。

王恩涌：《文化地理学》，高等教育出版社 1985 年版。

王恩涌、胡兆量、周尚意等：《中国文化地理》，科学出版社 2008 年版。

王光明等：《市场时代的文学——二十世纪九十年代中国文学对话录》，

安徽教育出版社 2008 年版。

王贵祥：《东西方的建筑空间：传统中国与中世纪西方建筑的文化阐释》，百花文艺出版社 2006 年版。

王国维：《宋元戏曲史·序》，百花文艺出版社 2001 年版。

王家祥：《自然祷告者》，晨星出版社 1992 年版。

王蒙：《王蒙八十自述》，人民出版社 2013 年版。

王蒙：《王蒙自述：我的人生哲学》，人民出版社 2003 年版。

王敏、欧阳可惺、汪娟等编：《新疆改革开放文学三十年》散文部分，新疆大学出版社 2009 年版。

王诺：《欧美生态批评——生态学研究概论》，学林出版社 2008 年版。

王启才：《汉代奏议的文学意蕴与文化精神》，人民出版社 2009 年版。

王瑶：《中古文学史论集》，上海古籍出版社 1982 年版。

王勇、高敬编著：《西域文化》，时事出版社 2011 年版。

王又平：《新时期文学转型中的小说创作潮流》，华中师范大学出版社 2001 年版。

王岳川：《二十世纪西方哲性诗学》，北京大学出版社 1999 年版。

韦建国、李继凯：《陕西当代作家与世界文学》，中国社会科学出版社 2004 年版。

魏长洪：《新疆行政地理沿革史》，管守新、高健整理，新疆大学出版社 2011 年版。

文昊编：《新疆地名与传说故事》，新疆美术摄影出版社 2007 年版。

吴治平：《空间理论与文学的再现》，甘肃人民出版社 2008 年版。

夏冠洲等编：《新疆当代多民族文学史·散文·报告文学·戏剧·影视戏文学卷》，新疆人民出版社 2006 年版。

项英杰：《中亚：马背上的文化》，浙江人民出版社 1993 年版。

萧克：《中国与中亚文化交流志》，上海人民出版社 1998 年版。

新疆百科全书编纂委员会编：《新疆百科全书》，中国大百科全书出版社
　　2002 年版。

《新疆简读》编委会：《新疆简读》，新疆人民出版社 2010 年版。

熊家良：《现代中国的小城文化与小城文学》，中国社会科学出版社 2007
　　年版。

徐松：《西域水道记》刻本，中华书局 2005 年点校本。

许慎：《说文解字》，柴建虹、李肇翔主编《中国古典名著百部》，九州
　　出版社 2001 年版。

〔美〕薛爱华：《朱雀：唐代的南方意象》，程章灿、叶蕾蕾译，生活·读
　　书·新知三联书店 2014 年版。

薛敬梅：《生态文学与文化》，云南大学出版社 2008 年版。

扬之水：《诗经名物新证》，天津教育出版社 2007 年版。

杨义：《京派海派综论》，中国社会科学出版社 2003 年版。

杨义：《文学地理学会通》，中国社会科学出版社 2013 年版。

杨义：《文学地图与文化还原——从叙事学、诗学到诸子学》，北京师
　　范大学出版社 2011 年版。

杨义：《重绘中国文学地图通释》，当代中国出版社 2007 年版。

姚文放：《当代性与文学传统的重建》，人民文学出版社 2004 年版。

姚新勇：《寻找——共同的宿命与碰撞〔转型期中国文化多族群及边缘
　　区域文化关系研究〕》，中国社会科学出版社 2010 年版。

叶客南：《边缘人》，上海人民出版社 1995 年版。

游成章编：《众眼阅周涛》，新疆人民出版社 2006 年版。

游成章主编：《周涛大写意》，新疆人民出版社 2002 年版。

余斌：《中国西部文学纵观》，青海人民出版社 1992 年版。

余秋雨：《乡关何处》，春风文艺出版社 1994 年版。

袁鼎生、龚丽娟：《生态批评的中国风范》，广西师范大学出版社 2009

年版。

袁行霈：《中国文学概论》，北京大学出版社 2010 年版。

曾大兴：《文学地理学研究》，商务印书馆 2012 年版。

曾大兴：《中国历代文学家之地理分布》，湖北教育出版社 1995 年版。

张承志：《草原》，花城出版社 2007 年版。

赵学勇：《文化与人的同构》，兰州大学出版社 2000 年版。

赵学勇、孟绍勇：《革命·乡土·地域——中国当代西部小说史论》，人
　　民大学出版社、山西教育出版社 2009 年版。

赵学勇、王贵禄：《守望·追寻·创生：中国西部小说的历史形态与精
　　神重构》，北京大学出版社 2012 年版。

哲夫：《世纪之痒——中国生态报告》，长江文艺出版社 2006 年版。

钟茂兰、范朴：《中国少数民族服饰》，中国纺织出版社 2006 年版。

周尚意、孔翔、朱竑：《文化地理学》，高等教育出版社 2004 年版。

周宪：《文化现代性与美学问题》，中国人民大学出版社 2005 年版。

周晓琳、刘玉平：《空间与审美——文化地理视域中的中国古代文学》，
　　人民出版社 2009 年版。

邹建军：《江山之助：邹建军教授讲文学地理学》，中央编译出版社 2014
　　年版。

邹赞：《穿过历史的尘烟——新疆军垦第一代口述史》，暨南大学出版
　　社 2016 年版。

［英］Stuart Hall, Cultural Identity and Diaspora, In: Rutherford, Jona-
　　than, ed., *Identity: Community, Culture, Difference*, London: Law-
　　rence and Wishart, 1990.

二　学术论文类

阿来：《穿行于多样化的文化之间》，《中国民族》2011 年第 5 期。

阿力肯·阿吾哈力：《新疆哈萨克人转场——马背上的候鸟生活》，《中国国家地理·新疆卷》2002 年第 1 期。

艾光辉：《新疆当代文学的文化身份思考》，《新疆大学学报》（哲学·人文社会科学版）2011 年第 6 期。

艾光辉、艾美华：《新疆多民族文学的传承与发展》，《新闻爱好者》2012 年第 5 期。

蔡丽：《西部散文与九十年代散文精神——以张承志、周涛、刘亮程、马丽华的散文创作为例》，《甘肃社会科学》2006 年第 2 期。

陈枫：《矫情时代的散文秀——对刘亮程散文的另一种解读》，《社会科学论坛》2007 年第 1 期。

陈岗龙：《论游牧文明在东方文化史上的作用》，《内蒙古社会科学》（汉文版）2014 年第 6 期。

陈平原：《长向文人供炒栗——作为文学、文化及政治的"饮食"》，《学术研究》2008 年第 1 期。

程光炜：《"当代文学"与"新疆当代文学"》，《南方文坛》2012 年第 6 期。

戴虎：《哈萨克舞蹈艺术与草原文化》，《南京艺术学院学报》（音乐与表演版）2011 年第 4 期。

邓伟：《扫描中国当代文学地域空间的形成》，《当代文坛》2008 年第 3 期。

董诗图等：《中国文学的地理分析》，《人文地理》2003 年第 3 期。

范培松：《西部散文四人志》，《江海学刊》2004 年第 4 期。

范学新：《丝路文化精神对丝路少数民族文学的影响——以哈萨克文学为例》，《江西社会科学》2007 年第 5 期。

郜元宝：《近十年中国文学与宗教关系略考》，《作家杂志》2005 年第 5 期。

葛剑雄：《地名，历史和文化》，《光明日报》2015 年 9 月 24 日第 6 版。

管卫中：《历史与文明的叩问者——周涛散文解读》，《福建论坛》（社会科学版）2004 年第 2 期。

哈依夏：《魂在草原》，《民族文学》1994 年第 9 期。

哈依夏：《魂在大地》，《民族文学》1995 年第 2 期。

韩子勇：《一部村庄的遗像——刘亮程和他的〈一个人的村庄〉》，《西
　　　部》2001 年第 2 期。

韩子勇：《周涛散文沉思录》，《当代作家评论》1996 年第 4 期。

何西来：《文学鉴赏中的文化因素》，《小说评论》1996 年第 6 期。

何英：《刘亮程的时间》，《扬子江评论》2008 年第 5 期。

红柯：《生态视野下的小说创作》，《青海湖》2010 年第 11 期。

侯斌英：《绘制文化空间的新地图》，《中国图书评论》2007 年第 2 期。

黄佛君、王哲、张雷：《试论绿洲文化景观与文化空间》，《新疆师范大
　　　学学报》（自然科学版）2007 年第 4 期。

季羡林：《敦煌学、吐鲁番学在中国文化史上的地位和作用》，《红旗》
　　　1986 年第 3 期。

蒋子丹：《刘亮程的哲学》，《天涯》1999 年第 5 期。

金春平：《游牧文明与西部少数民族小说的叙事形态生成》，《民族文学
　　　研究》2018 年第 4 期。

金克木：《文艺的地域学研究设想》，《读书》1985 年第 4 期。

蓝蓝：《一组优美的情歌》，《文艺报》1955 年第 16 期。

老舍：《天山文采》，《文艺报》1960 年第 9 期。

李鸿然：《中国少数民族文学书写的世界性因素和世界性意义》，《当代
　　　文学研究资料与信息》2011 年 1 月。

李力：《借助诗的方式——论周涛散文构思》，《学术论坛》2008 年第 3 期。

林贤治：《五十年：散文与自由的一种观察》，《书屋》2000 年第 3 期。

刘志友：《塑造崇高美——论丰收的新疆兵团叙事》，《南方文坛》2011
　　　年第 2 期。

卢一萍：《一部纯正的中国文人之书》，《文学自由谈》2009 年第 2 期。

马晓丽：《真人周涛》，《文学自由谈》2003 年第 6 期。

马志清：《论哈萨克族生态文化》，《新疆社会科学》2008 年第 2 期。

《民族文学》、《民族文学研究》评论员：《民族特质·时代观念·艺术
　　追求——对少数民族文学创作理论的几点理解》，《民族文学》1986
　　年第 8 期。

摩罗：《生命意识的焦虑——评刘亮程〈一个人的村庄〉》，《社会科学
　　论坛》2003 年第 1 期。

潘大华：《西部情结与文化视角——周涛散文魅力探寻之二》，《华中理
　　工大学学报》（社会科学版）2000 年第 3 期。

任一鸣：《多元视角的文化优势与困惑——从哈萨克女作家哈依夏、叶
　　尔克西的创作谈起》，《民族文学研究》2006 年第 2 期。

赛力克布力：《论新时期哈萨克小说创作》，博士学位论文，东北师范
　　大学，2010 年。

邵振国：《我的文学自白》，《飞天》1988 年第 1 期。

沈义贞：《现代进程之外的乡村呓语——评刘亮程的散文》，《文艺争
　　鸣》2002 年第 5 期。

时国炎：《论刘亮程散文创作中的二重文化心理》，《文艺评论》2003 年
　　第 6 期。

陶东风：《中国文学中的死亡主题及其诸变型》，《文艺争鸣》1992 年第
　　3 期。

汪娟、陈荣军：《西部散文的文化地理图绘》，《社会科学家》2016 年第
　　6 期。

汪娟：《〈秦尼巴克〉：边疆文化地理的多重镜像》，《伊犁师范学院学
　　报》2017 年第 2 期。

汪娟：《他者的镜像：论汉族作家笔下的少数民族书写》，《西南民族大

学学报》2019 年第 3 期。

汪娟：《新疆当代散文作家三人志》，《新疆艺术》（汉文版）2019 年第 5 期。

汪树东：《当代文学的新疆体验书写》，《长江学术》2015 年第 2 期。

王光明：《在边缘重返自身》，《作家》1994 年第 3 期。

王蒙：《萨拉姆，新疆》，《新疆文学》1980 年第 11 期。

王清海：《滞后的当代性——从新疆当代汉语文学期刊看新疆当代文学的滞后性》，《石河子大学学报》（哲学社会科学版）2011 年第 5 期。

王小平、安小平：《论新疆屯垦文化的特征及其在新疆文化发展史中的地位》，《塔里木大学学报》2005 年第 3 期。

王兆胜：《折翅与坠落——谈周涛散文近期的价值迷失》，《文艺争鸣》2005 年第 4 期。

王志萍、郑亚捷：《民族前路的忧思——浅议叶尔克西中篇小说〈枸杞子的惶惑〉》，《昌吉师范学院学报》2005 年第 4 期。

吴平安：《来自大西北的文化抵抗——论周涛散文的文化精神》，《文艺评论》2010 年第 3 期。

夏冠洲：《新疆汉语作家与中国当代文学》，《新疆师范大学学报》（哲学社会科学版）1998 年第 3 期。

肖惊鸿：《山那边传来大地的气息——与叶尔克西关于〈黑马归去〉的对话》，《民族文学》2009 年第 3 期。

谢婉莹：《文学家的造就》，《燕大季刊》1920 年第 1 卷第 4 期。

颜湘君、孙逊：《小说服饰：文学符号的民俗文化表征》，《文学评论》2009 年第 4 期。

杨光宗：《地域文化传播与作家责任担当》，《中南民族大学学报》2014 年第 11 期。

杨镰：《柳暗花明又一村》，《飞天》1984 年第 9 期。

杨雁：《新疆流寓作家的类型及影响》，《南都学坛》2011 年第 6 期。

余斌：《试论中国当代文学的地理格局》，《甘肃社会科学》1992 年第 3 期。

余开伟：《周涛"判断"的失误》，《文学自谈》2001 年第 5 期。

於可训：《当代文学史著的新收获》，《文艺报》2007 年 2 月 1 日。

於可训：《近十年"文化散文"评述》，《文艺评论》2003 年第 2 期。

虞友谦：《吴文化传统之政治解读》，《东南文化》2001 年第 7 期。

袁文卓：《西部精神·主体意识·人性话语——对 20 世纪 80 年代中期以来中国当代西部小说创作趋向的一种考察》，《广西社会科学》2018 年第 9 期。

岳雯：《创造自我——李娟论》，《中国现代文学研究丛刊》2019 年第 5 期。

张春霞：《论西域绿洲少数民族文化的特征》，《新疆财经大学学报》2010 年第 1 期。

张国龙：《关于村庄的非诗情画意的"诗意"写作姿态及其他——刘亮程散文论》，《中国文学研究》2007 年第 4 期。

张晶：《论文化地理学的基本理论与主要内容》，《人文地理》1997 年第 1 期。

张清华：《当代诗歌中的地方美学与地域意识形态——从文化地理的视角观察》，《文艺研究》2010 年第 10 期。

张治安：《西域沙原上的土著歌手——谈刘亮程散文的艺术品格》，《新疆大学学报》2007 年第 1 期。

钟怡雯：《论"西部文学"命名的文学史意义》，《当代文坛》2019 年第 4 期。

仲高：《西域绿洲农耕文化的脉搏》，《新疆大学学报》（哲学社会科学版）2010 年第 3 期。

周立民：《刘亮程的村庄——谈刘亮程的散文》，《当代作家评论》2002 年第 1 期。

周世伟：《在场与逃离——刘亮程散文的写作立场》，《长城》2009年第
　　1期。

周政保：《抵达中国文学的前沿——新时期以来部分少数民族长篇小说
　　读札》，《民族文学》1999年第5期。

周政保：《高地之风——读周涛〈稀世之鸟〉六记》，《上海文学》1992
　　年第12期。

三　作家作品类

阿拉提·阿斯木：《蝴蝶时代》，文汇出版社2012年版。

阿拉提·阿斯木：《时间悄悄的嘴脸》，人民文学出版社2013年版。

陈柏中主编：《新疆文学作品大系（1949—2009）》（长篇小说卷上下），
　　新疆美术摄影出版社、新疆电子音像出版社2009年版。

陈漠：《色日克克尔钦的时间》，新疆美术摄影出版社2016年版。

陈漠：《优钵罗花》，新疆人民出版社2010年版。

陈亚洲：《他乡的美神》，新疆人民出版社2006年版。

狄力木拉提·泰来提：《一路向南》，作家出版社2017年版。

董立勃：《暗红》，广西师范大学出版社2008年版。

董立勃：《大路朝天》，新疆美术摄影出版社2010年版。

董立勃：《静静的下野地》，上海文艺出版社2004年版。

董立勃：《乱草》，花城出版社2005年版。

董立勃：《米香》，人民文学出版社2005年版。

董立勃：《箫与刀》，百花文艺出版社2011年版。

傅查新昌：《毛病》，花城出版社2003年版。

傅查新昌：《秦尼巴克》，沈阳出版社2009年版。

韩子勇：《浓颜的新疆》，新疆人民出版社2008年版。

韩子勇主编：《深处的漫游——美文二十家》，新疆人民出版社2006年版。

红柯：《复活的玛纳斯》，漓江出版社 2016 年版。

红柯：《敬畏苍天》，上海人民出版社 2002 年版。

红柯：《喀拉布风暴》，重庆出版社 2013 年版。

红柯：《生命树》，上海文艺出版社 2013 年版。

红柯：《太阳深处的火焰》，北京十月文艺出版社 2018 年版。

红柯：《乌尔禾》，上海文艺出版社 2013 年版。

红柯：《西去的骑手》，上海文艺出版社 2013 年版。

红柯：《跃马天山》，长江文艺出版社 2001 年版。

红柯：《扎刀令》，西安出版社 2018 年版。

黄毅：《亚洲甜蜜之心》，新疆美术摄影出版社 2013 年版。

黄永中主编：《西部六十年精品选》（短篇小说卷），新疆美术摄影出版
　　社 2015 年版。

贾平凹、于坚等：《西部地理》，上海文艺出版社 2010 年版。

李健：《木垒河》，湖南文艺出版社 2012 年版。

李娟：《阿勒泰的角落》，万卷出版公司 2010 年版。

李娟：《冬牧场》，新星出版社 2019 年版。

李娟：《九篇雪》，新疆人民出版社 2003 年版。

李娟：《深山夏牧场》，中信出版社 2017 年版。

李娟：《我的阿勒泰》，云南出版集团公司、云南人民出版社 2010 年版。

李娟：《遥远的向日葵地》，花城出版社 2017 年版。

刘长明、罗迎福主编：《新疆美文精品选——行走在新疆大地》，新疆
　　美术摄影出版社、新疆电子音像出版社 2008 年版。

刘亮程：《风中的院门》，上海文艺出版社 2001 年版。

刘亮程：《库车行》，河北教育出版社 2003 年版。

刘亮程：《刘亮程散文》，新疆人民出版社 2009 年版。

刘亮程：《驴车上的龟兹》，春风文艺出版社 2006 年版。

刘亮程：《捎话》，译林出版社 2018 年版。

刘亮程：《虚土》，春风文艺出版社 2006 年版。

刘亮程：《一个人的村庄》，春风文艺出版社 2005 年版。

刘亮程：《在新疆》，春风文艺出版社 2014 年版。

刘亮程：《凿空》，作家出版社 2010 年版。

陆天明：《泥日》，时代文艺出版社 2006 年版。

罗文斌、董立勃编：《阳光大坂》，新疆人民出版社 1999 年版。

马雄福、阿依努尔·毛吾力提选编：《新疆哈萨克族中短篇小说精选》，
　　新疆人民出版社 2013 年版。

马雄福、狄力木拉提·泰来提选编：《新疆维吾尔族中短篇小说精选》，
　　新疆人民出版社 2013 年版。

毛眉：《忧愁的哲学寻找》，中国华侨出版社 2008 年版。

南子：《洪荒之花》，新疆人民出版社 2006 年版。

沈苇：《漫游：从喀什噶尔到叶尔羌》，新疆人民出版社 2006 年版。

沈苇：《沈苇诗选》，长江文艺出版社 2014 年版。

沈苇：《新疆词典》，上海文艺出版社 2014 年版。

沈苇：《新疆辞典》，百花文艺出版社 2005 年版。

沈苇：《新疆诗章》，中译出版社 2015 年版。

沈苇主编：《喀纳斯颂》，新疆人民出版社 2010 年版。

铁梅：《琴弦上的叶尔羌》，新疆人民出版社 2006 年版。

童马：《魔王盛世才》，沈阳出版社 1995 年版。

王蒙：《淡灰色的眼珠》，人民文学出版社 2014 年版。

王蒙：《王蒙文集》，人民文学出版社 2014 年版。

王蒙：《这边风景》（上、下册），花城出版社 2013 年版。

王敏：《龟兹物语》，新疆人民出版社 2006 年版。

王玉、刘霞、沈维琼主编：《新疆当代文学作品选讲》，新疆大学出版社

2015 年版。

王族：《马背上的西域》，花城出版社 2005 年版。

王族：《从天山到阿尔泰——北疆游历》，湖南文艺出版社 2002 年版。

王族：《图瓦之书》，新疆人民出版社 2005 年版。

吴连增主编：《新疆文学作品大系（1949—2009）》（中篇小说卷），新
    疆美术摄影出版社、新疆电子音像出版社 2009 年版。

夏冠洲主编：《新疆文学作品大系（1949—2009）》（散文卷），新疆美
    术摄影出版社、新疆电子音像出版社 2009 年版。

新疆作家协会编：《2010·新疆散文佳作》，新疆美术摄影出版社、新疆
    电子音像出版社 2011 年版。

杨镰：《荒漠独行——西域探险考察热点寻迹》，中共中央党校出版社 1995
    年版。

杨镰：《寻找失落的西域文明》，北京航空航天大学出版社 2010 年版。

杨镰：《最后的罗布人》，北京航空航天大学出版社 2010 年版。

叶尔克西·胡尔曼别克：《草原火母》，新疆人民出版社 2006 年版。

叶尔克西·胡尔曼别克：《永生羊》，新疆人民出版社 2003 年版。

郁笛：《新疆诗稿》，新疆美术摄影出版社 2016 年版。

郁笛：《新疆坦途》，北岳文艺出版社 2015 年版。

张承志：《北方的河》，北京十月文艺出版社 1987 年版。

张承志：《大陆与情感》，山东画报出版社 1998 年版。

张承志：《相约来世——心的新疆》，作家出版社 2013 年版。

张孝华、萧嗣文编：《走动的石人——哈萨克当代短篇小说选》，新疆人
    民出版社 1992 年版。

张新颖编：《储安平文集》，东方出版中心 1998 年版。

章德益：《大漠和我》，湖南人民出版社 1983 年版。

章德益：《天山诗丛生命》，新疆人民出版社 1985 年版。

赵光鸣：《旱码头：驼马时代的爱情》，安徽文艺出版社 2018 年版。

赵光鸣：《乱营街》，新疆人民出版社 2006 年版。

赵光鸣：《远巢》，新疆人民出版社 1989 年版。

郑兴富主编：《新疆文学作品大系（1949—2009）》（诗歌卷），新疆美
　　术摄影出版社、新疆电子音像出版社 2009 年版。

周涛、赵光鸣主编：《漫步艺海拾贝》，新疆人民出版社 2006 年版。

周涛、赵光鸣主编：《拾起飘落红叶》，新疆人民出版社 2006 年版。

周涛：《感谢生命》，时代出版社 1997 年版。

周涛：《高榻》，长江文艺出版社 1995 年版。

周涛：《红嘴鸦》，工人出版社 1995 年版。

周涛：《梦寥廓》，华艺出版社 2002 年版。

周涛：《山河判断》，学林出版社 2000 年版。

周涛：《诗枕梦游》，群众出版社 1996 年版。

周涛：《逃跑的火焰》，华艺出版社 2002 年版。

周涛：《天似穹庐》，解放军文艺出版社 1998 年版。

周涛：《西部的纹脉》，敦煌文艺出版社 1995 年版。

周涛：《稀世之鸟》，解放军文艺出版社 1990 年版。

周涛：《阳光容器》，作家出版社 2009 年版。

周涛：《游牧长城》，作家出版社 1993 年版。

周涛：《蘸雪为墨》，河南文艺出版社 2002 年版。

周涛：《周涛散文》（耕读卷），新疆人民出版社 2009 年版。

周涛：《周涛散文》（游牧卷），新疆人民出版社 2009 年版。

周涛：《周涛散文》，东方出版社 1998 年版。

周涛：《周涛散文》，浙江文艺出版社 2010 年版。

周涛：《周涛散文自选集》，百花文艺出版社 1999 年版。

四　其他类

老舍在中国作家协会第一届第二次理事会上所作的《关于兄弟民族文
　　学工作的报告》。

中华人民共和国国务院新闻办公室:《新疆的若干历史问题》白皮书,
　　国务院新闻办公室网站, www. scio. gov. cn, 2019 年 7 月。

中华人民共和国国务院新闻办公室:《新疆的文化保护与发展》白皮书,
　　国务院新闻办公室网站, www. scio. gov. cn, 2018 - 11 - 15。

后 记

本著作是国家社会科学基金一般项目"文化地理环境对新疆当代文学的影响研究"（项目编号：14BZW147）的最终成果。

新疆是生我养我的故乡，生于斯长于斯，吾爱吾庐。虽然现已身处江南小城数年，但新疆永远是我心向往之地。这十多年来，我的学术研究始终聚焦于新疆文学，无论是在场还是离开，对新疆文学的关注从未停止过。这部著作中所呈现的基本内容是本人多年对新疆文学思考与探索的集中展示，也内含着对新疆文学研究能够纵深拓进的企盼。面对新疆文化地理的丰富性与复杂性，在写作之时我备感压力与焦虑，尤其是面对研究中临时出现的一些变化，使我不知所措，直到完成这本著作，心中依旧不能释然，未尽之言，取舍之间只能交给未来的日子。本书在写作的过程中得到了朋友、同学的颇多帮助支持，他们为我提供了重要的资料与中肯的建议。在此感念：新疆大学邹赞教授、新疆作家李丹莉女士、新疆师范大学王玉教授、刘霞副教授、上海师范大学陈冬梅博士，衡阳师范学院唐红卫教授。

感谢我的家人们，他们默默地站在我的身后，理解并包容我所做的一切，当然，最应感谢的还是人到中年的自己，在一地鸡毛的俗常生活之中依然坚守自我的学术情怀，从未放弃。

感谢中国社会科学出版社郭晓鸿女士的鼎力支持和精心编校。

最后要感谢我所任职的嘉兴学院，让我能够顺利完成这项课题。

汪　娟

2020 年 8 月于嘉兴城南尚宸居所